高等学校劳动与社会保障创新规划教材

社会保障概论

Introduction to Social Security

周 沛 易艳阳 周进萍 主编

WUHAN UNIVERSITY PRESS
武汉大学出版社

图书在版编目(CIP)数据

社会保障概论/周沛,易艳阳,周进萍主编.—武汉：武汉大学出版社，2010.9
高等学校劳动与社会保障创新规划教材
ISBN 978-7-307-08134-5

Ⅰ.社…　Ⅱ.①周…　②易…　③周…　Ⅲ.社会保障—概论　Ⅳ.C913.7

中国版本图书馆 CIP 数据核字(2010)第 166785 号

责任编辑:舒　刚　　责任校对:刘　欣　　版式设计:马　佳

出版发行:武汉大学出版社　(430072　武昌　珞珈山)
(电子邮件:cbs22@whu.edu.cn　网址:www.wdp.com.cn)
印刷:湖北鄂东印务有限公司
开本:720×1000　1/16　印张:23.75　字数:411 千字　插页:1
版次:2010 年 9 月第 1 版　2010 年 9 月第 1 次印刷
ISBN 978-7-307-08134-5/C·268　定价:32.00 元

目　　录

第1章　绪论 ………………………………………… 1
1.1　社会保障的概念界定 ………………………………… 1
1.2　社会保障的体系 ………………………………… 4
1.3　社会保障的特征与原则 ………………………………… 8
1.3.1　社会保障的特征 ………………………………… 8
1.3.2　社会保障的原则 ………………………………… 11
1.4　社会保障的功能 ………………………………… 14
1.5　社会保障学的学科性质 ………………………………… 16
本章小结 ………………………………… 18
关键术语 ………………………………… 18
思考题 ………………………………… 18
案例分析 ………………………………… 19

第2章　社会保障的历史进程 ………………………………… 23
2.1　传统社会保障时期 ………………………………… 23
2.1.1　萌芽阶段：自然本性的流露 ………………………………… 23
2.1.2　发展阶段：慈善信念的体现 ………………………………… 24
2.2　现代社会保障时期 ………………………………… 25
2.2.1　萌芽阶段：英国两部《济贫法》 ………………………………… 25
2.2.2　形成阶段：社会保险的产生 ………………………………… 27
2.2.3　成熟阶段：社会福利的出台 ………………………………… 28
2.2.4　改革阶段：保障危机的出现 ………………………………… 28
2.3　中国社会保障的历史与发展 ………………………………… 30

2.3.1 新中国建立前社会保障的状况…………………………………… 30
2.3.2 新中国成立后社会保障的历史发展………………………………… 31
2.3.3 中国社会保障制度的未来发展……………………………………… 35
本章小结 ………………………………………………………………………… 36
关键术语 ………………………………………………………………………… 36
思考题 …………………………………………………………………………… 36
案例分析 ………………………………………………………………………… 37

第3章 社会保障基本理论 ……………………………………………………… 39
3.1 社会保障的思想渊源……………………………………………………… 39
3.1.1 西方传统文化中的社会保障思想………………………………… 39
3.1.2 中国传统文化中的社会保障思想………………………………… 41
3.2 社会保障的基础理论……………………………………………………… 44
3.2.1 国家干预主义………………………………………………………… 44
3.2.2 新自由主义…………………………………………………………… 51
3.2.3 中间道路学派：第三条道路理论………………………………… 55
3.3 社会保障相关领域………………………………………………………… 56
3.3.1 社会保障与劳动就业………………………………………………… 56
3.3.2 社会保障与收入分配………………………………………………… 61
3.3.3 社会保障与资源配置………………………………………………… 62
3.3.4 社会保障与其他公共政策…………………………………………… 66
本章小结 ………………………………………………………………………… 70
关键术语 ………………………………………………………………………… 71
思考题 …………………………………………………………………………… 71
案例分析 ………………………………………………………………………… 71

第4章 国际社会保障的制度模式 …………………………………………… 74
4.1 社会保险型社会保障模式………………………………………………… 74
4.1.1 社会保险型社会保障模式的形成和特征………………………… 75
4.1.2 社会保险型社会保障模式代表国家……………………………… 76
4.2 福利国家型社会保障模式………………………………………………… 81
4.2.1 福利国家型社会保障模式的特征………………………………… 82

4.2.2 福利国家型社会保障模式代表国家 …… 82
4.3 强制储蓄型社会保障模式 …… 86
4.3.1 强制储蓄型社会保障模式的特征 …… 87
4.3.2 强制储蓄型社会保障模式代表国家 …… 88
4.4 各国社会保障制度对中国的启示 …… 92
4.4.1 我国的社会保障制度 …… 93
4.4.2 各国社会保障制度模式对我国的启示 …… 93
本章小结 …… 96
关键术语 …… 97
思考题 …… 97
案例分析 …… 98

第5章 社会保障水平 …… 101
5.1 社会保障水平的概述 …… 101
5.1.1 社会保障水平的界定 …… 101
5.1.2 社会保障水平的影响因素与研究意义 …… 103
5.1.3 社会保障水平的适度化与支出范围 …… 103
5.1.4 我国的社会保障水平回顾 …… 105
5.2 社会保障水平的适度性分析 …… 107
5.2.1 社会保障水平的"适"与"度" …… 107
5.2.2 社会保障水平适度运作的意义 …… 108
5.2.3 社会保障水平"超度"的后果 …… 109
5.2.4 社会保障水平与主要指标的关系统计模型 …… 111
5.3 社会保障水平的测算 …… 116
5.3.1 最低生活保障线的国际做法 …… 117
5.3.2 最低生活保障线的测算方法 …… 119
5.3.3 在供求平衡框架下的社会保障水平的适度测算 …… 122
本章小结 …… 127
关键术语 …… 127
思考题 …… 127
案例分析 …… 128

第6章 社会保障基金……………………………………………………………… 132
6.1 社会保障基金概述 …………………………………………………………… 132
6.1.1 社会保障基金的含义与特征 ……………………………………… 132
6.1.2 社会保障基金的类型 ……………………………………………… 133
6.1.3 社会保障基金的功能 ……………………………………………… 134
6.2 社会保障基金的筹集与给付 ……………………………………………… 134
6.2.1 社会保障基金的筹集渠道 ………………………………………… 135
6.2.2 社会保障基金的筹资模式 ………………………………………… 138
6.2.3 社会保障基金的给付方式 ………………………………………… 140
6.2.4 社会保障基金的分类给付 ………………………………………… 141
6.3 社会保障基金的投资运营 ………………………………………………… 143
6.3.1 社会保障基金投资运营的意义 …………………………………… 143
6.3.2 社会保障基金投资运营的原则 …………………………………… 145
6.3.3 社会保障基金投资运营的工具 …………………………………… 146
6.4 社会保障基金管理 ………………………………………………………… 149
6.4.1 社会保障基金的服务管理与基金管理 …………………………… 149
6.4.2 社会保障基金的财务管理 ………………………………………… 149
6.4.3 社会保障基金的风险管理 ………………………………………… 151
本章小结……………………………………………………………………………… 153
关键术语……………………………………………………………………………… 153
思考题………………………………………………………………………………… 153
案例分析……………………………………………………………………………… 154

第7章 社会保障立法与管理…………………………………………………… 157
7.1 社会保障法概述 …………………………………………………………… 157
7.1.1 社会保障法的概念 ………………………………………………… 157
7.1.2 社会保障法的特征 ………………………………………………… 158
7.1.3 世界社会保障法的历史演进 ……………………………………… 160
7.1.4 社会保障法的基本原则 …………………………………………… 164
7.1.5 社会保障法的价值取向 …………………………………………… 166
7.1.6 社会保障法的基本内容 …………………………………………… 168
7.2 中国的社会保障法 ………………………………………………………… 170

7.2.1 中国社会保障法的历史沿革 …… 170
7.2.2 中国社会保障立法的发展路径 …… 172
7.3 社会保障管理 …… 173
7.3.1 社会保障管理的原则 …… 173
7.3.2 社会保障管理的模式 …… 175
7.3.3 社会保障管理的内容 …… 178
7.3.4 中国的社会保障管理体制 …… 180
本章小结 …… 183
关键术语 …… 183
思考题 …… 184
案例分析 …… 184

第8章 养老保险 …… 189
8.1 养老保险概述 …… 189
8.1.1 养老社会保险制度的产生和发展 …… 189
8.1.2 养老保险的概念和特征 …… 190
8.1.3 养老保险的基本内容 …… 193
8.2 养老保险的基本模式 …… 196
8.2.1 养老保险责任承担模式 …… 196
8.2.2 养老保险的缴费模式 …… 198
8.2.3 养老保险基金的运行模式 …… 198
8.2.4 养老保险的给付模式 …… 199
8.3 中国养老保险制度的建立与完善 …… 200
8.3.1 中国养老保险制度的建立和完善 …… 200
8.3.2 中国现行养老保险制度的基本情况及存在问题 …… 204
本章小结 …… 209
关键术语 …… 210
思考题 …… 210
案例分析 …… 210

第9章 医疗保险 …… 215
9.1 医疗保险概述 …… 215

9.1.1 医疗保险的产生和发展 …… 215
9.1.2 医疗保险的特征 …… 216
9.2 医疗保险的主要内容 …… 218
9.2.1 医疗保险基金的筹集 …… 218
9.2.2 医疗保险的给付项目 …… 220
9.2.3 医疗保险的支付方式 …… 221
9.3 医疗保障的模式 …… 224
9.3.1 普遍医疗型 …… 224
9.3.2 社会保险型 …… 226
9.3.3 市场主导型 …… 228
9.3.4 储蓄基金型 …… 229
9.3.5 合作医疗保障模式 …… 231
9.4 中国医疗保险制度 …… 231
9.4.1 我国城镇医疗保险制度及其改革 …… 231
9.4.2 农村医疗保险的改革与完善 …… 233
9.4.3 建立多层次医疗保障体系 …… 234
本章小结 …… 236
关键术语 …… 236
思考题 …… 237
案例分析 …… 237

第10章 失业保险 …… 239
10.1 失业保险概述 …… 239
10.1.1 失业的概念与类型 …… 239
10.1.2 失业保险的概念和特征 …… 242
10.1.3 失业保险的产生和发展 …… 243
10.1.4 失业保险的类型与功能 …… 244
10.2 失业保险制度的实施 …… 247
10.2.1 失业保险制度的覆盖范围 …… 247
10.2.2 失业保险基金的筹集 …… 248
10.2.3 失业保险金的给付 …… 248
10.3 中国失业保险制度 …… 252

10.3.1 中国失业保险制度的历史沿革 …… 252
10.3.2 中国失业保险制度的运行状况 …… 254
10.3.3 中国失业保险制度所面临的挑战 …… 256
10.3.4 中国失业保险制度的完善 …… 258
本章小结 …… 260
关键术语 …… 260
思考题 …… 260
案例分析 …… 261

第11章 工伤保险与生育保险 …… 264
11.1 工伤保险概述 …… 264
11.1.1 工伤和工伤保险 …… 264
11.1.2 工伤保险的特点 …… 266
11.1.3 工伤保险的原则 …… 267
11.1.4 工伤保险的建立与发展 …… 268
11.2 我国工伤保险制度 …… 270
11.2.1 我国工伤保险的建立与发展 …… 270
11.2.2 工伤保险的申请 …… 272
11.2.3 工伤保险待遇 …… 273
11.2.4 工伤保险基金 …… 275
11.3 生育保险 …… 275
11.3.1 生育社会保险概述 …… 275
11.3.2 国外生育保险制度 …… 277
11.3.3 我国的生育保险制度 …… 278
本章小结 …… 280
关键术语 …… 281
思考题 …… 281
案例分析 …… 281

第12章 社会救助 …… 284
12.1 社会救助概述 …… 284
12.1.1 什么是社会救助 …… 284

12.1.2 社会救助的意义……………………………………………… 286
12.1.3 世界社会救助的发展趋势………………………………………… 287
12.2 社会救助体系………………………………………………………… 288
12.2.1 社会救助的对象和范围………………………………………… 288
12.2.2 社会救助体系的基本内容……………………………………… 289
12.2.3 世界各国社会救助体系………………………………………… 291
12.2.4 我国社会救助体系……………………………………………… 292
12.3 基本生活救助………………………………………………………… 292
12.3.1 城市居民最低生活保障制度…………………………………… 292
12.3.2 农村居民最低生活保障制度…………………………………… 294
12.3.3 农村五保供养…………………………………………………… 297
12.3.4 流浪乞讨人员救助……………………………………………… 299
12.4 专项救助制度………………………………………………………… 299
12.4.1 住房救助………………………………………………………… 299
12.4.2 医疗救助………………………………………………………… 300
12.4.3 教育救助………………………………………………………… 302
12.4.4 灾害救助………………………………………………………… 302
本章小结……………………………………………………………………… 303
关键术语……………………………………………………………………… 304
思考题………………………………………………………………………… 304
案例分析……………………………………………………………………… 304

第13章 社会福利 ……………………………………………………… 307
13.1 社会福利制度概述…………………………………………………… 307
13.1.1 社会福利的含义………………………………………………… 307
13.1.2 社会福利的发展历程…………………………………………… 309
13.1.3 社会福利的特征………………………………………………… 310
13.1.4 社会福利的模式………………………………………………… 311
13.1.5 社会福利的内容………………………………………………… 316
13.2 中国的社会福利……………………………………………………… 317
13.2.1 我国社会福利制度的历史变革………………………………… 317
13.2.2 我国社会福利的发展趋势……………………………………… 318

13.3　我国的社区服务……………………………………………………… 320
13.3.1　社区服务的概念…………………………………………………… 320
13.3.2　社区服务的特点…………………………………………………… 321
13.3.3　社区服务的内容…………………………………………………… 323
13.3.4　加快我国社区服务发展的措施………………………………… 326
本章小结………………………………………………………………………… 327
关键术语………………………………………………………………………… 327
思考题…………………………………………………………………………… 327
案例分析………………………………………………………………………… 328

第14章　社会优抚 …………………………………………………………… 331
14.1　社会优抚概述…………………………………………………………… 331
14.2　社会优抚的主要内容………………………………………………… 332
14.2.1　社会优抚的内涵…………………………………………………… 332
14.2.2　社会优抚的对象…………………………………………………… 333
14.2.3　社会优抚的形式…………………………………………………… 333
14.2.4　社会优抚的性质及特征………………………………………… 334
14.2.5　社会优抚的内容…………………………………………………… 334
14.3　我国社会优抚制度的现状与发展趋势……………………………… 336
14.3.1　我国社会优抚的现状与特征…………………………………… 336
14.3.2　我国社会优抚的基本原则……………………………………… 337
14.3.3　我国社会优抚制度的意义……………………………………… 338
14.3.4　目前我国社会优抚工作面临的问题…………………………… 339
14.3.5　我国社会优抚的发展趋势……………………………………… 340
本章小结………………………………………………………………………… 341
关键术语………………………………………………………………………… 342
思考题…………………………………………………………………………… 342
案例分析………………………………………………………………………… 342

第15章　补充社会保障 ……………………………………………………… 345
15.1　补充社会保障概述…………………………………………………… 345
15.1.1　补充社会保障的含义…………………………………………… 345

15.1.2 补充社会保障的特点……………………………………… 345
15.1.3 补充社会保障的功能……………………………………… 346
15.2 慈善事业……………………………………………………… 347
15.2.1 慈善事业的界定…………………………………………… 347
15.2.2 慈善事业与社会保障……………………………………… 348
15.2.3 我国慈善事业的发展现状………………………………… 348
15.3 社区保障……………………………………………………… 350
15.3.1 社区保障的含义…………………………………………… 350
15.3.2 我国社区保障的发展历程………………………………… 350
15.3.3 我国社区保障的内容……………………………………… 352
15.4 职业福利……………………………………………………… 354
15.4.1 职业福利概述……………………………………………… 354
15.4.2 企业年金…………………………………………………… 355
15.4.3 补充健康保险……………………………………………… 358
15.4.4 员工住房福利……………………………………………… 359
本章小结………………………………………………………… 360
关键术语………………………………………………………… 360
思考题…………………………………………………………… 360
案例分析………………………………………………………… 361

参考文献………………………………………………………… 363
后 记…………………………………………………………… 367

第1章 绪　　论

社会保障制度最早产生于工业革命后的西欧，至今已有一百多的历史。在过去的一个多世纪里，几乎所有的国家都建立了社会保障体系，社会保障制度的建立与完善是社会化大生产、市场经济正常运行的客观要求，是现代文明的重要标志。

1.1 社会保障的概念界定

自美国1935年《社会保障法》中首次使用以后，“社会保障”（Social Security）一词迅速传遍全球，被有关国际组织和大多数国家所接受。第二次世界大战之后，社会保障制度成为西方发达国家和新独立的民族国家普遍追求的制度。20世纪80年代以来，“社会保障”一词也正式出现在中国政府的文件中，建设中国特色的社会保障制度成为中国改革的重要目标之一。尽管国际组织和大多数国家都以“社会保障”作为以政府和社会责任主体的福利保障制度的统称，但由于社会保障要受到政治、经济、社会、文化、历史等诸多因素的影响，社会保障的具体实践也要受到各国或各地区具体情况的制约，所以，各国政府和理论界对社会保障概念的界定仍存在着较大的差异。

1. 国际组织对社会保障概念的界定

作为维护劳工利益，促进社会公正的国际性组织，联合国专门机构之一——国际劳工组织（International Labor Organization）在 1942 年将“社会保障”界定为：“社会通过它的一系列处置经济和社会风险的公共措施，为它的成员提供保护和提供医疗照顾、家庭津贴，否则这种风险将导致薪金的停止支付，或因疾病、生育、工伤、失业和死亡导致实际收入的减少。”

1984 年，国际劳工局在《社会保障导言》中对社会保障的界定是：“社会保障即社会通过一系列的公共措施对其成员提供的保护，以防止他们由于疾病、妊娠、工伤、失业、残疾、老年及死亡而导致的收入中断或大大降低而遭受经济和社会困窘，对社会成员提供的医疗照顾，及对有儿童的家庭提供的补贴。”①

2. 西方发达国家的观点

德国是最早建立社会保险制度的国家，其社会保险制度的建立是现代社会保障制度诞生的标志。德国基于社会市场经济理论，将社会保障理解为实现社会安全和社会公平的制度工具。在保证市场自由竞争的同时，又采取相关的社会保障措施，在一定程度上校正了由于市场自由竞争导致的社会收入分配的差距，对竞争中不幸失败的那些失去竞争能力的人提供基本的生活保障，使市场竞争和经济增长的好处让全体人民都能享受，从而维护社会的稳定。在德国的社会保障体系中，社会保险占据着主体地位。

英国是西方福利国家的代表，其社会保障实施的基础是 1942 年由贝弗里奇起草的《社会保险及相关服务》（又称《贝弗里奇报告》）。该报告将社会保障定义为一种公共福利计划，认为“社会保障是指人们在失业、疾病、伤害、老年以及死亡、薪金中断时，予以经济援助，并辅助其生育婚丧的意外费用的经济保障制度”。《新大不列颠百科全书》把“社会保障”的词条列在“社会福利”之下，对社会保障的解释是：“社会保障是对病残、失业、作物失收、丧偶、妊娠、抚养子女或退休的人提供现金待遇；对医疗、康复、家庭疾病护理、法律帮助和丧葬的待遇可能以现金也可能以实物（服务）的形式提供。”②英国对社会保障内涵的界定，其核心是社会福利的保障，保障对象是

① 转引自：尚晓援．“社会福利”与“社会保障”再认识［J］．中国社会科学，2001（3）．

② 转引自：尚晓援．“社会福利”与“社会保障”再认识［J］．中国社会科学，2001（3）．

所谓的"人们"，没有地域、性别和身份之分，即遵循普遍性原则。

介于德国和英国之间，美国将社会保障理解为"社会安全网"。社会保障是安全网，对生老病死、伤残孤寡、衣食住行、工作学习等问题提供安全性保护，包括对接受者收入方面的支持和补助，支出方面的支持和补助，教育和培训方面的支持和补助，遭受某些损失方面的支持和补助。①美国1999年出版的《社会工作词典》对"社会保障"的界定则是："一个社会对那些遇到了已经由法律做出定义的困难的公民，如年老、生病、年幼或失业的人提供的收入补助。"在美国，社会保障最初仅限于对老人、残疾人等的生活保障，后来才扩展到多样化的社会保险和家庭津贴。

3. 我国对社会保障概念的认识

1986年，我国《国民经济和社会发展第七个五年计划》中，提出："'七五'期间，要有步骤地建立起具有中国特色的社会主义的社会保障制度雏形"，"社会保障"一词自此在中国广泛运用。1993年《中共中央关于建立社会主义市场经济体制若干问题的决定》中提出，"社会保障体系包括社会保险、社会救济、社会福利、优抚安置和社会互助、个人储蓄积累保障"，因此，社会保障在中国是一个最高层次的范畴，社会福利等其他概念也包含于其中。

在学术界，不同学者从各自角度出发，对社会保障的概念也有不同的理解。

陈良谨认为社会保障是国家和社会通过国民收入的分配与再分配，依法对社会成员的基本生活权利予以保障的社会安全制度。② 郑功成认为社会保障是国家或社会依法建立的、具有经济福利性的、社会化的国民生活保障系统。在中国，社会保障则是各种社会保险、社会救助、社会福利、军人福利、医疗保障、福利服务以及各种政府或企业补助、社会互助等社会措施的总称。"依法建立"、"以人为本"、"社会化"是该定义的三个基本要素。③

童星主张将社会保障定义为国家或社会通过立法和采取行政手段对国民收入进行再分配，以社会消费基金的形式，向由年老、疾病、伤残、死亡、失业

① 李长勇，吴继刚．社会保障概念考察［J］．黑龙江社会科学，2001（5）．

② 陈良瑾．社会保障教程［M］．北京：知识出版社，1990：5．

③ 郑功成．社会保障学［M］．北京：中国劳动社会保障出版社，2005：7．

及其他不幸遭遇的发生而使生存出现困难的社会成员给予一定的物质上的帮助，以保证其基本生活权利的措施、制度和活动的总称。①

尽管对社会保障的概念存在着上述不同的界定，学者们还是对我国社会保障的理解有几个共同的基本要素：

(1) 国家主体。社会保障是国家履行管理义务的一种社会责任，社会保障的最终责任主体是国家，是国家立法和政府行政的重要组成部分，需要由国家组织、领导、实施和管理社会保障事务。

(2) 依法设立。社会保障是国家或社会依法建立的，其制度的建立与施行要依照相关的法定程序，其效力是靠最具有强制性的法律来保证的。

(3) 权利保障。社会保障是对全体公民的基本生活权利给予适当保障的制度，社会保障是对宪法规定的公民应享有的获得物质帮助的权利的保障。

(4) 经济分配。社会保障是为确保某些有困难的社会成员的基本生活而产生的分配关系体系，我国的社会保障是为实现上述目的，通过国民收入分配与再分配而形成的一种分配形式，是对按劳分配的必要补充。

(5) 安全机制。社会保障是实现社会安定，并让每个劳动者乃至公民都有生活安全感的社会机制，社会保障是保证社会成员基本生活的社会安全措施的总称。

综上所述，我们认为，社会保障是由国家依法通过国民收入再分配的手段，采取各种方式对全体公民的基本权利给予保障，从而实现社会稳定与社会公平的社会安全措施的总称。

1.2 社会保障的体系

一个较为完善的社会保障制度，必然由若干具有一定社会目标的不同部分构成一定的体系框架。国际劳工组织认为，社会保障制度包括的基本内容是社会通过一系列的公共措施向其成员提供用以抵御疾病、生育、工伤、失业、伤残、年老和死亡而丧失收入或收入锐减引起的经济和社会灾难，另外包括提供医疗保险，对有子女的家庭提供补贴等内容。不同国家或地区所形成的社会保障制度包括的具体内容也不尽相同。

---

① 童星．社会保障与管理［M］．南京：南京大学出版社，2002：6.

美国的社会保障制度由社会保险、公共救助、退伍军人补助、老人医疗服务、教育公共资助、住宅福利开支等构成。英国的社会保障制度包括社会保险，对儿童、高龄老人和住房的社会补助，对低收入户、贫穷老人、失业者的社会救助，以及保健服务、社会服务等。瑞典提供的社会保障项目包括养老金(包括普遍养老金，收入关联养老金)、伤残恤金、遗属恤金、生育现金补助、怀孕现金补助、供养亲属医疗补助、工伤补助、失业补助、义务教育、家庭福利、职业培训等。日本的社会保障制度包括基本养老金、基本伤残恤金、疾病补助、生育补助、工伤补助公共扶助、失业救济金及家属津贴等。新加坡则形成以公积金制度为基础、其他保险计划为补充的社会保障制度。在我国香港，则有劳工社会保险和社会福利，如老年保障方面的公积金和年积金，工伤保障方面的死亡赔偿、伤残赔偿和职业病赔偿；医疗保障方面的疾病假期和医疗津贴，生育保障方面的分娩假期和分娩假期工资；其他还有比如包括九年免费强制教育、学生保健服务在内的教育保障制度，为中下阶层提供廉价居所的住房保障制度等。

在社会保障体系中，一般包括三个最基本的组成部分：

1. 社会保险（Social Insurance）

社会保险是由政府举办，强制某一群体将其收入的一部分作为社会保险税（费）形成社会保险基金，在满足一定条件的情况下，被保险人可从基金获得固定的收入或损失的补偿，从而为丧失劳动能力、暂时失去劳动岗位或因健康原因造成损失的人口提供收入或补偿的一种社会和经济制度。社会保险制度是一种再分配制度，它的目标是保证物质及劳动力的再生产和社会的稳定。

社会保险是在商业性保险的基础上产生的，然而与商业保险又有着明显的区别：（1）保险目的不同。商业人身保险目的十分明确，就是获取利润，对于商业人身保险方来说，经济利益至上，至于通过风险赔偿而取得的社会效益，即使受保人获得安全感，不过是保险利润的副产品；社会保险则是将社会效益放在第一位，保证劳动者遭受社会风险后仍能享有基本生活的权利，当然社会保险在保障社会效益的基础上，也力争经济效益。（2）权利与义务对等关系不同。社会保险的政策性和非盈利性决定了它实行权利和义务基本对等，国家作为保险人一方，与作为被保险人一方的劳动者之间并无商业性的价值等价交换关系；商业保险则实行权利与义务严格对等，实行“多投多保、少投少保、不投不保”的等价交换原则。（3）对象和职能不同。社会保险对象一般由相关法律政策强制规定下来，以社会劳动者及其供养的直系亲属为主，其主要职能是保障劳动者遭遇各种风险后的基本生活需要，维持劳动力的生产和再生产，另外还有调节收入分配，实现社会公平的功能；商业保险的对象一般不作法律规定，全体公民均可自由选择、自愿参加，其主要职能是使被保险人遭遇合同所规定的事故时可获得对等性的经济补偿，不具有调节收入水平、维护社会公平的功能。（4）保险性质不同。商业保险所固有的是商业性质，是一种商品买卖行为，有买有卖，等价交换。社会保险作为国家举办的社会事业，是国家执行的一项社会政策，本身就带有福利性质，是为劳动者利益而服务的。（5）资金来源不同。社会保险资金来源于政府财政拨款、企业缴费和劳动者个人缴费；而商业保险的资金仅来源于被保险人所交纳的保险费。（6）管理和适用法律不同。社会保险是国家领导下的由各级政府主管部门和下设的社会保险机构直接管理的社会事业，社会保险主体是劳动者，属于劳动立法范畴。商业保险由保险公司自主经营，受经济合同及专门的保险法的规范。①

社会保险是社会保障制度的核心，它的保障对象是劳动者，即人口中最多、最重要的部分；它所承担的风险最多，包括劳动者在全部生命周期中发生可能导致生活困难的年老、疾病、伤残、失业、生育等所有风险；它所占的资金也是社会保障基金中最大的一部分。一般而言，社会保险包括以下项目：老年社会保险、医疗社会保险、失业社会保险、工伤社会保险、生育社会保险等。

2. 社会救助（Social Assistance）

社会救助是国家和社会对依靠自身努力难以满足其生存基本需求的公民给予的物质帮助和服务，也称为社会救济。社会救助是国家通过国民收入的再分配，对因自然灾害或其他经济、社会原因而无法维持最低生活水平的社会成员给予救助，以保障其最低生活水平的制度。

相对于消极性的“扶贫”、“济贫”而言，社会救助更多地反映了一种积极的救困助贫的理念，即作为政府的责任而采取的长期性的救助。国家对于遭受灾害、失去劳动能力的公民以及低收入的公民给予物质、服务、权利等方面的帮助，以维持其最低生活水平。社会救助最主要是对社会成员提供最低生活

---

① 童星．社会保障与管理［M］．南京：南京大学出版社，2002：185-188.

保障，其目标是扶危济贫，救助社会弱势群体，对象是社会的低收入人群和困难人群。社会救助体现了浓厚的人道主义思想，是社会保障的最后一道防护线和安全网，是社会保障的最低层面。

3. 社会福利（Social Welfare）

一般来说，社会福利可以从广义和狭义两个方面来理解。广义的社会福利是指国家为了改善和提高全体社会成员的物质生活和精神生活所提供的全面社会服务。发达国家和我国港台地区的“大社会福利”概念，与中国内地的“大社会保障”概念，其实是相通的。狭义的社会福利是指国家和社会兴办的各种公共福利设施、社会服务，在使社会弱势群体得到社会照顾的同时，改善国民物质文化生活的一种社会制度。

社会福利的对象基本涵盖了全体社会成员，社会福利所包括的内容十分广泛，不仅包括生活、教育、医疗方面的福利待遇，而且包括交通、文娱、体育等方面的待遇。社会福利的津贴来源主要是国家财政，社会慈善捐赠也是重要的来源渠道。社会福利除了津贴补助外，更多的是一种服务政策和服务措施。社会福利不像社会保险只能在职工失去工资时对其给予一定程度的补偿，也不像社会救助只能起到“雪中送炭”的救急作用，其目的在于提高广大社会成员的物质和精神生活水平，提高人民的生活质量。社会福利是更高层次的社会保障，属于社会保障的最高层面。

以上所探讨的社会保险、社会救助和社会福利是各国各地区社会保障体系中共有的或者说不可或缺的基本组成部分。社会保险制度属于社会保障体系的基本层面，社会救助制度属于社会保障体系的最低层面，社会福利制度则属于社会保障体系的最高层面。各国根据国情还采取了其他一些保障形式作为补充。比如，我国的社会保障体系中还存在一个“特殊层面”，即针对军人及家属等特殊群体的社会优抚制度。中国共产党第十七届全国代表大会强调我国应“以社会保险、社会救助、社会福利为基础，以基本养老、基本医疗、最低生活保障制度为重点，以慈善事业、商业保险为补充，加快完善社会保障体系”。社会保险、社会救助和由政府所主持的社会福利的主体是政府，在社会保障体系中处于最基础的地位，可以称之为基本社会保障制度。其他诸如慈善事业、商业保险、非政府主持的福利（职业福利、社区福利等）的主体不是政府，在国家法定意义上的基本社会保障制度之外，对社会成员起有补充保障作用，可以统称为补充社会保障制度。

1.3 社会保障的特征与原则

1.3.1 社会保障的特征

1. 权利性

社会保障作为一项公民所应当享有的权利已经得到了广泛的认可，社会保障权作为一项“基本”权利，被列入国际规范与国际文献等。例如，《世界人权宣言》第25条规定：“人人有权享受其本人及其家属康乐所需之生活程度，举凡衣、食、住、医药及必要之社会服务均包括在内；且于失业、患病、残废、寡居、衰老、或因不可抗力之事故致有他种丧失生活能力之情形时，有权享受保障。”《经济、社会、文化权利国际盟约》第9条规定：“本盟约缔约国确认人人有权享受社会保障，包括社会保险。”

2. 公平性

享有社会保障既然已发展成一项社会成员所享有的基本权利，那么它就当然具有公平性。社会公平是指社会应一视同仁地对待每位社会成员，社会保障的公平性体现为以下几个方面。第一，分配上的公平。实现公平分配是社会保障追求的主要目标。在市场经济条件下，收入不均、贫富分化不可避免，社会保障通过收入再分配的手段，即强制征收保障基金分配给贫困者，在一定程度上弥补社会成员之间收入分配的不平等，实现社会分配公平。第二，机会上的公平。社会保障的公平性不是指社会保障基金的平均分配，而是指享受社会保障上的机会均等。社会保障的对象是全体社会成员，任何一位社会成员，当其基本生活发生危机时，都有均等地获得社会保障的机会和权利。第三，起点与过程公平。社会保障为社会成员提供基本生活保障，使其不至于因先天不足或遭遇社会风险而陷入困境，从而恢复社会成员的基本生存能力。

3. 社会性

社会保障作为强制实施的具有普遍性的社会“安全网”，突破了“家庭保障”、“企业保障”的界限，是社会化大生产的产物，是典型的社会行为。社会保障的社会性主要表现在以下几个方面：第一，实施范围的社会性。即社会保障是国家在全社会范围内统一实施的社会经济制度，其保障对象应该是全体社会成员，是面向全体社会符合保障条件的公民普遍实施的制度。第二，筹资的社会性。社会保障基金的主要部分是由国家在全社会范围内统一筹集的，其来源一般包括国家财政投入、企业或雇主缴费、个人缴费以及社会募捐等多个方面。第三，实施与管理的社会性。在政府主导的社会保障制度下，各项社会保障制度的实践通常需要依赖各类社会组织（比如银行、医院、社区等）才能实现，大量的社会福利与公益慈善机构直接承担着相应的社会保障事务，此外，各国的工会组织、社会团体以及公众传媒等也会对社会保障制度的实践进行监督。第四，目标的社会性。国家代表社会的共同利益制定社会保障制度，其实施目标是通过社会保障来满足社会成员的基本生活需要，实现经济发展，促进社会的稳定与和谐。

4. 法制性

现代社会保障是政府通过国家立法，积极干预社会经济生活的产物。世界各国都用法律形式将社会保障的项目、体制、基金、标准、监管等固定下来，无论市场发生何种变化，政府、社会保障机构和企事业单位都必须向公民履行提供社会保障的法定责任，不得以任何形式限制和取消法律赋予公民的社会保障权利。每一位社会成员都应依法参加社会保障，依法履行义务，并依法享受权利；社会成员在参加保障项目、享受保障待遇方面没有自由选择权，社会保障机构也不能拒绝给予社会成员应该享受的权益，随意改变保障项目和保障标准；社会保障基金依法强制筹集，任何单位和个人都应该依法按规定的时间和数额缴纳，否则将追究其法律责任；社会保障的权利方和义务方、社会保障机构和参加者如不遵守有关法律法规，可以诉诸法律求得解决。法制性是实施社会保障的制度保证。

5. 福利性

社会保障的目标和实际效果就是推动个人生活状况的不断改善。“福利国家”保证所有公民享有一定标准的收入、营养、健康、住房、教育和就业机会。国际劳动组织也明确指出，社会保障必须是从实质上提高就业水平，必须是获得更大强度的收入保障成就，必须是改善和扩大教育设施、健康、营养、住房和社会福利。另外，社会保障的福利性还在于，对于社会成员个人而言，其在社会保障方面的支出要小于在社会保障方面的收入，社会成员在社会保障方面的交易成本低于所获得的保障待遇，这是由于社会保障的筹资渠道包括政府、单位、个人等多个方面。因此，福利性也是社会保障的明显特征。

6. 全面性

社会保障向社会成员提供的所需要的支援是全面的，必须能够满足社会成员在陷入生活困境申请社会保障时的基本生活需要。在接受社会保障期间，社会成员可以仅仅依靠社会保障的支持而生存。社会保障的目的就是在社会成员的劳动能力减退、暂时地或永久性地失去劳动能力时，为其提供一种“完全的”保护，使他们能够安然渡过各种社会危机，并为此目的采取一定的预防措施。为此，社会保障的方式、手段也是多样的，社会保障不仅包括一定的金钱给付，还包括一定的物质支援和社会服务。

7. 互助性

社会保障的互助性是基于社会保障的收入再分配功能。在国家的干预下建立起来强制性的社会保障制度，在全社会进行资金筹集，对整个社会范围内的生活困难者进行救济，意味着在全社会建成一个大的互助组，形成一种整个社会范围内风险共担的局面。整个社会保障的资金由国家、社会、个人共筹，为全社会范围内的互助互济提供前提。社会保障资金的分配使用过程即是社会保障制度互助互济功能的实现过程。政府通过制定统一的社会保障政策，将社会保障资金在不同的保障项目间进行分配与调剂，实现向不同的需求者进行救助、向不同项目的社会保障对象提供及时的物资援助和社会服务。

8. 发展性

世界各国的社会保障发展史表明，现代社会保障制度具有发展性，并且这种发展性具有强烈的刚性，即社会保障水平往往能升不能降，能提高不能降低。社会保障的基线是随着社会的进步不断上升的，社会成员的基本生活需要的内容也是在不断丰富的，因此，社会保障也不能简单地维持社会成员的生存，而是要维持一种“体面”的生活状态，使之不至于脱离整个社会生活水平。因此，社会保障的水平要不断提高，内容也要不断地丰富和发展。

1.3.2　社会保障的原则①

社会保障制度建立与完善的过程中，应遵循以下基本原则：

1. 公平与效率相结合原则

公平与效率的关系问题是市场经济条件下一个永恒的话题。市场竞争讲求效率，市场规则导致效率，但同时也导致了收入的不公平，这可以说是市场经济本身的一大缺陷，是其自身难以克服的，只能在市场之外寻求解决办法，通常只有政府有能力来解决。但政府在解决公平问题的时候，将不得不对市场进行干预，对经济造成扭曲，导致低效率。为使扭曲最小，就要寻求最佳的收入分配和再分配方式。但不管怎样干预，为求得一定程度的公平，将不得不牺牲一部分效率。反过来说，效率的存在，必须有公平作为保证，因为一旦存在严重的不公平，市场规则将被破坏，也就无效率可言。

在社会保障领域，公平又分为横向公平和纵向公平两种。横向公平指的是收入相同的人缴纳相同的社会保障缴款；纵向公平指的是收入高的人多缴款，收入少的人少缴款，收入高的人的社会保障收益额与其缴款额的比率低，收入低的人的社会保障收益额与其缴款额的比率高，即社会保障有利于低收入者。所有社会成员都有均等的获得社会保障的权利和机会，在达到社会保障制度所要求的条件时，都可以得到社会保障制度提供的帮助或救济，以维持基本生活需要。

遵循公平原则的同时必须兼顾效率，必须有利于经济发展和效率的提高，避免因保障失当而鼓励懒惰，造成效率损失。特别要注意不能使依靠救助的社会成员的生活状况比自食其力的劳动者的生活状况更好。

2. 普遍性与选择性相结合的原则

社会保障的普遍性原则源于贝弗里奇报告，主要强调公民权的平等，将社会保障视为一种以国家为主体的公共福利计划，其目的是保护全体公民避免因失业、疾病、老年及养家人死亡而丧失收入来源或工资收入大幅度减少，并通

---

① 部分内容参考：柏杰．我国所适用的社会保障原则探讨［J］．清华大学学报（哲学社会科学版），2000（1）．

过社会服务和社会救助提高全体公民的福利。按普遍性原则建立的社会保障制度，以全体居民或公民为保障对象，其性质是全民保障，其保障对象资格的确定，主要依据是居住年限、公民身份，而不论其有无收入、是否就业等。

社会保障的选择性原则，强调个人的责任，保障政策的重点放在受益人曾经为社会作出多大贡献上，并且根据国家财政的承受能力和受保障者的经济收入以及对社会保障的需求程度，有区别地安排社会保障项目、对象范围、筹资方式和待遇水平等。与普遍性原则相比，选择性原则下的社会保障显然不可能是全民保障，往往在一些强调效率的国家和发展中国家来推行。

在具体实践中，普遍性原则与选择性原则往往是相辅相成的。如果仅实行普遍性原则，不仅不符合大部分发展中国家的国情，也容易导致低效率。遵循选择性原则，既能满足社会成员不同的社会保障需求，也不会超越社会经济发展水平而导致沉重的财政负担。从这个角度来看，选择性原则的实践其实为普遍性原则的实现创造了条件。所以，在肯定普遍性原则并尽可能推进社会保障制度的公平和公正的同时，不能将选择性原则与普遍性原则相对立，而是应该承认发展中国家按照普遍性原则与选择性原则相结合来建立社会保障制度的过渡性与合理性。①

3. 生存与发展相结合的原则

社会保障的出现，可以说是源于保障人类的生存，使人们在生存出现危机时，由他人来提供帮助使之渡过难关。当国家出现后，政府承担了提供帮助的角色，并通过立法来强制实行。现代的社会保障制度，已经从单纯保障人的生存，如生、老、病、死所导致的生存危机，上升到了一个更高和更广泛的层次，即保障社会的长期稳定和发展。西方发达国家一百多年的社会保障发展历史，已充分证明了它在促进社会稳定，增强经济发展和提高人民生活水平方面的巨大作用。如今，许多国家的社会保障将教育、提高人口素质等内容纳入社会保障的体系，给公民提供各种社会福利，从而为未来的发展提供更有力的保障。同时，在社会保障制度制定的时候，充分考虑到了社会保障制度安排对个人储蓄行为的影响和社会总体储蓄水平的影响，并通过资本市场对长期经济增长的影响。由此可以看出，大多数国家的社会保障制度是遵循生存与发展相结

① 郑功成．社会保障学［M］．北京：中国劳动社会保障出版社，2005：31.

合的原则的。

4. 公私相结合的原则

由政府主导的社会保障能否私营化，目前正成为许多西方国家争论的焦点，它的产生源于社会保障已成为很多西方国家财政的一个最大的负担，以及公共部门对社会保障管理的效率低下。智利模式就是一次成功的社会保障私营化的尝试。智利从 1982 年开始对老年退休金的管理实现私有化之后，个人的养老缴款由多个竞争的民营基金管理公司运营，从而使政府摆脱了社会保障所带来的沉重负担，精力集中在经济建设上。国民的储蓄水平占 GNP 的比例从 1982 年的 9.4% 上升到 1997 年的 25%，1984 年到 1997 年的平均经济增长率为 7%。

减少政府参与，增加民营单位和个人参与，形成社会保障责任共担机制已成为各国调整社会保障体系的共同趋势。但私有和国有的不同的结合方式，却可能导致不同的结果。在一个国家的好的组合在另一个国家可能导致灾难。私有化方法应用到社会保障中，不会自动成为便宜和有效的解决方式，它必须与现存的法律、法规等各种宏观环境相适应，才有可能产生好的结果。

5. 权利与义务相结合原则

权利与义务相结合原则意味着从社会保障制度中分享利益的主体或对象应同时承担相应的责任与义务。国家通过社会保障制度获得社会的稳定和经济的发展，应承担起建立和维持社会保障制度的责任，并承担相应的保障费用。社会保障制度使不同企事业单位中的社会成员能够无后顾之忧地从事工作和劳动，从而使企事业单位能得以生存和获得不断发展，因此企事业单位必须在其收益中缴纳一定的保障费用以尽自己的责任。个人通过社会保障制度使自己免去了经济、社会活动中的后顾之忧，获得了社会保障制度提供帮助的权利，因而每个有劳动能力的个人都应在其收入中为自己将来所能享受的社会保障预先支付一定的费用。不具备或还未具备劳动能力的社会成员，在享受权利时虽然本身不具备承担义务的能力，但国家代他们履行了这个义务，并且他们在接受救助之前，往往必须承担配合相关部门进行生计调查的责任。

6. 与经济社会发展相适应原则

社会保障是社会经济发展的产物，也是现代经济正常运行的客观要求，一定的社会经济条件是社会保障发挥作用的物质基础和客观条件，而社会经济条件发生变化以后必然会对社会保障产生新的要求，即要求社会保障发生相应的变化。因此，社会保障必须与社会经济的发展相适应，才能促进社会经济的正常运行与发展。社会保障以生产力发展为物质基础，保障项目、保障水平等应与生产力发展相适应。一是保障项目的实施范围和保障水平的高低，要受现有社会经济承受能力的约束，不能超负荷盲目追求高福利；二是社会保障水平的提高程度要和经济发展速度相适应，一般而言，社会保障水平应与经济发展水平度、劳动生产率同步增长；增长速度略低于经济发展的速度以及劳动生产率提高的幅度；三是社会保障支出在国民收入中所占的比重要适当，发达国家社会保障支出占国民生产总值的比重在10%～20%之间，个别国家超过20%或低于10%，不同的国家应根据本国国情和需要确定本国社会保障支出的比重。

1.4 社会保障的功能

社会保障制度在运行过程中，必然对经济、社会的运行及发展产生广泛而深刻的影响，形成其固有的外部效应，即社会保障制度的功能。

1. 社会稳定的“减震器”

正如中国共产党的十六大报告中指出“建立同经济发展相适应的社会保障体系，是社会稳定和国家长治久安的重要保障”。从社会保障的起源和发展过程来看，社会保障的直接政治目的，是为了维护社会秩序和减少社会冲突。社会保障制度是整个社会系统中稳定机制的一个有机组成部分，对于保持和维护社会稳定具有“安全网”或“减震器”的功能。

市场竞争总是有风险的，总会有落伍者和失败者，因而必然出现贫富悬殊、收入差距、利益摩擦、失业贫困甚至生活无着的情况，这就使社会生活中隐藏着许多不安定的因素，时时威胁着经济和整个社会的稳定，特别是在经济发展的一定时期，由于经济结构、社会结构、政治结构变动剧烈，这些不安定因素往往会表面化，极易引起社会动荡不安，使社会发展出现波动、停滞甚至倒退。

社会保障制度则通过国民收入的分配和再分配，调节收入差距和利益关系。通过社会保障解决无收入者、低收入者以及因意外灾害造成难以维持基本生存生活问题，以免因生存受到挑战引起社会震荡和不稳定，保证社会成员基本生活得以维持，弱化不稳定因素，减少经济、社会运行中的震荡，作为生活安全网为社会安定有序和国家长治久安提供一个最基本的前提。正因为如此，世界各主要国家都把社会保障制度看成是一种有效的“社会减震器”。

2. 经济运行的“调节器”

首先，社会保障直接调节国民收入的分配与再分配。社会保障的再分配有两种形式：“水平再分配”与“垂直再分配”，前者是从高收入阶层向低收入阶层的收入转移，后者是在劳动时与非劳动时、健康时与疾病伤残时之间进行的所得转移。社会保障的资金来源于国民收入的分配与再分配，并通过税收、征费或转移支付等予以保证，进而分配给受保障者。

其次，社会保障自动调节供求关系。通过一定的社会保障方式或实施一些项目，自动缓和社会总需求的波动，调节社会总供给和总需求趋向平衡。社会保障基金其实起着“蓄水池”的作用。当经济高涨时，扩大社会保障基金规模，有关保障项目的支出相对减少，当前的需求总量中的一部分转化为今后的需求量，从而抑制社会需求的膨胀；当经济停滞时，社会保障资金自动地从“蓄水池”溢出，通过社会救济、社会福利、社会服务费用的支出的增加，刺激社会需求。社会保障可以根据经济运行状况，相应调整其收支水平，从而调节社会总的供求关系，维持经济发展的稳定。

最后，社会保障调节劳动力配置。劳动力是经济发展的重要因素，社会保障是保护劳动力再生产和促进劳动力合理流动的重要制度。一方面，社会保障通过为市场竞争中的失败者提供各种帮助，确保这部分劳动力及其家庭成员的基本生活，从而保护了劳动力的生产和再生产。另一方面，建立统一的社会保障网络，可以保证劳动者在转换工作时无后顾之忧，从而促进劳动力的合理流动，实现劳动力资源的有效配置。

3. 以人为本的“推进器”

社会保障制度是“以人为本”理念的集中体现。人本主义思想的实质就是一切以人为中心，反对以物为中心，一切为了大多数人的利益而不是少数人的利益，强调普通人民大众是政策思考的逻辑起点。随着社会的进步，受保障对象的人格尊严越来越受到尊重，社会保障变成了政府的责任，接受保障也成为公民的一项基本权利。随着社会保障的内容不断丰富，功能健全，社会保障不再仅仅是同贫困作斗争的工具，还成为提高人民生活质量，保障人民生活尊严的有效手段。“以人为本”思想是社会保障的灵魂，也是社会保障制度必须坚持的基本伦理道德原则，集中体现了社会的文明程度。

另一方面，社会保障制度促进社会互助。社会保障资金虽然是“取之于民，用之于民”，但就是受保人而言，社会保障的权利与义务并不是严格对等的，即其缴纳的和获取的在数量上并不是完全等值的。当某一受保人在社会保障中收大于支，那么他就得到了其他社会成员的帮助。社会保障在横向上是各社会成员之间的互助，在纵向上则是劳动者之间的代际赡养与互助。这种互助更有利于社会团结，促进代际沟通，更有利于社会体制和道德观念的维护与延续，从而推进整个社会的道德水平与精神文明的提升。

4. 社会服务的“孵化器”

社会服务的“孵化器”功能主要表现在社会保障机构把大量的被企业遗留的社会保障职责承担起来，为公民提供多方面的服务。现代社会保障不仅仅要解决收入保障问题，而且还要解决服务保障问题。因为收入保障是社会保障最基本、最低层面的问题，随着社会的进一步向前发展，服务保障问题也更大量地纳入了社会保障的范围，社会服务功能便日渐成为社会保障的重要功能。

在市场经济条件下，企业是一个经营实体，按市场的需求来进行生产，利润最大化是企业追求的目标，与此无关或关系不大的事务则被排斥在其职责之外。大部分企业除了为本企业员工支付各种保险金外，相关的事务就不愿意承担，也无力承担。另外，在市场竞争中处于劣势、被挤到了社会边缘的人，除了需要经济上的帮助外，更需要完全把他们从贫困中解救出来的相关服务。因此，为他们创造就业条件，提高他们的就业能力就显得更为重要。比如，对失业者进行培训，为他们再就业提供帮助，对于残疾人给予特殊治疗、培训，以使他们具备某一方面的能力，自食其力等都是现代社会保障的职责。此外，随着生活质量的提高，人们对社会公共产品的需要越来越大了，比如义务教育、社会公共保健，社会保障也在满足社会公共需要方面显现出服务功能。目前西方发达国家社会保障的服务机构林立，从业队伍庞大，享受社会保障服务已成为人们生活中不可或缺的一部分。

1.5 社会保障学的学科性质

对社会保障学科性质的认识也就是说，社会保障属于什么学科？由于研究者的专业背景不同，往往会对社会保障学的学科性质形成不同的看法。对社会保障学学科性质的争论一般集中在以下几个方面：

经济学者一般将社会保障这一学科归入经济学科。他们将庇古、凯恩斯等这样一些声名显赫的经济学家对社会保障的理论贡献作为社会保障学的理论基础和源泉进行研究，将社会保障视为一种经济利益分配手段，对经济生活起调节作用，并且强调社会保障要遵循经济规律。

社会学者则从社会公平和人类社会发展的终极目标出发，他们将柏拉图的《理想国》、莫尔的《乌托邦》、康帕内拉的《太阳城》等经典名著视为社会保障学的理论源泉，认为社会保障是解决社会问题的一项制度安排，是国家对一部分遭遇社会问题的社会成员提供基本生活保障的一整套社会机制。

政治学者则认为社会保障事业事关国家的政治稳定和政治目标，是当代世界政党政治的重要内容，社会保障是政府对公民“履行确保其最低经济生活水平的一种社会责任”，也是政府确认其政治合法性，有效行使其社会管理职能的必要手段。

社会保障的学科定位之所以出现许多不同的观点和争论，是由社会保障的学科特点决定的。社会保障学是在经济学、社会学、政治学等多学科的基础上发展起来的交叉学科。尽管应当把社会保障视为一门独立的学科，但这在任何一个国家都没有做到，即使在欧美发达国家，社会保障也不是一个独立的学科。在中国，1997 年国务院学位委员会将新增的社会保障专业归入管理学门类公共管理一级学科，将其与土地管理、卫生事业管理等纳入同一范畴。

郑功成教授认为：将社会保障作为一门独立的学科可能更有助于该学科本身的建设和发展。“因为从理论上讲，社会保障从基金筹集到支付的过程实质上是国民收入的分配与再分配的过程，它应属于经济学范畴；社会保障的直接目的是为社会稳定发展服务，是国家通过法律强制实施的社会政策，它又应当属于政治学范畴；社会保障的行为是社会控制，其内容与任务是解决各种特定的社会问题，从而又应该属于社会学范畴；在实践中，社会保障关系只能由独立的法律部门来调整和规范，并需要运用到统计学、管理学、保险学等技术。因此，社会保障应当成为一门相对独立的学科，即在经济学、政治学、社会学等多学科的基础上发展起来的一门独立的、交叉的、处于应用层次的社会学科。”①

本章小结

社会保障是由国家或社会依法通过国民收入再分配的手段，采取各种方式对全体公民的基本权利给予保障，从而实现社会稳定与社会公平的社会安全措施的总称。在社会保障体系中，社会保险、社会救助和社会福利是最基本的内容。社会保障作为一项制度具有权利性、公平性、社会性、法制性、福利性、全面性、互助性、发展性的特征。社会保障制度在运用过程当中应遵循公平与效率相结合原则、普遍性与选择性相结合的原则、生存与发展相结合的原则、公私相结合的原则，权利与义务相结合原则和适应经济社会发展原则。社会保障作为社会稳定的“减震器”，经济运行的“调节器”，以人为本的“推进器”和社会服务的“孵化器”，对整个社会经济具有重要意义。对社会保障学的学科性质的争论一般集中在经济学、社会学和政治学三个方面，将社会保障作为一门独立的学科可能更有助于该学科本身的建设和发展。

关键术语

社会保障　社会保险　社会救助　社会福利

思考题

1. 社会保障概念要素有哪些？
2. 简述社会保障的体系。
3. 简述社会保障的特征。
4. 社会保障运行中应遵循哪些基本原则？
5. 简述社会保障的功能。

① 郑功成．论社会保障领域的理论建设［J］．中国社会保险，1995（7）．

6. 如何理解社会保障的“经济调节器”功能？

案例分析

2010 年中国社保抓什么?①

新农保试点启动实施、建立城镇职工基本养老保险省级统筹、养老和医疗保险转移接续办法陆续出台、基本医疗保险制度实现城乡全覆盖、企业退休人员养老金再次上调……2009 年，我国在民生建设方面出台了一系列重大措施。

2010 年是我国应对国际金融危机的关键一年，也是实施“十一五”规划的最后一年。在这个背景下，我国的社会保障工作做什么？带着这个问题，新华社记者专访了在武汉参加全国社会保险局长会的人力资源和社会保障部副部长胡晓义。

落实新农保试点、养老医疗保险“漫游”

“全国首批新农保试点启动以来，得到广大农民群众的衷心拥护，各地要求尽快扩大试点的呼声很高”。胡晓义告诉记者，“从各地初步实践情况看，新农保能否顺利实施，能否及早推开，关键在于基层经办管理服务能力”。他说，如果通过试点，能够总结出宣传广泛深入、服务方便快捷、发放及时到位、信息规范准确、基金安全完整、并能持续调动群众参保积极性的成熟经验，就完全有可能加快新农保推进步伐，提前实现全覆盖。

“同时，要确保养老保险关系转续办法平稳实施。”胡晓义说，“这个办法涉及基本养老保险制度的深层次问题，既涉及地区利益关系的调整，又涉及基层管理能力提升，还涉及群众社会保障意识的培养，要办好这件好事并不容易”。胡晓义坦言，春节前后是一个考验阶段，大批农民工返乡过年，会有一部分人提出退保要求；而春节后农民工返城重新就业，是对接续关系承诺的真正检验。

---

① 来源：新华网，2010 年 02 月 05 日.

“我们要抓住重点时段和重点人群，持续宣传，并积极主动开展与参保人员对账等活动，用实例来证明‘续保、转保不退保’是更好地维护了他们的权益”。胡晓义说话掷地有声。这位副部长告诉记者，2010年还要全面落实医疗保险转续暂行办法和异地就医结算服务意见。其中医疗保险转续暂行办法将于今年7月1日开始实施，他要求各地要制定具体实施办法，于6月底前报人力资源和社会保障部。

进一步解决社会保险制度缺失问题

“近年来，社会保障体系建设获得了长足发展，陆续填补了一些制度空白。”胡晓义坦言，“但仍有部分群体游离在社保制度之外，‘从无到有’的任务还没有彻底完成”。

他告诉记者，以下三项是今年制度建设新的突破点：第一，研究制定城镇居民养老保险指导意见，统筹解决未参保集体企业职工、原家属工、“五七工”的养老保险问题。

第二，下大力气解决“老工伤”问题。通过多渠道筹资、多形式并举，争取年底基本解决这个历史遗留问题。

第三，稳步推进事业单位养老保险制度改革试点。

“事业单位分类改革，绝不是为了财政‘甩包袱’，而是为了促进事业单位更好地发展，为社会提供更好的公益服务。”胡晓义说，“事业单位养老保险制度改革的目标，是建立社会统筹互济、分散风险的保障制度，形成多缴多得的激励约束机制”。

他要求，各试点省市要结合事业单位机构分类、实施绩效工资和人事制度改革，根据实际情况，认真测算，拟订具体政策和实施方案，保证原来国家规定的待遇水平不降低，实现制度平稳衔接过渡。在整个改革过程中，广泛征求各方面意见，做好宣传说明解释工作。

继续稳步提高社会保险待遇水平

胡晓义说：“在当前背景下，继续提高社会保障水平，加大国民收入再分配力度，既有利于促进社会公平、维护社会稳定，又有利于拉动居民消费，转变经济增长方式。”

他说，人力资源和社会保障部门2010年要切实做好企业退休人员基本养老金调整工作，确保春节前发放到位。尚有基本养老金历史拖欠的地区，要进一步加大补发力度。同时认真做好新农保试点地区的基础养老金发放工作，确保60岁以上农民春节前领到基础养老金。

他强调，要稳步提高基本医疗保险保障待遇。各地要组织实施好新版药品目录报销工作，确保参保人员得到实惠。今年各统筹地区封顶线要普遍提高到职工平均工资和居民可支配收入的6倍左右。

“开展居民医保门诊统筹重点联系的城市要加大工作推进力度，通过政策制订和运行服务管理工作，在实践中细化完善门诊统筹政策和管理，为全国推开门诊统筹工作打好基础。”胡晓义说。

全力维护基金安全

“确保安全，是基金管理永恒的主题。”胡晓义直言不讳，“今年的重点是认真总结社会保险基金专项治理，针对发现问题，特别是制度上、流程上的漏洞，做好整改工作；推广基金监管软件使用，大力开展非现场监督。”

同时，做好基金预算管理。按照国务院指导意见要求，各地要切实履行社会保险基金预算草案编报和预算执行职责，通过这一新制度的建立和完善，切实建立政府的责任约束机制，积极探索系统、科学的预算考核评价方法，进一步提高预算的执行力。

此外，要扎实推进内控制度建设。各地要以开展检查评估为抓手，落实内控工作的一把手责任，加强内控基础建设，对发现的问题认真分析研究并整改完善。做好信息披露工作，研究进一步增强社保基金管理透明度的方式。

请思考：

1. 社会保障制度的完善对于中国改革发展的重要作用。
2. 当前完善社会保障体系的重点工作有哪些？

第2章 社会保障的历史进程

社会保障的产生离不开一定的经济条件和社会条件，其发展在很大程度上取决于社会经济发展水平。随着生产力的发展和人类社会的进步，社会保障不断从低层次向高层次推进。世界各国由于在社会政治制度、经济发展水平、文化价值取向上存在差异，因而，社会保障的建立时间、发展程度以及运行机制和保障方式都有很大的不同，纵观社会保障的历史发展，我们大致可将其分为传统社会保障时期和现代社会保障时期。

2.1 传统社会保障时期

社会保障作为人类的一种互助共济行为，是随着人类社会的出现而产生的。传统社会保障时期从社会保障实践萌芽一直延续到现代社会保障制度的产生，大致分为萌芽和发展两个阶段。

2.1.1 萌芽阶段：自然本性的流露

1. 原始社会的氏族保障①

在生产力水平极其低下的原始社会，到处充满着残酷和生存危机。人们主要以索取自然资源，如野果、野兽和野菜等为

① 成志刚. 社会保障导论 [M]. 长沙：湖南大学出版社，2003：118.

生，过着相互依存的群体生活。人们把扶老携幼，照顾老弱病残，互助共济作为世代沿袭的习俗，这即是社会保障的萌芽。这是一种自然的、约定俗成的传统社会保障，这种保障虽然与阶级社会中的救灾、济贫和抚恤及现代保障难以相提并论，但它在当时对社会成员的生存所起的保障作用却是非常重要的。

2. 奴隶社会的主从保障

在奴隶社会，生产力水平有了一定程度的提高，产品开始有少量的剩余，社会第一次分化出两大阶级——占统治地位的奴隶主阶级和处于被统治地位的奴隶阶级。奴隶失去了人身自由和独立性，充当着奴隶主“会说话的工具”。奴隶主对奴隶的生活保障性质等同于工具的保养和牲口的喂养，为了满足生产需要完全由奴隶主负责，这就是主从保障。

3. 封建社会的家庭保障

在封建社会，经济的主体形式是自给自足的小农经济，家庭功能是全方位的。家庭是社会的基本细胞，既是生产单位又是消费实体，还是具有抚育和赡养功能的基本单位。在这样的条件下，劳动力的再生产和保护，不具有劳动能力者或丧失劳动能力者的生活，都是由家庭亲属负责，称为家庭保障。除此之外，也存在家庭之外的小范围的社会保障因素，如我国古代乡里“义仓”备荒，救济本乡村之人，“义田”奖学，资助读书上进的后生，等等。

2.1.2 发展阶段：慈善信念的体现

传统社会保障时期的慈善，实际上分为三种：

1. 宗教的慈善

在西方盛行的各种宗教，不仅包含着最原始的社会保障思想，而且还直接指导着各宗教团体的慈善活动，“慈善”一词在古希腊文中的含义即是神对人的爱。在奴隶社会和封建社会伴随宗教的出现，宗教把形成于原始社会的一些社会规范，诸如互助共济的习俗纳入自己的教义，作为实现宗教精神统治的物质基础之一，于是就出现了宗教慈善事业，特别是欧洲中世纪，由教会或教区主办和管理的各项慈善事业，在本教区内为丧失劳动能力者提供最低限度的生活保障，在灾荒之年为贫困户提供基本生活所需。

2. 官办的慈善

与宗教慈善不同，官办慈善是以国家的介入并以传统道德以及政治需要为基础而产生并得到发展的。在西方国家，政府往往根据需要与实力，在宗教慈善不能满足贫困者需要时，由政府出面举办临时性的救济活动。在这一点上，中国表现得尤为明显。因为中国与西方国家不同，历史上一直是皇权至上，宗教在社会上虽有一定的影响，但不如西方国家那样深刻，因而，对因天灾人祸而处于贫困境地的社会成员只能由官方出面施救。中国三千多年前的周朝就提出“保息六政”的治国安民举措：慈幼、养老、振穷、恤贫、宽疾、安富。

3. 民间的慈善。

民间慈善即由民间人士自发举办的各种慈善活动，表现为聚集民间的财源办民间的善事。民间零星的互助或他助活动，在中外历史上不乏记载，如美国的“苏格兰人慈善协会”、中国宋代范仲淹举办的“义田”、朱熹创办的“社仓”、清代熊希龄举办的“慈幼局”等。

在济贫制度出现之前存在的各种慈善事业，不管是西方宗教组织宗教慈善，还是中外历代统治者举办的官方慈善，抑或是各种民间自发开展的互助共济活动，其实施都取决于举办者的意愿与财力，并非满足社会成员的需要，从而只是一种随机的、临时的、非常落后的救助活动。由于这些保障措施没有也不可能有法律的保证，保障措施的实施存在着相当大的不可预测性和“施舍者”的主观随意性。

2.2　现代社会保障时期

从世界范围来看，现代社会保障制度的形成与发展，大体上分为：萌芽、起步、形成、成熟、改革五个阶段。①

2.2.1　萌芽阶段：英国两部《济贫法》

在由封建社会向资本主义社会过渡的时期，商品经济逐渐取代了自然经

① 童星.《社会保障理论与制度》[M]. 南京：江苏教育出版社，2008：29-34.

济，不断摆脱人身依附关系的农民开始向城镇流动，从而造成了日益增多的贫困现象和社会问题。面对日益增多的保障需求，家庭和慈善机构已力不从心，特别是英国在16世纪开始的“圈地运动”使农村人口大量流入城市，大批农民在摆脱了土地束缚的同时，也失去了生活保障，出现了严重的社会问题。英国政府首先从积极救济贫民入手，于1530年至1597年通过了13个有关处理流浪者的法案。

1601年，英国伊丽莎白女王颁布并实施《济贫法》(旧《济贫法》)。该法案用征税的办法对圈地运动中流离失所的贫民实行救助，并组织失业者从事劳动，安置孤儿当学徒。16世纪的法国，随着教权衰落，王权兴起，为适应资本主义生产关系发展的需要，由宗教团体把持的“慈善”事业逐步由世俗政权接管，神职人员主持的社会救济事业被削减，社会救济由乡村走向城镇，由分散走向统一，其内容也由单纯发放赈济物资转向实行劳动培训、儿童教育等，社会保障从单一缓解社会冲突转变为同时向社会成员提供劳动机会，以维持生产关系。当然，这些措施带有传统救助事业的特征，大多出于宗教信仰和人道主义的动机，并未承认救助事业是一种社会义务，也未承认公民要求救助是一项公民权利。

旧《济贫法》的出现，表明当时的英国统治者已经意识到失业和贫困的危险，需要由政府采取一些措施来缓和因这些问题而导致的社会矛盾。但救济费用逐年递增，财政不堪重负，为了解决这个问题，英国议会根据1817年和1832—1834年《济贫法》调查委员会的报告，于1834年通过了新《济贫法》。依照新《济贫法》的规定，济贫资金来源于地方税，济贫事务仍由地方与教区共同负责。尽管新《济贫法》对申请救助的贫民要求的条件仍较苛刻，诸如受助者必须住进济贫院，同时取消对无业贫民的一切货币和实物形式的救助，只允许将他们收容进习艺所，从事沉重且待遇极低的工作，而且夫妇不能同居。但是，新《济贫法》较旧《济贫法》还是向前推进了一大步，正如英国史学家对《济贫法》的评价“固然缺憾甚多，但仍不失为社会组织的一大进步”。新《济贫法》规定，社会救助是公民的合法权利，政府实行救助是其应尽的义务，也就是说人人都有生存的权利，政府负有保障公民生存的责任。这样一种新的社会保障理念，把社会救助以立法的形式确定下来，从而使社会救助成为一种制度。

新《济贫法》对贫民实行社会救助，稳定了社会秩序，对19世纪中叶英国经济的高速发展起到很大的作用，也为欧洲其他工业化国家建立社会保障制度提供立法基础和制度借鉴。随后，瑞士于 1847 年制定《济贫法》，丹麦于 1853 年出台《济贫法》，挪威于 1845 年颁布《济贫法》，荷兰于 1854 年实施《济贫法》。这样使社会保障最低纲领的社会救助在西欧、北欧国家通过立法的形式固定下来。

2.2.2　形成阶段：社会保险的产生

19 世纪 80 年代至 20 世纪初，社会保障的发展进入质的飞跃阶段，其标志是作为社会保障的基本项目——社会保险的出台和实施。德国是世界上第一个实行社会保险的国家。

19 世纪中叶，德国正处于“铁血宰相”俾斯麦时期。当时的德意志帝国，经历了丹麦战争、普奥战争、普法战争、王朝战争等国内外一系列战争，民众备受战争和贫穷之苦，社会矛盾十分尖锐，工人运动普遍高涨。为了取得对内对外改革的成功，继续加快国内经济建设，并扩大殖民势力，以取得在欧洲的霸主地位，俾斯麦采取“胡萝卜加大棒”政策，于 1878 年颁布《反社会党人非常法》，对社会民主党和工人运动进行血腥镇压，同时，也希望通过社会保险立法来安抚工人以缓和劳资矛盾。在“社会改革”的旗号下，经宰相俾斯麦的倡议，德国威廉一世颁布了皇帝诏书，即著名的《黄金诏书》，这一诏书被视为德国社会保障的“大宪章”，其中声明：工人在患病、发生事故伤残和老年经济困难时应该受到保障，他们有权要求救济，工人保障应由工人自行管理，由此而引发了德国社会保险的立法。1883 年德国制定了世界上第一部《疾病保险法》，接着在 1884 年颁布《工伤事故保险法》，1889 年又出台《老年、残废、死亡保险法》。德国这三部社会保障法中体现的重要原则包括：权利与义务相统一的原则；以交费作为享受保险待遇条件的原则；保险费用多方负担的原则。由俾斯麦创建的社会保险制度，对工薪收入者来说，免受了经济状况调查的查问与济贫院的奚落与冷遇，同时，由雇主、雇员共同出资和国家资助而建立起来的社会保险制度，既符合劳动者利益，对雇主也有好处，对国家来说，也有利于社会稳定和经济的发展。

进入 20 世纪以后，德国从各方面又开始对社会保险制度进行完善。1911 年 7 月颁布《帝国保险法》，由此前颁布的六项法规组成，1911 年 12 月制定并颁布《雇员保险法》，1912 年 7 月还制定并颁布了《职业介绍法》和《失业保险法》，自此，德国构建了当时世界上较为完备的社会保险制度。德国通过社会保险制度创新，使社会保险在全社会范围内推行，使社会保险第一次确立为正式的公共社会保障计划，一方面它可以有效地矫正市场缺陷所引致的社会贫困化问题，另一方面，也可以为产业工人提供稳定的抵御风险的潜在收入，缓解了劳资冲突，真正发挥了社会安全网的作用，也为以后各工业国家建立和发展社会保险制度提供了范例。

继德国之后，西欧和北欧各国，如丹麦、挪威、芬兰、意大利、英国、法国、奥地利、荷兰、瑞士、瑞典、比利时等国，都先后建立了强制性的社会保险体系，实施工伤、疾病、养老和失业保险等项目。

2.2.3 成熟阶段：社会福利的出台

20 世纪 30 年代至 60 年代是社会保障的成熟阶段。美国 20 世纪 30 年代多项目的社会保障体系的出台，是当时国内一系列政治、经济综合因素联合作用的结果。20 世纪 30 年代，以美国为中心的世界性经济危机的爆发以及劳资矛盾的尖锐化，极大地影响着社会安定。1935 年，美国颁布《社会保障法》，成为世界上第一部社会保障法，也是美国第一个由联邦政府承担义务的全国性的社会保障的法律。其主要观点有：（1）社会保障是大机器生产的客观要求；（2）以“普遍福利”为核心的社会保障制度应作为建国的基本方略；（3）初期的社会保障项目应包括失业、养老、家庭保险；（4）实行“以工代赈”的现代社会救助，反对消极的救济行为；（5）实行以地方为主的失业社会保险和强制性多层次的养老保险；（6）社会保障必须促进自我保障意识的确立；（7）社会保障项目必须逐步展开。该法案虽然并未建立一个全国性的社会保障体系，因为缺乏有效的全国统一标准，而基本上是由各州做出决定，但其实施在一定程度上缓解了危机过程中的劳资冲突，保障了社会劳动生产力的恢复，并通过政府福利开支，借助有效需求的扩张，干预和调整国民经济的全面复苏和高涨。同时，《社会保障法》初步奠定了美国社会保障体系的框架和基础。自 1935 年后，美国社会保障体系又进一步向更广泛的社会经济领域扩展。

1948 年，英国率先宣布建成了公民“从摇篮到坟墓”都有保障的“福利国家”。随后，西欧、北欧、北美和大洋洲等许多发达国家纷纷宣布实施“普遍福利”政策。接着，许多发展中国家也先后建立了社会保障制度。这样，社会保障也就成为全世界公认并为各国采用的经济社会政策。

2.2.4 改革阶段：保障危机的出现

20 世纪 50—60 年代“普遍福利政策”的实施，刺激了社会保障的扩展，几乎所有高度工业化的国家，均为老年、遗属、生育、抚养儿童、失业，疾病、长期丧失工作能力或残疾者提供现金津贴，在必要时提供免费的或实际上免费的医疗保健照顾，而且把其范围和项目不断扩大。同时，提供现金津贴的医疗照顾的期限在不断延长，特别是对于长期丧失工作能力者和残疾者更是如此。“普遍福利”的社会保障，有利于社会公平与社会稳定、有助于缓解经济危机，但是，过于慷慨的社会保障承诺一旦遭遇普遍性的经济危机，其缺陷便暴露无遗。

20 世纪 70 年代，由石油危机所引起的经济危机，使世界经济出现了“滞胀”，导致了失业率和财政赤字大幅度上升，福利国家先后陷入困境，出现了“福利危机”，引起财政上的恶性循环，人才和资金的大量外流，公民中普遍滋生依赖和懒惰情绪，并酿成不良的政治后果，从而使社会保障受到普遍的指责。正是社会保障中所存在的弊端与危机，使各国政府迫于财政压力不得不重新探讨社会保障的宗旨、供款机制乃至受益规则与待遇水平。为此，西方发达国家于 20 世纪 70 年代末相继走上了社会保障的改革道路。然而，出于社会保障机制的福利刚性，使政府的施政空间变得极为狭窄，一些试图调整、限制或撤销社会保障制度以期降低通货膨胀压力的行为和举措遭到强烈的抵制。

尽管如此，20 世纪 70 年代末 80 年代初，各国政府为实现被打破的福利增长与经济增长平衡以及社会保障计划收支平衡，不得不谨慎地开始对本国国民视为理所当然的社会保障体系进行改革和调整。改革中虽然各国政府均有自己不同的取向和相应的举措，但总体上来看，这些改革并非要完全抛弃“福利国家”的模式，而是主要在两个方面采取对策，即开源和节流。具体措施有如下三个方面：其一，提高退休年龄。各国提高退休年龄旨在提高受保人进入该计划的门槛限制，如美国拟将退休年龄提高到 67 岁，德国和意大利提高到 65 岁，其他国家也准备采取类似措施。其二，改进受益规则，旨在控制社会保障津贴的增长速度，将社会保障津贴由无偿转变为有偿。其三，向私营部门转移责任。鼓励私营部门以职业年金与私人养老计划，医疗计划参与福利资源的配置，促成混合福利的推行。但是由于社会保障的不可逆性，各国的改革虽取得了一定的成效，可仍然是困难重重，举步维艰。就世界范围来看，社会保障目前及今后相当长的一段时间内均将处于调整和改革时期。

社会保障的发展经历了一个漫长的历史过程，它的发展与人类社会的历史进程和总体趋势是一致的。现代社会保障是对传统社会保障的一种超越，同时也是人类社会文明进步的一个重要成果，尽管各国建立现代社会保障制度的时间有先有后，其制度的实施也存在着很大的差异，但都反映出社会保障本身的一些共性，这就是社会保障建立与发展是以经济发展为基础循序渐进的，在其制度的实施中是以法律为依据，并且是不断完善的。

2.3 中国社会保障的历史与发展

中国社会保障制度的建立相对落后于西方发达国家。新中国建立以前，只有个别外资企业、官办企业、民族资本企业自己规定一些零星的保险待遇，而且操作不规范。新中国成立后才逐步建立起社会保障制度，并随着社会的发展不断完善。

2.3.1 新中国成立前社会保障的状况

新中国成立前，国民党政府曾数次提出创办劳工保险，并也颁布过一些相关法令。1931 年国民党政府颁布《工厂法》，其后，国民党政府资源委员会于 1946 年和 1948 年就劳工医疗、工伤、死亡、生育、养老等项目保险分别做出过一些规定。但是，由于旧中国的工业是一种畸形发展的工业，外国列强及官僚买办所开办的工厂对有关法令采取抵制的态度，再加上旧中国长期处于战乱之中，这些法令、规定实际上形同虚设。

在中国共产党领导的工人运动中，一直把工人阶级的利益与社会保障联系起来。同时，中国共产党在创建革命根据地政权后，立即着手制定劳动法规。1930 年 5 月颁布了《劳动暂行法》，1932 年临时中央政府颁布了第一部《劳动法》，对职工医疗、养老、伤残、失业、死亡等保险都有规定，1933 年 10 月又重新修正并颁布了《中华苏维埃共和国劳动法》，其中对社会保险的范围、待遇、资金来源等都作了规定。在抗日战争时期，各边区政府根据当地的具体情况又颁布了《工厂集体合同暂行准则》、《劳工保护暂行条例》、《改善工人生活办法草案》等针对职工年老或因工造成的伤残、死亡以及患病和女工生育都作了相应的规定。1948 年 12 月，东北行政委员会根据战时的经济条件和东北地区的具体情况，颁布试行了《东北公营企业战时暂行劳动保险条例》，它是我国第一次在较大范围的地区内实行的社会保险制度，《条例》规定的项目比较齐全，但待遇偏低。

2.3.2　新中国成立后社会保障的历史发展

社会保障真正作为一项经济社会制度，在中国是20世纪50年代后逐步建立和发展起来的，大致经历了如下五个时期：

1. 社会保障的初创时期（1950—1957年）

新中国社会保障制度创立的标志是1951年2月政务院（国务院前身）颁布的《中华人民共和国劳动保险条例》（以下简称为《条例》）。《条例》具体规定了职工在患病、伤残、生育、年老、死亡后获得相应的物质帮助的办法，并且形成了两套不同的保障制度：其一是企业职工的社会保障制度，其二是政府机关、事业单位工作人员的保障制度。

在企业职工的社会保障制度中，规定了其管理体制，覆盖范围、筹资方式及待遇资格和水平。（1）管理体制方面：依《条例》规定，企业基层工会负责保险基金的收缴、发放，各级工会指导督促，各级政府中的劳动行政机关负责监督并处理争议和申诉，中华全国总工会为全国最高的社会保险事业的领导机构，国家劳动部为最高监督机关。覆盖范围方面：按《条例》规定，覆盖范围限于拥有职工100人以上的工矿企业以及铁路、航运、邮电行业及其附属单位；1953年对《条例》进行修改，扩大了覆盖范围，在原有的基础上又扩大到工、矿、交通行业的基本建设单位和国营建筑公司；1956年再次扩大到覆盖商业、外贸、金融等13个产业部门。（2）筹资方式方面：《条例》实际上确立了以企业单方付费制为基础的现收现付筹资模式，社会保险金分为两大块，即企业基层工会管理的基金与全国总工会管理的基金；企业按月缴纳本企业职工工资总额的3%作为劳动保险金。前两个月缴纳的全数上缴全国总工会，自第三个月起每月缴纳的基金，其中30%上缴全国总工会作为总基金，70%作为社会保险基金由企业基层工会管理。（3）待遇资格条件和水平：养老保险，男年满60岁，一般工龄25年，女年满50岁，一般工龄20年，可准予退休。退休后，按其工龄长短，从社会保险金中给付养老金，其数额为本人工资的35%～60%，1953年提高到50%～70%；医疗保险方面，企业职工患病所需的诊疗费、手术费、住院费及普通药费由企业负担，贵重药品、住院的膳费及就医路费由本人负担，并规定其病假生活待遇。

养老保险方面，1955年12月国务院颁布《国家机关工作人员退休处理暂行办法》，对国家干部享受养老金的资格与待遇水平作了规定：男年满60周岁，女年满55周岁，可退休，养老金按工作年限长短，以退休时基本工资的50%～80%计发。医疗保险方面，1952年6月，政务院颁布《关于人民政府、党派、团体及所属事业单位的国家机关工作人员实行公费医疗预防措施的指示》，这一规定在报销范围上高于企业。在病假期间工资待遇方面，1952年9月政务院颁布《关于各级人民政府工作人员在患病期间待遇暂行办法》，该办法在1954年7月和1953年12月经过两次修改上述办法及修改后的新办法在待遇上均高于企业。1955年颁布了《关于女工作人员生育假期的通知》，规定生育保险待遇。

其他社会保障措施比如社会救助、优抚安置工作是在吸取根据地，解放区传统办法的基础上创建起来的。1950年颁布实行《革命工作人员伤亡褒恤暂行条例》。而社会福利很大一部分内容包含在企事业单位和政府机关的职工福利中。一般福利和社会救助合在一起，统称为救济福利事业。

从新中国建立开始到20世纪50年代末，基本上形成了自己的社会保障体系。以养老、医疗保险为主要支柱，同时涵盖工伤、生育、死亡，抚恤等保险项目，在一定程度上有效地防范了各类风险，对恢复和发展国民经济，保证职工基本生活需求等方面起到了重要作用。

2. 社会保障的初步调整时期（1958—1966年）

新中国成立初期，由《条例》和一系列政策文件所确立的社会保障过于慷慨，超越了当时国民经济运行的承载限度，而且，社会保险的对象只是城镇劳动者，并未覆盖全体社会成员。同时，由于前段时期社会保障的超常发展，受到经济发展水平的制约，加上1957年以来国民经济的发展遇到了严重困难，使得过热的社会保障事业不得不调整与降温。为适应经济的发展，寻求社会保障与经济发展之间的平衡，在1958年到1966年，以新中国成立初期创立的各项基本制度为主要依据，开始不断完善社会保障的项目、改进管理办法，修订不合理的待遇标准。这次调整主要从两个方面展开：

（1）养老保险制度的调整。1958年2月，国务院全体会议修改并通过《国务院关于工人、职员退休处理的暂行规定》。与原有办法相比，这次调整的显著变化是将企业职工养老保险与国家机关职员的养老保险纳入一个共同的公共养老保险计划之中，即两套制度中最重要的养老保险制度开始出现制度上的趋同倾向。1958年后，这一进程因种种原因而被迫中止。

（2）医疗保险制度的调整。1965年9月，中央指出："公费医疗制度应作适当改革，劳保医疗制度也应适当整顿。”为此、卫生部和财政部颁布《关于改进公费医疗管理问题的通知》，劳动部和全国总工会也于 1966 年 4 月联合颁发《关于改进企业职工劳保医疗制度几个问题的通知》，分别对公费医疗和劳保医疗制度进行调整，提出：看病要收取挂号费；营养滋补药品除特批外，一律自费；职工因工受伤、因职业病住院，本人适当负担膳费等。当然，这种象征性收费并不能有效遏制医疗资源的过度消费和浪费，但表明相关问题已引起了有关部门的重视。这一阶段还规定了病、伤、生育假期；规定了职业病范围和职业病患者的保险待遇；建立了异地支付社会保险待遇的办法。

此阶段中我国社会保障制度在调整中不断得到发展和完善，成就较突出，得到广大职工群众的拥护。但是，由于受“左”的思想的影响，一些保险待遇改进不够，有些保险待遇没有真正实行，还有一些保险待遇未能进行修改。

3. 社会保障的停滞时期（1966—1976 年）

自 1966 年开始“文化大革命”，我国政治、经济、文化和社会生活受到严重破坏，已经平稳运行了 15 年的社会保险制度也因此受到冲击而发生崩溃，社会保障事业处于停滞和倒退之中。

社会保险管理机构，如工会、劳动部、民政部、卫生部、人事部等长期处于瘫痪状态；新中国成立以来建立的各种社会保障法律、法规和制度实际上被废止，社会保障工作无章可循；社会保障基金被停止提取，退休费用的社会统筹被取消；社会保险倒退为企业保险。1969 年 2 月，财政部发出《关于国营企业财务工作中几项制度的改革意见（草案）》规定：“国营企业一律停止提取劳动保险金，企业的退休职工、长期病号工资和其他劳保开支，在营业外列支”，从此逐步形成了社会保障由企业自保的格局。由于社会保障后退为企业自保，社会保险的统一调剂便失去了前提条件，保险金异地支付也被迫停止，也影响了社会保险资金的积累。同时，正常的退休制度也被中断，据统计资料显示，“文革”结束时，企业职工应退而未退者达 200 万人，机关事业单位有 60 万人。“十年动乱”不仅使中国社会保障事业受挫而陷入困境，并且给今后的发展留下了许多隐患。

4. 社会保障的恢复重建时期（1978—1991 年）

党的十一届三中全会以后，随着社会经济的发展，企业制度和劳动制度改革也不断深化，社会保障作为经济体制的一项重要内容也在不断推进。此阶段主要工作是根据新的情况，对原有制度的恢复并进行一些修改和补充。

在企业劳动保险方面，1980 年 3 月，国家劳动总局、全国总工会联合发出《关于整顿与加强劳动保险工作的通知》，规定了整顿劳动保险的目的、内容、业务分工等问题。接着，在全国范围内开展对国营企业中断了的企业劳动保险管理工作进行整顿和恢复，恢复和健全劳动保险的管理机构。

在职工退休退职方面，1978 年 6 月，国务院颁发了《关于安置老弱病残干部的暂行办法》和《关于工人退休、退职的暂行办法》，对老弱病残干部及工人退休退职的安置、退休待遇等作了明确的规定。

在优抚安置方面，1979 年 1 月，财政部、民政部联合发出《关于调整军人、机关工作人员、参战民兵民工牺牲、病故抚恤金标准的通知》。1980 年 6 月，国务院颁发了《革命烈士褒扬条例》。

在社会福利方面，1979 年以后，修改和增设了若干职工福利补贴制度，提高了职工福利补贴起兑标准，增加了福利基金的来源。

自 1984 年开始，国家在全民所有制企业范围内进行了以退休费用社会统筹为重要内容的改革。首先，从 1984 年到 1986 年，在部分市县试行国有企业职工退休费用社会统筹，建立了劳动合同制工人养老保险基金并实行个人缴费，同时，在国有企业部分职工中建立待业保险制度；其次，从 1987 年到 1992 年，在全国范围内推广退休费用社会统筹，并以此带动了工伤、医疗等社会保险制度的改革，同时，部分有条件的省由市县统筹过渡到省级统筹，以扩大养老保险基金的调剂范围，增强养老保险的抗御风险的能力。

在医疗保险方面，1984 年 6 月，劳动人事部、全国总工会在全国推广北京市关于扩大职工劳保医疗制度改革试点经验，解决劳保医疗制度中医疗费用开支过大、药品浪费等严重问题。1984 年，卫生部、财政部在进一步加强公费医疗管理的通知中指出，公费医疗制度改革在保证看好病、不浪费的前提下，在具体管理办法上可以考虑与享受单位、医疗单位或个人适当挂钩。

在失业保险方面，1951 年实施的《中华人民共和国劳动保险条例》将失业保险弃置于保障制度之外，但自 1949—1986 年，中国在经历了 3 次失业高峰后，认识到建立失业保险制度的重要性，终于在 1986 年 7 月作为国营企业劳动合同制改革的配套措施，国务院颁布了《国营企业职工待业保险暂行规定》，显然，这一《暂行规定》在覆盖范围，运行机制方面还存在诸多缺陷，但是，由于其引入了失业保险机制，因而不失为社会保障制度上的一种新的突破。

5. 社会保障的发展时期（1992 年至今）

健全和完善社会保障制度，事关国家改革、发展、稳定的全局。1992 年，党的十四大报告中第一次提出建立社会主义市场经济体制，同时也是第一次明确地把深化社会保障制度改革作为经济体制改革的重要环节。党的十四届三中全会通过的《关于建立社会主义市场经济体制若干问题的决定》，进一步明确了建立新型社会保障制度的目标和原则，由此，中国社会保障制度进入全面深化改革和发展的新阶段。如对养老、失业、医疗等项社会保险制度进行较全面的改革，主要是扩大社会保险的实施范围，调整社会保险待遇的结构，规范社会保险基金的管理办法，统一社会保障的管理机构。从此，中国的社会保障制度朝着适应社会主义市场经济体制需要的资金来源多渠道、保障方式多层次、权利和义务相对应、管理和服务社会化的目标不断迈进。

2.3.3　中国社会保障制度的未来发展

2004 年 3 月，十届全国人大二次会议通过的《中华人民共和国宪法修正案》，明确规定国家建立健全同经济发展水平相适应的社会保障制度，这不仅表明了国家建立社会保障制度的目标和方向已经明确，而且揭示了国民的社会保障权益正在得到确立，它预示着中国的社会保障制度将进入一个较快的发展阶段。

立足于全面建设小康社会的新时代，基于社会保障制度自身的规律和中国的国情，以及近 20 年来整个社会保障制度的变革，可以概括出中国社会保障未来的发展趋势。

新型社会保障制度的发展目标，应当是在这种制度最终定型的基础上，发展成为全体国民走向共同富裕的重要途径，并在维护经济社会的持续、协调与和谐发展中实现自身的持续发展。它的分目标包括：一是尽快实现制度定型，这是我国社会保障制度发展的首要目标。将社会保障制度上升到国家立法规范的层次，进一步明确政府在社会保障制度中的主导责任，并根据责任分担的原则进一步明确政府、企业、社会及个人的社会保障责任，在实践中坚持制度建设的多层次化与社会化原则，采取官民结合的手段来调动政府、社会、企业乃至家庭及个人的参与积极性，最终建成一个健全的、覆盖全体国民的社会保障体系；二是维系整个社会经济的长期稳定、协调、和谐发展，包括化解市场经济条件下的失业风险，维护劳动力市场并促进劳动力再生产，缩小收入分配差距和贫富差别，平衡劳资关系，创造公平稳定的社会环境，并发挥雄厚基金的融资功能，促进社会经济长期稳定、协调、和谐发展；三是保障城乡居民的基本生活并使其生活质量不断得到改善，如将基本养老保险、医疗保险逐渐发展成为全体国民普遍受惠的制度安排，社会福利成为不断提升城乡居民生活质量的可靠保证，其他社会保障制度安排按照各自分工发挥出应有功能，等等；四是促使新制度的有效性不断提高，在与时代保持相适应的条件下实现自身的可持续发展，成为中国社会发展进程中不可或缺的制度安排。

本章小结

随着生产力的发展和人类社会的进步，社会保障不断从低层次向高层次推进。本章将社会保障的发展历史大致分为传统社会保障时期和现代社会保障时期。传统的社会保障时期，主要包括了自然本性的流露的萌芽阶段和慈善信念的发展阶段。现代社会保障时期，该时期又可分为萌芽阶段、起步阶段、形成阶段、成熟阶段、改革阶段等五个阶段。社会保障建立与发展是以经济发展为基础循序渐进的，在其制度的实施中是以法律为依据，并且是不断完善的。

中国社会保障也是随着新中国的政治经济变化而改革发展，中国新型社会保障制度的发展目标，应当是在这种制度最终定型的基础上，发展成为全体国民走向共同富裕的重要途径，并在维护经济社会的持续、协调与和谐发展中实现自身的持续发展。

关键术语

宗教慈善　旧“济贫法”　新“济贫法”　贝弗里奇报告
普遍福利　福利国家

思考题

1. 简述英国新旧“济贫法”的区别。
2. 论述你对贝弗里奇报告的理解。
3. 简述“普遍福利”政策。

4. 论述我国社会保障制度的未来发展趋势。

案例分析

贝弗里奇报告①

1941 年，英国成立社会保险和相关服务部协调委员会（以下简称“调委会”），着手制定战后社会保障计划。经济学家贝弗里奇爵士受英国战后重建委员会主席阿瑟·格林伍德先生委托，出任“调委会”主席，负责对当时的国家社会保险方案及相关服务进行调查，并就战后重建社会保障计划进行构思设计，提出具体方案和建议。第二年，贝弗里奇提交了题为“社会保险和相关服务”的报告，这就是著名的“贝弗里奇报告”。

报告正文共分六个部分。第一部分概要介绍了“调委会”的工作过程和整个报告的主要内容。第二部分审视了英国当时保障制度存在的诸多问题，详细论述了报告所建议的二十三项改革的理由及具体建议，如废除批准社团制度，改革工伤赔偿制度等。第三部分重点讨论待遇标准和房租问题、老年问题以及伤残赔偿途径问题。第四部分主要涉及社会保障预算，在分析社会保险支出状况及各方的缴费能力和意愿之后，提出了由财政、雇主、参保人三方共同缴费的方案，且就各方应承担的比例做了具体划分；同时，还专门论述了工伤保险费的筹集问题，明确了事故和职业病高发行业承担工伤附加费的原则和比例。第五部分为社会保障计划。首先论述了社会保障计划赖以存在的三个假定，提出通过社会保险、国民救助和自愿保险三个层次保障人们不同需要的重要观点。同时，在明确养老金、保险金、补助金及补贴等基本概念的基础上，将全部国民分为六个群体，分析了各群体的不同保障需要，并就其参保待遇、缴费等有关问题进行了系统阐述。第六部分为社会保障和社会政策，详细讨论了子女补贴、全方位医疗康复服务和维持就业问题，并把消除贫困定位为战后的基本目

① http://baike.baidu.com/view/872113.htm? fr=ala0_1_1.

标，明确社会保障计划的目标是：确保每个公民只要尽其所能，就能在任何时候都有足够的收入尽自己的扶养责任，满足基本的生活需要。

报告指出，社会保障应遵循以下四项基本原则：一是普遍性原则，即社会保障应该满足全体居民不同的社会保障需求；二是保障基本生活原则，即社会保障只能确保每一个公民最基本的生活需要；三是统一原则，即社会保障的缴费标准、待遇支付和行政管理必须统一；四是权利和义务对等原则，即享受社会保障必须以劳动和缴纳保险费为条件。这些原则的提出和实施使社会保障理论更加丰富和趋于成熟。

英国政府基本接受了贝弗里奇报告的建议，于1944年发布了社会保险白皮书，并制定了《国民保险法》、《国家卫生服务法》、《家庭津贴法》、《国民救助法》等一系列法律。1948年，英国首相艾德礼宣布英国第一个建成了福利国家。贝弗里奇也因此获得了“福利国家之父”的称号。

请思考：

1. 贝弗里奇报告在社会保障历史发展进程中的地位和作用？
2. 贝弗里奇报告对中国社会保障制度改革的借鉴意义？

第3章 社会保障基本理论

作为社会文明进步的标志，社会保障从思想萌芽到建立起系统的理论与制度，经历了数千年的历史发展。互助互利、扶贫济困的道德传承，是现代社会保障制度最深厚的思想渊源。工业革命以后，国家干预主义、经济自由主义和中间道路等理论的研究直接推动了社会保障制度的建立和完善。

3.1 社会保障的思想渊源

古埃及宗教文献《死亡之书》中写道："我给所有的饥饿者以面包，我给裸露者以衣裳。"美国总统林肯在其著名的《葛底斯堡演说》中告诉世人："人是生而平等的。"我国的儒家典籍《礼记·礼运篇》则有如下记载："大道之行也，天下为公。选贤与能，讲信修睦。故人不独亲其亲，不独子其子。使老有所终，壮有所用，幼有所长，鳏寡孤独废疾者皆有所养。男有分，女有归。货恶其弃于地也，不必藏于己；力恶其不出于身也，不必为己。是故谋闭而不兴，盗窃乱贼而不作。故外户而不闭，是谓大同。"

这些传统思想源于人类内心深处崇高的道德准则：互助互爱，众生平等，扶贫济困。这就形成了现代社会保障制度最深刻的思想渊源。

3.1.1 西方传统文化中的社会保障思想

西方传统文化中的空想社会主义学说、天赋人权观、宗教思想等从不同的角度出发，论述了人类对于美好社会的向往和期待，也成为现代社会保障制度内在价值观念的思想源泉。

1. 空想社会主义

西方空想社会主义思想是现代社会保障制度最基本、最深刻的思想基础之一。空想社会主义思想源于古罗马柏拉图（Plato）的《理想国》。在这本名著中，柏拉图抨击了社会的不平等，强调平等、互助、公正的社会思想；反对私有制，主张财产公有、共享；提出消除贫富对立，建立一个人人享有自尊、秩序和谐、大众幸福，没有压迫和对立的理想社会。①柏拉图的思想被后世许多思想家继承并发挥，最终形成了空想社会主义学说。

空想社会主义学说的发展大致经历了三个历史阶段。第一阶段是早期产生阶段，这一阶段的代表人物主要有英国的托马斯·莫尔（Thomas More）和意大利的托马斯·康帕内拉（Tommaso Campanella）。莫尔于1516年发表了《关于最完美的国家制度及乌托邦新岛的既有益又有趣的金书》一书，简称《乌托邦》。该书与托马斯·康帕内拉的《太阳城》都揭露和批判了不合理的制度，描绘了一个没有剥削没有压迫、财产公有、分配平均的理想社会。第二阶段是发展阶段，这一时期的主要代表人物有摩莱里（Morelly）、马布利（G. B. Mably）等。摩莱里的《自然法典》被公认为标志着空想社会主义思潮开始形成为理论体系。第三阶段是成熟阶段，主要是在19世纪。主要代表包括法国的圣西门（Saint-Simon）、傅立叶（Charles Fourier）和英国的欧文（Robert Owen）。圣西门把他所理解的社会制度称为“实业制度”，把满足人民需要、促进无产者福利的提高、保证社会安宁作为社会制度的唯一的和固定的目标。傅立叶认为，资本主义的自由竞争必然被更加符合人的自然本性的和谐制度所代替。欧文的理想社会是一个和资本主义相对立的，没有剥削、没有阶级、人人劳动、人人平等的福利社会。他主张通过改革试验来构造理想的社会模式。合作公社是改造资本主义社会的重要途径，也是未来新社会的基层组织。

空想社会主义学说在其数百年的发展过程中，虽然始终没有摆脱虚幻空想的性质，但其学说涉及国民福利、公有制、公平原则、按需分配等思想，是现

① 童星．社会保障理论与制度［M］．南京：江苏教育出版社，2008：66.

代社会保障制度思想基础之一。

2. 天赋人权观

现代社会保障制度最有力的思想渊源，无疑是“天赋人权观”。“天赋人权”也称为自然权利，指的是人在自然状态下已经享有的权利。相对于用法律或习俗道德规定的权利，它不受任何意志或权利的干涉，是天然赋予的，不容侵犯的。“天赋人权观”的经典表述来源于美国总统林肯的著名演说——《葛底斯堡演说》。林肯在该演说中告诉世人：“人是生而平等的”，或可直译为“人是被（上帝）平等的创造出来的”。

天赋人权观的核心是：凡是人，都具有天经地义的、无可辩驳的、不可剥夺的生存权。这一内涵使得人都享有生存权成为一条社会公理。人都拥有生存权这一公理，直接催生、缔造了现代社会保障制度。因为这一制度的首要功能，就是维护人人都有的生存权这一天赋人权。①

3. 基督教精神

互助互利，救济贫困的思想还体现在西方基督教思想中。早期的基督教社团实行财产共有、人人共享的平均主义原则，主张穷人互助、爱人如己，反对富人欺压穷人，提倡施爱与人（包括物质的与精神的），人人平等、努力向善，认为互助、博爱即是善的最重要标准。以这些原则为基础，早期基督教社团开展了各种慈善活动。宗教社团的扶助，成为贫民赖以生存的社会性制度基础之一。

基督教济贫扶困的思想延续至今，且在不断发展。基督教的互助平等思想及社会救助实践，既继承了人类一以贯之的相关思想与行为，又通过慈善理念的推行，进一步强化了催生现代社会保障制度的伦理观念，形塑了慈善行为模式。②

3.1.2　中国传统文化中的社会保障思想

中国传统文化历史悠久，源远流长，其中蕴含着丰富的社会保障思想。纵

① 童星．社会保障理论与制度［M］．南京：江苏教育出版社，2008：67.
② 童星．社会保障理论与制度［M］．南京：江苏教育出版社，2008：65-66.

观中国历史，早在春秋战国时期，儒家、道家、墨家的社会思想和言论都表现出一种对美好社会的憧憬和追求。

1. 儒家的“仁政”与“大同”思想

我国的儒家传统思想是以“仁”为核心的。开创者孔子认为“天”的本质即为“仁”，“不仁”即是“悖天”。因此，统治者应该行“仁政”。体现在施政方针上就是要善待百姓，安抚百姓，急百姓之急，救百姓之难。孟子发展了孔子的仁学思想，针对当时社会出现的战乱与灾荒致使民不聊生的现状，提出了治理社会的方案即“行王道施仁政”。对于仁政，孟子认为必须先解决鳏寡孤独问题，然后再涉及一般人民，以便有个轻重缓急。孟子的小康社会是一个“尊贤使能，俊杰在位”的仁政社会；是民有恒产，丰衣足食的社会；老少皆有所养。先秦末期，荀子进一步从功利角度出发解释了统治者行“仁政”的必要性，即所谓“君者，舟也；庶人者，水也。水则载舟，水则覆舟”，可以看出，保证民众的基本生活是“仁政”的基本要求之一。

大同社会是儒家所向往的理想社会模式。“老者安之，少者怀之”，即让社会上所有的老人能安度晚年，少年普遍得到关怀。孔子提出以财富平均的办法解决社会不均的问题。“闻有国家者，不患寡而患不均，不患贫而患不安。盖均无贫，和无寡，安无倾。”大同社会是孔子对原始社会时期民众的生产、生活方式的怀念，为后来的许多思想家所引用发挥。

2. 道家的“平均主义”与“互利互助”思想

《太平经》这一道家经籍深入阐述了源自先秦时期的互助互利思想。《太平经》认为：社会财富是社会共有的，以维系全体社会成员的生存，“此财物乃天地中和所有，以共养人也”。

老子在《道德经》中也写道：“上善若水，水利万物而不争。”老子的社会思想可以概括为两条：一是反对财产占有，反对压迫，反对战争，提倡“损有余而补不足”的平均主义。二是提倡无为而治，顺乎自然，提出了“小国寡民”的“至治之极”的理想社会。老子的思想具有追求平等、“均贫富”等大同思想的一面，对后世的影响很大，为下层人民尤其是农民所信奉。

道家的另外一个代表性人物庄子则发展了老子的思想，提出“至德之世”。认为“至德之世”的人民无私无欲，不慕荣利，财产有余，不存在私有财产观念，也不需要有任何私有财产。消费品平均分配，人与人之间的关系友好而和谐。

3. 墨家的“兼爱”

墨家所提倡的“兼爱”思想对于社会保障制度也具有积极意义。墨子认为：“民有三患，饥者不得食，寒者不得衣，劳者不得息”。“三患”的根源在于民众自爱而不相爱，亏人以自利。所以墨子提倡人际间的互相帮助，“兼相爱，交相利”，“有力者疾以助人，有财者勉以分人”。墨子向往的社会是一个典型的个体生产者的王国，这里的人与人之间的关系是互助互利的，也即墨子所说的是“兼”的关系。虽然由于现实的制约，墨子的理想社会实现的可能性很小，但他倡导的这种互济互爱的生活方式，不失为一种社会共济的思路。

4. 宗教伦理与教义

两汉时期，随着外来佛教的传入和本土道教的产生，宗教思想迅速成为中国社会的主要思潮之一。

道教作为中国土生土长的一种传统宗教，其基本思想打上了中国历史传统和民族精神的烙印。道教主张教化世人，非常重视如何引导人们向善，如何达到太平盛世的问题。它劝导世人行善以修身，还主张审时济世，体现了其仁济苍生、广救生民的态度。

佛教主张众生平等，人们相待应“无区别心”。佛教否定今世而追求来世，但这一追求可以通过“普度”、“自修”、“顿悟”来实现。无论哪一种实现形式，均以行善积德为基础。所以佛教否定今世，但不否定生命。恰恰相反，佛教高度尊重生命，关爱生命，强调慈悲为怀。由此，放生、救生构成佛教的基础理念和行为之一。①佛教教导世人行善修德积福，其教义中的“普度众生”、“大慈大悲”、“善恶报应”等内容也体现了中国早期社会保障的某些思想内涵。

从上述论述中可以看出，我国和西方社会传统文化中的社会保障思想存在着相通之处。如两者都体现出平均主义的平等观，主张生产生活资料的平均分配，反对贫富分化等；都具有原始的人道主义思想，要求保障基本生存需要，着重解决贫困者的基本生活问题，向往理想社会中的团结、友爱、共助、和谐

① 童星．社会保障理论与制度［M］．南京：江苏教育出版社，2008：66.

的人际关系。这些思想都触及了维护社会公平、追求人道、促进社会成员协调发展等现代社会保障制度的基本原则。它们其实就成为现代社会保障理论的渊源，客观上为社会保障理论与实践的发展提供了指导。

3.2 社会保障的基础理论

从世界范围内看，现代社会保障理论主要可以分为三大流派：国家干预主义、经济自由主义和中间道路学派。国家干预主义理论流派主要有德国新历史学派、费边社会主义、福利经济学、瑞典学派、凯恩斯主义、新剑桥学派等；经济自由主义则包括古典自由主义和新自由主义，在当代主要指以传统自由主义、现代货币学派、供给学派和公共选择理论为代表的新自由主义理论；中间道路学派主要指第三条道路理论。

3.2.1 国家干预主义

所谓国家干预主义，是指一种主张削弱私人经济活动的范围，由国家干预并参与社会经济活动，在一定程度上，承担多种生产、交换、分配、消费等经济职能的思想和政策。它强调自由市场机制的缺陷必须通过国家干预来弥补，表现在社会政策方面，国家必须负起“文明和福利”的职责，肯定政府在社会财富再分配中占有的重要地位。①国家干预主义理论流派主要有德国新历史学派、福利经济学、瑞典学派、凯恩斯主义、新剑桥学派等。

1. 德国新历史学派理论

从世界范围内看，现代社会保障制度体系最早是受德国新历史学派的影响而在德国建立起来的。19 世纪 70 年代到第一次世界大战前夕，德国国内盛行一种主张劳资合作和社会改良政策的学派，后人称之为新历史学派，又称为“讲坛社会主义”，并被视为社会保障制度的支柱——社会保险制度产生的直接理论基础。该学派提出，在不改变资本主义生产关系的前提下，由政府通过立法，实行某些社会政策，提高工人的物质生活待遇，以缓和阶级矛盾，维护

① 徐丙奎．西方社会保障三大理论流派述评［J］．华东理工大学学报（社会科学版），2006（3）．

资本主义社会秩序。其主要代表人物有德国学者古斯塔夫·施穆斯（Gustav Schmoller）、布伦坦诺（Lujo Brentano）等。

新历史学派强调国家在经济生活中的主体地位及作用，因此该学派又被称之为国家主义学派。①该学派的理论有两个支撑点：一是伦理道德论，即从伦理道德出发，认为劳资冲突不是经济利益上的对立，而是感情、教养和思想上存在差距而引起的对立。因此，劳资问题是一个伦理道德问题，不需要通过社会革命来解决，而只要对工人进行教育，改变其心理和伦理道德的观点便可以解决。二是国家观，即主张国家至上，国家应直接干预经济生活，负起"文明和福利"的责任。②

新历史学派的政策主张包括：第一，国家的职能不仅在于安定社会秩序和发展军事实力，还在于直接干预和控制经济生活，即经济管理的职能。第二，国家的法令、法规、法律至上，决定经济发展的进程。第三，经济问题与伦理道德密切相关，人类经济生活并不是仅仅局限于满足本身的物质方面的欲望，还应满足崇高的、完善的伦理道德方面的欲望。第四，劳工问题是德意志帝国所面临的最严峻的问题，国家应通过立法，实行包括社会保险、孤寡救济、劳资合作以及工厂监督在内的一系列社会措施，自上而下地实行经济和社会改革。③

新历史学派的政策主张被俾斯麦政府所接受，从而成为德国率先实施社会保险制度的理论依据。从 1883 年开始，德国陆续推出了《疾病保险法》、《工业伤害保险法》、《老年与残疾保障法》等社会保险法典。新历史学派的主张后来经过制度学派而得以在美国发展，并得到欧洲一些国家的认可，成为西方国家早期社会保障政策的思想基础。

2. 福利经济学

福利经济学是现代经济学的一个分支，它形成于 20 世纪初的英国，后来在美国、瑞典、法国等国得到传播。福利经济学可以分为旧福利经济学和新福利经济学。

旧福利经济学的主要代表人物是被誉为"福利经济学之父"的英国著名

---

① 童星．社会保障理论与制度［M］．南京：江苏教育出版社，2008：73.

② 夏淑梅，罗遐．社会保障概论［M］．合肥：安徽大学出版社，2005：24.

③ 阮凤英．社会保障通论［M］．济南：山东大学出版社，2004：29.

经济学家阿瑟·塞西尔·庇古（Arthur Ceil Pigou）。庇古在其经典著作——《福利经济学》中，通过对经济福利的衡量标准和增进经济福利的途径研究，奠定了西方福利经济学的理论体系。

庇古将福利分为两类：一类是广义的福利，即“社会福利”，一类是狭义的福利，即“经济福利”。广义的福利是指个人获得的某种效用与满足，它们来自对财物、知识情感、欲望的占有和满足。而所有社会成员的这些满足或效用的总和便构成社会福利。可见，广义福利中的许多内容是无法以货币计量的，而社会福利中能够以货币计量的部分即为狭义福利——经济福利。庇古认为，经济福利虽然只是社会福利的一部分，但它对社会福利有着重要的意义，它决定着社会福利的实现。①

庇古把福利经济学的内涵归纳为两个命题：第一，对于个人的实际收入的任何增加，都会使满足（效用）增大；第二，转移富人的（部分）货币收入用于穷人，会使满足（效用）更大。依据边沁所提出的“最大多数人的最大福利”这一功利原则，庇古假定在收入分配中有一个货币收入的边际效用递减规律在起作用。同样一英镑收入对穷人和富人的效用是不相同的，穷人一英镑收入的效用大于富人一英镑收入的效用。因此，他认为把收入从相对富裕的人转移到相对贫穷的人手中，从整体来说，就一定能够得到更大的满足，会增加一国的经济福利。

庇古认为，国民收入总量的增加和国民收入分配的平均程度是检验经济福利的两个标准。任何引起国民收入总量正向变动（即增长）的因素，如果并不同时导致其分配均等化公平化程度的下降，都会增加经济福利，也就必然会增加社会福利，而经济政策的目标就在于使社会福利的总和极大化。因此，国家必须在两个方面做出努力：一是必须要增加国民收入总量。要增加国民收入总量，就必须使生产资源在国民经济各部门中的配置能够实现最优化，或者接近最优化。二是通过实行累进税，实现国民收入再分配。把富人缴纳的一部分税款转让给包括老年人在内的低收入者，实行收入相对均等化。这样不仅可以调节分配关系，还可以调节生产关系，从而使资源得到更加合理的配置和使用，使经济获得最大的增长，从而增加社会福利。

在社会政策方面，庇古的主要观点在于：一是增加必要的货币补贴，改善

① 童星．社会保障理论与制度［M］．南京：江苏教育出版社，2008：74.

劳动者的劳动条件，使劳动者的患病、残疾、失业和养老能得到适当的物质帮助和社会服务。二是向收入高的富人征收累进所得税，向低收入劳动者增加失业补助和社会救济，以实现收入的均等化，从而增加普遍的福利效果。三是普遍养老金制度，或按最低收入，进行普遍补贴的制度，通过有效的收入转移支付实现社会公平。①

在庇古之后，英美一些著名的经济学家对旧福利经济学作了重要补充与修改，在 20 世纪 50 年代形成了新福利经济学，即现代西方福利经济学。该学派主要代表人物有保罗 · A. 萨缪尔森、J. R. 希克斯、A. 伯格森、A. P. 勒纳等人。新福利经济学认为，最大福利的内容是经济效率，而不是收入的均等分配。所谓经济效率，是指生产资源的使用达到最适度状态，即实现“帕累托最优”。当资源得到最适度配置时，经济就是有效率的，因而才能达到最大社会福利。

新福利经济学派认为，如果任何改变使一些人的福利增加而却使另一些人的福利减少，那么只要增加的福利超过减少的福利，这种改变就会增加社会福利。新福利经济学派还主张相对福利论，认为福利是在自由选择下个人偏好的满足。这种相对的福利不是指达到最大的满足总量，而是指达到最高的满足水平。每个人是他本人福利的最好评判者，社会福利的高低取决于组成社会的所有个人的福利水平。

福利经济学自产生以来，其理论虽然经过了一些变化，但新旧福利经济学之间并没有本质的区别，都包含两个方面的基本内容：一是论证竞争市场的有效性，得出了福利经济学的第一个基本原理：竞争的市场注定是帕累托有效的。二是认为政府通过采取适合的收入分配政策能够有效地矫正“市场失灵”，实现社会福利的最大化。福利经济学的这些理论为福利国家社会保障制度的建立提供了重要的理论依据。②

3. 瑞典学派

瑞典学派又称北欧学派或斯德哥尔摩学派，是当代西方经济学的重要流派之一。它产生于 19 世纪末 20 世纪初的斯德哥尔摩大学，其代表人物有大卫 ·

① 耿忠平 . 社会保障学导引［M］. 上海：同济大学出版社，2003：27.

② 章晓懿 . 社会保障：制度比较［M］. 上海：上海交通大学出版社，2004：27-30.

达维逊（David Davidson）、古斯塔夫·卡塞尔（Gustav Cassel）、克努特·维克塞尔（Knut Wicksell）、隆德伯格（Erik Lungberg）等瑞典经济学家。瑞典学派开创了以国家干预实现“充分就业”和“收入均等化”的瑞典社会福利模式，成为“福利国家”建立和发展的理论基础。

瑞典学派提出的“自由社会民主主义”经济制度理论是瑞典福利制度的理论基础。隆德伯格认为，瑞典在第二次世界大战后的经济制度，既不属于传统的资本主义制度，也不属于社会主义制度，而是一种特殊的经济制度，即自由社会民主主义经济制度。这一制度的主要内容是：在政治上保留西方的民主制度，在经济上实行国有化、福利国家和市场经济三者结合的制度。①

瑞典学派认为实行“混合经济”具有优越性。因为私营经济追求的是利润最大化，公营经济注重的是社会公平，通过两者互补，既可以实现经济发展，又可以保持社会安定。瑞典学派强调收入和财富分配均等化，主张用累进税率来解决分配问题。他们认为，一个理想的社会应当把福利普遍给予社会的成员，使人人得到幸福。为此，国家应当担负起环境保护、公共产品和劳务的供应、经济稳定、收入和财富的分配等方面的责任。瑞典学派在政策方面有两个基本点：一是依靠政府的干预，通过宏观经济调节的方式来平抑经济的周期波动，以实现充分就业。二是用收入再分配的方法实现收入均等化。利用累进所得税以及转移性支付，举办社会福利设施，使社会各阶级、集团之间的收入和消费水平通过再分配趋于均等化，保障国民的最低生活标准，并进一步提高国民的生活质量，从而实现收入的平等。

瑞典学派不仅在理论上为福利制度奠定了基础，而且其政策主张在实践上也得到了应用。瑞典凭借自身良好的经济和社会环境，在瑞典学派和贝弗里奇报告的影响下，建立了一个包含社会救助、国民基本年金、国民附加年金、国民健康年金、失业保险、工伤事故保险、儿童补助、培训补助、子女抚养贷款、老年福利、房租补贴、带薪假期和免费教育等十三项内容的社会福利制度，成为北欧的“福利国家橱窗”。第二次世界大战以后，瑞典学派的理论和政策主张受到了许多国家的政府部门和学术界的重视。

4. 凯恩斯主义

约翰·梅纳德·凯恩斯（John Maynard Keynes）是世界上最伟大的经济学

① 郭士征．社会保障学［M］．上海：上海财经大学出版社，2004：35.

家之一。面对资本主义世界经济大危机给自由主义经济下的传统福利理论所带来的巨大冲击，凯恩斯于 1936 年发表了《就业、利息和货币通论》一书，提出了有效需求不足理论以及相应的国家干预思想，从而开创了现代宏观经济学的新时代。在凯恩斯的国家干预主义理论中，社会保障思想占有相当重要的地位。

凯恩斯的理论创新从关注充分就业开始。他认为社会上一般不存在充分就业的均衡状况，非自愿失业大量存在。由就业市场的一般非均衡常态，即可证明市场的一般均衡是不成立、不存在的。这就完全推翻了自由主义传统所恪守的信念：市场是能够自动实现一般均衡的。凯恩斯认为市场于经济运行中自身就存在不可避免的缺陷，市场非一般均衡才是常态，因为有效需求总是不足的。

在凯恩斯看来，“有效需求”是指商品的总需求价格与总供给价格相等，即达到均衡状态时的总需求，是一个国家的总需求或总购买力。总供给价格与总需求价格之间关系的变化，决定社会的总就业量。当总需求的价格大于总供给价格时，企业就要扩大生产，增加雇佣工人，社会总就业量就会增加；反之，当总需求价格小于总供给价格时，企业就要压缩生产，裁减在岗工人。这种总的、合理的供求关系就是有效需求。有效需求原理可用公式表示为：$Y = C+I$（其中 Y 是指社会有效需求，C 是指居民有效需求即消费需求，I 是指资本有效需求即投资需求）。

凯恩斯认为，社会有效需求不足是由消费需求不足和投资需求不足造成的，而两者的不足又是由三个经济心理规律所决定的。一是边际消费倾向递减规律，即人们的消费随着收入的增加而增加，但消费的增加量恒小于收入的增加量。二是资本边际效率递减规律，即资本的预期利润率取决于资本的供给价格和资本的预期收益，在其他条件相同的情况下，投资者对利润率的预期将随投资量即资本量的增加而降低，因为投资量的增加直接增加了资本的供给价格总量，即成本量，从而导致资本边际效率（预期）递减，导致投资减少，就业减少，有效需求不足。三是流动偏好规律，即人们为了应付日常开支、意外开支和在适当时机投资的需要，总是倾向于以货币形式保持其一部分资产，这直接导致有效需求不足。

由于三个经济心理规律的作用，引起消费和投资需求的不足，从而使社会有效需求不足。有效需求不足首先通过非充分就业得以证明。“一个社会之所以比较贫穷，是因为就业不足”，它导致了收入、消费、投资等一系列的不足，最后则导致危机即萧条的产生。为解决有效需求不足的问题，凯恩斯主张确定经济政策的目标时要刺激需求，实现充分就业。他提出，政府的财政政策应从传统的预算平衡思路中解放出来，推行扩张性的财政政策。积极干预经济，扩大政府支出，实行赤字财政，以刺激社会经济活动，增加国民收入。还可以实行适当的通货膨胀政策，即国家通过自己控制的中央银行系统增发纸币，扩大信贷，压低利率。除了通过税收政策鼓励资本家投资外，政府要直接兴办公共工程，扩大社会福利设施，增加消费倾向，达到足够的总需求和充分就业，消除和缓解经济危机。社会保障在国家干预思想中占有相当重要的地位，凯恩斯主张通过累进税和社会福利等办法重新调节国民收入分配，还提出消除贫民窟，实行最低工资法，限制工时立法等主张。他倡导积极国家，反对自由主义的消极国家，强调维护资产阶级民主制度。①

凯恩斯主义是20世纪西方经济思潮中影响最大的一个流派，是西方资本主义国家政府干预和调节经济理论的先驱和指导者。凯恩斯主义，特别是其提高有效需求的宏观经济管理理论，成为现代社会保障制度的理论基础之一。凯恩斯从实现宏观经济一般均衡的角度，导出社会保障和社会福利的必然性，将其从伦理的必要性导向效率（经济）的必要性，实现了社会保障理论的一次革命性转换。因此，我们认为凯恩斯主义是一个新的里程碑，它直接推动了第二次世界大战后社会保障制度在全世界范围内的建立。

在凯恩斯之后，以凯恩斯的弟子琼·罗宾逊（Joan Robinson）夫人为领军的新剑桥学派以维护“凯恩斯革命”的理论正统为己任，在凯恩斯理论的基础上建立并发展了新的收入分配理论。该学派的主要代表人物除了琼·罗宾逊夫人外，还有皮罗·斯拉法（Piero Sraffa）、尼·卡尔多（Nicholas Kaldor），卢杰·帕西内蒂（Luigi Pasinetti）等著名学者。由于这些主要代表人物都在剑桥大学任教，人们称之为新剑桥学派。

新剑桥学派首先认为，国民收入分配和再分配的不合理是资本主义生产方式的顽疾。由于国民收入是由劳资双方的收入所构成的，并且工资和利润是对立的，从而导致了国民收入在工资和利润之间的分配具有不公平性和不合理性。其次，他们否定新古典自由主义学派的边际生产力分配理论，把改善资本

① 徐丙奎．西方社会保障三大理论流派述评［J］．华东理工大学学报（社会科学版），2006（3）．

主义社会收入分配结构、实行收入均等化作为经济政策的首要目标，其他目标均处于从属地位。最后，他们认为，国民收入在工资与利润之间分配的不公平和不合理，只有通过国家干预才能解决。

新剑桥学派主张积极的财政政策，但不主张过多的赤字；主张积极的货币政策，但不主张常态性的膨胀（实际上凯恩斯也不主张）；主张一定程度的国有化，国家以财政资金收购私人公司；主张基于比较成本、比较优势理论发展对外贸易，扩张就业岗位；主张对失业者进行政府培训，以促进其再就业；主张实行高额累进税收制、遗产税制、赠与税制来调节国民收入的再分配，以增加全社会的福利，由此可见其国家干预主义的立场，干预方向则指向分配领域。①

3.2.2　新自由主义

新自由主义理论是与古典自由主义理论一脉相承的。古典自由主义产生于 18 ~ 19 世纪，以亚当 · 斯密"看不见的手"的理论为基石，其理论核心是认为市场机制具有完美的自动均衡能力，一切生产要素及其价格都可以通过市场机制的自我调节完成均衡。任何外在的人为的影响，尤其是政府的各种调节企图不仅不会使情况变得更好，反而会变得更坏。因此，坚持"市场"第一性，排除政府行为的影响就成了经济活动的前提条件。政府唯一要做的就是充当经济活动的"守夜人"。②古典自由主义思想在整个 19 世纪引导着西方国家政府的政策，一直持续到 20 世纪早期。

1976 年的滞涨并存危机使人们开始怀疑凯恩斯主义的国家干预的有效性。新自由主义的大潮由此迭起，流派纷呈。新自由主义进一步倡导市场经济及自由竞争，反对国家对经济和社会的干预，认为自由是人的不可侵犯的权利。以哈耶克（Hayek）为代表的传统自由主义理论，以密尔顿 · 弗里德曼（Mildun Friedman）为代表的货币主义学派，以拉弗（Arthur B. Laffer）为代表的供给学派和以布坎南（James Buchanan）为代表的公共选择理论等构成了新自由主义学派。③

---

① 童星. 社会保障理论与制度［M］. 南京：江苏教育出版社，2008：82.

② 唐彬. 市场还是政府？——经济自由主义与干预主义的斗争历程［J］. 理论月刊，2006（5）.

③ 童星. 社会保障理论与制度［M］. 南京：江苏教育出版社，2008：84.

1. 传统自由主义

传统自由主义的代表人物是哈耶克。哈耶克继承了古典自由主义理论的基本观点，认为以个人自由为基础的私人企业制度和自由市场制度是迄今为止人类所能选择的最好制度。集体主义和社会主义是违背“人的本性”的一种制度，实行计划经济更是一条“通向奴役的道路”①。哈耶克主张市场经济条件下机会平等的自由竞争，反对国家对经济和社会生活的干预。认为市场不可能把人们的收入和财产拉平，但是用人为的方式实现收入和财产的平等就会造成“不平等的有权势者”。

在社会保障方面，哈耶克认为现代政府对贫困者、时运不济者和残疾者进行救济，对健康卫生问题和知识传播问题予以关注是理所当然的，而且这些纯粹的服务性活动，也应当随着财富的普遍增长而增加。此外，他也承认的确存在着一些只有通过政府干预才能满足的公共需求。“但是这却未必意味着，政府因此获得了提供这些服务的排他性权力。因为自由主义者希望能够始终保有这样一种可能性，即只要人们发现了私人企业提供这类服务的方式，那么就可以由私人企业来提供这些服务”。哈耶克尽管不反对政府提供必要的社会福利，但是反对通过社会福利的提供导致过多的再分配。他认为自由主义的一般性原则无疑是最好的原则，也就是尽可能利用市场的自由竞争机制，包括在社会福利的提供中也尽可能利用竞争机制。哈耶克认为通过发展一种有助于真正竞争意义上的保障机制的制度，是有可能提供绝大多数社会保障服务的。而且在一个自由主义的框架中，人们甚至还可能建立起一种确使所有的人都可以享有某种最低收入的制度。哈耶克强调提供保障的方式要尽可能地符合自由主义的基本原则：政府的非强制性、利用竞争机制和尽可能少的收入再分配。

哈耶克全面否定福利国家的普遍福利政策。认为福利国家损害了市场机制的作用，限制了个人的自由选择。②福利国家把过多的经济资源、资本和劳动力集中在政府手中，削弱了私人经济利用技术发展的机会和适应市场环境的能力。其政策的制定往往从政治方面进行考虑，会挫伤企业职工的工作积极性和效率。而不论地区差异实行均等政策，更容易削弱劳动者寻找变换工作的积极

---

① ［奥］哈耶克．通向奴役的道路［M］．北京：商务印书馆，1992：104.

② 陈银娥．现代社会的福利制度［M］．北京：经济科学出版社，2000：114.

性，因此是不可取的。

2. 现代货币学派

现代货币学派是 20 世纪 50 年代中期在美国出现的反凯恩斯主义学派，代表人物是密尔顿·弗里德曼。弗里德曼反对国家干预，鼓吹自由放任的信条，认为市场自发力量可以使资本主义经济自然地趋向均衡。他认为，资本主义经济的动荡都是由于实行政府干预市场经济的错误的财政金融政策造成的。他反对凯恩斯主义用扩大政府财政支出的政策来消除失业的方法，提出了“自然失业率”的概念，即在没有货币因素干扰的情况下，让劳动力市场和商品市场的自发供求力量发挥作用时所应有的、处于均衡状态的失业率。按照这一概念，就业水平应取决于劳动力市场的一般条件，而不应该取决于政府的就业措施。弗里德曼反对由国家运用货币政策来调节货币流通量，主张实行“单一规则”的货币政策，即把货币供应量的年增长率长期固定在同预计可能有的经济发展速度大体一致的水平上。因此其理论被人们称为货币主义学派。①

在社会保障方面，弗里德曼认为，个人的福利应通过市场购买来实现，个人的生活满足感或幸福感也只有从市场交换中才能得以改善。国家福利应该是一种以非再分配形式体现的“公共利益”。②弗里德曼认为，高效率来自市场竞争，如果对低收入者给予“最低生活水平的维持制度”，会挫伤人们的劳动积极性，最终有损于自由竞争和效率。因此，弗里德曼反对向低收入者发放差额补助的社会保障制度，主张采用“负所得税”制度为贫困者提供帮助，即政府对于低收入者，按照其实际收入与维持一定的社会生活水平需要的差额，运用税收形式，依率计算给予低收入者补助的一种方法，负所得税的核心是对穷人进行更有效的帮助。

3. 供给学派

供给学派是 20 世纪 70 年代中期在美国出现的，其理论对 20 世纪 80 年代早期里根政府的经济政策产生了较大影响。里根提出的“经济复兴计划”主要就是依据供给学派的论点和主张。

---

① 戚青励．全球化背景下的新自由主义的主要理论流派［J］．社会观察，2005(10)．

② ［美］弗里德曼．自由选择的个人声明［M］．北京：商务印书馆，1982：86.

供给学派是对萨伊定律的重申。所谓萨伊定律是对一般均衡猜测的一种源自生产角度的直接陈述，即：生产为自身创造需求。供给学派将“生产”发挥为“供给”。生产（供给）不能无中生有，它当且仅当是需求基础上的产物，二者正相关。这就与凯恩斯主义“需求创造供给”的分析逻辑相悖。供给学派认为，刺激、发展供给才是达成、维系一般均衡的唯一途径，而这一途径的最好机制就是市场。国民经济增长率（量）的决定性因素，是资本与劳动的有效配置及利用。而只有通过“市场”途径，才能达到“有效”。因此，政府的过多干预，必然导致税收水平及结构的变动，从而引发对劳动与投资的抑制，致使资源（资本与劳动）不能有效配置。①

供给学派在社会保障方面的主要论点有：第一，过高的税收必然损害供给，损害国民经济的增长，使税源税基受到损害，最终导致税收锐减。第二，减税不会加剧贫富悬殊。持久地降低税率，将会刺激生产，从而增加商品和劳务的供给。减税政策就是长期的经济稳定政策。在他们看来，减税可以使富人更富，但同样能使穷人增加收入，所以那种担心减税有碍于“均等化”的顾虑是没有根据的。第三，社会福利的税收效果是，选择工作所获得的收入与选择领取救济金所获得的收入，两者在数量上非常接近。重视发放社会福利金、社会安全保障、失业补偿金的社会福利制度，实际上是“鼓励那些不工作的人，打击在工作的人”。失业补偿的价值仅在于它能提供一个绝对的最低所得，使人们不致因不幸遭遇而挨饿。但是，当人们认为依赖失业补偿金为生胜于从事工作为生的时候，显然就是对社会福利制度的一个重大扭曲。②

4. 公共选择理论

公共选择理论是应用经济学的假定和方法来研究非市场决策或公共决策问题的一个研究领域，其核心主题则是用经济学的方法来说明市场经济条件下政府干预行为的局限性以及政府失败问题。

布坎南认为公共部门的决策是建立在“经济人”的行为准则基础之上的。无论是选民还是政治家，他们在参与政治活动的时候，都是以本人的成本——收益分析为基础进行公共决策。政府部门中的人们有可能追求最大的个人私

① 童星．社会保障理论与制度［M］．南京：江苏教育出版社，2008：84.

② 王志伟．现代西方经济学流派［M］．北京：北京大学出版社，2002：35-36.

利，而不顾是否违反了公共利益。因此，政府对经济活动和公共物品供给的过多干预必然会导致“寻租”、“设租”等行为，从而使社会资源的使用效率低于市场机制下的效率，也会导致公共物品供应不足或供应过量，这也就是政府失灵最显著的表现。

在社会保障思想上，该理论全面否定福利国家，认为社会保障、社会福利作为重要的公共物品，其供给有必要从市场角度多做考虑，努力将其市场化，以提高供给效率。这就是公共选择理论对社会保障与社会福利提供的思路和启发。

综上所述，新自由主义的社会保障思想和理念概括起来主要有五个方面的内容。第一，崇尚自由，反对分配上的平均主义。他们认为由市场带来的资源分配和财富分配是最为公平和有效的，任何意图缩小贫富差距的分配主张，都会对个人自由造成极大的危害。第二，强调个人责任和市场作用的发挥，反对国家和政府的干预。在新自由主义者的观念中，自由与责任紧密相连，个人不承担责任，也就意味着丧失了自由。第三，主张改革福利政策，削减社会福利，倡导社会保障领域内的竞争和积极的劳动就业政策，以工作代替福利。①新自由主义理论关于社会福利的相关论述对20世纪70年代之后的社会保障——福利制度的发展和改革产生了重要影响。

3.2.3　中间道路学派：第三条道路理论

所谓中间道路学派，是介于国家干预主义和经济自由主义之间的一种学说或思潮。中间道路理论产生于20世纪20年代，1938年美国前首相麦克米兰出版了《中间道路》(The Middle Way）一书，提出走中间道路就是要对资本主义进行调节，这种受到调节的资本主义不仅使经济得到发展，还将为社会成员提供一定的社会福利。20世纪80年代末90年代初，由于西方国家新自由主义的自由化、私有化政策造成了新的经济衰退和社会危机，中间道路学派以“第三条道路”的面目出现，对西方社会经济政策的制定产生了重要影响。第三条道路理论的主要代表人物是安东尼·吉登斯（Anthony Giddens)。其理论被布莱尔、克林顿、施罗德等政界人士所实践，从而形成了一种新的社会思潮。

第三条道路的主要政策主张包括：第一，在政治上实行新的社会治理方式，

---

①　柯卉兵．新自由主义社会福利理念及政策实践评析［J］．南都学坛（人文社会科学学报)，2006（3).

倡导政府由管理型向治理型转变。国家不应当再是高高在上的命令发布者，而是各种社会力量之间的调节人。国家要鼓励社会力量承担更多的政治责任，独立解决各种问题。而政府则侧重于在法治、民主、高效的前提下协调各部之间关系，引导国家目标的实现。第二，在经济政策上奉行“市场社会主义”信条，模糊所有制定位，摒弃国有化政策，走一条有别于自流放任和国家干预的新的混合经济之路。新经济政策的核心是如何在全球化形势下实现充分就业和高速增长。第三，在福利政策上，主张把社会福利国家改为社会投资国家。第三条道路理论放弃过去或者削减、或者扩大福利的做法，变福利政策为投资政策。通过在经济、教育、培训等领域的政府投资和个人投资，提高接受福利者进入市场的能力，帮助他们适应就业，变“授人以鱼”为“授人以渔”①。

国家干预主义、经济自由主义、中间道路三大社会保障理论流派在西方国家的社会保障实践中，在不同的时代、不同的政府中都起了重要指导作用，其本质是资本主义国家为了调节该国在特定阶段所面临的经济、社会发展的矛盾而采取的回应措施。三种理论及其实践形态在西方社会发展中循环往复、交替出现，所谓新理论不过是旧理论的回归、修正或综合。政府与市场、公平与效率、权利与责任之间的关系始终是三大理论争论的中心。②

3.3 社会保障相关领域

社会保障制度不是一种孤立的制度安排，在社会发展的过程中，社会保障制度很自然地与本国的社会经济基础及其他社会经济政策相互关联，互相促进。社会保障制度需要经济社会政策的支持，而任何国家的劳动就业、收入分配、资源配置及其他公共政策中，也都能看到社会保障制度的特定影响。

3.3.1 社会保障与劳动就业

1. 社会保障与劳动风险

在现代工业社会中，劳动者在劳动过程中面临着众多的风险。这些风险可

① 魏娟．“第三条道路”述评［J］．前沿，2003（7）．

② 徐丙奎．西方社会保障三大理论流派述评［J］．华东理工大学学报（社会科学版），2006（3）．

分为来自自然层面的风险（如工伤事故）和来自社会层面的风险（如失业、年老等）。个人的这些风险均会因市场竞争等原因而放大。与此同时，国民的个人风险通常会因为群居生活与群体劳动而演变成群体风险或者共同风险。不安全感造成了劳动者巨大的压力，必然损害其就业能力，影响其正常生活。① 劳动过程中的风险使劳动者具有强烈的社会保障需求，社会保障就其本意来说是对劳动中的风险的社会化解决方案。

首先，保障公民（劳动者）的基本生存权利是建立社会保障制度的基本目标。劳动力是指依存于人身体的体力和智力的总和。劳动力是人所特有的一种能力，它具有时效性、再生性的特点。劳动力资源作为最主要的生产要素，其生产能力和生产效率依赖于劳动者的生存状况。劳动者保有和提高其劳动力水平是需要一定的条件的，因为劳动者及其家庭在生产和生活的过程中，可能遭遇到各种风险，如失业、生育、疾病、伤害、年老等，并因此而丧失劳动机会或劳动能力，致使其生存状况恶化。而社会保障制度的作用之一，就是通过保障和改善劳动者的生存条件，来维持和保障生产要素——劳动者的生产能力。

其次，劳动力资源的自由流动和优化配置是市场经济的内在要求，而流动的本身是存在风险的。社会保障制度能够减少劳动力资源配置过程中的制度性障碍，为其内在的可能性风险提供基本保障，客观上促进了劳动力在竞争性经济中的流动，有利于社会经济的充分发展。

2. 社会保障与劳动力供求关系

劳动力供给，从本质上看是指劳动力的供给主体（劳动者个人，在某些情况下可以是家庭）在一定条件下自愿对存在于主体之中的劳动力使用权的出让。从量的角度看，是指一个经济体（大至一个国家，小至一个微型企业或一个雇请了保姆的家庭）在某一段时期内，可以获得的劳动者愿意提供的劳动能力的总和②。一个国家的社会保障制度与其劳动力市场状况密切相关。

首先，从劳动力流动方面看，社会保障制度是否健全以及覆盖面的大小，是影响劳动力流动从而影响整个社会就业程度的重要条件。尤其是在市场经济

---

① 郑功成．中国民生的两大主题：社会保障与促进就业［J］．理论探讨，2004（4）．

② 杨河清．劳动经济学［M］．北京：中国人民大学出版社，2002：56．

条件下，优化配置劳动力资源是市场经济的内在要求，劳动力的自由流动则是实现劳动力资源优化配置的前提条件。有了普遍性的社会保障制度，不仅劳动力的生产和再生产有了基本的保障，而且劳动力自由流动的风险也随之大大降低。因此，社会保障制度是劳动力自由流动和优化劳动力配置的加速器和保障机制。

其次，从劳动力供求来看，社会保障制度对劳动力供给的影响具有双重性，是既增加又抑制的作用。社会保障作为现代社会的"安全网络"，为全体社会成员的基本物质生活提供了有效保障，使社会成员在其因各种原因而发生生活困难时获得了"生存权利"保障。在失去工作机会或劳动能力之后，可以从社会保障体制中得到帮助，这就有利于劳动力的恢复和再生产。各种以就业为导向的失业保障措施、职业技能培训以及教育福利也提高了劳动者素质，使之对于市场有更高的适应能力。另一方面，社会保障制度同时也有阻碍劳动力供给的一面。由于保险费（税）的征收，使劳动者的当期收入减少，可能会使他在当前生活水平不受太大影响的条件下，选择以更多的闲暇代替劳动，减少工作，这就是所谓的"替代效应"。此外，过高的失业保险金可能导致一些失业者在领取失业保险金期间寻找工作的积极性下降，从而导致失业持续时间的延长和失业率的增加。美国和欧洲的许多学者研究表明，高失业率与较高的失业保障水平和较长的失业保障之间有关。特别是在一些福利国家，由于社会保障待遇水平高，享受条件宽松，个人所得税的缴纳比例又比较高，一些人就宁愿领取救助金度日也不出去工作，出现了所谓的"养懒汉"现象，这就减少了劳动力的供给。同时，过高的社会保障水平还意味着较大规模的收入再分配。如果收入再分配超过合理的界限，以至于出现收入分配平均化的趋向，将导致劳动付出与收入之间的联系减弱，从而降低劳动者的劳动供给和劳动积极性。①

作为社会保障体系中主体内容的社会保险，其运行的财务基础是雇主和雇员共同缴纳的社会保险费（税）而形成的社会保险基金。在保险费（税）分担的情况下，保险缴费必然会增加企业的劳动成本，从而影响到雇主的用工行为。劳动力成本的提高会使雇主面临着三种选择：第一，减少用工，尽可能地通过提高技术含量或增加资本投资来弥补劳动力的不足，这显然会减少对劳动

---

① 童星．社会保障理论与制度［M］．南京：江苏教育出版社，2008：98.

力的需求。第二，提高产品价格。但在激烈竞争的市场中，提高产品价格意味着竞争力的减弱，影响企业效益，所以提高产品价格的可能性几乎为零。第三，降低工资。但降低工资的结果是造成低工资高税收的状况，会使劳动者倾向于提前退休或者领取救助金代替劳动。而这两种行为，又必然会导致社会保障供款的减少和支出的增加。在社会保障支出刚性的条件下，缴费率的提高和社会保障支出的增加又使劳动力成本进一步提高，企业会进一步缩减规模或以资本代替劳动，最终结果还是减少劳动力需求。

这种情况表明，在社会保障实施过程之中，必须从经济增长和经济的长期发展着眼，制定合理的标准，设置合理的项目。社会保障对劳动力供给的非积极作用是就短期而言的，从长期来看其积极作用仍居主导方面。

在我国，随着改革开放以来市场经济的逐步发展，劳动力自由流动的格局已经形成。但现有的社会保障制度却在一定程度上成了劳动力自由流动的制约因素。一方面，由于社会保险统筹层次低，劳动者在不同统筹地区或城市转换工作的代价往往是原有社会保障权益的丧失，导致流动风险增大，使劳动力在不同地区之间的流动受阻。另一方面，由于现阶段的社会保障制度仍然主要面向拥有城镇户籍的劳动者，阻碍了劳动力在城乡之间的合理流动。因此，通过改革和制度创新，建立统一、规范、完善的社会保障制度，促进劳动力的自由流动和优化配置已经成为我国社会经济持续健康发展面临的重要任务。①

3. 社会保障与就业

就业和社会保障是现代社会的两个基本问题，两者之间相互联系、相互制约，也相互促进。完善的社会保障制度尤其是失业保险制度对于促进就业具有不可替代的作用。

现代社会保障制度产生于 19 世纪后期的德国，但现代失业保障制度是 1905 年自法国开始。经过一个世纪的发展，失业保障在许多国家已经由被动的失业后补救转变为失业救助和就业促进的双重职能制度安排，其中对积极地就业促进制度尤为重视，使得社会保障对促进就业发挥的作用更加全面。

首先，社会保障通过为陷入生活困境或暂时失去收入来源的社会成员提供经济援助这一基本功能的发挥，使劳动者能够尽快渡过难关，重新进入劳动力

① 郑功成. 社会保障学［M］. 北京：中国劳动社会保障出版社，2005：135-136.

市场。社会保障体系中相关福利措施，尤其是教育福利的实施和对劳动者职业技能的培训，能够提高劳动者的素质和劳动能力，增强其抵抗职业风险的能力。统一完善的社会保障体系的建立，也有利于形成统一开放的劳动力市场，提高劳动力流动和信息对称度，减少就业壁垒和摩擦性失业。

1997年金融危机之后，韩国政府采取了提供公共劳动岗位、对失业者提供贷款和实行雇佣保险制度等措施。仅雇佣保险一项，政府就支付了4万亿韩元。韩国的雇佣保险有三种运作方式：一是失业支付时间为2—7个月；二是对失业者培训费用的支付与补助；三是稳定雇佣政策，政府对不解雇职员的企业予以奖励，资助幅度高达职工工资总额的50%。这些措施有力地提高了处于金融危机中的韩国的就业水平。

其次，就业也为社会保障制度的运行和发展提供了物质基础和财政支持。从狭义上讲，社会保障制度（尤其是占主体地位的社会保险）是以就业劳动者为参保基础的，劳动者及其单位的缴费构成了社会保障基金的主要部分。为社会保障制度的运行提供了最基本的经济基础。从更广泛的意义上讲，充分就业不仅是国民经济发展的基本目标之一，而且是经济发展必不可少的推动因素。社会保障制度的发展归根结底得益于经济的发展，就业所推动的经济发展为社会保障制度提供了最终、最根本的经济后盾①。

社会保障可以促进就业，充分就业可以促进社会保障制度的充分发展。现阶段，我国劳动力市场的总体状况是供大于求，劳动力素质不高，应付市场风险的能力相对较弱。社会保障不仅应为社会成员提供生活保障，而且应在促进就业和就业保障中发挥应有的作用。第一，通过建立统一、完善、健全的社会保障体系，为劳动力市场发育提供良好的制度环境，消除劳动力流动壁垒，提高劳动力资源配置的有效性。第二，建立就业导向型的失业保障制度，变失业保障为就业保障，在就业服务、就业培训和职业介绍等方面发挥更大的作用。第三，努力提高社会保障制度促进就业的功能。如最低保障制度中如果实行一定的收入豁免政策，将促使贫困家庭有劳动能力的成员积极参与社会劳动，进而使其收入增加，生活状态得以改善②。

① 郑功成．社会保障学［M］．北京：中国劳动社会保障出版社，2005：137.

② 郑功成．社会保障学［M］．北京：中国劳动社会保障出版社，2005：138.

3.3.2　社会保障与收入分配

在任何国家或社会，都存在着竞争与生存中的弱势群体。由于社会成员的先天因素和后天努力程度的不同，也由于社会经济资源分配机制的不合理或不完善，使得社会成员所享有的社会待遇是不平等的，主要表现在收入分配上的差异。在现代社会，社会保障是保障社会成员基本权利，从总体上实现每个社会成员享有大致相同的基本发展机会的主要手段，是保护弱势群体，实现社会收入公平分配的重要手段。

从经济学的角度出发，社会保障在本质上是社会成员的部分收入再分配。社会保障收入再分配的对象为全体社会成员，既包括需要特殊帮助者（如失业者、伤残者），也直接面向全体社会成员（如养老保险和医疗保险），这正是社会保障“社会化”的本意所在。社会保障的收入再分配是通过两种方式实现的，一是富裕阶层的纳税和政府转移支付，二是劳动者的自我积累。所以，社会保障的收入再分配，一部分属于全社会的收入再分配，另一部分属于劳动者个人的纵向收入再分配，这在储蓄式的养老保险制度中体现的特别明显。同时，社会保障也涉及国民收入的第三次分配。所谓第三次分配，是指在初次分配和再分配之后，出于个人自愿，在习惯与道德的影响下把可支配收入的一部分捐赠出去，形成慈善公益基金，然后再资助那些需要资助者。如果说再分配是对初次分配的调节，即政府弥补市场之不足，那么第三次分配则可以视为对再分配的补充，即民间捐赠弥补政府再分配之不足①。社会保障制度在国民收入再分配和第三次分配中的作用，体现在它可以矫正收入分配中的市场失灵，为一切没有生活来源者、贫困者、遭遇不幸者提供保障，保证社会成员的基本生活需要。

社会保障制度与国家的收入分配格局密切相关。一方面，社会保障的资金主要来源于国家税收收入和向劳动者及雇主征收的社会保险费（税）；另一方面，社会保障又按照各个项目的规范将这笔资金分配给受保障者，使社会成员获得基本的生活保障，以维持劳动力再生产的延续性。因此，社会保障既受收入分配格局的影响，又直接影响着国家的收入分配格局②。

---

① 郑功成．社会保障学［M］．北京：中国劳动社会保障出版社，2005：132.

② 郑功成．社会保障学［M］．北京：中国劳动社会保障出版社，2005：129.

虽然从世界范围内看，社会保障的制度设计和实践对收入公平分配起着明显的正相关作用，但因为一些特定原因，社会保障也会出现与收入公平分配负相关的关系。这种负相关关系的出现会有两种原因：一是制度设计失误，二是强权群体施压（例如军队或公务员群体）。特别是在我国，由于社会保障制度建设还存在不完善和不合理的环节，社会保障的实施在一定程度上扩大了收入分配的不公平。主要表现在：一是我国社会保障制度的城乡二元性特征。农民，包括进城农民工，基本上被排除在正式的社会保障制度之外，这种情况扩大了城乡居民间的收入差距。二是由于城镇社会保障制度自身也不健全，覆盖面比较窄，向低收入者倾斜不够，客观上也起到了逆向补偿的作用。如大量乡镇企业、非正规就业人员、特困企业和负担重的国有企业人员尚难参保。三是社会保障制度自身存在的缺陷。我国“社会统筹与个人账户”相结合的筹资模式，使得“个人账户”中的资金明确划归个人所有，不具备再分配职能，而是发挥强制性储蓄和保险功能。这就导致收入越高的人，从国家和单位获得的补贴就越多，个人账户中的基金也就越多。

3.3.3 社会保障与资源配置

社会保障是通过收入分配方式来实现的，它主要是从社会公平的角度来调节各阶层的经济利益，而资源配置则是从效率的角度来分析经济运行。社会保障制度的建立因其特有的功能会影响经济效率，从而最终影响到资源配置的结果。

1. 社会保障与国家财政收支

社会保障资金从根本上来说是属于一种消费基金。而财政作为国家主要的宏观经济管理方式，肩负着对收入进行分配，并形成合理的积累与消费比例结构的责任。因此，社会保障基金的规模、收入结构、支出结构等影响着财政收支结构中积累和消费的比例。一定的收入分配总量中，社会保障基金的规模越大，用于积累和其他消费方面的社会财富就会越少，二者之间存在一种此消彼长的关系。从总量上来说，经济发达国家以社会保险为主的社会保障开支，一般会占到各国国民生产总值的20%～30%，而且一直呈增长趋势①。

---

① 林义．社会保障基金管理［M］．北京：中国劳动社会保障出版社，2002：139.

当今世界各国的社会保险筹资手段多种多样，归纳起来主要有三类：一类是征收社会保险税，一类是缴纳社会保险费，还有一类是建立预筹基金账户制。其中征收社会保险税比其他两种更符合社会保险的公平性、效益型和灵活性的原则，同时凭借税收的强制性和固定性较好地保证了社会保险基金的稳定增长，因此广受世界各国的欢迎。从财政收入的角度看，通过征收社会保险税筹集的社会保险资金直接构成了政府的财政收入，成为政府预算的重要组成部分，社会保险收入水平直接影响政府的财政收入状况。

在国家财政支出中，社会保障基金的转移支付在西方国家财政支出中有着重要地位，它全面影响着国民收入的分配，并间接影响着资源的配置。从数额上看，社会保障支出在西方国家预算支出中已超过其他项目而占据首位，并呈上升态势。

根据一些学者的研究，我国政府现有的社会支出以及转移支付不能完全承担福利支出和转移支付项目制度化的费用。这里的社会支出指的是教育和医疗卫生方面的支出。1999 年，我国的社会支出仅为 GDP 的 3%，转移支付支出则低于 GDP 的 1%，远远不足以缓解经济增长与社会发展间的失调。因此，从社会保障的角度来看，中央政府应该承担更多的社会责任，充分发挥财政的再分配功能，加快建立和完善国家财政转移支付制度。财政收入分配制度调整和完善应当以财政资源分享的均等化为目标，通过实施全面性、强制性的收入转移支付和再分配，解决市场经济本身无法实现的收入均等化问题①。

2. 社会保障与储蓄

从微观经济学的理论来看，储蓄是指收入当中未被消耗的或没有被用于个人消费的那部分收入。社会保障制度是市场经济发展的必然要求，社会保障作用于储蓄，是其影响经济过程的表现之一。社会保障对储蓄的影响是通过社会保障资金的筹集、存储、运行、使用而发挥影响作用的。特别是积累资金数额巨大的养老保险在其中更是起着举足轻重的作用。

根据消费的生命周期理论，个人的储蓄行为是为满足生命周期过程中预期收入与预期消费在时间安排上的缺口而进行的。②生命周期理论认为，在没有

① 童星．社会保障理论与制度［M］．南京：江苏教育出版社，2008：108-110.

② 童星．社会保障理论与制度［M］．南京：江苏教育出版社，2008：111.

政府干预的情况下，一个国家在任何既定时点上的储蓄积累储备（总财富）将在很大程度上取决于它的人口年龄结构和退休模式。当人们为退休进行储蓄时，储蓄积累的总财富增加；当人们提取他们的退休储蓄时，总财富会减少。任何时点上的财富储备都取决于这两种流量的相对规模。

马丁·菲尔德斯坦（Martin Feldstein）在生命周期理论框架下，对养老保险制度的储蓄效应进行了深入的探讨。他提出，养老保险制度的私人储蓄效应会受到其他因素的影响。在养老保险制度下，人们的退休年龄并不是固定的，未来的养老金收入会对人们选择退休时间产生影响。它会通过两种效应影响私人储蓄：一是资产替代效应，如果人们将未来的养老金收入作为财产积累的替代，就会减少工作期为退休进行的储蓄；二是退休效应，未来较高的养老金收入会导致人们提前退休，也会促使人们增加工作期的储蓄。如果资产替代效应大于退休效应，则养老金财产会减少居民储蓄；反之，如果资产替代效应小于退休效应，则养老金财产会增加居民储蓄。这就意味着，在理论上，养老保险体制对私人储蓄的经济效应是不确定的。

近年来，有些学者提出预防性储蓄理论，强调个体收支行为中的不确定性，并对不确定性条件下的消费储蓄行为决策进行分析。在这些学者们看来，由于收入的不确定性和寿命的不确定性，人们可能具有多种动机进行储蓄，都会导致社会保险制度的储蓄效应变得非常复杂。随着各国养老保险制度改革的推进，很多国家由现收现付制向基金积累制转轨，这一替代过程使一国储蓄的经济效应变得更加复杂。在养老保险制度转轨过程中，许多国家都以增加政府支出和财政赤字的方式为建立基金积累制提供资金，在这种融资手段下，即使私人储蓄有所增加，一国的总储蓄也不会增长。也就是说，增加政府支出的融资手段使得养老保险制度改革失去了对国民储蓄的促进作用。尤其在发展中国家，政府经常通过赤字经营以满足巨额的养老金支出需要，这就削弱了基金积累制对国民储蓄的促进作用。①

3. 社会保障与资本市场

社会保障与资本市场的联系，体现在社会保障基金与资本市场的互动。社会保障基金是国家为劳动者在年老、患病、工伤、失业、生育等情况下获取帮

① 王亚柯．简析养老保险制度的储蓄效应［J］．天津社会科学，2008（4）．

助和补偿而建立起来的专用基金，在职工未达到领取资格前的相当长时间里，处于相对闲置状态，基金被沉淀下来。社会保障基金进入资本市场是市场经济发展的必然规律，它对资本市场的发展和完善有着巨大的支撑作用。

在社会保障基金中，能够投入资本市场的一般是社会保险基金，尤其是数额巨大，积累时间长的养老保险基金。目前，社会保险基金投资运营的结构和方向主要有以下几种类型：

（1）政府公债。政府公债是社会保险基金投资中最普遍的一种方式。尤其是众多工业化国家，社会保险基金几乎全部投资于政府公债，如美国、英国。拉美国家社会保险基金投资最为普遍的项目也是政府债券。

（2）金融资产。包括银行大额存单、政府担保性债券、公司债券、抵押债券、股票等。一些国家在严格规定投资规则和投资限额的前提下，允许社会保险基金投资于金融资产，以获得较高的收益。

（3）各类贷款。包括住房贷款、个人贷款及工商业贷款等。

（4）有形资产。主要用于建设基础设施、医疗设施、公寓等。绝大多数国家社会保险基金投资于有形资产的份额都比较低，只有个别拉美国家为抵御高通货膨胀对基金的不利影响，将社会保险基金的一半用于有形资产投资①。

社会保险基金运营与资本市场的发展是相互促进的关系。对于社会保险基金而言，自 20 世纪 70 年代以来，随着越来越多国家社会保险资金筹集方式由现收现付式向完全或部分积累式转变，许多国家都出现了社会保险基金在一定时期内的大量结余。已积累的保险基金如果不能有效运营，达到保值增值的目的，随着时间的推移和物价的上涨，必然会造成原有基金的贬值，从而影响投保人的利益，乃至整个社会保险体制的正常运行。因此，有效运营积累的社会保险基金，争取最大的投资收益，是社会保障制度的必然要求。完善、成熟的资本市场能加快社会保障基金参与资本市场运作的步伐，提高基金的投资回报率。

从资本市场的角度来看，数额巨大的社会保险基金投入资本市场，能够强化资本市场的中长期投资（如养老保险基金投资），提高资本配置效率，促进资本市场的繁荣和经济的增长。特别是近些年来，为避免一国经济波动对基金收益的影响，各国逐渐把基金投资范围扩大到世界资本市场，这就加速了资本

① 童星. 社会保障理论与制度［M］. 南京：江苏教育出版社，2008：115.

在国际上的流动，加快了国际资本市场一体化的进程。

在既定的资本市场中，社会保障基金如何选择适当的投资渠道、投资组合取决于基金本身和资本市场两个方面。目前，由于我国的资本市场不完善、监管水平低，可供社会保障基金选择的投资渠道不多，只能采取集中管理、有限投资的模式。从国际社会保障基金运作的必然趋势来看，我国需要不断完善资本市场，逐步拓宽投资领域，以增加基金收益，维护社会保障制度的正常运行。同时，我国社会保障体制的进一步完善也会对资本市场的成熟产生巨大而积极的影响。二者是相互促进的关系。

3.3.4 社会保障与其他公共政策

社会保障作为现代社会备受关注的公共政策之一，在实践中又与其他公共政策密切相关，如扶贫政策、人口政策、教育政策和住房政策等。

1. 社会保障与扶贫

贫困是严重的世界性问题之一，被列为联合国社会发展问题三大主题之首。一般认为，消灭贫困需要经济增长，但经济增长并不必然导致贫困的消失。缓解贫困和提高全体国民的生活质量，必须依靠政府的再分配政策进行宏观干预，社会保障即是可以缓解贫困的制度性安排。

社会救助制度直接面向贫困人口，为解除贫困人口及遭遇灾祸的人们提供最基本的生活保障，从而会直接起到缓解贫困的作用。

社会保险主要面向劳动者，事实上直接起着预防贫困和减少贫困的作用。如养老保险为退休老人提供的经济支持可以防止老年人陷入贫困境地，失业保险和医疗保险等险种也会保障特定群体的基本生活，防止其生活遭遇困境。

社会福利可以提高人们的素质，增加其就业机会和就业收入，从更深的层面上解决劳动者的贫困问题。而老年人福利、残疾人福利、妇女儿童福利等项目则能够使享受者参与经济发展成果的分享，减轻其经济负担与压力，提高其生活质量。

同时，社会保障制度作为一种再分配政策，通过让高收入者多作贡献，低收入者和贫困家庭享受较多的待遇，在一定程度上调节了社会成员的贫富差距，缩小了收入分配的不平等程度，缓解了社会现实中的相对贫困。它还通过平抑劳动者的收入和消费曲线，调节其不同生命周期的生活水平和质量，避免了生活大起大落的现象。此外，社会保障制度还通过公共医疗卫生、社会福利服务等措施，提高全社会福利，客观上缓解了贫困给人们带来的痛苦。因此，一个国家要真正消灭或缓解贫困，必须建立并完善社会保障体系。

2. 社会保障与人口政策

所谓人口政策，是指一个国家或地区根据自己的社会经济发展需要和人口与社会经济发展的比例关系，采取直接干预、调节和影响人口数量（包括鼓励或控制人口增长）、人口构成、人口分布等而制定的法令、措施、方法和手段的总和。人口政策（尤其是我国的计划生育政策）是一把双刃剑，它在改变家庭结构和人口结构的同时，也从多方面影响着以人作为参与主体和服务对象的社会保障制度。在西方国家，由于人口出生率低，劳动力供给不足，大多采取刺激生育的政策，其社会保障制度对多子女家庭提供优厚待遇①。

基于基本国情，我国长期以来实行计划生育政策，鼓励独生子女，严格控制人口增长。社会保障制度通过解除社会成员的后顾之忧和社会化的福利服务措施，使人们从“养儿防老”、“多子多福”的传统观念中解脱出来，树立起了现代化的家庭观，可以推进人口和生育政策的顺利实施②。

但是，我国计划生育政策的长期实施，也给社会保障制度带来了严峻的挑战。因为计划生育政策在减少人口的同时，必然加速人口老龄化的到来，进而提高社会保障，尤其是养老保险的赡养率，成为影响社会保障财务状况的重要原因。一方面，人口出生率的降低意味着劳动人口减少和供款的减少，降低了社会保障基金尤其是社会保险基金的收入。另一方面，人口老龄化和高龄化加速，往往使得保障基金不堪重负。计划生育政策实施的另外一个后果，是使我国的家庭结构走向核心化和小型化，传统的家庭保障方式受到了挑战，也对养老、医疗照顾、社会化服务和社会人文关怀提出了更高的要求。现行人口政策使得众多独生子女家庭严重缺乏自我照顾和自我调节的能力，成为高风险家庭。

由此可见，人口政策对于社会保障制度的影响是非常明显的，任何国家都需要根据本国的国情，制定并适时调整人口政策，使其与社会保障制度协调发展。需要指出的是，社会保障对人口政策的影响具有可引导性，既可以引导节

---

① 童星．社会保障理论与制度［M］．南京：江苏教育出版社，2008：118.

② 郑功成．社会保障学［M］．北京：中国劳动社会保障出版社，2005：140.

制生育，也可以引导刺激生育。因此，有必要统筹考虑社会保障与人口政策的关系，使这两大政策体系互相协调、互相促进。①

3. 社会保障与国民教育

在当代社会，教育对于个人及整个社会的重要性越来越为人们所认知。可以说，现代社会是教育和知识的社会。目前在世界各国，教育越来越成为一个巨大的行业，各国每年都将大量的财政资源投入到这一领域。但另一方面，教育仍然是一种稀缺资源，人们受教育的机会仍然不均等，在一些发展中国家和贫困地区尤其如此。

国民教育作为整个社会福利系统中的一个重要子系统，对实现社会公平、构建和谐社会起着基础性作用，而社会保障与国民教育的发展是相互促进的关系。社会保障中教育福利的内容维护了教育的公平性，保证了教育事业的健康发展。教育事业的发展反过来又会有利于社会保障制度的巩固和完善。社会保障制度保障了劳动者及其子女的受教育权利，很大程度上提高了劳动者的文化素质与技能水平。作为生产力中最活跃的因素，劳动者素质的提高又反过来提高了社会生产效率，促进经济发展，从而为社会保障制度的发展和完善提供了最基本的源泉②。

我国自改革开放以来，计划经济时代单纯的福利性教育制度逐渐被多元化的混合型的教育体系所取代，政府投入、家庭和个人的教育投资、社会支持、学校自身创办赢利性机构创收的多元化教育投资体系，使得教育资源获得了较以往更为充分的发掘，国民受教育程度也得到了进一步提升。但是，由于存在着投资结构不合理，教育资源在城乡之间和地区之间分配不公以及过度的市场化倾向，现阶段我国国民教育仍然较重，教育的福利性和公平性受到损害。因此，加大投入，加强调控，完善教育福利体系仍是完善我国社会保障和福利系统中异常艰巨的任务③。

4. 社会保障与住房政策

住房是人类日常生活中的基本需求，住房保障是社会保障制度的重要组成

---

① 童星．社会保障理论与制度［M］．南京：江苏教育出版社，2008：119.

② 童星．社会保障理论与制度［M］．南京：江苏教育出版社，2008：120.

③ 郑功成．社会保障学［M］．北京：中国劳动社会保障出版社，2005：141-142.

部分。住房社会保障制度是指政府或单位在住房领域实施社会保障职能，对住房困难的弱势群体进行扶持和帮助的各种政策措施的总和。建立住房保障制度，解决中低收入家庭尤其是最低收入家庭的住房问题，是社会保障制度的重要责任①。

目前，无论是发达国家还是发展中国家，在住房领域都面临着一些同样的问题：拥挤、提供基本服务的经费不足、缺少适当的住房、基础设施每况愈下等。世界上约有 6 亿人生活在各种危害健康和生命的环境中。②在这种情况下，住房社会保障制度就显得尤为重要。各国的实践证明，住房保障制度的发展，不仅需要完善的市场机制，更需要强有力的政府干预。

从世界范围内看，住房社会保障制度主要有四种形式：第一，以商品化为主的住房保障形式。实行该模式的国家以美国为代表，其特点是住宅商品化程度较高，私人拥有住宅的比例较大。第二，商品化兼福利政策的住房保障形式。该形式的特点是，国家既发展住宅商品化，也加强政府干预，实行一系列住房福利政策。英国、德国、新加坡等国都实行这一住房保障模式。第三，福利政策兼商品化的住房保障形式。主要是前东欧国家在 20 世纪 80 年代前所普遍采用的住房保障形式，主要是国家统一分配的低租金福利制度。80 年代以后，这些国家相继进行经济体制改革，放弃了原有的住房保障形式，推行私人建房、合作建房等新措施。第四，福利为主的住房保障形式。实行这种住房保障形式的国家，把解决住房问题作为福利纲领。如前民主德国和现在的朝鲜就是如此。③

我国的住房保障制度有其自身的特点。自新中国成立起，我国就形成了城镇职工的住房分配制度。改革开放前的住房制度是高度集中的计划经济的产物，具有福利性、配给性、非商品性、产权模糊性等特征。随着经济体制的改革和市场经济的不断完善，这种住房分配制度带来的问题越来越多，已经不能适应社会发展的需求。20 世纪 80 年代之后，我国就开始采取措施逐步改革住房制度，变过去的福利、等级、供给等旧观念为价值观念。1994 年 7 月国务

---

① 王晓瑜，郭松海，张宗坪．住房社会保障理论与实务［M］．北京：中国经济出版社，2006：24.

② 王晓瑜，郭松海，张宗坪．住房社会保障理论与实务［M］．北京：中国经济出版社，2006：4.

③ 童星．社会保障理论与制度［M］．南京：江苏教育出版社，2008：122.

院颁布了《关于深化城镇住房制度改革的决定》，提出建立以中低收入家庭为对象、具有社会保障性质的经济适用住房供应体系和以高收入家庭为对象的商品房供应体系。1998 年，国务院又发出《关于进一步深化城镇住房制度改革，加快住房建设的通知》，提出“取消福利分房，实现居民住宅私有化、货币化”，加快了住房商品化、社会化进程。目前，我国新的住房社会保障制度是以住房公积金、经济适用房政策和廉租房制度为基础的多层次保障系统。这一保障系统在一定程度上解决了部分社会成员的住房困难问题，但仍然存在覆盖面不够，政策执行过程中监管不到位，对低收入者照顾不足等问题，需要进一步改进。

本章小结

西方传统文化中的空想社会主义思想、天赋人权观、宗教思想以及我国传统的儒家、道家、墨家的社会思想和言论，都触及维护社会公平、互助互利、扶贫济困等社会保障的基本原则，成为现代社会保障制度产生最深厚的思想基础。

从世界范围内看，现代社会保障理论主要可以分为三大流派：国家干预主义、经济自由主义和中间道路学派。国家干预主义理论流派主要有德国新历史学派、费边社会主义、福利经济学、瑞典学派、凯恩斯主义、新剑桥学派等；经济自由主义则包括古典自由主义和新自由主义，在当代主要指以传统自由主义、现代货币学派、供给学派和公共选择理论为代表的新自由主义理论；中间道路学派主要指第三条道路理论。三大理论流派的实质是资本主义国家为了调节在特定阶段所面临的经济、社会发展的矛盾而采取的回应措施。三种理论及其实践形态在西方社会发展中循环往复、交替出现。政府与市场、公平与效率、权利与责任之间的关系始终是三大理论争论的中心。

在社会发展的过程中，社会保障制度很自然的与本国的社会经济基础及其他社会经济政策相关联。社会保障制度与劳动就业、收入分配、资源配置及其他公共政策相互影响、相互促进、共同发展。

关键术语

空想社会主义　国家干预主义　德国新历史学派
福利经济学　凯恩斯主义　经济自由主义　货币学派
供给学派　公共选择理论　第三条道路

思考题

1. 简述空想社会主义思想与现代社会保障制度的关系。
2. 我国传统儒家思想对于社会保障制度的建立有何意义?
3. 简述福利经济学对于社会保障制度发展的意义。
4. 简述凯恩斯经济学的社会保障思想。
5. 简述新自由主义理论对于当前世界各国社会保障制度改革的影响。
6. 社会保障如何影响劳动供求关系?
7. 社会保障在解决贫困问题中的作用主要体现在哪些方面?

案例分析

对社会保障某些学说的质疑①

社会保障制度是非市场性的，它是特定社会框架能够保持相对稳定的重要措施之一。但是，福利主义者认为社会保障理论上成立的基础来源于市场，这方面的分析是以福利经济学的两个基本定理为起点而展开的。第一定理指出，“看不见的手”可以将经济引导至有效配置，从而实现社会福利最大化（帕累托最优）。反过来，第二定理则证明，在一定的条件下，任何资源的有效配置都可以通过价格机制基础上的分散化决策来实现，但这里的“一定条件”并不能完全被满足。也就是说，有些资源无法发挥市场分配作用，或者市场配置的结果不能达到社会福利最优状态，出现所谓的“市场失灵”。这些需要被满足的条件包括：完全和对称

① 谢圣远．社会保障发展史［M］．北京：经济管理出版社，2007：250-253.

的经济信息、完全竞争的市场、规模报酬不变或递减、无外部性、交易费用为零和理性经济人等。而在现实世界中，却存在公共产品和准公共产品及外部性、不完全竞争、规模报酬递增、市场不完全（如信息不对称、高交易费用等引起的价格刚性等）和非理性预期，从而造成市场失灵。为了弥补市场在提高效率方面的不足，这种理论认为政府应该可以对市场机制进行干预。方式主要包括三类：一是对产品供给质量和个人需求的管制，如产品质量的法律规定和强制性参加社会保险等；二是改变特定商品的价格，如提高医药津贴、住房津贴等；二是直接进行公共生产，如国防、教育、医疗卫生等。此外还可以通过转移支付或收入转移措施，提高消费者的市场购买能力，如提供失业救济、养老金等。这些措施中的许多内容被认为是社会福利或社会保障性质的，因而认为国家就是社会保障的提供者，没有政府的强制性政策就不是社会保障。

有的人则以旧福利经济学或社会正义作基础，论证市场在财富分配上的无效性造成了社会的不平等，需要国家（作为正义的化身）通过社会保障制度对社会财富进行二次分配。然而这些观点难以经受住细致的推敲。第一，市场制度的形成远远迟于国家制度。在中世纪，市场秩序还只处于萌芽状态，在一定程度上还受到国家权力机关所设置的种种措施的约束，只是在晚期的经济学者肯定了自由贸易的做法之后，市场制度才得以发展起来。也就是说，市场制度是从国家制度中派生出来的，或者至少可以说国家制度已不能完全满足社会发展的需要，才诱导出了市场。现在反而把市场作为逻辑的起点，对保障服务的提供诉求于国家，要国家承担更大的责任，这种推理的结果，是不是一种辩证历史唯物主义的世界观？第二，市场在保障服务供应上的失灵，并不能必然得出政府就必须承担相应的责任。保险组织的进化已出现了包括国家在内的多种组织形态，如家庭、互助组织、慈善机构等，有些仍然以提供保障服务为主旨，有些则像国家一样充实了一些其他功能。第三，社会福利与社会保障并非对等的概念。尽管从通常意义上抑或经济学意义上，保障服务都可以看作福利，但社会福利概念的外延要宽泛得多，已经超越了保障的限度。有人已对此作了辨析，指出在西方社会保障仅仅是社会福利中很小的一部分。第四，从基数效用论出发，得出包括社会保障在内的非市场力分配以达到提高社会总福利的论点是站不住脚的，基数效用论因其本身的缺陷在西方经济学界已受到批判，因为其基本的假定是每个人的收入边际效用是相等的。但至少在实际生活中有这样的情况，金钱对有些人的效用更高，从而愿意放弃更多的闲暇而努力赚钱。如果基于基数效用原则而进行强制性的财富转移，不用说重新分配需要成本，仅从效率的角度看，就如波斯纳所言："它与盗窃是一回事。"第五，基于社会正义的道德判断来指责市场秩序的缺陷，也是站不住脚的。因市场是通过非人格化的过程把商品或服务的支配权划给特定的人，这种方式所产生的结果既不是人们所能预见的，也不是人们所能左右的。因此，不存在任何道德含义，亦即不可能是正义的或非正义的。市场制度只是参与者的游戏规则，只能保证参与者在游戏竞赛的过程中人人公平竞争。"要求竞赛结果对每个参与者都保持公平"，那么这种要求就会变得极为荒谬。事实上保障需求的起因不仅局限于市场，还有诸如洪灾、瘟疫等非市场力的作用，用道德伦理这种非市场的水准来同时规束市场结果和非市场结果这两种状态，很难得出令人满意的答案，事实也确实如此。并且保障需求同正义分配混连在一起，极易掩盖社会保障本身性质，转而以"公平"作为核心的议题，从而导致了整个经济界的学者一直为它与效率的关系所困惑。第六，市场失灵的原因也可能造成政府失灵，甚至产生的福利损失更为严重。

请思考：

1. 结合现实谈谈社会保障与社会福利概念之间的区别与联系。
2. 浅析在市场经济背景下社会保障的功能。
3. 简述社会保障制度中的政府责任。

第4章 国际社会保障的制度模式

自19世纪80年代德国的社会保险法令开始，在一个多世纪的发展中，社会保障制度已经形成包含多个子系统及众多保障项目在内的社会安全体系。所谓社会保障制度模式，就是指社会保障制度发展的过程中，经过已经实施社会保障制度的各个国家不断的经验积累，从中抽象和归纳出来的具有规律性的解决社会保障问题的经验总结，这一规律性的经验总结对其他国家实行社会保障制度的过程具有指导作用。当前世界上普遍采用的社会保障模式主要有三种类型：社会保险型社会保障模式、福利国家型社会保障模式和强制储蓄型社会保障模式。

4.1 社会保险型社会保障模式

社会保险型社会保障模式又被称为“传统型社会保障模式”或者“自保公助型社会保障模式”，是近代工业化的产物。其制度目标是为社会成员提供基本的经济安全保障，以维护公民必要的生活条件。社会保险型社会保障模式以面向劳动者建立各种社会保险制度为核心，补充以其他救助性或福利性政策，构成了能够满足工业社会需要的社会安全网①。

① 童星．社会保障理论与制度［M］．南京：江苏教育出版社，2008：135.

4.1.1　社会保险型社会保障模式的形成和特征

1. 社会保险型社会保障模式的形成和发展

社会保险型社会保障模式是最早出现的社会保障模式。该模式起源于 19 世纪 80 年代的德国，其后为西欧、北欧的一些国家和美国、日本等国所仿效。到目前为止，它已经成为包括美国、德国、日本等主要发达国家和部分发展中国家实行社会保障的主要制度模式。

19 世纪 80 年代，普鲁士德国的“铁血宰相”俾斯麦面对工人运动高涨，内外交困的社会现实，为缓和阶级矛盾，依据当时德国历史学派和德国政策协会的“国家干预主义”理论，首创了与工业社会相适应的社会保险制度。俾斯麦于 1883—1889 年先后制定并颁布了三部社会保险法令，由此确立了社会保险制度，从而开启了现代社会保障发展的大门。德国的社会保险制度迅速为其他国家仿效，进而成为许多国家社会保障体系中的主体内容。

第二次世界大战以后，社会保险制度被欧洲各国和美国进一步发展成为比较完善的社会保险型社会保障制度。美国 1935 年颁布的《社会保障法》不仅继承了德国社会保险制度的思想，更吸取了凯恩斯“有效需求”理论的政策建议，进一步确立了“保险费用部分由雇主、部分由雇员交纳，国家给伤残和养老保险提供津贴”的原则，追求使受保者不致陷入贫困的社会目标。在该法令的影响下，以雇主和雇员个人投保为主、责任与权利相结合就成了社会保险型社会保障制度设计的基本原则。

2. 社会保险型社会保障模式的主要特征

社会保险型社会保障制度作为工业化的产物，是在工业化取得一定成就并有较雄厚的经济基础，以及企业和个人都有了一定经济承受力的情况下实行的。它的目标是以劳动者为核心，通过提供一系列的基本生活保障，使社会成员在疾病、失业、年老、伤残、生育或死亡等需要特别帮助的情况下得到经济补偿和安全保障。社会保险型社会保障模式具有如下基本特征：

第一，以劳动者为核心建立社会保障制度。在该模式下，社会保障主要面向劳动者，特别是工薪劳动者。围绕劳动者必然或可能遭受的年老、疾病、工伤、失业等风险设置保险项目，以保障劳动者在遭遇这些风险时的基本生活不受威胁。在某些情况下，该模式还通过劳动者惠及其家庭成员。

第二，责任分担。社会保险型社会保障模式强调企业和个人在社会保险缴费方面的责任。社会保险费用由国家、雇主和劳动者三方分担，以劳动者和雇主的缴费为主，国家财政给予适当支持，扮演最后责任人的角色。即雇主和个人投保，国家资助，形成一种风险共担和责任分担的机制。

第三，权利与义务的统一。劳动者享有社会保险的权利与社会保险缴费的义务相联系，享有社会保险的待遇水平与社会保险缴费多少、时间长短和缴纳人收入水平相联系。一般而言，不参加社会保险或不缴纳社会保险费（税）者是无法享受社会保险待遇的。

第四，社会保障基金使用过程中的互助共济性。社会保险缴费中只记录个人参加保险缴费情况，不建立以给付为目的的个人账户。社会保险基金在受保成员间调剂使用，代际之间转移支付，实行互助互济，共担风险。

第五，社会保险基金的筹集和使用采用现收现付形式。根据当前或今后一段时期内对保险金的需求来确定当前的社会保险费率。

由此可见，社会保险型社会保障模式重视权利与责任的对应关系，在追求公平的同时也体现了效率原则。社会保障基金在社会成员之间统筹使用，符合风险管理中的大数法则，体现了社会保障互助互济的宗旨。但是，采用现收现付的基金筹集模式容易受人口年龄结构与人口就业比例的影响，难以应付人口老龄化导致的养老金支付高峰，进而可能因基金积累不足而造成财务危机①。

4.1.2 社会保险型社会保障模式代表国家

1. 德国

德国是实施社会保险型社会保障模式的典型国家。19 世纪 80 年代，德国先后颁布了《工人疾病保险法》（1883 年）、《工伤事故保险法》（1884 年）、《养老金保险法》（1889 年）三部具有开创性意义的保险法典。20 世纪初到 30 年代又通过了一系列社会保险立法，从而形成了初步的社会保险体系。第二次世界大战以后，在艾哈德政府的持续努力以及社会市场经济的推动下，德国社会保障制度逐渐完善。

德国社会保障制度的基本原则是：充分发挥市场的调节作用，保证社会正

① 郑功成．社会保障概论［M］．上海：复旦大学出版社，2005：90.

义与公平，维持社会公正与经济效率的内在统一性。①德国的社会保障制度主要包括两个大体系：一是为劳动者提供保障的“社会保险体系”，这是德国社会保障制度的核心。社会保险体系是依靠国家法律强制建立起来的第一层次的社会保障，它以缴纳保险费为依据提供服务。其中失业保险、养老保险、工伤保险和医疗保险被誉为德国社会保险体系的四大支柱。二是为特殊人群提供帮助的“关照体系”，这是德国社会保障制度的必要补充。“关照体系”是国家、社会和企业联合建立起来的第二层次的社会保障网络，意在维护社会中下层家庭的利益。具体来说，德国社会保障制度主要包括社会保险、社会赡养和赔偿、社会补贴、社会救助，其中以社会保险和社会救助最为重要。

(1) 社会保险

其一，养老保险。德国的养老保险是由法定养老保险、企业补充养老保险和私人养老保险三个层次组成的。法定养老保险是养老保险制度的支柱，具有强制性，所有的工人和职员都必须参加，其目的是保证就业者退休后能够保证适当的生活水平。法定养老保险的费率为被保险人税前工资总额的 19.2%，由雇主和雇员各负担一半。通常劳动者年满 65 岁者即可领取养老金，在某些前提条件下，年满 63 岁或 60 岁即可领取养老金。如投保者死亡，其家属也可得到一定比率的养老金。法定养老金随工资的增长而作相应调整。

企业养老金是企业自愿为其职工支付的额外老年补贴，是对法定养老保险的必要补充。国家以税收优惠等政策大力鼓励企业设立补充养老保险。目前，德国从业人员中约有三分之二的人具有将来领取企业补充养老金的资格。德国的自由职业者如医生、律师、艺术工作者等一般参加私人养老保险。

其二，失业保险。德国的失业保险基金来源于雇主和雇员缴纳的失业保险费，同时国家根据就业促进法给予财政补贴，并弥补任何亏空。雇主和雇员缴纳的保险费为税前工资总额的 6.5%，双方各承担一半。德国失业保险的待遇是多层次的，首先是失业期间发放的工资性替代补贴，即失业保险金，并支付有关职业培训的费用。另外，支付旨在维持和创造就业岗位措施的费用、开展职业介绍和职业咨询、进行对残疾人的职业促进等，也是失业保险的重要组成部分。

德国发放失业保险金的基本原则是：职业介绍优先于待遇发放。只有在经过一定的职业介绍还没有消除失业状态的前提下，才发放失业保险金。而且失

① 童星．社会保障理论与制度［M］．南京：江苏教育出版社，2008：137.

业保险金的发放期限既与以前交纳保险费的时间有关，又与失业者年龄高低挂钩，一般情况下，失业保险金发放期限为一年①。

除失业保险金之外，德国还发放失业救济金。失业救济金不是从交纳的失业保险费中支付的，而是从国家税收中支付的，它与失业保险金有一定的区别。失业救济金一般是在失业保险金发放期限截止后才开始发放的，或是对没有参加失业保险者如公务员、法官、士兵等发放。它的发放时间也是有限制的，通常每次限期一年。

其三，医疗保险。医疗保险在德国社会保障体系中占有十分重要的地位，几乎所有的德国公民都参加了医疗保险。德国医疗保险费的缴费比例为被保险人税前工资总额的13.5%，一般由受保人和雇主共同负担。雇员按照职业的区分参加不同保险公司举办的社会医疗保险。医疗保险除支付被保险人生病时的治疗费用外，还包括生育补助、家庭补助以及病人家庭护理等。对于必要的疗养，保险公司也会全部或部分支付疗养费用。

德国的社会医疗保险实行“社会共济”的原则，每个人所缴纳的医疗费用只与其经济能力挂钩，而与年龄、性别及健康状况无关。这一原则还体现在投保人的家属免费医疗保险上。单身投保人与有家属的投保人，如果收入相等，那么他们所缴纳的医疗保险费也相等，但后者却是全家受保②。

其四，工伤事故保险。在德国，所有的雇员、农民都参加工伤事故保险。自由职业者可自愿投保，大学生、学生和幼儿园儿童也在受保险保护之列。工伤事故保险金由雇主单独交纳，保险费率参照各行业工伤发生频率的高低及企业工伤事故状况而定。在发生伤亡事故以及因职业病引起疾病或死亡时，投保者可要求支付保险赔偿金。上下班途中发生的事故也算作劳动事故。工伤事故保险赔偿金包括医疗费、伤残补贴、养老金、丧葬费及亲属抚恤金，这些支付项目的水平也随着普遍收入的变化而变化。一般而言，参加工伤事故保险可以减轻企业支付高额赔偿的负担，对雇员因工伤带来的严重后果给予了足够的保障。因此，在德国不论是雇主还是雇员，都愿意加入工伤事故保险。

其五，护理保险。护理保险是德国一种新的保险制度，它是从1995年年初开始实施的，其主要目的是为了保障老年人及病残人员在需要护理情况下的

① 童星．社会保障理论与制度［M］．南京：江苏教育出版社，2008：139.

② 童星．社会保障理论与制度［M］．南京：江苏教育出版社，2008：137-138.

权利。德国传统上对老年人及病弱人员的护理主要是在家庭内部进行，但随着社会经济的发展及家庭结构的变迁，如今在德国已找不到传统“大家庭”的踪影，这一原来由自我负责的部分也不得不由社会来承担了。每个参加法定医疗保险的社会成员在他的法定医疗保险机构参加护理保险，参加私人医疗保险的人也必须参加一项私人护理保险。护理保险费的缴纳数额为被保险人税前工资总额的 1.7%，由雇主和雇员各付一半。取得生活费权利的子女和无收入或收入甚微的配偶，在家庭保险的范围内，免费享受护理保险。凭借护理保险偿付的保险金，可使绝大多数需要护理的人，将有可能至少在经济上凭自己的力量来掌握自己的命运。

（2）社会救助

德国社会救助制度的主要目标是帮助那些通过其他社会保障项目无法或不足以保证其基本生活的贫困者。每个德国人，包括有避难权的外国人均有权获得。救助的原则是“先保险后救助”，及“尽可能发挥受援者的自救力”。与社会保险制度强调义务和权利对等不同，社会救助基金源于政府的税收，由德国最低一级行政机构负责管理，无偿发放，它是德国社保制度最后的“收容及防御网”。同时，为了发挥救助制度的激励作用，该制度规定被救助者要积极寻找工作，主动拒绝可能的工作，则意味着失去救助。

德国的社会保障制度在目标选择上向效率倾斜，强调保障对象的自立和自主意识，同时也不乏一定的互助共济性，是一种比较灵活和有后继力的保障制度。但即使如此，随着近年来人口的结构的转变和社会福利开支的增加，德国的社会保障制度也出现了危机。另外，德国的众多社会保障项目，包括教育、养老、医疗等在内的巨额福利项目预算，大多面向中产阶级，违背了“由富人向穷人”进行财富转移的初衷，这也是德国社会保障制度的一个重大缺陷。

2. 美国

美国的社会保障制度也属于社会保险型社会保障模式，但有着自己显著的特点。除北欧外，大多数发达国家都效法美国的保障制度。美国的社会保障制度始于罗斯福新政时期，1935 年《社会保障法案》（Social Security Act）的通过，为公民的基本生活保障提供了两道防线，即缴费的社会保险和不缴费的社会救助，也标志着美国现代社会保障制度由此建立。该法案实施后，美国的社会保障制度又经过多次修订和补充，形成了比较健全且范围广泛的制度体系。目前美国的社会保障制度主要由社会福利和社会保险两大板块构成。

(1) 社会福利

社会福利主要是一系列针对低收入阶层和贫困社会成员进行救助的项目。美国政府提供的社会福利补助有70多项，其中比较重要的有“需要家庭的暂时救助”、“补充保障收入”、“医疗照顾和医疗救助”、“食品补助”、“一般援助”和“住房补助”等。这些政策的主要内容包括：一是提供直接的资金支持，以提高贫困者的购买力；二是提供生活必需品；三是保护儿童和青少年的成长环境；四是与创造就业机会相关的方案。

(2) 社会保险

美国的社会保险体系主要包括老年、遗属与伤残者保险、医疗保险、失业保险等项目。

其一，养老、遗属与残疾保险。养老、遗属与残疾保险是美国社会保险的主体，属强制性保险，是美国社会保险中最重要的一项，其资金支出约占社会保险支出总额的80%左右。根据《社会保障法》1939年、1956年和1958年三个修正案的规定，领取养老保险金者必备的条件是：在需要缴纳社会保障税的劳动岗位上工作满10年，并连续10年缴纳了社会保障税。在年龄上，规定年满65岁的公民才可享受养老退休金待遇，而62~65岁的退休者只可部分享受养老退休金待遇。此外，对于参加保险的因伤残退休者及其未成年的子女、配偶也给予一定的保险金。保险税由企业雇主与雇员共同担负，原则上各负担一半，非受雇的个体劳动者则由自己负担。筹措来的保险基金全部存入养老、遗属保险信托基金和残疾人保险基金。

其二，失业保险。美国的失业保险是由联邦政府和州政府联合实施的。一方面，联邦政府对失业保险的实施给予广泛的指导；另一方面，各州都制定了本州的失业保险法，从而形成了多层次的失业保障制度。美国失业保险具有强制性，凡是符合条件的企业和个人必须参加。失业保险基金的主要来源是雇主为其雇员缴纳的失业保险税。按照规定，失业保险税分为联邦税和地方税，联邦失业保险税率为工资总额的1%，州失业保险税率视各州具体情况而定，平均为工资总额的5%左右。在长期的运作中，美国各级政府机构对失业保险金的发放标准、期限等已形成了一整套制度。失业保险金支付以周为单位，一般标准是职工周工资的50%，期限通常为26周。近年来，根据有关应急失业补偿的规定，该期限有了一定的延长。

其三，工伤保险。工伤保险是美国社会保障中的另外一个重要险种。这项保险是1906年通过立法确立的，以后又经过多次修订，得以不断发展和完善。

工伤保险的对象主要是工薪人员，目前这项保险的覆盖面约为工薪阶层的87%。工伤保险的主要内容是：为因工受伤或患有职业病暂时不能工作的职工提供医疗和收入损失补偿，为因工受伤造成残疾、死亡的职工及其遗属按月发放津贴。工伤保险费用完全由雇主承担，一般为工资总额的 2%。美国的工伤补偿方式一般分为两类：一类是现金赔偿，包括津贴和用于补偿因伤病而损失的收入；另一类是医疗费补助。

其四，医疗保险。医疗保险也是由联邦政府举办的带有强制性的社会保险项目，服务对象主要是残疾人或 65 岁以上的退休职工。凡是参加养老、残疾、遗属保险的企业和个人，必须同时参加这项保险，税款包括在社会保障税内，由雇主和雇员按一定税率平均负担。除基本医疗保险外，美国还有补充医疗保险项目。这项保险规定，凡 65 岁以上的老人，无论其是否参加养老、残疾、遗属保险，都可以自愿参加补充医疗保险，参加者每月缴纳保险费或购买此种保险证。

在医疗保险之外，美国还实行医疗援助项目。医疗援助是向低收入者和缺少生活来源的贫困家庭及个人提供医疗帮助和健康服务的福利项目。该项目拓展了医疗保险的范围，是一种有效的制度补充①。

美国社会保障制度具有内容丰富、覆盖面广、资金来源多渠道、管理体系多层次、强制与自愿相结合的特点。其社会保障总体水平不高，但具有较强的激励性，一定程度上避免了“福利病”所造成的“大锅饭”现象。不足之处在于联邦政府对整个社会保障事业缺乏宏观调控和有效协调的能力，联邦和州都有多个部门和办事机构来从事社会保障管理和服务工作，多头管理，机构重叠，导致管理成本大幅度上升。同时，侧重效率的制度设计也在一定程度上威胁了社会公平。美国虽然多方控制社会保障规模，但其福利开支还是居高不下，加上长期的财政赤字，社会保障负担仍然很重。

4.2　福利国家型社会保障模式

福利国家型社会保障模式是建立在公民普遍权利之上的社会保障模式，代表了国际社会中较高层次的福利保障水平。该模式多见于北欧和西欧国家，以

① 吕学静．现代各国社会保障制度［M］．北京：中国劳动社会保障出版社，2006：85.

英国和瑞典为代表。

4.2.1 福利国家型社会保障模式的特征

"福利国家"一词出自英国著名经济学家贝弗里奇于1942年完成的社会保障报告《社会保险及相关服务》（即"贝弗里奇报告"），它在社会保障领域是全民福利的象征。福利国家型社会保障模式即是在福利经济学和贝弗里奇报告的基础上形成的。该模式是以公民权利为核心，以福利普遍性和保障全面性为基本原则。

福利国家型社会保障模式以英国和瑞典为代表。英国是世界上最早的福利国家，瑞典则是"福利国家的橱窗"。1948年，英国在通过一系列社会保障法律并加以实施后，正式宣布建成福利国家。随后，西欧、北欧等一些国家也纷纷宣布建立福利国家。

具体而言，福利国家型社会保障模式及其所推行政策的主要特征有：

第一，累进税制与高税收。国家通过确立累进税制对国民收入所得进行再分配，使社会财富不再集中于少数人手里。同时，为维持福利国家高水平的福利支出，也必然需要高税收来支撑。

第二，保障对象的普遍性。该模式强调福利的普遍性和人道主义、人权观念，其服务对象为全体社会成员。

第三，社会保障资金主要来源于国家的一般性税收，个人无需缴纳或低标准缴纳社会保障费。

第四，社会保障项目齐全。福利国家的社会保障项目众多，待遇标准也较高。保障项目的设置涵盖了每个社会成员"摇篮到坟墓"的一切福利需求。

第五，社会保障水平高。社会保障的目的已不完全是预防贫困和消灭贫困，还在于维持社会成员一定标准的生活质量，加强个人安全感。

第六，社会保障权利与义务的不对等性。福利开支主要由政府和企业负担，实行广泛而优厚的公共津贴制度，津贴给付与个人收入及缴费之间没有必然的联系。

4.2.2 福利国家型社会保障模式代表国家

1. 英国

1941年6月，英国丘吉尔政府设立了研究社会保险及有关福利联合委员会，并任命牛津大学贝弗里奇为该委员会主席，负责考察并研究英国现行社会保险制度及有关福利问题。1942 年底，《贝弗里奇报告》出台，确定了战后英国福利国家的基本框架。报告着重阐述了社会保障的三种方法：为保障基本需要而实施的社会保险、为保证特殊需要而实施的国民救济、为满足基本需要以外的需求而实施的自愿保险。①第二次世界大战结束前后，以《贝弗里奇报告》为基础，英国先后颁布了一系列社会保障法案。如《国民保险法》(1944)、《社会保险法》(1946)、《国民卫生保健服务法》(1946)、《家庭补助法》(1945)、《国民保险法》(1946) 和《国民救济法》(1948) 等。这些社会保障法律的颁布，使英国成为当时世界上社会保障制度最完备的国家，并于 1948 年正式宣布第一个建成"福利国家"。此后经过 20 多年的改进和完善，英国的社会保障制度发展成为面向全体社会成员、高福利、统一管理、为公民提供一揽子预防性保障的完整的社会保障体系。

目前英国社会保障制度包括的项目有 40 多项，主要涉及国民保险、社会救助、社会补贴和社会服务、医疗保健等方面。

(1) 社会保险

英国社会保险的法律依据是 1975 年成形的《社会保障法》。根据此法，英国对按规定缴纳国民保险税的英国公民，在其因年老、失业、病残、生育等原因失去收入保障时，由政府提供经济援助。社会保险包括养老保险、失业保险、工伤保险、儿童津贴、家庭收入补贴、附加津贴、战争抚恤金等。享受保险的对象是因失业、病残、退休、产假、失去配偶等原因而导致收入蒙受损失的英国公民，享受社会保险的前提是必须执行国民保险捐款制度，即领取津贴前要缴纳一定数量的保险费。

(2) 社会补贴和社会服务

社会补贴和社会服务是英国社会保障制度的重要组成部分。这些项目作为社会保险的一种补充，主要是针对一些没有能力参加保险的人，如高龄老人、儿童等以及一些无需参加社会保险的项目（如住房等），采取社会补贴的方式予以保障。对那些有特殊困难的居民则提供各种福利设施和各类服务。在英国，社会补贴主要包括住房补贴、儿童补贴和高龄老人补贴等。而社会服务的具体对象主要是老年人、残疾者、失去正常家庭照顾的儿童、精神病患者以及

---

① 丁建定，杨凤娟. 英国社会保障制度的发展 [M]. 北京：中国劳动社会保障出版社，2003：99-100.

有智力缺陷的人。

(3) 社会救助

社会救助是同社会保险、社会补贴相结合的一种补充形式。英国的社会救助是在第二次世界大战后开始实施的。1976 的《补充救助法》对社会救助的对象、内容等作了明确、系统的规定。英国社会救助的对象包括：没有固定职业或就业不充分，无力上缴保险税而领不到社会保险金的人；虽然可以领取社会保险金，但数额不足以维持最低生活水平的人；领取社会保险金期限已满仍无其他收入来源的人；未参加社会保险只能领取微薄社会补贴的人等。社会救助金来源于政府的财政拨款，其标准低于社会保险金。社会救助机构一般需要对社会救助申请人进行生活状况调查，在证明申请人符合条件后才批准给予救助。

(4) 医疗保健

英国医疗保健服务的法律依据是 1948 年开始实施的《国民保健法》。该法案规定，所有英国人都可以享受免费治疗。但牙科手术、视力检查和配眼镜要收费，对医生所开的每种药都要付处方费。可以免交处方费的人群包括产妇、哺乳期妇女、儿童、退休者、医疗事故造成的病人、战争或因公伤残津贴领取者以及低收入家庭，儿童配眼镜可以免费。保健服务免费为患者提供援肢、助听器、轮椅以及救护车服务等。此外，医疗保健服务还包括学校卫生、家庭卫生、食品安全、药物安全、环境卫生、戒毒、私人医疗以及医务人员的培训等。

第二次世界大战后的半个多世纪以来，福利国家政策一直是英国政府奉行的基本国策，这对于英国人民平均生活水平提高、经济发展和社会稳定都起到了推动作用。但在 1973 年经济危机之后，英国经济陷入了长期停滞或低速增长的境地，社会福利的高额支出导致政府财政赤字和国债膨胀，英国的“福利国家”制度出现了深刻的危机。为应对这种状况，英国政府于 1985 年发布了《社会保障的改革》绿皮书，分别对就业、医疗、养老等方面的保障制度进行了改革。改革的目的在于降低保障水平，消减福利支出，把一部分保障项目转为私有化。由于社会保障的刚性特征，英国社会保障制度改革的步调十分谨慎。

2. 瑞典

瑞典被称为“福利国家的橱窗”，其社会保障制度发展时间长，制度完善，是典型的高福利社会保障，代表了北欧国家的社会保障模式。

瑞典的社会保障被认为起源于 17 世纪之前天主教会的济贫事务，20 世纪 30 年代至第二次世界大战期间是瑞典社会保障制度的形成时期。斯德哥尔摩经济学派和凯恩斯的宏观经济理论为瑞典社会保障系统的建立提供了理论基础，美国罗斯福总统的“新政”和德国国家社会党的崛起以及国家统治经济的实行，从实践方面给予了瑞典很多启发。瑞典执政的社会民主党开始积极依靠国家干预经济生活，以财政赤字为代价大规模举办公共工程，从而促使了社会保障制度的形成。第二次世界大战之后，瑞典社会保障制度进入迅速发展时期。1947 年以后，瑞典颁布了一系列有关社会保障的立法，将 20 世纪 30 年代提出的“社会福利计划”大规模地付诸实践，其中以年金立法和家庭津贴立法最为突出。1956 年政府又颁布了《社会援救法》以取代《济贫法》，同时，还在全国范围内建立起医疗保健服务制度。1969 年，瑞典社会民主党再次执政，采取了更加激进的措施扩大社会保障体系，形成了“从摇篮到坟墓”的全套社会保障体系。瑞典现行的社会保障体系主要包括社会保险、社会福利和医疗保健三大部分。

（1）社会保险

社会保险在瑞典社会保障体系中居于主导地位，包括退休与养老保险、失业保险、工伤保险等。对老年人实行退休与养老保险是瑞典战后实施的一项重大社会保障措施。瑞典规定的退休年龄为 65 岁，人们提前退休只能领取部分退休养老金，推迟退休可领取高于正常退休的退休养老金。退休与养老保险可分为基本养老保险和补充养老保险，此外还有为非全日制的零工提供的部分时间养老保险，共同组成瑞典养老保险的三大支柱。养老保险费由国家、企业、个人共同承担。失业保险是按政府补贴和职工自愿参加相结合的原则建立和实施的，一般有政府部门举办的普通失业保险和非政府部门（如私营的失业保险协会）举办的补充失业保险两种。瑞典工伤保险包括医疗费、疾病津贴、终身年金和抚恤金四个部分。

（2）社会福利

瑞典的社会福利主要由社会津贴和社会救助两大部分组成。社会津贴包括子女津贴、教育津贴和住房津贴三部分。社会救助又称为劳动市场现金救助，主要是为那些家庭收入无法满足或不足以满足最低生活需要的居民设置的，其特点是尽量采取现金形式。

（3）医疗保健

医疗保健是瑞典社会保障制度的重要组成部分。按照规定，所有的瑞典公民，无论其经济状况如何，无论其居住地是农村还是城市，在医疗方面都享有平等权利，政府负责提供大部分医疗保健服务。在瑞典，将近90%以上的医疗服务是由公立医院与其他公立卫生设施提供的。医疗保健服务费用的2/3来源于地方税收，1/3来源于中央政府。在公立医疗服务保健机构工作的医生占全国医生总数的95%。在实际操作中，医疗保健服务由地方具体组织实施①。

为了处理庞杂的社会保障事务，瑞典成立了社会保障委员会。在其领导下，形成了由国家、州、市各级政府社会机构与服务处所构成的社会保障服务网络。瑞典奉行“从摇篮到坟墓”的社会保障政策，国家通过立法手段，干预经济和财政，对国民收入实施再分配，使财富在各家庭之间的分配趋于平等。这对于消除贫困，维持社会稳定与繁荣起到了重要作用。但高福利、高消费是以高税收、高公共开支为代价的，这势必产生难以回避的矛盾和严重的后果。例如，社会保障支出增长过快，导致了社会保障基金收不抵支。瑞典的公共支出从50年代到80年代中期，一直呈直线上升趋势，1988年，瑞典公共支出占GDP的比重已达60%②。为了维持高福利而征收高额社会保障税，导致用于投资和再生产的资金减少，社会成本提高，产品在国际市场竞争力相对下降。此外，由于社会保障项目多、范围广、水平高，使社会保障收入同劳动收入的差距逐渐缩小，这种现象必然会使部分人产生过分依赖社会和国家的思想。

20世纪70年代中期以后，瑞典经济陷入“滞胀”困境，社会保障制度也开始面临严重的困难，改革被提上议事日程。瑞典社会保障制度从80年代进入改革时期，基本方向是紧缩社会保障支出，推行社会保障地方化，在社会保障制度中引入竞争机制和实现部分保障项目私营化。

4.3 强制储蓄型社会保障模式

强制储蓄型社会保障模式是一种由国家强制推行的以自我储蓄为基本原则的制度模式，最早起源于20世纪50年代的新加坡，其后智利等拉美国家在

① 吕学静．现代各国社会保障制度［M］．北京：中国劳动社会保障出版社，2006：85.

② 童星．社会保障与管理［M］．南京：南京大学出版社，2002：106.

80 年代初也相继采用了这种模式。

4.3.1　强制储蓄型社会保障模式的特征

强制储蓄型模式的社会保障制度，曾长期不被国际社会保障界认可，因为它缺乏传统社会保障制度的互济功能。但是随着各国人口老龄化的加剧，传统的社会保障模式面临着巨大的养老危机，而新加坡独特的公积金制度却受到冲击不大，使得强制储蓄型社会保障模式得到了重视，一些国家在改革或建立自己的社会保障制度时，亦会考虑借鉴和吸收强制储蓄型模式的优点。

强制储蓄型社会保障模式的基本特征是：

第一，强制储蓄，设置个人账户。所有工薪劳动者都必须按照工资收入的一定比例缴纳社会保障费用。政府为每位劳动者设立一个私人账户，企业与劳动者缴纳的社会保障费用均计入该账户，并逐年累积。

第二，实行完全积累制。在该模式下，劳动者及企业缴纳的所有费用均计入相应的个人账户，为劳动者未来的生活保障进行储蓄。个人账户中的资金不允许转移支付（某些国家允许家庭成员之间相互填补账户缺口）。因此，这种模式实现的是劳动者自己一生的收入与负担的纵向平衡。

第三，政府不直接承担财政责任，而是扮演监督与管理的角色。该模式下的社会保障基金完全来源于劳动者个人或者是劳动者个人和企业共同缴纳，政府不承担缴费责任，其参与的方式是监督与管理个人账户上累积基金的投资运营。当然，不同国家政府承担的责任也是有区别的。正是由于在基金管理和政府责任等方面的差异，强制储蓄型社会保障模式又分为以新加坡为代表的“国营强制性储蓄积累型”社会保障模式和以智利为代表的“私营强制性储蓄积累型”社会保障模式。

第四，强调自我责任，缺乏互济性。强制储蓄型社会保障模式下，劳动者所积累的社会保障基金完全用于劳动者自身的养老等保障需求，不在劳动者之间调剂转移，从而也无法在劳动者群体中分担风险。所以该模式的一个重要特征就是强调劳动者的自我责任，而不是追求互助共济。由于该模式下劳动者个人享受的待遇与所缴纳的社会保障基金完全联系，因而具有很强的激励性，但这种模式也忽视了社会保障追求公平的政策目标。

第五，积累基金与资本市场的有机结合。由于强制储蓄型模式是完全积累的财务机制，每个劳动者在劳动期间积累在个人账户上的资金是不断增长的，从参加强制储蓄到领取相应待遇，往往间隔数十年，期间必然遭遇基金贬值的风险。因此，强制储蓄型模式的最大压力在于如何使个人账户上积累的基金实现保值增值，这就必然要求积累基金与资本市场相结合，才可能在参与社会财富创造的过程中避免贬值的风险①。

正是因为强制储蓄型模式具备上述不同于其他社会保障模式的特点，才有了自己鲜明的个性。这种模式在激励劳动者自我负责和限制政府责任方面是有效的，应对人口老龄化所带来的财务危机亦具有相当好的效果。但其制度安排缺乏互济性，不利于风险分散的缺陷也备受批评。迄今为止，真正实行强制储蓄型模式的只有新加坡等小国家，或者类似于智利只在养老保险等个别项目中实施。

4.3.2 强制储蓄型社会保障模式代表国家

1. 新加坡

新加坡用金融工具实行全面的社会保障，创建了别开生面的中央公积金制度，并较好地处理了社会保障中公平与效率的关系，其制度设计在世界范围内产生了很大的影响。

新加坡的中央公积金制度开始于20世纪50年代。1953年，英国政府为了维护新加坡社会的稳定，制订了十分简单的《中央公积金法》，并于1955年成立了中央公积金局，施行中央公积金计划。1965年新加坡独立以后，李光耀政府将建立和完善公积金制度作为经济发展战略的重点，并将其列入经济全面振兴计划，从而在新加坡建立了完善的中央公积金制度。

新加坡中央公积金制度建立之初只是一个简单的养老储蓄制度，经过半个多世纪的发展，该制度已演变成为向全体社会成员提供养老、医疗、住房等多项保障项目的综合性社会保障体系，在较短的时间内解决了新加坡公民“老有所养、病有所医、居有其屋”的三大社会难题。其制度具体内容如下：

（1）在公积金筹集方面，新加坡法律规定，凡受雇雇员，月收入在800新元以上者，必须参加公积金，雇主及个体经营者也必须参加。其费用是由雇主和雇员按一定比例缴纳，并存入雇员个人账户。公积金的缴费率根据经济发展情况而不断调整，一般每年确定一次。缴纳公积金是有上限的，雇主和雇员

① 郑功成．社会保障学［M］．北京：中国劳动社会保障出版社，2005：178-179.

每月缴纳的公积金最高不得超过 1200 新元。公积金存款受到法律保护，存款享有利息，并入公积金中。公积金税前交纳，免所得税。当会员因身心健康原因不能工作或准备移居国外，可按规定提取公积金。

（2）在账户设置上，该制度规定，加入公积金的新加坡成员每人都有三个账户：普通账户、特别账户和医药保健账户。普通账户中的资金占公积金的 75%，主要用于公共住房、购置产业、家庭保障、教育计划和获批准的投资等。医药保健账户内的资金占公积金的 15%，作为成员及配偶、子女、父母等家庭成员的医疗费用。特别账户资金占公积金总数的 10%，主要用于老年生活费和特别支出。

（3）在养老保障方面，由于建立中央公积金制度的主要目的是保证公民老年的基本生活水平，因此，新加坡政府规定，除了完全丧失工作能力和永久离开新加坡、马来西亚的两种人可以提前支取公积金外，必须在年满 55 岁并在退休账户保留一笔最低存款后才可以领取公积金。最低存款的数额是随着经济的发展而变化的，如 1995 年为 4 万新元，2003 年则达到 8 万新元。如果年满 55 岁而退休账户内的最低存款没有达到规定的数额，可以通过以下四种办法解决：其一，55 岁后继续工作，可以将缴纳的公积金存款中的一半用以填补最低存款。其二，可以将普通账户内的存款转入退休账户。其三，在子女存有超过父母最低存款两倍以上的公积金存款的情况下，用其超过部分填补父母的最低存款。其四，用现金填补自己的最低存款，每年可以享受免除 6000 新元的所得税。被保险人在年龄达到 60 岁（法定退休年龄）后，每月按一定数额领取养老金，直到最低存款用完。

（4）在医疗保障方面，公积金制度中的医疗保健计划由三个部分组成：医疗储蓄方案、医疗保护方案和医疗基金方案。医疗储蓄方案于 1984 年正式开始实施。它是一个全国性的储蓄计划，每一个有工作的人，包括个体业主，都需要按法律规定参加医疗储蓄。参加医疗储蓄的每一个人都有自己的账户，会员必须每月将部分公积金存入自己的医疗保健账户。根据公民的年龄及职业的不同，存入金额的标准也不一样，该账户存款的最高限额为 1900 新元。其资金只用于会员及其家属的住院费用和选定的贵重门诊检查费用。医疗保护方案于 1990 年开始实施，是一项基本的、低费用的大病保险计划。它的设立是为了帮助参加者支付大病或慢性病的医疗费用。参加者每年只需缴纳 12 新元保费，即可索取每年最高 2 万新元和终身最高达 8 万新元的医疗补偿金。与医疗储蓄方案不同，医疗保护是一个需要放弃的计划，即每一个医疗储蓄的成员如果不特别指明放弃这一方案，它将自动成为医疗保护的成员。医疗基金方案是新加坡政府为帮助贫困的新加坡公民支付医疗保险费用而特别建立的一种捐赠的基金，始于1993年。医疗基金保障了所有的新加坡人，无论他们的社会经济地位如何，都将得到良好的、基本的医疗保健。

（5）在住房保障方面，中央公积金包括两项住房保障计划，即公共住房计划和住宅产业计划。公共住房计划规定可以用普通账户的存款一次购买付清建屋局提供的住房，或者先向建屋局贷款，再由缴纳的公积金按期偿还贷款。这项计划还包括了可以用公积金缴付由建屋局组织的祖屋翻新计划。住宅产业计划即可以用普通账户存款购买私人住宅产业及相关的费用。

（6）在家庭保障方面，中央公积金用于家庭保障方面的计划有两种：家属保障计划和家庭保障计划。家属保障计划的目的是使会员及其家属在发生不幸事件时能有一定的经济保障，以帮助他们克服困难。这项计划只限于新加坡公民和永久居民的公积金会员，每年的保费在36～360新元之间，最高投保额为36000新元。家庭保障计划则是为了保证公积金会员在发生意外时不会因为付不起住房贷款而失去房子。这项计划从1981年起执行，凡是在公共住房计划下动用公积金分期支付购房款的会员，必须参加该项计划。但60岁以上的老人和“健康欠佳”者不能参加。一旦投保人发生意外，中央公积金局将为会员支付没有付清的住房贷款，支付的最高限额以投保的保额为准。

新加坡政府规定，中央公积金由中央公积金局统一管理。中央公积金局隶属于劳工部，由劳工部制定有关政策并进行监督。中央公积金局依法独立操作，其他部门不加干预。新加坡政府对中央公积金的支持，除了体现在对雇主和雇员缴纳的公积金免征所得税外，还给与公积金会员一定的补助。

新加坡的中央公积金制度实质上是一种长期性的强制储蓄制度，其原则是个人自助，辅以家庭互助。政府只发挥引导管理作用，不承担直接的经济责任。在该制度50多年的运行过程中，为新加坡公民的老年、疾病、住房、教育等需求提供了较好的保障，对经济稳定和社会发展也起到了积极的促进作用。该制度既避免了国家财政在社会保障方面的巨额支出，也有效地避免了西方许多国家出现的福利“大锅饭”的问题，其政策实施效果备受世界瞩目。当然，新加坡中央公积金制度也存在一定的问题和不足。由于其强制储蓄和自我保障的政策本质，该模式缺乏社会成员之间的互济性；由于提供的保障水平参差不齐，对于年轻的社会成员和低薪雇员的保障水平较低，容易造成两极分化，影响社会公平；较高的缴费率也加重了企业负担，不利于市场竞争。

2. 智利

智利曾经是拉美国家中最早建立社会保险制度的国家。1973年，皮诺切特政变上台，成立了军政府。为维护社会稳定，皮诺切特政府于1979年进行社会保障体制改革，开始建立基金制的养老保险体制，并于1980年颁布了《养老保险法》。目前，智利已经建立起了比较系统的社会保障制度，不仅包括社会保险中的医疗保险、失业保险、工伤保险等，还包括社会福利和社会救济等内容。但是，在智利社会保障建立和发展的过程中，最有影响和最有争议的制度设计体现在养老保险方面。智利不仅是最早对传统的现收现付制养老金制度进行结构性改革的国家，也是世界上第一个将社会养老保险基金转为私营化管理的国家。

智利的养老保险制度以个人账户积累为基础，以私营化管理为基本特征，强调自我积累、自我保障和经营性原则。与新加坡相比，智利社会保障制度的特点在于：一是雇主不缴费而只由劳动者个人缴费；二是由私人机构管理养老基金的运营；三是个人账户上的储蓄只能用于养老，而不能用于医疗保健与住房等开支。

智利的养老保险制度规定，所有公营或私营单位的员工必须将工资收入的10%按月缴纳保险费，存入个人退休账户，企业不缴费。在基金的运行中，智利采取的是由相互竞争的养老基金公司负责管理个人账户基金的方式，注重基金的投资运营和保值增值。被保险人可以自由选择加入任何一家退休基金管理公司，还可以中途转换公司。智利在推进养老金私营化模式时，政府从立法、运行机制及监控体系等方面发挥作用，以确保基金的有效运营和保值增值，并担保提供最低养老金。

将公共养老金制度改为养老金私有化管理以来，智利模式取得了明显的成就，其变革体现了一些新的社会保障发展趋势，即在传统的以公平为主的社会保障领域中引入了市场机制，在传统的国家责任领域增加更多的个人责任，在传统的政府垄断性管理的领域加入竞争性经营等。因而受到国际货币基金组织和世界银行等一些国际经济组织的高度重视。但该制度在国际社会保障界却并未得到高度认可，有两个方面的原因。首先，智利模式是在特定的政治、经济背景下实施的，智利所采用的具体方法，其他国家却不一定全都适用。实际上也并没有哪个国家是完全照搬了智利模式，都不约而同地根据本国的情况进行了不同程度的调整①。其次，智利模式在本质上缺乏社会保障维护公平、互助互济的基本准则，其发展前景还有待进一步观察。

社会保险型社会保障模式、福利国家型社会保障模式和强制储蓄型社会保障模式是目前国际上主流的，为大多数国家所采用的三大社会保障制度模式。但在20世纪80年代以前，东欧大部分国家采用的是另一模式的社会保障制度——国家保障型社会保障模式。该模式是由前苏联创建的，并在20世纪中期被其他社会主义国家所仿效。国家保障型社会保障模式以公有制为基础，与高度集中的计划经济体制相适应，由政府统一包揽面向全体国民，因而又被称为政府统包型社会保障制度。国家保障型模式的宗旨是：最充分地满足无劳动能力者的需要、保护劳动者的健康并维持其工作能力。我国在20世纪50年代也参照这一模式建立了劳动保险制度，并一直持续到改革开放之初。

作为社会主义国家普遍采用过的制度模式，国家保障型社会保障模式在这些国家的经济社会发展中曾经起到了很大的作用。但这种保障模式超越了现阶段的承受力，经过半个多世纪的实践，逐渐随着前苏联的解体与东欧国家的剧变而被摒弃。即使在仍然坚持社会主义的中国，也从20世纪80年代开始改革这套制度，并代之以能够运应市场经济体制的社会化社会保障制度。但是，其作为大多数社会主义国家初期探索社会保障制度建立的经验，虽然不是十分完善，但仍有很多值得我们吸取的经验和教训，可帮助我们继续探索和完善新的、适合本国国情的社会保障模式。

4.4 各国社会保障制度对中国的启示

从上述对世界各国社会保障制度模式的介绍中可以看出，不同的社会保障模式各有利弊。我国的社会保障制度建设正处于起步阶段，应该充分借鉴世界各国社会保障制度建设的成功经验，根据我国当前的经济、社会环境，选择适合我国国情的社会保障模式，以满足社会成员的基本需要，保障社会安定，促进社会经济的长期持续发展。

---

① 郑功成．社会保障学——理念、制度、实践与思辨［M］．北京：商务印书馆，2000：151.

4.4.1 我国的社会保障制度

我国社会保障制度的建设开始于 1951 年政务院颁布的《中华人民共和国劳动保险条例》。在改革开放之前，我国的社会保障制度主要是借鉴前苏联的经验，实行以计划经济和生产资料公有制为基础的国家——单位保障制度。

改革开放之后，随着计划经济向市场经济的转变，社会保障作为市场经济体系的重要支柱也进入制度重构时期。1993 年 11 月中共十四届三中全会通过的《关于建立社会主义市场经济体制若干问题的决定》中明确要求“建立多层次的社会保障体系”，并确认了“社会保障体系包括社会保险、社会救济、社会福利、优抚安置和社会互助、个人储蓄积累保障”及“城镇职工养老和医疗保险金由单位和个人共同负担，实行社会统筹和个人账户相结合”等重要内容。社会保障社会化自此成为改革中追求的主要目标，并越来越多地体现在政策实践中。

1998 年 3 月，新一届中央政府在保留民政部的同时，新组建了劳动和社会保障部，在一定程度上统一了社会保障管理体制，社会保障全面走向社会化和去单位化。建立独立于企事业单位之外的筹资渠道多元化、管理服务社会化的社会保障体系成为改革旧的社会保障制度和建设新型社会保障制度的明确目标。

我国现行的社会保障模式是一种制度创新的结果，即是一种混合模式——社会统筹和个人账户相结合的制度。其目的是为了既要保留再分配的社会共济因素，又引入个人责任和激励机制，避免政府负担过重。但这一制度还处于初创阶段，在实际操作层面上存在不少问题，需要继续研究和完善。特别是由于我国目前正处在社会经济转型时期，既要妥善处理大量旧体制遗留下来问题，又要关注新体制下逐渐显现的社会贫困群体的保障问题和日益严重的老龄化问题，保持社会稳定，促进经济持续增长，这就给我国社会保障制度的发展和完善提出了挑战。在这一背景下，研究国外社会保障制度模式及其改革趋势，对我国的相关制度设计有着重要的借鉴意义。

4.4.2 各国社会保障制度模式对我国的启示

1. 社会保障制度模式的确立要从国情和国力出发

一个国家采取何种保障模式，最重要的立足点是国情和国力，是国民经济所能提供的物质资源的数量质量及社会的承载能力。过高的社会保障水平往往会使整个制度体系难以为继。因此，合理确定社会保障水平是任何国家在选择自己的制度模式中都应该遵守的基本原则。

我国还处于社会主义的初级阶段，这就是我国的最大的国情。我国建立的社会保障模式必须与社会主义初级阶段的政治、经济、思想、文化状况相适应，与目前的生产力水平相适应，形成具有中国特色的社会保障模式。如果社会保障的水平超过生产力的发展水平，国家和社会将因此背上沉重的包袱。但如果滞后于生产力的水平，那将不能充分发挥社会保障的“减震”作用，同时也将制约生产力的发展，甚至会引起社会的动荡，不利于社会稳定。

对于我国而言，高水平的福利国家型社会保障模式明显超出了我国的经济承载能力，在我国不具备可行性。强制储蓄型社会保障模式虽然有较好的激励作用，但完全缺乏互济性，也不适应像我国这样人口众多、地区差异明显，贫富分化比较严重的国家。因此，很多学者建议我国从社会保险型社会保障模式的思路来建立和完善我国的社会保障制度。但无论如何，我国社会保障制度建设都要充分考虑国家、企业和个人的承受能力以及社会保障的刚性特点，在一个相对较低的水平上运行更符合我国的国情。

2. 提倡“积极福利”和投资型社会保障

目前世界各国社会保障制度改革的普遍趋势是倡导积极福利和投资型社会保障政策。认为国家应从“父爱主义”的角色中走出来，引入个人责任，建立新型的国家、企业、个人三者关系相平衡的新模式，从“授人以鱼”到“授人以渔”。简言之，就是改变帮助社会成员的方式，变被动的恩惠式福利为主动的进取式福利，变事后补救性福利为事前预防性福利，变生活福利为工作福利。也就是意味着社会保障不再仅仅是“社会支出”，还应该积极进行“培训和教育性的社会投资”。尤其是在失业保险领域，国家资金支持的重点不应是简单的发放救济金，提供失业保障，而是促使被保险人能通过培训掌握新技能，提高就业能力。

我国的劳动力供求不平衡，劳动者素质偏低的状况还比较严重。一方面造成经济发展所需要的人力资本供给不充分，另一方面存在着大量的失业现象，导致社会保险负担加重。在这种情况下，我国社会保障制度建设过程中更应该借鉴这一经验，重视社会保障制度对人力资本建设的推动作用，尽可能的帮助社会成员从“他助”走向“自助”。

3. 增强个人在社会保障体系中的责任意识

福利国家型社会保障模式基于普遍性原则的高水平社会保障引起了很多社会问题和经济问题，其中重要的一方面在于个人责任的缺失而导致的个人劳动积极性的下降和对福利政策的严重依赖。而选择社会保险型国家保障模式的国家中，这一问题也在不同定程度上存在着。当前世界社会保障领域普遍认为，社会保障制度设计应充分发挥个人的积极性和主动性，促使个人承担一部分社会保障的成本，以维护个体的自尊和降低由国家、社会和企业承担的成本。

我国现行的社会保障制度具有保障水平偏低，资金缺口大，财政负担沉重的特点。日益加剧的老龄化趋势更使得社会保障基金不堪负荷。从社会保障效应的长期性和持续性考虑，我国的制度设计更应该注重增强个人的责任意识，避免把保障责任完全抛给政府、企业和社会的做法。

4. 重视社会保障相关法律法规的建设和完善

纵观世界各国社会保障制度的发展历程，无论是何种社会保障制度模式，在发展的初期都十分重视社会保障制度的法制化建设。在严明的法律体系保障下，才能保证社会保障措施的顺利实施。社会保障法律建设对于社会保障制度建设的重要性是受到世界各国公认的。以德国为例，《工人疾病保险法》、《工伤事故保险法》和《养老金保险法》的制定，确立了德国社会保障制度的主体框架，为其完整的制度设计奠定了基础。在美国、英国、瑞典、新加坡、智利等国的制度发展中，我们也能够清晰地看到法律法规在其中所起到的根本性作用。

目前，尽管我国在社会保障制度的改革过程中出台了一系列的办法、规则、决定等，但是还没有一部完整的关于社会保障的立法，使得实际操作中的许多问题找不到解决的法律依据，很多的时候只能依靠行政手段解决，这是我国社会保障制度改革中的一个弱点。因此，国家非常有必要加强社会保障立法，以明确规定社会保障中国家、企业、个人的权利和义务，以法律形式规范各项社会保障费用的缴纳比例以及社会保险基金的管理和运行规则，从而使社会保障工作能够做到制度化和规范化，提高社会保障的权威性①。

---

① 王亚萍．评瑞典福利制度模式——兼论其对中国建立社会保障体系的启示［J］．世界经济与政治论坛，2004（4）．

5. 加强社会保障基金的管理和运营，努力实现基金保值增值

对于任何国家或任何社会保障模式而言，养老保险基金的收支问题都是社会保障制度运行中的重中之重。可以说，养老保险基金的运行状态在很大程度上决定着社会保障体系的运行状态。20世纪以来，由于人口结构的转变，世界上众多国家纷纷进入老龄化社会，养老需求的急剧增长给养老保险乃至社会保障制度都带来了沉重压力。为了应对这一状况，许多实行社会保险资金现收现付制的国家（如中国）也开始向部分积累制转轨，这些国家除了需要承担转轨成本之外，还与实行完全积累制和部分积累制的国家一样，面临着一个不可忽视的问题——社会保障基金（尤其是养老保险基金）的保值与增值。社会保障基金是否能够做到保值增值很大程度上取决于基金的投资管理方式。在这方面，新加坡和智利等国的做法取得了突出的成就，这些国家的成功经验是非常值得我们借鉴的。

我国从20世纪70年代实行计划控制人口增长的政策以来，随着出生率的下降和平均寿命的延长，婴幼少年人口比重下降，老年人口比重明显上升。我国已成为世界上老年人绝对数量最多的国家之一。面对如此严峻的形势，我国社会保障制度建设正努力实现筹资模式的转轨，由原来的现收现付制向部分积累制转变，以保证养老保险的持续性。在这个转轨过程中以及转轨完成之后，社会保障基金的保值增值将成为我国社会保障相关部门面临的最重要问题之一。

我国目前正处在经济社会转型时期，投资体制尚不完善，资本市场也不够健全。在投资机构的选择、投资方向的掌握、投资组合的确定等方面还缺乏经验，社会保障基金的投资运营和保值增值面临着许多困难。在这种现实状况下，我们更应该注重对国际社会成功经验的研究和学习，取人之长，补己之短，以促进我国社会保障基金运行的良性发展。

本章小结

社会保障模式事实上是由各国社会、经济、政治、历史文化发展决定的。由于各国经济基础、思想传统、社会制度等方面的差异，各国所选择的社会保障制度也不尽相同，从而形成了不同的社会保障模式。从各国的具体制度安排出发，现行的社会保障

模式主要有三种类型：社会保险型社会保障模式，福利国家型社会保障模式，强制储蓄型社会保障模式。

社会保险型社会保障制度是工业化的产物，是以劳动者为核心建立的保障模式。该模式在国家、企业和个人之间实行责任分担的原则，注重权利与义务的统一。社会保险基金的筹集和使用采用现收现付形式，在受保成员间调剂使用，代际之间转移支付，实行互助互济，共担风险。代表国家是德国和美国。

福利国家型社会保障模式是建立在公民普遍权利之上的社会保障模式，其制度的主要特征有：累进税制与高税收、保障对象的普遍性、社会保障资金主要来源于国家税收、项目齐全、保障水平高等。代表国家是英国和瑞典。

强制储蓄型社会保障模式是一种由国家强制推行的自我储蓄的社会保障制度，新加坡和智利等拉美国家相继采用了这种模式。强制储蓄型社会保障模式的特征是：强制储蓄，设置个人账户；实行完全积累制；政府扮演监督与管理的角色；强调自我责任，缺乏互济性；注重与资本市场有机结合。代表国家是新加坡。

各国不同的社会保障制度模式对我国的社会保障制度建设有着重要的启示作用。社会保障制度的设立要从国情和国力出发；提倡“积极福利”和投资型社会保障；增强个人在社会保障体系中的责任意识；重视社会保障相关法律法规的建设和完善；加强社会保障基金的管理和运营，努力实现基金保值增值等。

关键术语

社会保障制度模式　　现收现付制　　完全积累制　　部分积累制
福利国家型社会保障模式　　社会保险型社会保障模式
强制储蓄型社会保障模式

思考题

1. 一个国家社会保障制度模式的选择受哪些因素的影响？
2. 简述社会保险型社会保障模式的特点及存在的缺陷。
3. 简述福利国家型社会保障模式的特点及存在的缺陷。

4. 简述强制储蓄型社会保障模式的特点及存在的缺陷。

5. 试论各国社会保障模式对我国社会保障制度建立和完善的启示。

6. 你怎样看待"统账结合"的社会保障模式?

7. 试论我国社会保障制度的发展前景。

案例分析

"智利模式"是否代表了新的改革趋势?①

从20世纪60年代起，智利的基本养老保险制度出现了破绽，当时的养老保险制度委员会对此提出报告，总结了养老保险制度的危机问题，后来又提交了关于养老保险制度改革的法案，但在议会中没有得到通过。20世纪70年代末，人口老龄化带来财源不足，制度的非效率现象日益明显，其结果是陷入了破产状态，也造成了人们对旧制度的信心危机。1973年皮诺切特发动军事政变，推翻了阿连德左翼政府，实行了长达17年的独裁统治。军政府在政治上右倾，代表中产阶级利益。在经济上推崇芝加哥学派新自由主义理论，推行私有化政策，从1979年开始推行名为"七个现代化"的自由化改革，对积弊已深的社会保障制度大刀阔斧，推行"新制"。1980年军政府公布的《养老保险法》将社会保障新制一锤定音。

智利对养老保险制度进行了全面的改革，建立了雇员个人缴费、个人账户积累、多个私人管理公司共同管理基金的退休金制度。这种新制度的核心内容是实行强制性储蓄，建立个人账户，将强制性储蓄的功能私人化，并结合指数化年金市场，将储蓄积累转换为退休者的养老收入。具体环节是：政府强制性地规定各个公营和私营单位的所有从业人员部必须参加养老保险，每月从每个职工工资中扣除10%，并将其存入每个职工的个人账户，从而构成养老金的来源。养老全由私人管理机构经由国家批准成立

① 张琪．社会保障概论［M］．北京：中国劳动社会保障出版社，2006：30.

的大约 20 个退休全管理公司（AFP）管理，每个公司只管理一个基金，负责基金的运营，并将基金运营的收入全部分配到那些个人账户中去。养老保险还可以附加其他内容，如工伤保险和家属保险，这需要另外签订合同。职工可以自由选择加入任何一家退休金管理公司，还可以中途转换公司。退休金的多少取决于投保人存款的数额，以及这些基金在资本化过程中的增值是多少。如果就业者到退休年龄时尚未交足养老保险规定的最低限额，只要其在某个养老保险机构中投保已满 20 年，不足部分由国家补足。当职工退休可以成为退休金受益者时，他们可以选择分阶段地使用个人账户中的积聚，也可以选择年金方式。

智利社会保障基金投资运营的成功是智利社会保障制度改革成功的关键所在。其卓有成效的投资运营机制和较高的投资盈利率有助于社会制度的良性运行，有助于经济社会的稳定和发展。至 1996 年，除 1995 年由于股市不稳盈利较低以外，其他年度的盈利都较高，一般在 12% 以上，高者可达 15% 以上。这样大大减轻了政府的财政负担。政府由过去的基金主要筹集者角色转换为养老保险市场监管者角色，从负无限责任转变为有限责任，即只对低收入阶层提供最低收入保障。新制推行以后，越来越多的劳动者选择加入了新制，至今已有 95% 以上的劳动者参加“新制”。人们意识养老基金不再是死钱，参与社会养老保险不仅是一种未雨绸缪的投保行为，又是一种可能获得较高回报的投资行为，而响应和参加人数规模的扩大，又为基金管理公司的经营奠定了坚实的资金基础，从而有助于以社会化和市场化实现养老保险的基本目标。

智利是世界上最先推行将社会保险计划按私营或者商业经营方式管理的国家，智利模式引入了竞争机制，在很大程度上改变了原有体制资金运营效益差、资金严重流失的弊端，为各国社会保障改革创立了一个新的模式。有些中、东欧国家也在讨论这种改革，我国也同样如此。智利模式似乎已经成为发展中国家应该采用的模式，在发达国家，作为解决由现收现付制方式所带来的各种问题的一种方式，也受到了一定的重视。

当然，智利模式并非完美无缺。养老基金的投资运营盈利率还存在波动性和风险性，智利养老基金投资在维持了多年的高收益率后，1998 年上半年首次亏损 1.7%。有人指出，“新制”中效率与公平的问题仍然没有得到很好解决。从近年的实践看，AFP 有垄断化的趋势，70% 以上的养老金投在 4 家最大的 AFP 手中，而因为投保人不能参与管理，又对政府监管提出了一个新的课题。此外，人们对于高昂的管理成本也颇有微词。据估算，投保人缴纳的佣金占缴费的 15% ~20%，相当于一个人一生要为 AFP 工作 4 年。如果扣除佣金，记入个人账户上的利息并不高。

请思考：

1. 智利模式的基本特点是什么？
2. 结合案例分析智利模式可能存在的缺陷。

第 5 章 社会保障水平

5.1 社会保障水平的概述

5.1.1 社会保障水平的界定

社会保障水平是指某些国家或地区的社会成员在一定时期内享受社会保障经济待遇的高低程度。社会保障水平的测定指标通常可以从两个方面测定：一是社会保障支出占公共支出的比重，二是社会保障总支出占国内生产总值（GDP）的比重。后者是社会保障水平的主要指标。许多国家测量社会保障水平时都沿用了这个指标，用公式计算就是：

$$s(x,\ t)=\frac{U(x,\ t)}{GDP(x,\ t)}\times 100\% \qquad (1)$$

这里 $S(x,\ t)$ 表示 t 时期一国或地区 x 的社会保障水平；$U(x,\ t)$ 表示在 t 时期，一国或地区 x 实际支出的各种社会保障费用之和；$GDP(x,\ t)$ 表示在 t 时期内一国或地区 x 的国内生产总值。$S(x,\ t)$、$U(x,\ t)$ 与 $GDP(x,\ t)$ 实际是与 x、t 有关，也正是说明，在不同国家及地区在不同的时期 t，其社会保障水平具有动态性、差异性和可比性。事实上，由于影响社会保障水平的因素较多，例如国家的社会保障制度与政策、人口结构、经济结构、不同阶层群体的受保障水平差异，所有这些都影响着社会保障的水平。一般的与社会保障水平有关的因素为：社会保障的覆盖面指标，人均社保水平指标，特定群体的社保水平指标。例如，经受过战争洗礼的老干部的社保水平、一般老年群体的社保水平、残疾人群体及失业职工的社保水平、社保的基本政策和制度等。我们只有在对上述因素作较全面评价的基础上，才能对社会保障水平作出实事求是的客观判断。

对（1）式给出的社会保障水平主指标进行分析，立刻可以得到与社会保障水平等价的其他定义。如引入中间变量 $W(x, t)$，代表 X 地区在 t 时期的工资总额。于是（1）式就成为：

$$\begin{aligned} s(x, t) &= \frac{U(x, t)}{GDP(x, t)} \times 100\% \\ &= \frac{U(x, t)}{W(x, t)} \cdot \frac{W(x, t)}{GDP(x, t)} \times 100\% \\ &= Q \cdot H \times 100\% \end{aligned} \tag{2}$$

这里 $Q=\frac{U(x, t)}{W(x, t)}$ 表示社保支出总额占工资总额的比重，它称为社会保障负担系数；$H=\frac{W(x, t)}{GDP(x, t)}$ 表示工资收入总额占国内生产总值的比重，它称为劳动生产要素投入分配系数。

于是（2）说明社会保障的水平是两个因素指标的乘积。即：某一地区 X 在某时期 T 的社会保障水平为：该地区在 T 时期的社保负担系数与劳动生产要素投入分配系数的乘积。

如果把（2）式等价地写成：

$$S(x, t) = \frac{U(x, t)}{W(x, t)} : \frac{GDP(x, t)}{W(x, t)} \tag{3}$$

这里记 $N=\frac{GDP(x, t)}{W(x, t)}$ 表示单位工资对国内生产总值的贡献水平，于是社会保障水平又可理解为社会保障负担系数与单位工资的一般贡献水平的比。

如果引进另一中间变量 L（X，Y），即国家或地区 X 在 T 时期的人口数，于是（1）式就可写成：

$$\begin{aligned} S(x, t) &= \frac{U(x, t)}{GDP(x, t)} = \frac{U(x, t)}{L(x, t)} : \frac{GDP(x, t)}{L(x, t)} \\ &= \overline{U(x, t)} : \overline{GDP(x, t)} \end{aligned} \tag{4}$$

（4）式中 $\overline{U(x, t)}$ 表示 t 时期内国家或地区 X 的人均社会保障支出水平，

$GDP(x, t)$ 表示t时期内国家或地区X的人均GDP水平。这样，社会保障水平也可以用人均社会保障支出与人均GDP的比重来衡量。

5.1.2　社会保障水平的影响因素与研究意义

我们从（1）（2）（3）（4）式可以看到，社会保障水平与国民经济中的多个指标有着密切的关系。通过社保水平的几种表达式的描述，可以发现社会保障运行的经济规律及其动态过程中对经济学中许多经济指标效应的影响。而经济指标效应的变化又对社会保障水平所产生了相辅相成的多种影响，其主要表现在，社会保障水平与国民经济发展总量或区域经济发展相关密切。具体来说，社会保障的资金供给对GDP、财政收支、就业率与失业率、居民收入与居民储蓄、社会保障基金增值的能力、国有固定资产、社团和民间捐赠以及相关的服务设施等。如果说社会保障的供给条件是社会保障的源泉和决定因素的话，社会保障水平还受社会保障需求的影响。社会保障需求既包括现在的需求，也包括预期的需求①。这些客观存在的需求其构成很复杂。

国家经济总量的增长可以促进国内人民生活水平的提高，社会保障水平的高低也反映了人民生活保障程度的大小，反映着人民生活质量的高低。因此，对社会保障水平研究可以发现经济与社会协调发展的机制和规律。通过社会保障水平的具体分析研究可发现其内在运行规律。

社会保障水平是一个国家社会保障体系运行的指示灯。通过对与社会保障水平相关的各因素研究，建立起保障适度水平的运行模型和社会保障运行的预警系统，借助于相关模型及预警系统对未来保障的发展趋势，规避可能出现的社会保障的财务危机，保证社会经济及保障系统良性运行与可持续发展。

5.1.3　社会保障水平的适度化与支出范围

社会保障水平的适度化是各国社会保障事业发展中应该注意的问题，保障水平过高过低都不利于经济社会的发展。例如一些西方国家（以英国、瑞典、丹麦、芬兰作为国家福利型社会保障模式的国家为代表）社会保障项目很全面，保障水平也很高，基本上社会保障支出占到国内生产总值的比重达

① 邓大松、林毓铭、谢圣远．社会保障理论与实践发展研究［M］．北京：人民出版社，2007：194.

30%以上。如此高的社会保障支出，使一些民众不劳动也能过上较好的生活，客观上助长了国民的惰性，影响了国家的竞争力。一旦从高社会保障支出水平向低的支出水平运作，必然引起社会的强烈关注，甚至会产生政治动荡。随着人口的发展越来越老龄化，需支付的养老金数额越来越大，必然将使城镇企业人员的退休金很低，农村居民的养老金更是杯水车薪，资金缺口大。据测算，当前仅养老、医疗、失业三方面的社会保障基金的支付缺口每年大约在700亿元，政府不堪重负。事实上，完全依靠政府是不现实的，也是不可能的。这样社会保障只能在低层次上运行，水平过低，不能解决国民面临的各种现实风险。

社会保障水平的适度化，就是根据国民经济和社会发展的状况，将社会保障水平控制在一个适当的范围内，使之与国民经济发展水平相适应。适度的社会保障水平既能维持社会成员的基本生活，又能激励他们的工作积极性和对社会的责任感，推动经济社会健康持续地发展。

如何衡量社会保障的某一水平是否适度？这是一个较为复杂的问题。可以说，各个层次的民众对其的评价是不同的，这是国家各阶层的经济地位不同，对它的要求也就不同，需要根据不同的情况进行具体的分析判断。就政府管理阶层而言，一般来说，应从以下几点来衡量、评价社会保障水平是否适度：

第一，社会保障制度是否能够保证公民的基本生活水平，能激励公民积极参与国民经济建设和社会发展；第二，社会保障的支出是否与经济、社会发展及相关各方面的承受能力相适应；第三，社会保障制度是否能够保证社会稳定，是否有利于社会公平。保障结构是否与国民经济产业布局相适应；第四，社会保障制度是否有利于提高公民素质、促进社会进步。

社会保障的支出范围，世界各国的社会保障的支出范围主要包括三大领域：(1) 面向社会贫困群体或低收入者的社会救助；(2) 面向劳动民众的社会保险；(3) 面向全体社会成员的社会福利。这三者建构了一个由低层次到高层次的社会保障体系，社会保障的最低层次是社会救助，保障的对象是贫困者，保障水平维持了最基本的生活；较高层次是社会保险，保障的对象是广大“劳动者”，保障水平是劳动者因失去劳动能力或失业无工资收入的情况下，仍能过上正常生活；最高层次是社会福利，保障的对象是“全体公民”，保障的水平是增进公民的生活福利。一般而言，社会保障的层次低，享受社会保障待遇的对象分布较窄；社会保障的层次高，享受社会保障待遇的对象分布广①。

上述三大保障领域，国际上的社会保障支出通常划分为五个方面：①养老、残障、死亡；②疾病、生育、医疗护理；③失业；④家庭津贴；⑤工伤及其他社会救助②。

5.1.4　我国的社会保障水平回顾

社会保障水平是社会保障的产物，社会保障水平的状况依赖于社会保障制度。从 1949—1957 年是我国社会保障制度的创新时期，党和政府采取了一系列社会保障的各种措施来保障人民的基本生活，稳定社会秩序，恢复经济生产，并建立了有关组织机构，颁布了相关政策法规。从 1958—1966 年，是社会保障制度的调整与发展时期，各种保障制度得到不断的改进和完善，修改了不合理的待遇标准，逐步建立起社会保障的政策法规。从 1966—1976 年，是社会保障受挫折和停滞的时期，“文化大革命”使社会保障几近陷于瘫痪，社会统筹被取消，社会保险退化成了企业保险。从 1976—1986 年是社会保障制度的恢复时期，“文化大革命”以前的社会保障制度得以恢复，保障覆盖面有所扩大，保障水平也有所提高。从 1986 年至今，是社会保障进入全面改革的时期，相比前几个时期，保障覆盖面进一步扩大，保障水平在不断地提高。

为使保障覆盖面进一步扩大，可以看到：1995 年、1997 年在国务院一系列关于养老保险文件指导下，基本养老保险覆盖范围已从国有企业和城镇集体企业职工，扩大到其他所有制企业职工，惠及 12% 的中国人口；从 2000 年设定的作为养老储蓄的社保基金，截至 2005 年 10 月底，总计达到 1921 亿元；补充养老保险也从无到有，逐步发展，到 2004 年第二季度，全国建立企业年金计划的企业有 22463 家，累计参加的职工约为 702 万人，资产总额近 600 亿元。在医疗保险方面，“十一五”期间重视发挥政府的主导作用；新型农村合作医疗的试点覆盖面 2006 年扩大到全国县（市、区）总数的 40%，2007 年达到 60%，2008 年全国基本推开，然后实现基本覆盖农村居民的目标；从 2006 年开始，国家提高了中央和地方财政对“参加合作医疗”的农民的补助标准，

---

① 穆怀中．社会保障国际比较［M］．北京：中国劳动社会保障出版社，2002：11.

② 穆怀中．社会保障国际比较［M］．北京：中国劳动社会保障出版社，2002：111.

中央财政的补助标准由每人每年 10 元提高到 20 元，地方财政也相应增加 10 元，而农民缴费标准不变。在社会救助方面，国务院早在 1999 年就颁布了《城市居民最低生活保障条例》，中央财政对低保资金的投入约占各级财政计划总投入的 0.44%①。据民政部统计，2002 年，农村仅有 404 万人得到了最低生活保障，约占应保人数的 25%，城镇享受最低生活保障人数达到 2054 万人，基本实现了应保尽保②。

2007 年政府工作报告指出要在全国范围建立农村最低生活保障制度；2007 年底，城镇低保支出 274.8 亿元，农村低保支出 104.1 亿元，总共支出 378.9 亿元。

借助于拟合技术，我们得到我国从 1978—1998 年的社会保障支出绝对水平的模型为：

$$S(t)=62.5t^2-4285.5t+184262.5 \quad (t\geqslant 78)$$

$$S'(t)=125t-4285.5$$

当 $t\geqslant 78$ 时，$S'(t)\geqslant 0$

式中，S（t）表示社会保障支出的绝对水平；t 表示时间与实际的年份对应关系为 t＝78 即 1978 年，T＝85 即 1985 年，T＝100 即是 2000 年。

经过对模型的分析可知，改革开放后我国每年的社会保障支出绝对水平为单调上升。换言之，社会保障水平也在不断提高，社会保障各项目的受益人数也是每年都在增加。

进一步的资料显示（中国网：2003 年数字与事实；民政事业发展统计报告（2002—2005）；劳动和社会保障事业发展统计报告（1995—2004）；《统计日报》2006 年 1 月 20 日），社会保障各项目的保障受益人数都在逐年增加，特别是国家社会保障在基本养老保险、医疗保险和失业保险项目上，其社会保障的覆盖面连年扩大，相应的社会保障总支出也在增加。我们再据《中国统计年鉴》1991—1997 年的资料，采用"人口统计分析"数据分析，可以看到各年的社会保障总支出的增长率与国内生产总值的增长率二者间的关系。1991 年社会保障支出为 1631.37 亿元；1993 年社会保障支出比 1992 年高出 20.14%；1994 年社会保障支出比 1993 年高出 19.57%；1996 年社会保障支出

① 黄小花．中国人口与社会保障［M］．北京：经济管理出版社，2006：68.

② 韩俊．中国：从城乡分割走向城乡协调发展［J］．江苏农村经济，2004（11）.

比1995年高出20.31%；1997年社会保障支出又比1996年高15.69%。

根据我国经济统计特点，将社会保障支出水平统计分析分为三种口径（或三种方式），所谓“小口径统计分析”是指不含住宅投资和价格补贴的保障水平；所谓“中口径统计分析”是指含住宅投资的保障水平；而“大口径统计分析”是指含住宅投资和价格补贴的保障水平。在大口径统计下，测算的保障支出总水平最具有研究价值。这是因为社会保障对于被保障群体应具有社会系统性，应是一个保障体系，在这个体系中，包括了社会保障的多个项目，自然的住宅投资与价格补贴也是保障体系的部分内容。另外大口径统计的方式容易与世界社会保障水平的统计指标接轨。

综上分析，可以看到，1991—1997年我国的GDP的每年的增长率在8～14个百分点。这说明社会保障总支出增长水平远高于国内生产总值的增长水平。伴随着中国经济的高速发展，再加上政府对社会保障的日益重视，以及社会保障总支出增长具有的刚性。可以预见，21世纪，我国的社会保障总支出还将逐年增加，社会保障水平也会逐年提高。社会保障各个项目也会发展得更快。现代经济理论对经济发展的重视不仅在于强调经济总量的增长，而且还十分重视人民生活质量的提高。建构和谐社会的进程中，通过社会保障支出水平的状况，直接反映人民生活保障程度，反映出人民生活质量的高低，反映提高人口质量的状况。

5.2　社会保障水平的适度性分析

5.2.1　社会保障水平的“适”与“度”

所谓“适”，指具有“恰好”之意。所谓“度”，作为测量的概念，表示了计量长短的标准或表示了某种“程度”、“限度”，它也隐含了一种“区间”的内容。社会保障水平的适度，实质上是指一个国家或地区在一定时期内理想的社会保障水平程度或标准。

对于社会保障水平的适度标准，以上述给定的社会保障水平测定模型（(1)～(4)），可以测定出不同国家或地区在各不同时期社会保障水平的适度范围，也可测定出社会保障水平的限度。例如，依据人口结构理论和柯布-道格拉斯生产函数归纳出了社会保障负担系数模型和劳动生产要素投入分配比例系数模型，进而得到的社会保障测定模型（2）中，把劳动生产要素分配比重系数 H 的标准定位 75%。再如未来人口老龄化高峰即老年人口比重达到 30% 左右时，社会保障水平适度上线为 26%①。又例如国家经济体制改革委员会所编的“社会保障体制改革”中，用公式（2）计算社会保障水平上、下限值时，首先要考虑老年人口的比重“Q_2”，养老保险和医疗保险支出占工资收入总额的比重以不超过老年人口占总人口的比重为限度。其他变量，按照国际经验和中国已采取的保障政策，失业保障支出比重系数“Z”，一般在 1% ~ 1.5%，选下限为宜；工伤生育保障支出比重系数“J”一般占 0.016% ~ 1.5%，选下限 0.016% 为宜；社会福利优抚支出比重系数“M”一般在 1% ~ 1.5%，选下限 1% 为宜②。

确定适度的社会保障水平，从本质上讲，就是要根据国家的经济水平，社会发展状况以及社会保障需求条件、社会保障供给条件使社会保障水平达到与时代、与地域适合的理想保障水平，在这种理想的保障水平下，发挥出社会保障的基本功能。它包含，既要使社会稳定，又促进经济发展；既使公民的基本生活有保障，又能激励公民积极劳动为社会作贡献；既有利于社会公平，又有利于提高效率；既提高公民素质，又促进社会进步。社会保障需求条件包括：享受社会保障待遇的人口总量；社会保障项目的多少；社会保障程度的高低。社会保障供给条件包括：国内生产总值、居民收入和储量、财政收入、国有固定资产、社会保障资金增值、社团和民间捐献等③。

5.2.2 社会保障水平适度运作的意义

社会保障水平在适度的区间内运作：对国家的经济发展，社会稳定具有积极的意义，具体表现在以下几个方面：

第一，适度的社会保障水平首先保障了社会大多数民众最低经济要求和社会需求，从社会保障的对象及他们的基本需求就可以看出。社会保障作为经济分配的一种方式，是对国民收入的分配和再分配，它要确保社会成员的基本生活需要的一种社会责任和社会经济分配形式。它履行确保其最低经济生活水平的一种社会责任，强调社会保障要“以人为本”，这也是国家或政府的政治责

---

① 穆怀中．社会保障国际比较［M］．北京：中国劳动社会保障出版社，2002：121.

② 国家经济体制改革委员会．社会保障体制改革［M］．北京：改革出版社，1995：48-50.

③ 穆怀中．社会保障国际比较［M］．北京：中国劳动社会保障出版社，2002：120.

任，在此状况下的社会保持了相对的稳定，也为国民经济建设和发展创造了一个安定的社会环境。因此适度的社会保障水平对国家而言起到了一种“社会安全网”的作用，适度的社会保障水平可以使社会保持相对的稳定，以利于国家的经济发展，从西欧国家在 20 世纪 50、60 年代的社会发展的历史足以证明这一点。

适度的社会保障水平可以作为一种保障制度及社会保障工作的政策设计。经测算的保障水平，对社保民众在很大程度上，他们考虑和解决的就是资金的到位保障，保障没有钱就是空话，所以资金保障的重要性不言而喻。尤其对我国是一个发展中的大国，人均国民生产总值的排序还处于世界的较后位置，人均的收入水平相比较还处于较低的水平，在较长的一段时期内的社会保障的适度水平还是维持在保障大多数人的最低经济要求和社会需求。另外，适度的保障水平，使国家有能力通过立法，和行政手段对国民收入的再分配以社会消费基金的形式向由年老疾病、伤残、死亡、失业及其他不幸遭遇的发生而使生存出现困难的社会成员给予一定的物质上的帮助，以保证其基本生活权利的制度。

第二，它可以提高人们的生活质量，提高人口的素质，促进社会文明发展，工业化国家社会保障制度的实行，扩大了教育水平，增强了医疗保健，对提高了人口身体素质、人口文化科学素质、人口思想道德素质进而提高民族生活质量和文明程度起了积极推动作用。

第三，适度保障水平的实施可以促进第三产业的发展。这是因为适度的保障水平，便于普遍推行社会福利事业服务的医疗职业培训、老年保障、社会的其他的服务行业等第三产业部门的发展，吸收了大批第一、二产业中的失业者，有利于产业结构的调整，也有利于经济协调发展。

5.2.3　社会保障水平“超度”的后果

从我国的社会保障制度建立与几十年的发展历史来看，我国的社会保障水平沿着适度的标准区间内进行运作，基本上没有出现超过适度标准区域的运作。但在国际社会，有些国家和地区出现了社会保障水平超过适度标准或者根本没有考虑适度水平的操作，于是出现了一系列的不良后果。

20 世纪 70 年代，西方工业化国家逐渐出现了社会保障“危机”，“危机”最集中的表现是这些国家一方面由于国家的失业率不断提高、人口老龄化加重、医疗保障费用膨胀，致使这些国家的社会保障的支出日渐增高，其保障水平大大地超出了适度标准区域的上限水平。例如，西方主要工业化国家的失业率超过了正常统计的失业率水平，致使社会保障的支出水平上升的幅度远高于失业率增长的幅度。举美国为例，1980—1985 年美国失业率较自然失业率上升了 1.42%，而社会保障支出水平却上升了 7.6%；又例如，由于老年人口比重的提高，致使西方国家社会保障支出水平的增长率远远高于老年人口比重的增长速度。还是举美国为例，1980—1985 年，老年人口的比重增长了 5.3%，而社会保障支出水平却增长了 7.6%。另一方面，由于国家政策性原因，主要是保障的项目繁多（有的国家的保障项目多达 200 多种），且保障程度过高（其中包括老年退休金和事业保险金的给付程度过高），有的失业人员得到的失业保险金及其他保险之和几乎与在职人员的劳动所得相等，这使得保障水平不断上升。再一方面，这些国家保障观念的差异，认为社会福利项目越多，社会越进步。这种认识客观上也导致社会保障项目过多，社会保障水平上升。由于这些原因，使 20 世纪 70 年代后期西方工业化国家的社会保障水平的适度性大大地冲破了标准区间的上限，我们称之为超度社会保障水平。这使得这些西方工业化国家越来越多地暴露出矛盾和问题。又因为在社会保障支出的“刚性”作用下，支出水平上升易、调整难，下降更不行。过高的社会保障水平，大大超过了政府财政的支出能力，使政府财政导致赤字。

例如，欧盟成员国的财政赤字及国债占国内生产总值比重大多超过了 3%，并且，社会保障水平的“超度”的最严重后果是使政府的财政赤字不断上升，影响到国民经济的良性运行。尽管导致西方工业化国家财政赤字的原因是多方面的，但事实证明，社会保障水平“超度”是导致西方工业化国家政府财政赤字的重要原因之一。由于社会保障支出水平的“超度”导致西方工业化国家的财政赤字不断扩大，他们意识到应对原有的社会保障制度进行改革，特别是改革从“摇篮到坟墓”的保姆式的保障体系。

社会保障水平“超度”，除了导致国家财政赤字以外，还会提高企业产品成本，进而影响国家对外的经济竞争能力。这是因为高的社会保障支出水平必须有高的保险费缴纳作为支撑，而企业缴纳过高的保险费，也就提高了产品的成本。高成本的产品在国际上自然难和低成本的产品进行市场竞争，至少在国际市场上会导致销售额的下降或是销路受阻，这使得企业的资金回收率下降，影响到企业的利润和再投资。

社会保障水平的“超度”，在某种程度上还使有些劳动者滋长了依赖、懒惰的情绪，这是因为当劳动者的收入中如有相当大的部分不是来自于劳动的报酬，而是来自各种的社会福利收入，这部分的福利收入使他们的基本生活有着落，就容易使部分的劳动者感到，工作不工作或失业不失业不要紧，从而滋生了一种过度的依赖社会保障，躺在生活福利和失业保险上生活的懒惰心理。在此情形下，劳动者的生产积极性和主动性自然减弱了，劳动生产率难有更大幅度的提高，整个社会的经济效益受损。

最后，社会保障支出水平的“超度”还会使得国家的资金外溢，科技人才外流。其主要原因是社会保障支出水平的过高“超度”使得政府的支出超过了自身的承受力。这样，政府为了筹措资金，尤其是实行福利型社会保障制度的国家对中产阶层和高收入阶层在征收税时除了实行投保制外，实行了高额累进税制，对一般的收入开征所得税制。另外在一些国家还直接针对高收入阶层开征了很高的公司所得税。如此高的税率，限制了投资者的资本增势，致使投资的热情减弱，转变投资方向，把资金投向国外，造成了国内资本大量外流。在流向国外的过程中既流走了大量的国内资金，也流走了企业优秀的管理人才、科技人才，这样的结果是既不利于本国的企业生产技术创新和经营管理，也直接影响到国内的科学、文化、教育、卫生事业的发展。例如 20 世纪 1975 年美国就有 59000 名企业管理人员及科技人员迁往国外。

5.2.4　社会保障水平与主要指标的关系统计模型

从前述给出的社会保障水平的意义表达式可以看到，社会保障水平与社会保障支出和国家的国民生产总值有着正向的比例关系。国家的社会经济运行过程是一个多因素经济指标体系相互影响、互为运作的过程，我们列举了典型的发达国家美、英、日、德，对其社会保障水平用如下几个主要变量进行相关与回归分析，所用的资料为 20 世纪 60 ~ 90 年代中期的样本资料①。

1. 社会保障水平与国内生产总值

从社会保障水平即社会保障支出占 GDP 的比重为核心指标，因此在相关关系因素的分析中，最主要的因素就是人均国内生产总值，统计分析表明，美国、英国、日本、德国的社会保障水平与人均国内生产总值的相关系数都在 r =0.9 以上，特别是日本达到 0.96。由于统计分析中相关系数是刻画两个统计

① 穆怀中. 社会保障国际比较［M］. 北京：中国劳动社会保障出版社，2002：130.

变量是否成线性关系的主要指标。如此高度的正相关系数，表明在美、英、日、德，它们的保障水平与国内生产总值也必定存在一条回归直线，表明了它们的回归关系。

事实表明，美国的回归方程为：$Y_1=10.46+0.00034\ X_1$

其中X_1表示美国国内生产总值，计算单位为亿本币；Y_1表示社会保障支出水平。

英国的回归方程为：$Y_2=14.1+0.0034\ X_2$

其中X_2表示英国国内生产总值，计算单位为亿本币。Y_2表示社会保障支出水平，计算单位为百分数（%）。

日本的回归方程为：$Y_3=7.62+0.00078\ X_3$

其中X_3表示日本国内生产总值，计算单位为百亿本币，Y_3表示社会保障支出水平，计算单位为百分数（%）。

德国的回归方程为：$Y_4=16.37+0.00081\ X_4$

其中X_4表示德国国内生产总值，计算单位为亿本币；Y_4：表示社会保障支出水平，计算单位为百分数（%）。

如果美国、英国、日本、德国每增一个单位亿本币的国内生产总值，则它们在社会保障支出水平将分别增加0.00034、0.0034、0.00078、0.00081的百分数，尤其是英国的社会保障支出水平增加幅度最大，这主要是由于英国是福利型社会国家，而美国、日本、德国是自保公助型社会保障国家。

2. 社会保障支出水平与老年人口比重

老年人养老是国家社会保障事业中的主要保障体系，它是社会保障支出总额比重最高的支出，因此，国家的老年人比重直接的影响到社会保障支出水平，以20世纪中后期作为选取样本资料的年份。由统计计算，美国、英国、日本、德国的社会保障水平与它们国家中65岁以上人口比重的相关系数r分别为0.97、0.95、0.93、0.92，显现出高正线性相关。进一步的统计回归分析表明，上述四国的社会保障水平，与65岁以上人口比重的回归方程分别为：

$$Y_5=-32.31+4.68\ X_5$$

$$Y_6=-28.4+3.45\ X_6$$

$$Y_7=-29.4+6.38\ X_7$$

$$Y_8=-8.37+2.56\ X_8$$

上式中 X_5、X_6、X_7、X_8 分别表示美、英、日、德的年龄在 65 岁以上的老年人口比重，计算单位为百分数（%）；Y_5、Y_6、Y_7、Y_8 分别表示美、英、日、德的社会保障支出水平，计算单位为百分数（%）。

由相关系数及它们的回归方程可以看出，如果美国、英国、日本、德国 65 岁以上的老年人比重每增加一个百分点，这些国家的社会保障水平就会相应分别增加 4.68、3.45、6.38、2.56 个百分点。这说明对社会保障水平的研究，尤其要关注老年人口比重的研究，老年人口比重是决定保障支出水平的重要因素。当一个国家的人口发展进入老龄化后，国家的社会保障支出水平也相应地进入高端。国家的财政支出在社会保障也相应增大。此时如果不注意对适度水平的管理，那将使得国家的财政支出不堪重负。

3. 社会保障水平与失业率

一个国家失业率的高低，直接影响到国家保障水平，因此社会保障水平与失业率具有较高的正相关性。引用 20 世纪中后期的样本资料计算可知，美国、英国、日本、德国的社会保障水平与失业率的相关系数 r 分别为 0.744、0.935、0.885、0.837。可以看到社会保障水平与失业率是较高的正线性相关。进一步利用回归分析技术得知，美国、英国、日本和德国社会保障水平与失业率的回归模型分别为：

$$Y_9 = 0.84 + 2.47X_9$$

$$Y_{10} = 13.39 + 1.11X_{10}$$

$$Y_{11} = -0.79 + 11.77X_{11}$$

$$Y_{12} = 20.84 + 1.10X_{12}$$

其中 Y_9、Y_{10}、Y_{11}、Y_{12} 分别表示美国、英国、日本、德国的社会保障水平，计算单位为百分数（%）；X_9、X_{10}、X_{11}、X_{12} 分别表示美国、英国、日本、德国的失业率。计算单位为百分数（%）。由回归模型可以看到，美、英、日、德的失业率每增加一个点，它们的社会保障水平就相应地分别增加 2.47、1.11、11.77、1.10 个点。当然，社会保障水平上升是由多种因素共同作用的结果，失业率仅说明是其中的一个原因，另一方面，失业率和社会保障水平还是一个互为影响的因素，上述仅说明了失业率对社会保障水平的影响，事实上，社会保障水平对失业率的也产生影响，美、英、日、德的社会保障水平对失业率的影响回归模型为：

$$X_9 = -0.34+0.4\ Y_9$$

$$X_{10} = -12.06+0.9\ Y_{10}$$

$$X_{11} = 0.067+0.085\ Y_{11}$$

$$X_{12} = -18.94+0.9\ Y_{12}$$

分析这一结果，说明社会保障水平越高，失业后的待遇就好，它导致了这些国家的职工对工作和失业就产生出与本国职工不同的行业态度和行为。由于自愿失业的人员增多，使失业比率增加。在美、英、日、德的社会保障水平每增加一个百分点，他们的失业率就分别增加 0.4、0.9、0.085、0.9 个百分点。这说明，失业率对社会保障水平的影响程度要比社会保障水平对失业率的影响程度来得大。

4. 社会保障水平与储蓄率占 GDP 的比重

社会保障水平与储蓄率占 GDP 的比重因素的影响在美、英、日、德国分别呈负的相关关系。他们的相关系数分别是 - 0.279、- 0.648、- 0.294、-0.639,进一步可以看到，这些国家的储蓄率占国内生产总值的比重与社会保障水平的回归模型为

$$X_{13} = 32.8-0.68Y_9$$

$$X_{14} = 52.8-1.08Y_{10}$$

$$X_{15} = 46.07-0.79Y_{11}$$

$$X_{16} = 74.42-1.07Y_{12}$$

其中 X_{13}、X_{14}、X_{15}、X_{16}分别表示美、英、日、德的储蓄占 GDP 的比重的负相关关系，说明社会保障水平的上升会影响到国家储蓄的增加，这在福利型社会保障的英国尤为明显。由上述四国的回归模型，社会保障水平每增加一个百分点就会导致储蓄占国内 GDP 比重分别下降 0.68、1.80、0.79、1.72 个百分点。这些经济发达的国家社会保障水平高到使民众无后顾之忧的时候，民众的储蓄动机减少，储蓄行为降低。从某种程度上，长期下去，势必影响到国家的经济发展，对国家产生不利影响。2008 年由美国所引发进而波及全球的金融危机也可说明这点。

5. 社会保障水平与国内投资占 GDP 的比重

社会保障水平与国内投资占 GDP 的比重呈负相关关系。据上世纪中后期

样本年份的资料测得，美、英、日、德的社会保障水平与国内投资占 GDP 比重的相关系数分别是 0.184、−0.782、0.464、−0.864。而他们的回归模型分别是：

$$X_{17}=-18.54+2.10Y_{9}$$

$$X_{18}=66.1-2.48Y_{10}$$

$$X_{19}=43.31-0.75Y_{11}$$

$$X_{20}=63.87-1.51Y_{12}$$

其中 X_{17}、X_{18}、X_{19}、X_{20} 分别表示美、英、日、德的国内投资占 GDP 的比重，计算单位为百分数（%）。

由此可以看出社会保障水平提高，国内投资占 GDP 的比重就会下降（美国除外）。这表明过高的社会保障水平，会影响国内投资进而影响到经济的增长。除去美国以外，英、日、德社会保障水平每提高一个百分点，国内投资占 GDP 的比重就会分别下降 2.48、0.75、1.51 个百分点。由于美国在社会保障水平与国内投资比重之间存在着弱的正相关，致使美国社会保障水平每上升一个百分点，国内投资比重也上升 2.1 个百分点。增加的投资资金来源于外资在美国的投资以及对外贸易顺差。

6. 社会保障水平与私人消费占 GDP 的比重

社会保障水平与私人消费占 GDP 的比重的相关系数美国是−0.834，德国是−0.502，而美国、日本的相关系数呈现正的相关关系，他们分别是 0.914、0.417，进一步，这四个国家的社会保障水平和私人消费占 GDP 的比重的线性回归模型分别是：

英国：$X_{21}=69.01-0.762Y_{10}$

德国：$X_{22}=157.47-2.36Y_{12}$

美国：$X_{23}=-264.+4.41Y_{9}$

日本：$X_{24}=-58.08+1.35Y_{11}$

其中 X_{21}、X_{22}、X_{23}、X_{24} 分别表示英国、德国、美国、日本的私人消费占 GDP 的比重，计算单位为百分数（%）。

由于英国、德国的社会保障水平与私人消费占 GDP 的比重为负线性相关，这说明他们社会保障水平每上升一个百分点，私人消费占 GDP 的比重就分别下降 0.76 和 2.36 个百分点。英国是一个福利国家，比较高的社会保障水平使得英国民众的生活需要基本达到应有尽有，抑制了私人消费水平。德国虽然就制度而言还不是福利型国家，但因曾受欧洲社会保障水平较高的大环境的影响，在丰厚的社保水平下，德国民众的生活必需品也是应有尽有。另一方面德国的国内经济发展较快，GDP 比较高，所以私人消费占 GDP 比重受保障水平上升的影响而呈现下降趋势。美国、日本是自保公助型国家，社会保障由国家、企业和个人三者合理负担，国家担负的社会保障任务与个人自主决定命运而承担的义务严格分开，个人力量能够办到的事情就不要国家负担。社会保障主要倾斜保障儿童和老人两头，例如对正常的劳动力人口，除提供伤残和失业救济金以外，其他如医疗保险基金不管或少管，这样，他们的社会保障水平上升，也同样会使私人消费占 GDP 的比重也跟着上升的现象发生。具体测算是，美国和日本的社会保障水平每上升一个百分点，私人消费占 GDP 的比重分别上升 4.41 和 1.35 个百分点。

5.3 社会保障水平的测算

回顾前述社会保障水平

$$s(x,\ t)=\frac{U(x,\ t)}{GDP(x,\ t)}\times 100\%$$

$$=\frac{U(x,\ t)}{W(x,\ t)}\cdot\frac{W(x,\ t)}{GDP(x,\ t)}\times 100\%$$

$$=Q\cdot H\times 100\%$$

其中，$Q=\dfrac{U(x,\ t)}{W(x,\ t)}$ 表示社会保障支出总额占工资收入总额的比重（称为社会保障负担系数），$H=\dfrac{W(x,\ t)}{GDP(x,\ t)}$ 表示工资收入总额占国内生产总值的比重（称为劳动生产要素投入分配系数）。我们把 Q 作更加细致的分析就会发现 Q：社会保障负担系数，与养老金支出占工资收入总额的比重记作 O；与失业保障金支出占工资收入总额的比重记作 Z；与医疗保障支出占工资收入总额的比重记作 E；与工伤、生育保障占工资收入总额的比重记作 J；与社会福利优抚占工资收入总额的比重记作 M。它们有如下线性组合关系，用模型表示为：

$$Q=O+Z+E+J+M$$

我们要对社会保障水平作较深入的理解，必须对各项目的社会保障的水平进行分析，设立出社会保障支出原则。

5.3.1　最低生活保障线的国际做法

所谓最低生活保障线，是指在社会发展的某一时期，对某一区域的民众或社会群体，由政府制定并给付的，在衣、食、住、行等方面保障居民生存最低限度的基本生活标准①。最低生活保障线为贫困救助提供了救助的标准及保障水平。这“起码第一支柱是全面低保，这应该是一个约束性的政策，是国家财力完全做得到的”②。

1. 巴西——扶贫济困

贫富差距问题是世界上大多数国家面临的现实挑战，尽管国情不同，经济发展水平各异，但是其中存在一定的规律性。除了普遍的适度社会保障水平以外，如何让低收入阶层从国民经济的发展中受益，使其收入增长速度达到甚至超过全社会的平均水平，这是世界上不少国家的政府要专注解决的课题。例如巴西为了解决贫富差别巨大的问题，自2003年以来，巴西政府把扶贫减困作为工作重点，不断加大社会项目投入，7年间使2000万人摆脱绝对贫困，3100万人进入中产阶级。他们的具体运作是向全国宣布了“零饥饿”计划，成立了社会发展和反饥饿部。承诺要让所有巴西人都能吃上一日三餐。“零饥饿”计划不仅限于向贫困家庭发放基本食品，而且还鼓励向贫困家庭发放基本食品，鼓励发展家庭农业，为贫困地区创造就业机会，加强教育投入，改善贫困地区的饮水和卫生条件，其目的是使贫困家庭通过政府的救助提高自身的脱贫能力，融入社会发展进程。覆盖全国城乡的社会保障制度对扶贫解困发挥了重要作用。城市男性的退休年龄为65岁，女性为60岁，只要缴纳了180个月的退休保险就可以领取退休金。农村的退休年龄分别减少5岁，只要证明参加了180个月的农村劳动就可以领取最低的退休金。

2. 阿根廷——完善社会保障

许多国家的政府为了国内的贫困民众的生活保障、医疗保障，不断地完善社会保障制度。改善贫困民众的社会保障水平，使国内的贫富对立有所缓和。

---

① 孙光德、董克用．社会保障概论［M］．北京：中国人民大学出版社，2004：347.

② 吴敬琏．贫困分化源自腐败和垄断［M］．上海：第一财经日报，2006年6月26日．

例如拉美国家的阿根廷就是贫富悬殊比较明显的国家之一，但是由于阿根廷政府非常重视在卫生和教育等公共领域的投资，使贫困阶层的温饱和基本生活有了可靠保障，故在阿根廷国民中并不存在明显的“仇富”心态和社会不同阶层之间的激烈矛盾，社会各阶层实现和谐共处。尽管阿根廷的社会治安状况有些恶化，但是暴力犯罪事件的矛头没有专门指向富人。阿根廷主要采取了哪些社会保障措施以提高贫困民众的社会保障水平呢？例如，阿根廷的医疗系统由私立医院、工会医院和公立医院组成。阿根廷的中产阶级和富裕阶层基本选择私立医院，每个月缴纳固定费用就可以享受良好的医疗服务。有正式工作的员工则和家人一起加入工会医院，看病基本免费。公立医院则面向非正式员工和失业者，看病就诊完全免费，即使是进行器官移植这样的大手术也是免费，贫困家庭可以向政府提出申请，经过社会保险部门核实后获得免费发放的基本药物。

阿根廷的公立学校从幼儿园到中学都是免费。贫困家庭的儿童不仅可以免费上学，还可以在学校吃到一顿营养有保障的午餐。

此外，阿根廷政府每年都向低收入阶层民众发放各种津贴，为改善贫困家庭的生活状况，最近还决定向非正式劳工和失业者的每个未成年子女发放 180 比索的补贴，在阿根廷的劳资关系中，政府和司法部门都无条件倾向劳工利益，劳工最低工资每年都保持上涨。这种做法虽然造成了对劳工的过度保障的纵容，对阿根廷经济发展和吸引外资造成不利影响，但使劳工的合法权益得到了保证。

3. 美国——扶贫抑富　鼓励慈善

“富且仁”是许多美国富豪在超越物质需求后的精神追求，不少的富豪热心慈善，把回馈社会，帮助穷人作为自己的一项义务及道德追求。同时，美国政府采用累进税率、征收遗产税等政策，也起到了扶贫抑富，鼓励慈善事业发展的作用。美国政府的一系列鼓励慈善的政策，引导富人将财富用于正当途径，遏制财富转移，也避免财富在某个家庭内部过度集中。例如，以遗产税为例，美国联邦遗产法德基本框架由 20 世纪 1976 年的《税后改革法》确定，当时遗产税起征点 60 万美元，现上调为 200 万美元。遗产税征收采用累时税率，即继承的遗产越多，税率越高。但如果富豪捐助慈善事业，则可减免一定的税费。奥巴马政府继任后，更是通过一系列金融改革措施，全面加强对富人的税收管理，集中打击偷税、漏税等行为。这样的管理也促使富人更加明智地使用财富，尤其是将财富用于慈善事业。不仅是遗产税，美国整个税制都倾向于促进财富均衡分配，实行累进税制所缩小贫富分化，确保了富人多纳税，穷人少纳税，从而实现了社会财富的重新分配，而且提高了社会保障水平，同时也有效化解了穷者愈穷，富者愈富的社会分化问题。

5.3.2　最低生活保障线的测算方法

1. 恩格尔系数法

恩格尔系数法是由德国统计学家厄恩斯特·恩格尔（Erust Engel）在研究美、法、德以及比利时等国不同阶层的家庭支出时发现的一个规律。即一个家庭或个人的收入越低，其食品支出占收入比重越大，反之其比重越小；随着家庭收入的增加，食品支出占家庭总收入或总支出的比重逐渐减小。这就是恩格尔定律。恩格尔系数是食品消费支出占家庭或个人消费总支出的比重。此后经济学者又发现，衣着的消费也具有同样的趋势。

在恩格尔系数的基础上，用每月人均最低食品消费支出除以恩格尔系数就得到最低生活保障线的测算值，用公式表示为：

$$R=\frac{f}{ER}$$

这里 R 表示最低生活保障线的测算值；f 表示每月人均食品最低消费值；ER 为恩格尔系数。

f 的计算目前有多种方法。例如，根据维持一个人基本生活所需的营养测算所需的食品消费、消费的数量、单位价格、食品中营养元素的含量百分比，人体每日所需某种营养元素的上限和下限，某种食品量及每日习惯需要量的上限和下限，蛋白质产生热能占总热能的比例，脂肪产生热能占总热能的比例，碳水化合物产生的热能占总热能的比例等设立参数，运用运筹学的知识建立相应的规划模型：

$$\min Z = CX$$

$$\text{s，t}\begin{cases} Ax \leqslant b \\ x \geqslant 0 \end{cases}$$

这里 $\min Z=CX$ 称为线性规划的目标函数，约束条件为 $Ax \leqslant b$，或 $Ax \geqslant b$，而 $x \geqslant 0$，这由设定的参数，结合人体生存的基本特征而得，$C=(c_1, c_2, \cdots, c_n)$，表示每日第 t 种食品的价格，$t=1, 2, \cdots, n$，$x=(x_1, x_2, \cdots, x_n)$ 表

示第 t 种食品的需求量 x_t，t=1，2，…，n，一般的用单纯性方法，求解出线性规划问题，求出最优解，可应用成熟的软件求解。这样计算出人均最低食品消费 f 值。

2. 市场价格测算法

市场价格测算法，是根据贫困群体所在地维持最低生活所需要的物品和服务列出目录，然后根据它们的市场价格计算出所需的费用，由此确定出最低生活保障水平线：

$$R = \sum_{t=1}^{n} C_t Q_t$$

这里 Q_t（t=1，2，…，n）表示第 t 种物品或服务的基本需求量；C_t（t=1，2，…,n）表示第 t 种物品或服务的价格。

市场价格测算法的特点是简单易操作，计算方便，区域性强，但由于各地的标准水平不一，从而测算出的最低生活保障水平线有差异。

3. 国际贫困标准法

国际贫困标准线（International Poverty Line Standard Method）是以一个国家或地区社会中位收入或平均收入的一半作为最低生活保障标准①。该方法开始用于国际社会保障比较研究，后来欧共体将社会收入或平均收入的 50% ~ 60% 作为其成员的社会救助标准。其最低生活保障水平计算公式为：

$$R = \overline{N} \cdot r$$

其中$\overline{N}$表示月平均收入；r 为贫困系数，只要知道社会的平均收入，乘以贫困系数就可算出最低保障水平线，故这种方法简便易操作。但不同国家和地区的贫困系数的差异较大，在对它们作最低保障水平的比较研究时就会出现困难。

4. 扩张线性支出法

扩张线性支出（Extend Lineal Expenditure Method）是利用扩张线性支出系

① 许琳．社会保障学［M］．北京：清华大学出版社，2004：198.

统（Extend Lineal Expenditual System，简称 ELES）模型①。LES 模型是 Linch 于 1973 年在线性支出系统（Lineal Expenditual System）基础上改进的模型计算最低生活保障线的一种方法。ELES 模型常应用于对居民的消费结构分析，它把人们的消费支出分为两部分，一部分为基本消费支出，另一部分为超额消费支出，我们的目的是求解基本消费支出，从而得到最低生活保障水平线。为此，先给出扩张线性支出系统模型为：

$$P_t Q_{1t} = P_t Q_{1t}^0 + \beta_t \left(M - \sum_{k=1}^{n} P_k Q_{1k}^0 \right)$$

$$(t = 1,\ 2,\ 3,\ \cdots n \qquad n \leqslant \beta \leqslant 1 \qquad \text{且} \sum_{k=1}^{n} \beta_t \neq 1) \qquad (1)$$

这里 P_t 表示第 t 种消费品的单位；Q_{1t} 表示第 t 种消费品的实际需求量；Q_{1k} 表示第 k 种消费品的基本需求量；表示第 t 种消费品的边际消费倾向；M 表示可支配收入。

上述（1）模型把人们对第 t 种消费品支出分成两部分，第一部分为第 t 种消费品的基本需求支出，第二部分为该消费品的超额支出。虽然每个人对商品的需求不一，但是他们维持最低生活标准的基本需求却是一致的。因此，最低生活保障水平线应是所需的 n 种商品的基本费用之和，即：

$$R = \sum_{t=1}^{n} P_t Q_{1t}^0 \qquad (2)$$

下面用统计方法求出 R，为此将（1）式改写为等价形式（3），并记 $y_t = p_t q_{1t}$ 于是有：

$$Y_t = \left(P_t Q_{1t}^0 - \beta_t \sum_{k=1}^{n} P_k Q_{1t}^0 \right) + \beta_t M \qquad (3)$$

记
$$\alpha_t = P_t Q_{1t}^0 - \beta_t \sum_{k=1}^{n} P_k Q_{1k}^0 \qquad (4)$$

于是估计量。

$$\hat{Y}_t = \alpha_t + \beta_t M + \varepsilon_t \qquad (5)$$

（5）利用最小二乘法估计（5）式中的参数，其无偏估计量用和表示

由（4）可知

$$\sum_{t=1}^{n} \alpha_t = \left(1 - \sum_{t=1}^{n} \beta_t \right) \sum_{t=1}^{n} P_t Q_{1t}^0$$

① 于俊年．计量经济学［M］．北京：对外经济贸易大学出版社，2000：398.

所以
$$\sum_{t=1}^{n} \hat{P}_t Q_{1t}^0 = \frac{\sum_{t=1}^{n} \hat{\alpha}_t}{1 - \sum_{t=1}^{n} \hat{\beta}_t} \tag{6}$$

即最低生活保障线为

$$R = \sum_{t=1}^{n} \hat{P}_t Q_{1t}^0 = \frac{\sum_{t=1}^{n} \hat{\alpha}_t}{1 - \sum_{t=1}^{n} \hat{\beta}_t} \tag{7}$$

除了上述四种测算最低生活保障水平的方法外，国际上还有其他一些测算最低生活保障线的方法，国内也有一些学者从事最低生活保障水平测算的方法研究。不管采用什么样的测算方法，都必须从当时当地的实际情况出发，根据实际生活水平，国家的经济发展状况，政府的财政支出承受能力，以及贫困程度与范围来确定合适的最低生活保障水平。

5.3.3 在供求平衡框架下的社会保障水平的适度测算

1. 供求平衡社会保障水平的适度

所谓供求平衡社会保障水平的适度，就其量的意义上，适度不仅仅是一个数，而应是区间的概念，要有区间的下限，也要有区间的上限。就其下限而言，其值应在受保障人口的生活达到与其相对应的阶层的平均水平和贫困线之间，即超过贫困线之上的收入标准，而又在不影响平均水平一下，之所以在平均水平以下，是为了不影响劳动者的工作积极性。就上限而言，由于各国各地区经济水平的差异，社会发展水平不一，且人口结构不同，使得测定出具体的上限变得很困难。由于社会保障的行为本质上是一种政府的行为，政府提供的保障资金额度受约于供给条件主要包括：GDP 总值、财政收入、居民收入总额和储蓄状况的约束。它们直接决定了保障水平的高低，而保障额的多少至少要根据社会保障各项目的需求而定，目前主要的项目有老年人口的生活与医疗保障。失业保障、工伤与生育保障、社会福利保障、就业状况。因此，社会保障水平适度的上限要根据供求关系进行具体的衡量。社会保障水平的“适度”就是要保持社会保障的各保障项目的“需求”与“供给”在适度水平上的平衡发展（简称为供求平衡）。

社会保障体系中的供求平衡有其自身特点，主要表现为：

（1）目前社会保障供求平衡面临的主要问题是需求大于供给。在国民经济发展进程中，如果需求长期大于供给，就会导致社会保障体系中供求不平衡，从而社会保障项目也就难以正常运行。

（2）社会保障供求应立足于公民的基本生存需要，满足人在基本层次上的吃、穿、住、用、行，而不是满足人的最高层次需求为目标。因此社会保障供求平衡点的确定，应选择人的生存线，并根据不同保障项目而有所区别。

（3）社会保障的供求要立足于远期的平衡。这是由于社会保障是长期的、持续的且具有刚性。这样社会保障的需求随着经济和社会的发展，人口逐渐增多且老龄化社会的到来，各种需求层次提高，从而使社会保障的需求增长迅速。在这种情况下，尽管社会保障的供给也在增长，但是需求总量的增长总是大于供给总量的增长，国民经济总量的增长却是时高时低。因此，社会保障资金的供给和支出中近期平衡难以代替远期平衡，往往是近期平衡到了远期则入不敷出。

在供求平衡框架之下的社会保障水平的“适度”测度，在童星《社会保障理论与制度》一书第七章给出了社会养老保险水平、社会医疗保险水平、失业保险支出水平、工伤保险支出水平、生育保险支出水平等项目的供求平衡基本精算模型，可作为有兴趣的读者参考。

2. 适度性发展的钟型有偏曲线

研究国内外的社会保障模式和社会保障水平的发展，可以发现一个国家的社会保障水平也面临着从逐渐上升到平稳保持式的阶段发展。由于社会保障水平的发展有一个适度的界限致使社会保障水平不应该无限地上升，在社会保障水平达到一定限度后就应稳定发展，有时还可能呈现逐渐下降。其几何轨迹是有偏的钟型曲线。

该曲线在如下条件限定：

（1）社会保障水平是一个相对的水平，而非绝对水平，这从社会保障水平的定义中就可看出。相对于国民经济总产值每年的不断增长，其社会保障的支出总额也会不断增长。理论上两者增长的幅度应是同步的。因此要更多地增加我国的社会保障支出总额的增长幅度，必须使我国的国民经济总产值有大幅度的增长。中国人口众多，贫困者的比例高，需要保障的项目也多，保障的水平也要不断增加。我国的社会保障水平在和国际上社会保障水平较高的福利国家相比，使差距逐渐缩小，直至达到零差距，要达到这一目标我们还有相当长的路要走。

（2）在很长一段历史时期，社会保障的主要内容是社会保险、社会救助、社会福利和社会优抚，主要的目标是保障社会成员的基本生存需求。

（3）社会保障资金的支出与收缴是政府行为，社会保险资金参与了国民收入分配与再分配。它表示的形式是个人的保障金应在缴付保费的情况下才有保险金的存在，但实际上是社会保障，即把个人的保障风险转变为社会承担风险。

在这三点的限定条件下，曲线的轨迹形态也涵盖了如下三个基本内容：其一，当国内生产总值较低，相对的人均国民生产总值也很低的时候，这时的社会保障绝不是现代意义上的社会保障，其水平必然很低。其二，当社会经济发展到较高水平，尤其是人均国民生产总值超过了人们生存的基本水平线，并逐渐稳定的提高时，现代意义的社会保障才得以形成，并随着国民经济总值的增加，社会保障水平逐渐上升。其三，当国民经济发展到很高水平，且人均国民生产总值远远超过人们生存需要水平线时，贫富差距加大，则社会保障水平上升较快，达到较高的程度，这时在社会保障水平的曲线上达到高峰时段；当国民经济发展到绝大多数的人的生活水平都在中上水准，贫困人口逐渐减少时，社会保障支出水平会陡然下降，这时社会保障水平进入到回落时期。

综上所述，社会保障水平的发展曲线经历几个阶段，即社会保障水平形成与上升阶段、社会保障水平高峰阶段、社会保障水平波动发展和回落阶段。社会保障水平发展曲线的轨迹所经历的三个阶段可以从国际上工业发达国家的社会保障的历程进行实证的证明。国际上工业发达国家，美国、加拿大、奥地利、丹麦、荷兰、德国、希腊、爱尔兰、意大利、芬兰、挪威、葡萄牙、瑞典、土耳其、瑞士、西班牙、英国、新西兰、澳大利亚及日本等。自第二次世界大战后，他们都把社会保障作为长期政策稳定下来，较快地走过了社会保障水平形成阶段而进入上升时期。社会保障水平在20世纪60年代就达到了鼎盛时期。各国纷纷建立种类繁多的福利项目，政府的社会保障资金支出逐年增长，社会保障水平急剧上升。直到20世纪70年代中期，这些经合组织国家中，在社会保障的平均支出占GDP比例为16.8%，人均社会保障负担额是805.7美元，到20世纪70年代末期，他们在社会福利方面的平均开支占GDP的25%，占公共开支的60%，少数几个国家的社会福利方面的支出占GDP的比例甚至达到或超过了30%（例如瑞典和荷兰）。根据社会保障水平发展曲线的理论，应该说达到了社会保障水平的高峰阶段。由于福利“刚性”因素，福利国家这种增长的无约束使许多国家甚至是发达的工业化国家的财政不堪重负，加之经济发展的其他因素的冲击，世界范围的经济增长急剧下降。另外，受第三次科技革命的影响，科技的发展使结构性失业日益严重，失业率急剧上升，很多国家的失业率维持在两位数。失业人数的居高不下，失业保障支出越来越多，纳税人越来越少，加剧了政府财政赤字的扩大。从 20 世纪 80 年代开始，福利国家纷纷进行改革，削减福利项目，降低支出标准，使社会保障的支出增长速度渐渐放慢，社会保障水平随之开始回落。考虑到社会福利的“刚性”。开始社会保障水平的降低幅度不大，而如果降低的幅度变大，就会引发社会动荡，故保持一个适度的缓冲过程是许多福利国家采取的应对策略。当福利国家的人们意识到改革有利，各种利益关系协调较好的时候，社会保障水平就可以回落。另外还有一些国家的社会保障制度中，通过逐渐加大个人缴费力度，使国家支出相对于总体而言比重下降，从而降低了社会保障水平。例如养老保险由现收现付制转向部分积累制，就是一个很好的尝试。有 15 个 OECD 国家 2000 年养老保险支出占 GDP 平均水平为 10.4%。

3. 我国社会保障水平

改革开放以来，我国对社会保障制度进行了一系列的改革，社会保障有了较快的发展，社会保障水平也随之有了很大提高；中国现行的社会保障体系主要涵盖了四项，即社会保险、社会福利、社会救济、社会优抚。在相关的统计中，通常把上述内容统计成五项，即离退休养老保险福利费、在职职工养老保险福利费、社会救济费、社会优抚费、孤老残等保障费。可以看到从 1985—1997 年中国的社会保障水平，尽管在某些年份上略有高低，但总体上经过了年移动平均长期趋势技术处理后，社会保障在各个项目上，社会保障水平呈单调增加之势，而社会保障支出总水平每年在 13% 左右徘徊，全国总的趋势是社会保障快于经济的发展。说明中国的社会保障支出水平在社会保障水平钟型发展曲线上处于一个逐渐上升阶段。中国目前的社会保障水平和国际上发达的工业化的福利国家的社会保障水平相比，我们距发展曲线的高峰阶段还有漫长的路要走，有待于进一步改革和提高保障发展水平的事项也较多。

例如各地区社会保障发展水平的不平衡比较突出。经济发展较快的沿海地区的社会保障水平高于西部边远地区。据统计，社会保障水平居全国前 10 名的省份中有 8 个省份是在沿海经济较发达地区。社会保障的覆盖面也是大部分沿海地区覆盖面较高。社会保障对地区收入差距本可起到调节作用，但这种功能没有达到实际上却扩大了地区间的差距。又例如农村社会保障水平低于全国平均水平，农村社会保障覆盖率也低于全国平均水平。城镇职工的社会保障采取了“高就业、高福利、高补贴”，其支出基本由国家和企业包下来。而不少地区的农民除了得到一些救济优抚外，基本不享受或享受很少的国家补贴，这说明城乡之间的社会保障差距较大。除此而外农村各地区之间的社会保障水平也有很大差别，在一些农村经济发展较好的地区，农民的社会保障水平和城区职工的社会保障水平几乎没有差异。不少农村的社会保障的发展受到经济发展水平的制约。除了上述的差异之外，据对中国统计年鉴、中国劳动年鉴的统计资料研究表明，中国的社会保障各项支出水平中，占比重最大的就是职工养老保险类，其次是在职职工保险福利支出的比重占第二位。这两个项目的支出直接左右着中国社会保障水平的发展趋势。在各个项目的社会保障支出中，养老保险性支出水平始终是呈上升趋势，其他各项目支出水平呈波动且总趋势下降。

我国的社会保障支出水平所表述的几个大的问题表明，我国的社会保障水平在新的世纪中面临新的改革，改革的重点是要在市场经济体制下建立和完善中国的社会保障制度。结合中国的国情，首先是改革和完善以养老、医疗、失业等为主要内容的设施保险体系。以有限资金使社会保障发挥更大作用。在现有的资金基础上确定适度的符合国情的社会保障水平，走一条符合中国国情的社会保障水平的保障之路。

总体而言，中国的社会保障水平的确立应遵循如下思路考虑。第一，社会保障以低水平开始，向满足公民的基本生活需求的方向发展，保证人民的生存。基于这一点，我国社会保障水平起点不宜定得太高。第二，承认目前社会保障水平的不平衡存在地区差别，城乡差异，各地区、城乡经济发展水平的差距，使中国的社会保障水平不能一刀切，应放慢增长速度，使得社会保障水平随着地区、城乡经济发展水平差距的减少而逐步趋于平衡。第三，社会保障水平要有步骤地提高，社会保障新增的项目必须分轻重缓急。例如，目前应侧重于解决好养老、失业、医疗保险等，侧重于救助国家内某些地区出现的干旱、洪涝及地震灾害。把社会保障水平的确定纳入到国家的中长期社会经济发展计划的轨道，逐步的适度调整社会保障水平的高低，找出适度范围区间，使社会保障的社会功能得到最有效的发挥。

本章小结

社会保障水平在社会保障体系中是一个很重要的要素，它代表着国家给予公民提供社会保障的程度和水平，它决定着社会保障资金的缴付与支出的模式，它反映着社会保障体系的运行状况，标志着社会保障基本目标的实现程度。一般来说，社会保障水平的高低与受保障群体的评价呈正相关关系，在国家具有保障承受力的情况下，太低的社会保障会引起人民对国家及其社会政策的不满；而脱离经济发展水平，超越国家财政承受能力的过高的社会保障水平，也会直接影响经济的发展，削弱国家的竞争力，使政府财政不堪重负。因此，必须保持社会保障水平的科学的适度标准。

从整体量化水平来看，社会保障水平定义为社会保障总支出与 GDP 的比值，或者社会保障支出占工资总额的比例与工资总额占 GDP 的比例之乘积，或者人均社会保障支出占人均 GDP 的比例。

除此以外，还必须分别对社会保障各项目的水平进行测算。本章详细给出了最低生活保障水平的测算方法，现收现付制、完全积累制、部分积累制等三种模式下社会养老保险基金收支平衡的测算方法，社会医疗保险基金收支平衡的测算方法，以及失业保险、工伤保险、生育保险收支平衡的测算方法等。

关键术语

社会保障水平　　社会保障水平的适度化　　国际贫困标准法
扩张线性支出法　　收支平衡

思考题

1. 社会保障水平如何与生产力发展水平相适应？
2. 什么是社会保障适度水平？它所涵盖的内容有哪些？
3. 对我国当前的社会保障水平，你是怎样做评价的？

4. 从社会保障水平的界定，可以推演出哪些等价的量化处理方法?

5. 从OECD国家社会保障水平的比较分析中，看我国社会保障水平应当如何定位?

案例分析

某省最低生活保障水平线的测定①

最低生活保障线又称为贫困线（Poverty Line），是指在社会发展的某一时期，由政府制定的与社会经济发展水平相适应的，在衣、食、住、行等方面保障居民生存最低限度的基本生活标准。

尽管我国在1999年就颁布了《城市居民最低生活保障条例》，但该条例只给出了确定最低生活保障线的原则，并没有给出具体的测算方法。这里以某省为例，采用前述扩张线性支出法对城镇居民最低生活保障线进行测算，并运用趋势延伸法进行预测。

扩张线性支出法是利用扩张线性支出系统，通过计算居民的基本消费支出和超额消费支出，从而将基本消费支出定为最低生活保障线，因为基本消费支出是维持生存需求的必需支出，它不受收入水平的影响。

由本章5.3.2的（1）式给出的扩张线性支出系统模型，可知最低生活保障水平线由（2）式给出，为便于操作，将（2）式引进参数α，见（4）式，并将（1）式变换为等价的（3）式，最终得到最低生活保障线的计算模型为（6）式。

为了使最低生活水平与经济发展同步，切实保障贫困群体的生活需要，依据1994—2003年该省统计年鉴的数据，针对维持居民最低生活所需的基本消费品，选取了六类指标进行测算，这六类指标为食品、衣着、家庭设备用品及服务、医疗保健、交通通信、居住。用SPSS软件分别计算六项指标α_τ，β_τ的估计值$\hat{\alpha}_\tau$，

① 本个案引自张思锋等．社会保障精算理论与应用．人民出版社，2006：339-348.

$\hat{\beta}_\tau$，以及回归方程的判定系数 R^2，见表 5-1：

表 5-1　　**1994—2003 年六项指标的参数值**

时间	参数	食品	衣着	家庭设备与服务	医疗保健	交通通信	居住
	$\hat{\alpha}_i$	625.018	-13.752	-109.083	20.517	-17.256	42.775
1994	$\hat{b}_i$	0.186	0.131	0.146	0.03	0.039	0.0042
	R^2	0.942	0.978	0.964	0.710	0.807	0.844
	$\hat{\alpha}_i$	700.858	-15.899	-122.06	64.254	-133.986	84.699
1995	$\hat{b}_i$	0.215	0.132	0.133	0.018	0.09	0.031
	R^2	0.985	0.971	0.888	0.906	0.888	0.934
	$\hat{\alpha}_i$	594.014	-45.529	-215.753	63.697	-104.112	97.233
1996	$\hat{b}_i$	0.261	0.142	0.151	0.021	0.077	0.051
	R^7	0.969	0.995	0.895	0.491*	0.892	0.969
	$\hat{\alpha}_i$	662.489	-12.013	-221.633	45.533	-132.845	131.04
1997	$\hat{b}_i$	0.211	0.107	0.128	0.034	0.084	0.047
	R^2	0.988	0.992	0.959	0.900	0.933	0.987
	$\hat{\alpha}_i$	719.88	36.542	-201.038	-12.475	-5.853	221.994
1998	$\hat{b}_i$	0.177	0.083	0.124	0.058	0.047	0.041
	R^2	0.993	0.968	0.982	0.941	0.954	0.940
	$\hat{\alpha}_i$	776.362	72.889	-478.892	76.178	-4.67	139.01
1999	$\hat{b}_i$	0.152	0.068	0.193	0.041	0.051	0.073
	R^2	0.975	0.893	0.951	0.810	0.902	0.930
	$\hat{\alpha}_i$	788.144	59.529	-239.001	53.901	-38.857	210.392
2000	$\hat{b}_i$	0.161	0.068	0.141	0.054	0.067	0.05
	R^2	0.973	0.940	0.958	0.985	0.972	0.792
	$\hat{\alpha}_i$	735.8	70.135	-220.397	85.105	-39.869	202.907
2001	$\hat{b}_i$	0.16	0.066	0.131	0.05	0.077	0.046
	R^2	0.999	0.921	0.990	0.698*	0.975	0.924
	$\hat{\alpha}_i$	925.739	124.861	39.133	15.783	117.117	100.576
2002	$\hat{b}_i$	0.143	0.061	0.063	0.068	0.058	0.082
	R^2	0.963	0.990	0.988	0.990	0.968	0.977
	$\hat{\alpha}_i$	789.083	42.474	17.654	92.013	19.796	70.451
2003	$\hat{b}_i$	0.172	0.076	0.054	0.059	0.075	0.079
	R^2	0.987	0.993	0.916	0.972	0.985	0.934

表 5-1 中，带 * 的数据没有通过显著性（$\alpha=0.05$）的检验，可能是由于当时统计样本的选取或者医疗支出的随机性波动较大所致，其他数据均较好地通过了回归方程的拟合优度检验，且方

程和系数均通过显著性水平 $\alpha=0.05$ 的检验。考虑到计算结果是为整体做预测的，因而个别数据并不影响整体的趋势走向。

由此测算出该省1994—2003年城镇居民最低生活保障线 R，见表5-2：

表5-2　　**该省1994—2003年城镇居民最低生活保障线**　　单位　元/年

时间	1994	1995	1996	1997	1998
最低生活保障线	1287	1517	1313	1215	1615
时间	1999	2000	2001	2002	2003
最低生活保障线	1377	1709	1774	2521	2127

将上表（5-2）的各计算结果与所对应的年份在图中表出，便得到该省城镇居民最低生活保障水平在1994—2003年的散点图（5-1）：

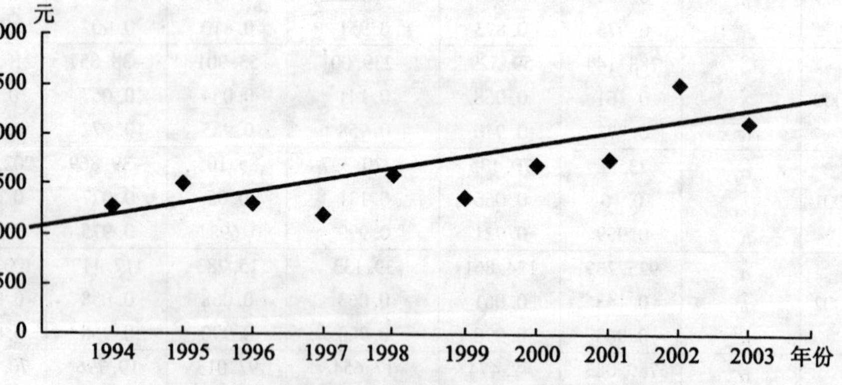

1994—2003年该省城镇居民最低生活保障水平散点图与回归直线

图5-1

再用直线趋势法，对散点图的点数拟合回归，得出如下回归拟和直线：

$$R=1040.93+109.92h$$

方程的判定系数 $R^2=0.650$，$F=14.878$，$t=3.857$，方程和系数都通过显著性水平 $\alpha=0.05$ 的假设检验。上式中 h=1 对应 1994，h=2 对应 1995，……，h=10 对应 2003，令 h=11，12，13，14，15，它们分别对应到 2004，2005，2006，2007，2008。于是借助于回归方程，测算该省从 2004—2008 年城镇居民最低生活保障水平的预测值，结果如表 5-3：

表 5-3　**该省 2004—2008 年城镇居民最低生活保障线预测**　单位：元

时间（h）	2004	2005	2006	2007	2008
年均值	2250	2360	2470	2580	2690
月均值	188	197	206	215	224

上述的测算结果是在该省的财力不受约束的条件下测算的，因此，也只能为该省有关部门制定最低生活保障标准线提供参考，在制定并公布城镇居民最低生活保障标准时，应综合考虑当地的财政承受能力等相关因素。

请思考：

1. 最低生活保障水平的确定的一个重要原则是什么？
2. 以案例中的方法计算最低生活保障线可能会有什么缺陷？

第6章 社会保障基金

社会保障基金是社会保障制度的支撑，从某种意义上讲，社会保障制度的运行过程就是社会保障基金的合理筹集、投资、管理与使用的过程。社会保障基金的良好运行与社会保障制度的顺利施行密切相关。

6.1 社会保障基金概述

6.1.1 社会保障基金的含义与特征

基金是国民经济中有特定用途的物资或资金，它是按国家、企业和居民的特定需要有计划地建立起来的，如积累基金、消费基金、生产基金和流通基金等。社会保障是国家为了保持经济发展与社会稳定，对公民在遭遇生活困难时，由政府和社会依法给予帮助的基本制度。因此，社会保障基金（Social Security Fund）则是指根据国家有关法律、法规和政策的规定，为实施社会保障制度，经由法定程序而建立起来、专款专用的资金。

根据社会保障基金的定义，社会保障基金具有如下特征：

第一，规范性。社会保障基金是国家根据相关的法律法规而设立，社会保障基金的筹集、使用、管理、运营等基本运作由政府部门或政府特别授权的专职机构统一管理，社会保障基金具有严格的规范性。

第二，专门性。社会保障基金是专款专用的专项资金，必须专门用于国家的社会保障事业，任何组织或个人不得挪作他用。

第三，保障性。社会保障基金是保障百姓基本生活的最后一道安全网，是保证社会保障制度顺利运行的物质基础，保障国民的基本生活并不断增进其福利，具有显著的社会效益。

6.1.2　社会保障基金的类型

社会保障基金的类型是与社会保障项目体系相一致的。根据国际劳工组织所颁布的社会保障规定，社会保障基金按用途包括医疗、疾病、失业、工伤、老龄、残疾、家庭、生育、遗属九个方面的基金，其中最主要的是失业、工伤、老龄、残疾、遗属五个方面。在我国，社会保障基金按照用途来划分，可以分为社会保险基金、社会福利基金、社会优抚基金、社会救助基金。其中社会保险基金包括养老保险基金、医疗保险基金、失业保险基金、工伤保险基金、生育保险基金；社会福利基金包括政府福利基金与企业福利基金，具体内容有老年人福利基金、妇女儿童福利基金、教育福利基金、住宅福利基金等；社会救助基金包括政府救助基金与民间慈善基金，具体内容有贫困救济基金、扶贫基金、救灾基金等；社会优抚基金主要用于军人保障，包括退休人员生活基金、伤残死亡抚恤基金、退伍军人就业安置基金等。社会保险基金是社会保障基金的主体，也是本章讨论的重点。我国社会保障基金的具体构成类型如图 6-1 所示：

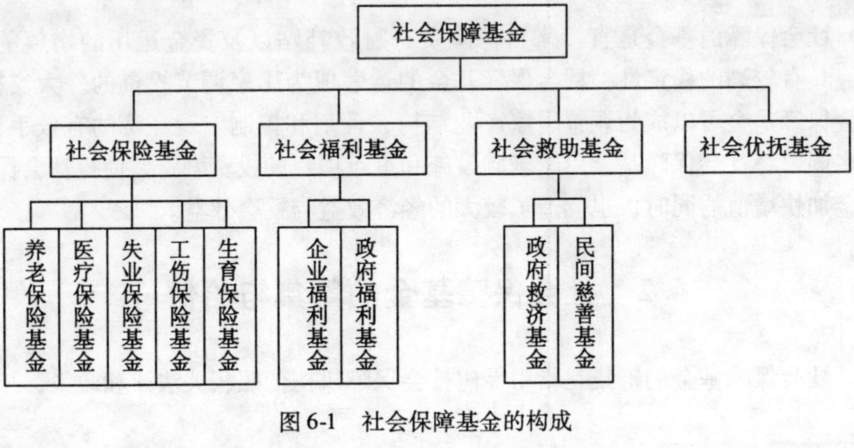

图 6-1　社会保障基金的构成

6.1.3 社会保障基金的功能

社会保障基金作为社会保障的物质基础，具有显著的社会功能：

1. 社会保障再分配功能

社会保障再分配是指政府或社会按照法律规定的标准来征缴和使用社会保障基金，以完成社会保障制度目标的各种活动。社会保障分配贯穿于社会保障的全过程，其规划实施的第一步是组织社会保障收入，最后一步是组织社会保障支出。社会保障基金作为社会保障的物质基础，其筹集与支付的过程，实际上形成了政府和企业、个人之间，企业和企业之间，企业和劳动者之间，劳动者相互之间，劳动者自身不同时期之间以及地区和地区之间对国民收入占有和支配份额比例的变化①。社会保障再分配对于平衡国民所得，缩小社会成员收入及生活水平的差距，实现社会公平有一定的调节作用。

2. 维持劳动力再生产功能

社会保障基金的使用，比如养老保险基金、医疗保险基金、工伤保险基金、失业保险基金等的支付，对劳动力的生产、分配、使用和调整起到一定的调节作用，从宏观上和微观上保证和促进劳动力再生产，从而推动整个社会生产、发展和经济繁荣。

3. 投资融资功能

社会保障的基金是直接来自保险费、财政补贴以及资金运用的增值的收入，具有较高的稳定性，社会保障基金的运营成为国家调节投资的一大支柱。社会保障基金可以成为调整国家产业结构，计划和控制宏观经济的有效手段。许多国家将社会保障基金用于基础设施和重点项目的投资融资，使得社会保障基金加快增值的同时，也创造了较大的经济效益与社会效益。

6.2 社会保障基金的筹集与给付

社会保障基金的筹集是指由专门社会保障机构依照相关法律和政策，按法

① 童星．社会保障理论与制度［M］．南京：江苏教育出版社，2008：222.

定的比率向相关对象征收社会保障费（税）或者向社会募集相关资金的过程。与社会保障基金的筹集相对应，社会保障基金的给付，则是按照法律、法规和政策，社会保障机构按一定标准和方式将社会保障资金支付给符合条件的相关社会成员，以满足其需求的过程。社会保障基金的筹集是形成社会保障物质基础的关键环节，而社会保障基金的给付则是国民社会保障权益实现的标志，社会保障基金的筹集与给付都是社会保障基金管理的重要内容。

6.2.1　社会保障基金的筹集渠道

社会保障基金的筹集，首先要是解决基金来源渠道的问题。社会保障基金的筹集渠道，是指国家通过立法建立的用于社会保障事业所需专项基金形成的渠道。从世界各国的实践来看，社会保障基金来源渠道，概括起来有以下几种：其一，由企业（雇主）和个人（雇员）共同承担：这种方式一般在老年、伤残、疾病和生育险种中采用。企业主和被保险人负担的比例为企业承担1/3，个人承担 2/3；或企业和个人分别负担 1/2；或企业承担绝大部分，个人承担一小部分。其二，由企业、个人和政府三方承担，采用这种办法筹集资金的国家，在老年、伤残和死亡保险中居多、而在疾病和生育保险中居少，其分担比例多少不等，没有一定的原则。其三，由企业全部承担。比如工伤保险基金，就采用这种方式来筹资。其四，由政府和个人负担。采用这种办法的只有少数国家或少数保险项目，被保险人只缴纳少数保险费，其余全部由政府负担。其五，由政府全部承担。采用这种办法只有少数国家和少数保障项目。

从目前世界各国实行社会保障的国家来看，多数国家的社会保障基金主要来源于企业缴费、个人缴费和国家补贴，即由国家、用人单位和个人三方合理负担。三方合理负担，包括两层含义，一是三方共同出资；二是各方出资比例应合理适度。

社会保障基金的来源渠道主要有以下几个方面：

1. 用人单位缴纳的社会保险费（税）

随着现代企业取代传统家庭而成为现代社会组织生产的主要组织形式，企业已成为社会成员生存的重要依托。因此，企业对其员工及其家属负有社会保障的责任。企业缴纳的社会保险费是企业的用人成本的组织部分，企业缴纳的社会保险费用往往是以本企业的工资总额为基数，按社会保险主管部门统一确定的比率提取，由社会保障机构强行征收，列入企业的生产成本或营业外支出。1951 年 2 月 26 日，政务院颁布的《中华人民共和国劳动保险条例》中规定："凡根据本条例实行劳动保险的企业，其行政方面或资方须按月缴纳相当于该企业全部工人与在职员工工资总额的 3%，作为劳动保险金，此项劳动保险金，不得在工人与职员工资中扣除，并不得向工人与职员另行征收。""每月缴纳的劳动保险金，其中 30% 存入中华全国总工会账户内，作为劳动保险总基金；70% 存入各企业工会基金委员会账户内，作为劳动保险基金"。企业缴纳的社会保险费是社会保障基金的一个稳定的重要来源。

需要指出的是，企业缴纳的社会保险费，并不包括企业从利润中提留的福利基金，以及在某些国家中用法律规定雇主在解雇雇员时给予的遣散费和给予退休雇员的一次性退休金等，这些资金并未划入社会保障机构的账户。实际上，它们也是整个国家社会保障基金的重要组成部分。

2. 劳动者个人缴纳的社会保险费（税）

社会保障制度强调权利与义务的统一。劳动者个人既是社会保障权益的享有者和社会保障待遇的受益人，同时，他们也是社会保障资金的负担主体和义务人，他们应为其受益的制度承担相应的责任与义务。一般而言，在社会保险制度下，劳动者个人按工资或收入的一定百分比缴纳一定的社会保险费，由社会保障机构强制征收，比如基本养老保险制度规定，个人按工资基数的 8% 进行个人缴费。劳动者个人缴纳的社会保险费一方面减轻的国家的财政负担，另一方面也完整体现社会保障的权责对等原则，充分体现出社会保障的互济性。劳动者的个人缴费成为社会保障基金来源之一。

3. 国家财政补贴

保障公民的生活权利是国家义不容辞的责任，国家的财政拨款构成了社会保障基金稳定的来源。国家财政资助有以下几种形式：第一，财政拨款，即国家直接通过财政拨款的方式为某些社会保障项目筹措资金，比如社会救助基金、公共福利基金等就是通过这种方式来筹集的。第二，国家让税，这是一种间接资助的形式，包括企业和个人在缴纳所得税前缴纳保费，对社会保障基金的投资收益免税，对受保人享受的社会保障待遇免税等。第三，国家让利，国家对存储于国家金融机构的社会保障基金，或者对于社会保障机构用于投资的基金给予较高的利率优惠，以扩大社会保障基金的来源。第四，社会保障基金的管理费用由国家来承担。

4. 社会捐赠

社会捐赠是以自主自愿的方式筹集社会保障基金的一种形式，也是社会保障基金一条重要的来源渠道。社会捐赠主要由社会团体、企事业单位、社会成员个人等民间力量自发组织，本着人道主义精神，基于慈善目标，筹措资金，用于各种社会救助与社会福利事业。

社会捐赠所募集的资金往往被直接吸纳到社会保障基金名下的民间慈善基金之中，由相关慈善公益机构根据实际需要，比如针对某些特定事件（如自然灾害）或特定对象（如残疾人等）的需求来使用。在我国，包括中国扶贫基金会、中国青少年发展基金会、中华慈善总会、中国红十字会、爱德基金会、香港乐施会、救助儿童会等都是依靠社会捐赠并从事慈善公益事业的机构。截至 2007 年年底，全国共有社会团体 21.2 万个，比上年增长 10.4%；民办非企业单位 17.4 万个，比上年增长 8.1%；基金会 1340 个，比上年增长 17.1%，其中：公募基金会 904 个，非公募基金会 436 个，中央级基金会 107 个，全国各类基金会组织共接收捐赠 40.5 亿元，接收捐赠实物折价 10.2 亿元。全国共建立经常性社会捐助工作站和慈善超市 3.6 万个，2007 年全年共接收社会捐款共计 132.8 亿元，捐赠物资折款 15.6 亿元，使 3069.7 万人（次）困难群众受益①。

5. 社会保障基金投资运营收入

在通货膨胀压力的背景下，对社会保障基金进行投资运营，确保社会保障基金保值增值，已成为越来越受重视的课题。社会保障基金的运营增值，包括储蓄增值和投资收益。社会保障基金通过储蓄取得的利息和通过投资而获得利润，也是社会保障基金的来源之一。

综观世界各国，自 20 世纪 80 年代以后，社会保障基金投资收入在社会保障基金中比重越来越大，尤其是养老保险基金，某些国家仅靠基金增值部分就可应付年度开支。新加坡中央公积金制度的成功，主要在于储存的公积金不仅没有构成政府的负担，而且成为新加坡经济发展的重要资金来源，也为保险基

① 2007 年民政事业发展统计报告．中华人民共和国民政部网站，http://cws.mca.gov.cn/article/tjbg/200805/20080500015411.shtml.

金带来收益。引人注目的“智利模式”，也是由于将养老保险基金交由私人机构管理并进行商业运营，以确保实现保值增值目标①。世界发达国家，其社会保障基金投入证券市场的比例都在逐年增加，而从回报率来看，各国社会保障基金投资都表现不俗，投资运营收入已越来越成为社会保障基金的不可或缺的来源之一。

6. 其他来源

除了以上所列的社会保障基金的来源外，社会保障基金还可扩大资金来源渠道，具体包括：社会保障基金债券、福利保障彩票、社会福利服务收费等。发行社会保障专用债券，可将筹集的资金大部分投向一些风险较少、效益较好、有利于国民经济发展的项目，将少部分用于证券市场、风险投资和其他投资领域，进行保值增值，这样既可以增加居民的投资渠道，又能补充社会保障基金的不足。随着国民经济不断发展壮大，社会财富日益增加，我国可以借鉴国外动员社会闲散资金用于社会保障的办法，通过发行彩票筹集社会保障资金。另外，随着社会保障制度对市场机制的重视和利用，对相关社会福利服务适当收取费用也可成为社会福利与社会保障事业的重要资金来源。

6.2.2 社会保障基金的筹资模式

社会保障基金的筹资模式，也叫社会保障资金财政模式，它是指依据一定的收支平衡原则，确定一定的收费率，以取得一定的社会保障收入，用以满足社会保障事业及经济稳定发展需要的一项制度。从世界各国社会保障制度的实施情况看，在一般按照单位、个人和国家三方出资的前提下，按社会保障资金储备与否，筹资模式可分为三类，即现收现付制、完全积累制与部分积累制：

1. 现收现付制

现收现付制也称非基金制或纳税制或预筹分摊制。该模式不考虑资金的储备，只要求根据“近期横向平衡”原则来筹集资金。在现收现付制下，国家根据当期支出需要组织收入，本期征收，本期使用，使社会保险的资金来源与给付在年度内保持大体平衡。具体做法是：先做出一年内某项社会保障措施所

① 童星．社会保障理论与制度［M］．南京：江苏教育出版社，2008：227.

需支出的费用测算，然后，按照一定比例分摊到参加该保障措施的所有单位和个人，以支定收，当年提取，当年支付，预先不留出储备金，完全靠当年的收入来满足当年的支出，并争取略有节余，其基本特点是“以支定收”。

现收现付制的优点是收支关系简单明确，不需要复杂的精算过程，另外资金管理方便，不存在社会保障资金贬值的风险与保值增值的压力。其缺点则是在该模式下的社会保障计划实施初期，收费率较低，以后随着受保人年龄结构的变化而逐步提高，几乎需要年年调整，这一方面导致各期缴费率差异，加大了企业成本核算的难度；另一方面以支定收的筹资方式实际体现了养老负担的完全代际转移，即在职的劳动者负担了退休人员的养老费用，社会保险的权利与义务关系难以得到体现，可能会激化劳动者之间的代际矛盾。

2. 完全积累制

完全积累制也称基金制或预筹积累制，该模式考虑资金的储备，要求根据“远期纵向平衡”原则来筹集资金。它要求在对人口、工资、物价、利息等社会经济指标进行宏观预测后，在未来时期社会保障支出需求的基础上，确定一个可以保证在相当长的时期内收支平衡的总平均收费率，并将费用分摊到保障对象的整个投保期。完全积累制按权责关系，凡应计入当期的保险费用，即使不发生在当期，也计入当期成本，形成基金，以备后用。其具体做法是：在完全积累制下，劳动者在刚开始工作时，就必须定期按一定比例缴纳保险费用，同时劳动者所在单位也必须依法为劳动者缴纳相关保险费用。劳动者的个人缴费加上单位缴费合并，并进行逐年积累为一笔可观的基金，待劳动者需要享用时，逐期或者一次性给付，其基本特点是“以收定支”。

完全积累制的优点是在初期收费高，筹资见效快，在较长的时期内，个人和企业缴费率保持相对稳定。在社会保障计划实施初期的若干年份中，社会保障收入大于支出，收大于支的部分形成储备基金，用以弥补以后年度支大于收的差额，社会保障基金有稳定的经济来源与雄厚的物质基础。其缺点是这种筹资模式需要对基金的给付进行长期的预算和科学管理，涉及因素多，专业性很强，实施难度大；完全积累制所积累下的基金需要通过具有较高收益率的投资予以保值增值，以应对通货膨胀的压力；另外，对于没有积累的国家而言，劳动者和企业的缴费具有偿还旧债与预筹新款的双重压力，这使得个人与企业都将难以承受。

3. 部分积累制

部分积累制也叫部分基金制或混合制，这是一种把近期横向收支平衡原则与远期纵向收支平衡原则结合起来的筹资模式，是现收现付制和完全积累制两种模式的结合。在部分积累制模式下，社会保障基金一部分来自于现收现付式的筹资方式，另一部分来自于完全积累式的筹资方式。具体做法是在满足现时一定支出需要的前提下，留出一定的储备以适应未来的支出需求。在这种筹资方式下，通常相关费率几年不变，过几年调整一次，收大于支的部分，形成一定数量的基金，通过长期投资取得增值。

部分积累制兼取现收现付制与完全积累制之长，社会保障基金中的现时支付部分与储备积累部分之间可以随时相互调整补充：在经济发展状况良好，工资水平高的时期，可以多留一些储备，或是将现时支付部分的节余划入储备积累部分；反之，在经济不景气，工资水平不高时，可以少留一些储备，甚至可以将储备积累部分调入现时支付部分，以满足当期需求。与完全基金制和现收现付制的两种方式相比，部分基金制降低了现收现付制下当代人的负担与完全积累制下货币贬值的风险和资金保值增值的压力，社会保障的功能表现得更为充分。

6.2.3 社会保障基金的给付方式

社会保障基金的给付的方式是多样，主要包括货币给付、实物给付、服务给付和凭单给付：

1. 货币给付

货币给付是社会保障基金给付的传统方式也是最主要的方式，社会保障中各类社会保险金的给付，比如养老保险金、失业保险金、工伤保险金等均采用货币方式来支付。社会救助领域中最低生活保障金、各类专项救助金也都是以货币的方式来给付的。从社会保障基金的货币给付周期上看，社会保障基金的货币给付有定期给付与一次性给付两种。长期性的保险与救助一般采用是定期给付，如养老保险金、最低生活保障金等；短期性或临时性的保险或救助多采用一次性的方式，如生育补贴、临时救助金等。定期的货币给付一般是每月一次或每周一次，每次的给付金额一般也一致。

2. 实物给付

实物给付是指政府或相关机构直接为相关对象提供所需物资社会保障基金给付方式，这种给付多用于社会救助、社会福利领域。比如“送温暖活动”中为贫困家庭送去的米、面、油等生活必需品，救灾中为灾区提供的帐篷、药品等救灾物资以及给处于困境中的人群提供的其他物品形式。另外，为无儿无女的五保老人提供养老设施、社区中的残疾人康复设备、社区心理咨询室建设等社会福利设施也都可以纳入到实物给付范畴。

3. 服务给付

服务给付是指为社会成员提供多种类型的、有针对性的服务，这也是社会保障基金给付的一种基本方式。比如为相关人群（老年人、妇女）提供健康体检之类的医疗保健服务，为社区群众提供各类便民服务，以及为社区居民提供免费借书卡、健身场所及文艺表演等文体服务，都属于服务给付方式。

4. 凭单给付

凭单兑换制（Voucher）是西方发达国家常用的一种社会保障基金给付方式。这意味着政府通过发放带有现金性质的兑换券，让接受救助的人在限定金额内获得所需要的服务，以食品券或教育券制度为代表，这样一方面引入了竞争机制，保证了救助的质量，另一方面也增强了公民的自主选择权，保证了公民平等地享有福利权利。在我国的社会救助实践中，也出现类似凭单兑换这种社会救助方式。从 2008 年下半年开始，长江三角洲地区的上海、南京、杭州等城市陆续发放多种类型的“消费券”，比如南京市发放针对困难家庭的“幼儿助学券”，杭州等地的“旅游券”，其发放的对象是低收入群体为主，在一定意义上，这也是一种社会救助或者社会福利，可以看成是社会保障基金的凭单给付方式。

6.2.4　社会保障基金的分类给付

根据之前的阐述，在我国，社会保障基金按照用途来划分，可以分为社会保险基金、社会福利基金、社会救助基金与社会优抚基金四大类，而不同类别的社会保障基金的给付条件、给付对象或给付方法又各不相同。

1. 社会保险基金的给付

社会保险是社会保障制度的基本层面，也是现代社会保障体系中最重要的子系统，社会保险基金的给付一般以货币给付的形式，是向符合相应资格条件的劳动者支付社会保险金。

根据不同的社会保险项目，社会保险金给付的资格条件各有不同，但不外乎是年龄、性别、就业年限、投保年限或缴纳保险费的数额这些主要条件。年龄条件是指某些社会保险项目的保险金给付对被保险人有年龄要求，被保险人必须符合法定的年龄才能领取保险金，最常见则是养老保险金。性别条件主要是指根据被保险人的不同生理特点而规定不同的给付条件，比如很多国家对于退休年龄的规定男女有别，另外，生育保险金的给付一般针对女性。就业年限标志着劳动者为社会所作贡献的大小，也是多数社会保险项目要求的重要资格条件，比如养老保险。投保年限条件一般是用于实行个人缴费制的国家或社会保障项目上，规定劳动者必须有一定的投保年限和按期、足额缴纳一定的保险费，这样才能获得相应保险金的给付。当然，在具体工作中，以上各类资格条件通常是复合使用的，比如年龄、性别加就业年限，构成了养老保险金的给付条件。这样有助于更加明确保险金受益人的资格，社会保险基金的给付更能达到社会保险的目标。

2. 社会救助基金的给付

社会救助是社会保障的最低层面，也是社会保障体系中最传统的内容。社会救助基金的给付对象很明显是具有选择性的，主要是针对那些由于各种原因而无法维持最低生活水平的社会成员，比如老弱病残、低收入者以及遭遇紧急灾难的个体和家庭。

社会救助基金的传统给付方式是货币给付与实物给付，比如最低生活保障金的发放，米、面、油、衣物等生活必需品，帐篷等救灾物资的提供。随着社会的进步与以人为本理念的发展，现代社会救助已不限于传统的货币与实物给付，其他新型给付方式，比如服务给付、凭单给付等社会保障基金的给付方式已越来越受到重视，一方面针对性地满足受助群众的多元化的需求，另一方面提升救助的效果与效率。

3. 社会福利基金的给付

社会福利是社会保障的最高层面，旨在改善全体社会成员的物质与文化生活，提高生活质量。社会福利基金的给付对象是普遍性的，是针对全体社会成员的。

社会福利基金最主要的给付方式是实物给付与服务给付。实物给付在社会福利领域主要体现为设施提供，比如改善交通、环境等基础设施，修建教育、医疗、文化、体育、休闲等公益设施，兴办托老、托儿、青少年服务等福利设施。服务给付则是在设施兴建的基础上，为社会各类人群提供各种针对性的服务，比如医疗保健服务、文化体育服务、便民利民服务、娱乐休闲服务、敬老爱老服务等。通过相应的设施兴建与服务提供，实现社会福利基金的给付目标，即提升所有社会成员的物质文化生活水平与生活质量。

4. 社会优抚基金的给付

社会优抚是社会保障的特殊层面，是带有褒扬性质的特殊社会保障。社会优抚基金的给付对象是社会上的那部分备受尊敬又具有光荣身份的特殊群体，即对国家和民族具有特殊贡献的人，主要包括军人和军人烈士家属。

社会优抚基金的主要给付方式是货币给付与服务给付。货币给付主要包括死亡抚恤金、伤残抚恤金、退役安置费、临时性生活津贴、离退休安置金等资金的发送。服务给付主要表现为就业安置、就学安置、落户安置、职业培训、技术培训等多个方面。国家通过社会优抚基金的给付，不仅保障了优抚对象的物质生活，另外还带有褒扬和抚慰性质。

6.3　社会保障基金的投资运营

社会保障基金投资运营是实现社会保障基金保值增值的重要途径。社会保障基金无论采取什么方式筹集起来后，在分配过程中总会形成一定的结余基金。对结余基金的投资运营，直接关系到社会保障事业的发展前景。

6.3.1　社会保障基金投资运营的意义

对社会保障基金进行合理的投资运营对社会保障制度以至对于整个宏观经济的运行都具有显著的意义：

1. 应对通货膨胀的压力

在现代社会，通货膨胀是市场经济中的不可避免的客观现象，在通货膨胀的背景下，特别是实行积累制的国家，社会保障机构所积累的一笔备用资金，无论其规模大小，如果积累的资金不能进行有效的投资运营，就会遭遇资金贬值的风险。所以，只有基金投资的收益率高于通货膨胀率和工资增长率，将基金投资的收益充实到基金中去，才能抵制通货膨胀的冲击，增加社会保障基金的给付能力，保证完全积累制或部分积累制的有效性。

我国基本养老保险实行社会统筹与个人账户结合，本质上属于部分积累制，目前，我国养老保险基金滚存结余的规模已相当可观，而且增长的速度很快，对其进行投资的压力与需求很大。

2. 减轻国家、企业和个人的负担

社会保障基金筹资的最主要渠道包括国家的补贴、企业/单位的缴费以及劳动者个人的缴费。为了夯实社会保障制度的物质基础，扩大社会保障基金的筹资渠道已成为一个重要的课题。而在很多国家，社会保障基金的投资运营收入在社会保障基金中的比重逐年增大，已成为社会保障基金的一个重要来源。加大社会保障基金的投资运营，提高投资收益率，提高投资收入在社会保障基金中的比重，增强社会保障基金的给付能力，可以在不提高企业、个人的缴费额与国家补贴额的前提下，提升社会保障基金的给付水平，客观上减轻国家、企业和劳动者个人的负担。反之，如果没有对基金进行有效投资而导致其在通货膨胀背景下贬值，为了维持给付对象相应的生活水平，则不得不提高企业与个人的缴费额或者国家的补贴额，增加了国家、企业与个人的负担。

3. 促进宏观经济的发展

投资、消费与出口是拉动经济发展的“三驾马车”。社会保障基金是一笔非常可观的资金，并且具有较高的稳定性，大量的社会保障基金投入社会再生产的过程，必然带来社会总产出的增长，促进了经济的加速发展。另外，社会保障基金的运营成为国家调节投资的一大支柱，社会保障基金可以成为调整国家产业结构，计划和控制宏观经济的有效手段。比如社会保障基金可以投资于一些基础设施和重点项目，使得社会保障基金加快增值的同时，也创造了较大的经济效益与社会效益，促进宏观经济的发展。

6.3.2　社会保障基金投资运营的原则

社会保障基金的投资运营必须遵循以下基本原则:

1. 安全性原则

安全性原则是指社会保障基会投资经办机构必须绝对保证投出的社会保障基金能够按期如数收回，以便能及时足额地满足社会保障的各种支付需要。社会保障基金是为了帮助劳动者抵御风险，是百姓的“保命钱”，所以，安全性是社会保障基金投资的首要原则，这既是社会保障基金的基本性质所定，也是国家对社会保障基金投资经办机构的最低限度的要求。在市场中，高风险往往对应于高收益，而低风险往往对应于低收益。社会保障基金应在安全的条件下尽量追求高回报，但在安全与利润发生冲突时，应首选安全。

2. 收益性原则

收益性原则也称盈利性原则，即社会保障基金的投资应在符合安全性的前提下，以增值为目标，尽可能取得高收益。投资行为本身的目的就是盈利，而社会保障基金的投资更是要求应对通货膨胀压力的要求，投资收益率等于通货膨胀率，则能实现资金保值，而要实现资金的增值，投资收益率须高于通货膨胀率。根据安全性与收益性原则，社会保障在投资中应追求高收益与低风险的最佳资产组合，使社会保障基金的投资收益高于物价与工资的上涨。

3. 流动性原则

流动性原则是指为保值增值而将基金投资的某一项资产，在其不损失原价值的条件下，能随时可转换现金的能力。由于社会保障基金需要用来抵御各种风险，应对诸如医疗、工伤等保险随时可能支付的需要，投入营运的基金能够保持一定的流动性。在各类资产中，债券和银行存款的变现能力较强，但收益较低，尤其是定期存款如果提前支取，往往会丧失利息收益。不动产的投资收益较高，可流动性差。对于不同的社会保险项目来说，由于基金的用途不同，对流动性的要求也不同。失业、疾病、伤残保险基金，要求变现能力较高，往往投资于短期或中期的项目上；养老保险基金的周期长，可以投资长期性项目。

4. 组合性原则

俗话说："不要把鸡蛋放在一个篮子里。"组合性原则也就是分散投资风险的原则，要求不能把所有的投资放在同一个项目或者同一个行业或者同一个地区，而是要考虑多样化的投资方式，形成一个有效的投资组合，这样才能分散投资的风险，使社会保障基金投资运营在总体性、长期性、稳定性上安全增长。

5. 社会效益性原则

社会保障是政府社会管理职能的一个方面，属于政府行为，而政府行为是具有社会性的。所以，社会保障基金投资活动从宏观上，应符合国家的产业发展方向、长期经济发展和政府政策目标，将投资的宏观效益与微观效益、经济效益与社会效益有机结合起来，这是社会保障基金投资不同于其他金融性投资的一个重要特性。

6.3.3 社会保障基金投资运营的工具

社会保障基金投资运营的工具在不同国家和不同发展阶段是不同的，依据世界各国的社会保障基金投资的具体实践和社会保障基金的投资原则，社会保障基金投资运营的工具主要包括以下几种：

1. 储蓄存款

储蓄存款是指社会保障基金专管部门将基金全部或者部分存入国家或地方银行，以取得一定利息的投资形式。从广义上讲，银行存款也是一种投资，而且几乎是无风险投资，操作简便，没有复杂的运作过程。但是正因为如此，与其他投资形式相比，其收益率也是偏低的，当银行存款利率低于通货膨胀率时，基金就会面临贬值的风险。因而，这是一种保守型的投资方式。在西方发达国家和一些发展中国家，为保证基金投资的安全，也规定了基金用于储蓄存款的一定比例，但已不把它作为基金投资的一种主要方式。存入银行的基金可以选择多种存期的组合，既要有长期，也要有短期，以增强基金的可兑现性。我国规定，"划入社保基金的货币资产的投资，按成本计算，银行存款的比例不得低于10%，在一家银行的存款不得高于社保基金银行存款总额的50%"①。

2. 政府债券

政府债券是指政府财政部门或其他代理机构为筹集资金，以政府名义发行的债券，主要包括国库券和公债两大类。政府债券是以国家信誉为担保的，因其信誉好，偿还有保证，安全性强，无风险，而且在急需时可以随时变现，具有较强的流动性，且收益一般高于银行利息，因而被称为"金边债券"。同时，投资于公债也有利于为国家重点建设提供积累资金，所以，购买政府债券是社会保障基金投资最普遍的一个工具。比如，美国联邦政府规定，社会保障基金中的养老、伤残、遗属及失业保险基金的全部都必须用来购买政府债券。我国国务院1997年第26号文件规定，养老保险基金结余额，除预留相当于两个月的支付费用外，应全部购买国家债券和存入专户。2001年的《全国社会保障基金投资管理暂行办法》规定：银行存款和国债投资的比例不得低于50%。

3. 企业债券

企业债券又称公司债券，是企业依照法定程序发行、约定在一定期限内还本付息的有价证券。企业债券的风险一般处于政府债券和股票之间，收益也一般高于政府债券。企业债券的风险程度因企业的资信程度而不同，各国政府通常对社会保障基金投资的企业债券等级有所限制，以防止过高的投资风险。

4. 证券投资基金

证券投资基金是指通过发售基金份额，将众多投资者的资金集中起来，形成独立资产，由基金托管人托管，基金管理人管理，以投资组合的方法进行证券投资的一种利益共享、风险共担的集合投资方式。证券投资基金是一种间接的证券投资方式，基金管理公司通过发行基金单位，集中投资者的资金，由基金托管人（即具有资格的银行）托管，由基金管理人管理和运用资金，从事股票、债券等金融工具投资，基金经理人将通过多样化的投资组合，努力降低

① 全国社会保障基金投资管理暂行办法，2001.

风险，谋求资金长期、稳定地增值。投资基金是一种变现性能良好、流动性较强的投资工具，也可以成为社会保障基金的一种良好方式。

5. 股票

股票是股份公司发行的表示股票拥有者对公司具有相应的所有权，并能定期得到股息和红利的一种凭证。股票价格虽然变动性较大，常常难以预测，但在金融市场健全的条件下，股票的变现能力强，可以抵消一定的风险、公司股票一般有较高的收益率，因而也成为社会保障基金投资的一种重要工具。目前，多数国家都允许社会保障基金投资于股票市场，但是由股票市场的高风险性，绝大多数国家限制社会保障基金投资股票的比例。比如我国规定："划入社保基金的货币资产的投资，按成本计算，证券投资基金、股票投资的比例不得高于40%。"①

6. 实业项目

在政策允许的情况下，社会保障基金应有选择地投资于一些实业项目，比如房地产、基础设施项目等，基础设施项目更是符合政策导向的建设项目，这些基础设施项目的建设周期长，需要有像社会保障基金这样的长期资金的支持。同时，这些基础设施一旦建成将有长期的收益，这也符合社会保险基金要求长期回报的特点以及社会保障投资的社会效益性原则。20 世纪 80 年代以前，房地产曾是经济合作与发展组织国家养老基金的一个主要投资方向，90 年代以来，房地产投资在这些国家养老基金投资中的比重开始下降。项目投资的风险大于购买债券和存入银行的风险，同时受国家经济形势的影响，投资周期长，流动性差，所以这部分投资在社会保险基金中的比重不宜过大。如英国规定只能把社会保障基金的5%、最多不超过10%投资于某种实业。同时，在确定投资项目时要排除外界的各种干扰，实行科学决策。

7. 国际资本市场

社会保障基金的投资不能仅关注国内，在有条件的情况下也应当考虑适时进入国际市场，进行"海外淘金"。有时候，国际市场的资本收益率会高于国

① 全国社会保障基金投资管理暂行办法，2001.

内市场，特别是在国内资本相对充裕，接受投资国资本相对短缺时更是如此。智利养老基金近年来在海外投资获得高收益便是很好的例证。我国基金境外投资范围包括：银行存款、银行票据、大额可转让存单等货币市场产品，债券，股票，证券投资基金，以及用于风险管理的即期、远期等衍生金融工具①。

6.4 社会保障基金管理

从基金筹集到基金储存、再到基金给付，都需要有严格、规范的管理规程，社会保障基金的管理构成社会保障制度运行的核心环节。

6.4.1 社会保障基金的服务管理与基金管理②

社会保障基金的服务管理是指直接面对受益人，具体包括登记、资格审核、档案管理、信息处理、待遇支付、咨询服务等业务。社会保障管理的各项职能中，服务管理是业务量最大的工作，耗费的人力物力最多，其实质是为参保者提供社会服务。

社会保障基金管理与服务管理不同，它不直接面对受益人，在经办业务的流程中，管理主要发生在“上游”和“中游”，通过收缴形成基金，通过运营而使得基金保值增值；等到基金划拨后，基金管理开始与服务管理相衔接。

由于两种管理在具体业务上区别很大，一些国家将基金收缴工作分离出来，交由税务部门办理。比如美国老年社会保险的服务业务由独立的社会保障总署负责，而基金收缴则采取社会保障税的形式，由财政部通过税务局负责向企业和个人征缴。总之，将基金管理与服务管理分开，即“收支两条线”，一直是社会保障基金管理的基本要求。

6.4.2 社会保障基金的财务管理

社会保障基金财务会计管理是社会保障基金管理体系的重要组成部分，社会保障基金的筹集与支付，积累与保值增值一系列经济活动的组织、规划、协调和控制工作都离不开财务会计的核算与管理。社会保障基金既不同于预算内

① “2008年全国社会保障基金理事会基金年度报告”，http：//finance.21cn.com/money/funds/2009/05/06/6241808.shtml.

② 参见童星.社会保障理论与制度［M］.南京：江苏教育出版社，2008：235-236.

资金和预算外资金，也不同于企业、行政或事业单位的自有资金，其财务管理有特殊性。为了规范社会保险基金财务管理，我国财政部会同劳动和社会保障部共同制定了新的、统一的《社会保险基金财务制度》，社会保障基金财务管理主要包括以下几个方面①：

1. 社会保障基金预算

经办机构应按照财政部门规定的表式、时间和编制要求，根据本年度预算执行情况和下年度基金收支预测，编制下年度基金预算草案。经办机构编制的年度基金预算草案，由劳动保障部门审核汇总并报财政部门审核，经同级政府批准后，由财政部门及时向劳动保障部门批复执行，并报上级财政和劳动保障部门备案。

2. 社会保障基金筹集与支付

社会保障基金应按国家规定按时、足额地筹集。任何地区、部门、单位和个人不得截留和减免。基金收入包括：社会保险费收入、利息收入、财政补贴收入、转移收入、上级补助收入、下级上解收入、其他收入。

社会保障基金应根据社会保险的统筹范围，按照国家规定的项目和标准支出，任何地区、部门、单位和个人不得以任何借口增加支出项目和提高开支标准。基金支出包括：社会保险待遇支出、转移支出、补助下级支出、上解上级支出、其他支出。

3. 社会保障基金财政专户

财政专户是财政部门按照国务院有关规定设立的社会保险基金专用计息账户，在同级财政和劳动保障部门共同认定的国有商业银行开设。财政专户的主要用途是：接收税务机关或经办机构转入的社会保险费收入；接收税务机关或收入户暂存的利息收入及其他收入；接收基金购买国家债券兑付的本息收入、该账户资金形成的利息收入以及支出户转入的利息收入等；接收财政补贴收入；接收上级财政专户划拨或下级财政专户上解的基金；根据经办机构的用款计划，向支出户拨付基金；购买国家债券；向上级或下级财政专户划拨基金。

---

① 社会保险基金财务制度，1999.

财政补贴收入由国库直接划入财政专户。

4. 社会保障基金决算

年度终了后，经办机构应根据财政部门规定的表式、时间和要求编制年度基金财务报告。财务报告包括资产负债表、收支表、有关附表以及财务情况说明书。

财务情况说明书主要说明和分析基金的财务收支及管理情况，对本期或下期财务状况发生重大影响的事项，以及其他需要说明的事项。经办机构可以根据业务工作需要增加基金当年结余率、社会保险费实际收缴率等有关财务分析指标。编制年度基金财务报告应做到数字真实、计算准确、手续完备、内容完整、报送及时。

6.4.3 社会保障基金的风险管理

作为社会保障的物质基础，社会保障基金的安全管理和有效运营成为社会保障体系发挥应有作用的重要保证。然而，随着“上海社保基金案”的曝光，我国养老基金隐性债务的不断扩大以及全国社保基金进入资本市场的尝试，都使社保基金面对着重重风险的挑战。如何对社会保障基金进行风险管理与控制已成为一个重要课题。

1. 社会保障基金制度风险管理

社会保障基金的制度风险主要为社会保障基金管理制度设计本身存在缺陷，从而导致监管漏洞和权责不清。现行的社会保障基金管理体系是分散和泛行政化的管理，社会保障基金的收、支、管、用都由一个部门承担，主管社会保险的行政部门既负责制定政策和规章制度，又负责操作经办；既负责具体实施，又负责监管，行政管理和业务管理混淆、监督机制缺乏。虽然通过收支两线明晰和监控社会保障基金的流向，但由于地方政府直接监管各省市社会保障经办机构，而各省市社会保障经办机构也直接对上一级主管部门负责，因此，存在社会保障经办机构与社会保障主管部门（即地方政府）共同欺上瞒下、违规操作的现象。

针对社会保障基金管理的制度风险，政府应尽早出台相关法律与政策，规范和严格执行社会保障基金的各种操作行为。进一步改革和完善社会保障基金的管理和运行体制，通过严格、健全的法律法规体系约束相关经办机构和人员的违法违规行为，从而实现社会保障基金风险管理监督和控制。

2. 社会保障基金转轨风险管理

随着市场经济改革的不断深入，中国社会老龄化程度不断加深，现收现付的基金筹集模式开始向积累制的基金模式转变。在社会保障基金模式转轨的过程中，国有企业老、中职工的社会保障资金全部或部分已经固化为国有资产，因此“老人”和“中人”的社会保障欠账问题造成“统账结合”中“现收现付”部分资金严重不足，不得不挪用个人账户中积累的部分资金，从而造成个人账户“空账”运转的现象。由于我国特有的独生子女政策以及转制成本，使得目前处在多重改革之下的中国社会保障基金管理风险重重。

社会保障基金的转轨风险应从两方面进行风险的控制和管理。一方面，政府应通过各种方式，比如中央财政预算拨款和国有股减持等，做实个人账户，遏制巨额缺口的继续扩大。另一方面，政府应采取有效的财政政策和货币政策调节经济发展，防止通货膨胀的发生，减少社会保障基金因通货膨胀造成的损失。同时，不断探索社会保障基金投资的多元化，从而实现社会保障基金的保值和增值。

3. 社会保障基金投资风险管理

作为投资与资本市场的社会保障基金，其投资运营与一般的基金和资本运作一样，都面临着资本市场存在的对投资收益的不确定性，即投资风险或者称为运营风险。政治变动、政策变化、金融市场利率起伏、经济周期波动、市场发育的不成熟以及基金管理人的主观原因都可能是社会保障基金的投资风险。

关于社会保障基金运营风险的监控，第一，政府可以建立社会保障基金的风险准备金，以盈补亏，可在相当程度上弥补资本市场波动给社会保障基金资产带来的损失。但应注意，准备金提取的标准不易过高，以免基金管理人或国家背上沉重包袱；第二，应建立社会保障基金投资工具的风险评级机制，通过严格的风险控制条件筛选优质的投资产品和基金管理公司；第三，健全信息披露制度。阳光是最好的防腐剂，透明的信息纰漏机制可以有效遏制社会保障基金的违规操作，也有利于对社会保障基金投资操作的监督和控制。

本章小结

社会保障基金是指根据国家有关法律、法规和政策的规定，为实施社会保障制度，经由法定程序而建立起来、专款专用的资金。社会保障基金具有规范性、专门性和保障性。在我国，社会保障基金按照用途来划分，可以分为社会保险基金、社会福利基金、社会优抚基金、社会救助基金。社会保障基金具有社会保障再分配功能，维持劳动力再生产功能以及投资融资功能。

社会保障基金的筹集的主要渠道有企业缴费、个人缴费、国家补贴、社会捐赠以及社会保障基金投资运营收入，筹资模式主要分为三类，即：现收现付制、完全积累制和部分积累制。社会保障基金的给付的方式是多样，主要包括货币给付、实物给付、服务给付和凭单给付。社会保障基金不同类别的给付条件、给付对象或给付方法又各不相同。

为了应对通货膨胀的压力，减轻国家、企业和个人的负担，促进国家宏观经济的发展，必须对社会保障基金进行投资运营。社会保障基金的投资运营应遵循安全性、收益性、流动性、组合性以及社会效益性原则，运用存款储蓄、政府债券、企业债券、投资基金、股票、实业项目以及国际资本市场多种工具进行操作。社会保障基金从基金筹集到基金储存、到基金运营、再到基金给付，都需要有严格、规范的管理规程。

关键术语

社会保障基金　　现收现付制　　完全积累制　　部分积累制

思考题

1. 简述社会保障基金的含义与特征。
2. 试述社会保障基金的主要来源渠道。
3. 简述社会保障基金的筹资模式。
4. 试述社会保障基金的给付方式。
5. 简述社会保障基金的投资运营的原则与工具。

6. 试比较社会保障基金管理与服务管理。

案例分析

上海“社保案”①

上海“社保案”案情复杂，涉案官员众多，主要关于社会保障基金的挪用和拆借。主要涉案人主要有以下几人：上海市原市委书记陈良宇，上海市原社会保障局局长祝均一，福禧投资公司董事长张荣坤，上海电气公司原董事长王成明、原副总裁韩国璋，上海宝山区原区长秦裕等。

34.5亿社会保障基金的违规挪用

34.5亿社会保障基金的违规挪用主要涉及祝均一、张荣坤、王成明、韩国璋和秦裕等。自2002年第四季度起，没有经过任何法定程序，上海社会保障基金在两年多的时间先后7次被挪用。这些钱都是在祝均一的个人操纵下以委托资金运作的名义，交给张荣坤的沸点投资有限公司，沸点投资有限公司以此再投资给同为张荣坤所有的福禧投资控股有限公司作为其自有资本金，张荣坤再以此向银行圈贷款。后经调查，早在2002年3月，张荣坤已通过挪用的巨额社会保障基金拿下沪杭高速上海段30年的收费经营权。两三年内，张荣坤又接连大手笔投资高速公路，到去年6月，福禧投资参与管理的公路里程已达200公里，总投资超过100亿元。2004年张荣坤的福禧投资又插足上海电气改制，最终出资9.6亿元持有8.15%的股权成为第二大股东。

8亿社会保障基金的违规挪用

8亿社会保障基金的违规挪用的曝光是张荣坤挪用社会保障基金案后催收还款的产物，中泰信托与杭州华溥就8亿还款的纠

① 参见“上海会保障基金案漩涡”，新浪网. http：//finahce. sina. com. cn/focus/shsb-jj. 哲沅. 8亿社会保障资金的挪用途径［J］. 南风窗，2007（2）.

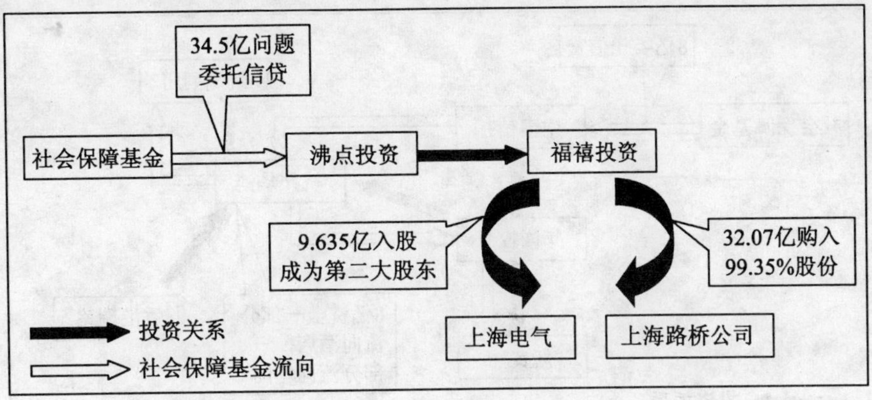

图6-2　34.5亿社会保障基金流向图

纷引出了华闻控股与上海社会保障基金挪用的案件。8亿社会保障基金的挪用除了涉及上海市原社会保障局局长祝均一之外，还牵扯出陈良宇对上海社会保障基金挪用的知情、包庇、甚至染指。2004年11月19日，同为华闻控股的中泰信托与杭州华溥签订10亿元的贷款协议，年利率7.05%，此后不久，双方又签订贷款补充合同，将10亿元变更为8亿元。而这笔钱是来源于上海年金中心2004年下半年委托给中泰信托的资金。值得注意的事，有媒体报道，陈良宇的独子陈维力曾在2004年后出任华闻旗下的中体传媒有限公司总经理。中泰信托将这笔款项分别于2004年12月31日和2005年1月19日划到杭州华溥的账上。根据协议，这项债务期限为3年，到2007年年底，杭州华溥需要清偿贷款。杭州华溥的主要资产是位于西子湖畔的凯悦酒店，该酒店是由香港瑞铭集团和华闻控股合资组建的。此外，华闻控股还于2005年2月4日同上海市黄浦区国资委签署了转股协议，向华闻控股的子公司新华闻投资有限公司转让新黄浦的75%股份，价格为36180.2万元。同年12月12日，新华闻再次收购了新黄浦集团18.18%的股份，总价4.25亿元。由此可见，8亿社会保障基金的挪用的实际借款人是华闻控股，而华闻控股可以有如此本领全凭其建构的与主要官员之间的各种利益共同体。

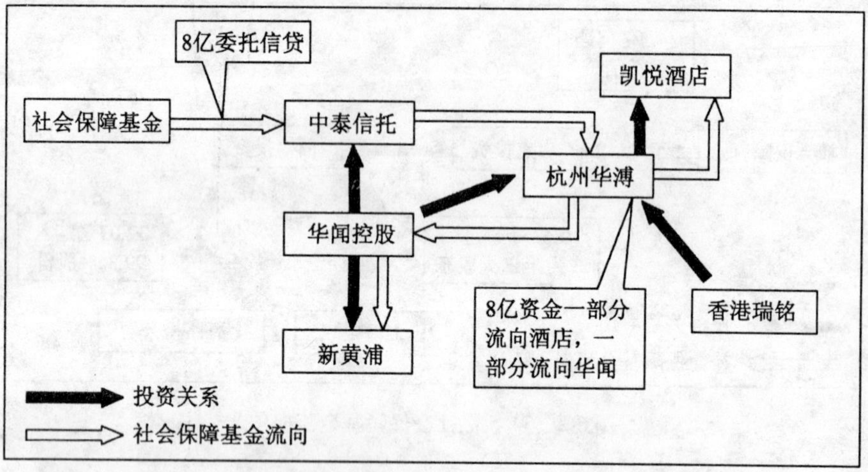

图 6-3 8 亿社会保障基金流向图

请思考：

1. 结合案例分析如何防范社会保障基金投资运营中的风险。
2. 结合案例谈谈社会保障基金管理的发展趋势。

第7章 社会保障立法与管理

社会保障的快速发展对其法律体系与制度安排提出了更多的要求，现代社会保障制度应是法制化与规范化的制度。社会保障立法的完善，社会保障管理的健全，是社会保障制度更好的实施与落实的保障。

7.1 社会保障法概述

社会保障是政府提供的一种公共产品，必须以法律法规为依据，强制性地加以实施。社会保障法律制度是整个社会保障制度得以规范和有效运行的客观依据和准则，社会劳动者的社会保险待遇标准只有通过立法才能加以确定，国家对特殊群体的社会救助也只有通过立法才能得以强制实施。

7.1.1 社会保障法的概念

从国内有关社会保障法的著述看，对社会保障法的概念界定不外乎以下几种类型：（1）从法律关系层面，“社会保障法是规范社会保障关系的法律规范的总称”①；（2）从社会功能层面，“社会保障法即国家为维护社会安定和经济稳步发展而制定的，保障维护社会安全和经济稳步发展而制定的，保障社

① 覃有土，樊启荣．社会保障法［M］．北京：法律出版社，1997：69.

会成员基本生活需要和经济发展享受权的各种法律规范的总称"①；（3）从制度层面，"凡是依据社会政策制定的，用以保护某些特别需要扶助人群的生活安全，或用以促进社会大众福利的立法，就是社会保障法"②；（4）从主客体关系层面，"社会保障法是调整以国家和社会为主体，为了保证有困难的劳动者和其他社会成员，以及特殊社会群体成员的基本生活，并逐步提高其生活质量而发生的社会关系的法律规范的总和"③。

综上所述，我们可以对社会保障法进行如下的界定：社会保障法着眼于公民的生存权与发展权，为保证社会成员的基本生活需要并不断提高其生活水平，以及解决某些特殊社会群体的生活困难，调整以国家、社会和全体社会成员之间以经济扶助、社会帮扶为主要内容的社会保障关系的法律规范的总和。

另外，社会保障法的概念有实质意义上的社会保障法和形式意义上的社会保障法，也即广义与狭义之分。广义的实质意义上的社会保障法是指有关社会保障关系的法律规范的总和；狭义的形式意义上的社会保障法则是指冠以"社会保障法"、"社会保险法"、"社会救助法"等名称的法律。在我国，实质意义上的社会保障法不仅包括形式意义上的社会保障法，也包括其他法律、法规中有关社会保障的规定，还包括关于社会保障问题的具有法律效力的规章、决定、指示等规范性文件以及我国最高人民法院有关社会保障的司法解释等。本章所探讨社会保障法其实是实质意义上的社会保障法。④

7.1.2 社会保障法的特征⑤

社会保障法作为现代法律体系的一个重要组成部分，社会保障法具有法的一般特征。同时，社会保障法作为一个独立的法律部门，它还具有明显的特征：

1. 广泛的社会性

社会保障法是典型的社会法，因而社会性是社会保障法最主要的特征。其

① 方乐华．社会保障法论［M］．北京：世界图书出版社，2000：23.
② 蒋月．社会保障法概论［M］．北京：法律出版社，1999：23.
③ 史探径．社会保障法研究［M］．北京：法律出版社，2000：31.
④ 童星．社会保障与管理［M］．南京大学出版社，2002：322.
⑤ 参见王广彬．社会保障法［M］．中国政法大学出版社，2009：30.

社会性表现在：第一，目的的社会性。社会保障是保障社会全体成员的生活安全，所以社会保障法的目标即在于通过保证社会成员的基本生活需要来达到社会稳定。第二，享受权利主体的普遍性。社会保障的权利由全体社会成员享有，而且随着经济的发展，可以享受保障的成员数目以及社会保障项目会越来越多。第三，社会保障责任和义务的社会化。社会保障要获得长久的生命力，需要整个社会的参与，社会保障通过立法，采取国家、用人单位和社会成员共同负担的原则，将责任和义务分散到整个社会，以资金来源的多渠道来保证社会保障的正常运转。

2. 严格的法定性

社会保障法是社会法，有其自身的特点，它不同于私法的意思自治，也不同于公法的国家行使行政权力。它带有明显的国家干预法的特征，是国家为了保障公民的基本生活需要而强行规定的一系列准则，从社会保障项目的确立、社会保障资金的筹集和缴纳到社会保障的享受人群范围，以及社会保障金的发放都有明确的法律规定，任何单位和个人不能任意更改。

3. 实体法与程序法的统一性

实体法和程序法是对法律功能的划分。规定社会关系参加者实体权利和义务的法是实体法；为保障实体法的实现，规定实体法的运用和实现手续的法是程序法。一般而言，实体法和程序法是一种互为依存的关系，有一定的实体法，就有与之对应的程序法，例如民法与民事诉讼法、刑法与刑事诉讼法。由于社会保障法所调整关系的复杂性，其既有实体性法律规范，也有程序性法律规范，并非单一特性的实体法或程序法。社会保障法调整的是一个在社会保障领域中由各种社会关系、各个运行环节组成的系统，因而社会保障法就必须不仅有具体的权利义务的规定，还要有维持程序正常运转的程序性规定。例如社会救助性，既有救助对象所享受的权利义务的实体规定，又有救助对象资格认定以及发放手续的程序性规定。

4. 特定的立法技术性

社会保障的运营须以数理计算为基础，这使得社会保障法在立法上有较高的技术性。“大数法则”和“平均数法则”在社会保障立法中会经常用到。另外，还有一些保障项目在费率、范围等的确定上会常用到统计技术。以养老保险为例，我国养老保险立法中的关键技术，涉及退休后平均存活年数的确定、养老保险基金的社会统筹范围的确定、养老保险费率的确定等种种问题，都需要运用数理技术来确定。

7.1.3 世界社会保障法的历史演进

1. 社会保障法的起源：济贫法阶段

社会保障法的起源，一般认为可以追溯到英国中世纪的济贫立法。英国是工业革命的策源地，也是最早实施社会救济制度的国家。1601 年，英国政府颁布了伊丽莎白《济贫法》（旧济贫法），济贫法规定：建立地方行政和征税机构，为有劳动能力的人提供劳动场所，并从富裕地区征税来补贴贫困地区。该法将贫民分为三类：（1）健壮乞丐，必须做工自给；（2）无工作能力的老病残疾，可以进行院内收容或院外救济；（3）失依儿童，以孤儿院收养、家庭辅助、家庭寄养三种方式予以救助。旧济贫法的主旨是通过政府来督促劳动者劳动，稳定社会秩序，从而使社会救济开始走上了国家化和社会化的道路。1601 年伊丽莎白济贫法的颁布，既初步建立了社会救助制度，又使得社会保障制度开始有了法制化的外衣，是一种历史的进步。

针对旧济贫法颁布以来实施的一些问题，在著名社会改革家查德威克的推动下，1834 年，英国政府又颁布了《济贫法修正案》（新《济贫法》），该法提出用两个原则①，对旧济贫法加以修正以提高社会救助的社会效应。与旧《济贫法》不同，新《济贫法》认定社会救济属于公民的合法权利，社会有责任对贫困者实施救济，有保障公民生存的义务。社会救济不是消极行动，而是一项积极的福利举措。从社会责任主体及公民受助权利看，这里已经出现了社会保障政策依据的雏形，标志着社会保障开始向政策化、制度化、法制化方向发展。受英国影响，荷兰和瑞典也分别于 1854 年和 1871 年颁布了《济贫法》。

《济贫法》首次通过立法的形式确定了济贫事业是政府的职责，但立法的理念仍然是救济与矫治贫民，立法的内容还包括了对救济对象的污辱性的规定。所以，《济贫法》不能被认为是现代意义上的社会保障法，仅是一种对旧

① 这两个原则是：劣等处置（或最低工资）原则，即接受救济者之待遇不能高于在业劳动者的最低收入水平；济贫院检验原则，即把一切救济活动和被救济者集中于济贫院进行，停止一切济贫院以外的救济。

式慈善事业的规范性文件。英国史学家对《济贫法》的评价是“固然缺憾甚多，但仍不失为社会组织的一大进步”。①

2. 现代社会保障法的产生：社会保险法阶段

现代社会保障法的产生以19世纪末德国颁布的世界上第一部社会保险法为标志。19世纪后期，德意志帝国为了缓和社会矛盾与阶级矛盾，以巩固帝国专制政权，俾斯麦政府采取“大棒加胡萝卜”政策。一方面通过《反社会党人非常法》，残酷镇压工人运动；另一方面也接受“社会政策协会”的部分主张，通过社会政策与社会保障措施保护劳动者，安抚工人阶级。经俾斯麦建议，德国威廉一世于1881年颁布德国社会保障的“大宪章”——《黄金诏书》。诏书声明：“对社会问题的解决，不只是镇压社会民主主义的不法行为，而是力求稳定地、积极地促进工人福利。”工人在患病、发生事故、伤残和老年经济困难时应该受到保障，他们有权要求救济，工人保障应由工人自行管理。

俾斯麦指出：国家必须把社会保险立法抓紧做好，这并不是对工人阶级的施舍，而是因为那些愿意好好劳动而无法得到工作者应该得到帮助。1883年6月15日，德国颁布了以法律形式强制实施的《工人疾病保险规定的准则》，这是世界上第一部疾病保险法；1884年6月27日国会正式通过了强制实施的《工伤事故保险法》，该法规定，在工作中发生事故或死难者家属均能从实行事故保险的同业工伤事故保险联合会中获取抚恤金。1888年5月31日国会正式通过了《劳工老年和残疾保险法》，其中规定对工人和低职官员一律实行老年和残疾社会人口保险，70岁以上者可以获得养老金，伤残者可以获得伤残救济金；保险资金来自国家、劳动者、雇主三方，雇员与雇主各负责保险费的一半。1911年，上述三部法律又被确定为德意志帝国统一的法律文本，又增加《孤儿寡妇保险法》，形成著名的《社会保险法典》，史称“帝国社会保险法典”。德国的社会保险立法成为其他国家纷纷效仿的对象，其影响逐渐波及整个欧洲大陆甚至北美、拉美以及大洋洲。制定与实施全面的社会保险法，以社会保险的形式来推进社会保障制度，成为西方国家社会保障体系发展的主流。

---

① ［英］居勒味林．英国史［M］．钱端升译．北京：商务印书馆，1983：401.

从19世纪80年代到20世纪30年代初期，西方发达国家的社会保障立法主要集中于劳动者的养老、工伤、疾病等社会保险领域，立法范围狭窄、内容也不全面。但是，政府在社会保障中的责任得以明确确定，国家、企业、个人三方责任共担的社会保障机制也开始形成。社会保险法的出现标志着现代意义上的社会保障法的产生。

3. 社会保障法的形成阶段

1935年，美国总统福兰克林·罗斯福针对当时的经济大危机带来的剧烈社会动荡签署了由国会通过的《社会保障法》，美国开始实行由政府主导的社会保障制度。1935年《社会保障法》开篇便称："本法案旨在增进公共福利，通过建立一个联邦的老年救济金制度，使一些州得以为老人、盲人、受抚养的和残废儿童提供更为可靠的生活保障，为妇幼保健、公共卫生和失业补助法的实行做出妥善的安排"。法案共10章，规定了各种补助款、救济金，最重要的内容是规定了老年人保障，失业保障和未成年儿童的保障。

美国1935年《社会保障法》在社会保障立法史上具有划时代的意义。它是世界上第一部对社会保障制度进行全面而系统规范的法律文件，内容涉及社会保险、社会救助、社会福利等内容，标志着世界综合性的社会保障法的形成。

4. 社会保障法的成熟阶段

第二次世界大战以后，随着社会经济的进一步发展和立法理念的变化，社会保障立法进入了定型和成熟阶段，其标志性的事件是英国"福利国家"的建成。1942年11月，《社会保障及相关服务》（Social Insurance and Allied Services），即"贝弗里奇报告"正式出版。贝弗里奇报告总结了自1897年《工伤赔偿法》以来近45年的社会保险经验，分析了英国社会保障制度的现状，制定了"一种维持国民生活标准的保险计划"，规定国家对于每个公民，"从摇篮到坟墓"，即由生到死的一切生活与风险，比如失业、伤残、生育、年老、疾病等都应予以安全保障，政府要统一管理社会保障工作、通过社会保障实现国民收入再分配。

英国政府基本接受了贝弗里奇报告的建议，于1944年发布了社会保险白皮书。1945年英国工党上台执政后，逐渐推行贝弗里奇报告中的社会保险计划，颁布了《国民保险法》、《家庭津贴法》、《国家卫生服务法》、《国民救助法》等一系列以国民保险为核心的法案。这些法案均在 1948 年 7 月 5 日前生效，这一天标志着世界上第一个“从摇篮到坟墓”的福利国家的建立。

从 20 世纪 40 年代后期到 20 世纪 70 年代，这一阶段社会保障立法成熟的主要特征包括：（1）立法理念的成熟。立法理念不再是单纯的社会稳定，而是引入了社会公平观和普遍性原则；（2）立法主体的成熟。这一时期，不仅工业化国家进入了社会保障立法的又一个高峰期，亚洲、非洲地区的一些发展中国家和地区也纷纷制定了社会保障法律，另外一些国际组织也出面推动全球社会保障制度的建设与发展；（3）立法内容的成熟。立法内容超越了社会保险而向其他社会保障领域扩展，社会福利、国民保健及其他社会保障领域的立法均得到了重视，促使社会保障法成长为一个有着丰富内容的独立法律部门。①

5. 社会保障法的改革和完善阶段

20 世纪 70 年代末 80 年代初，世界各国社会保障法发展所面临的共同问题是：如何建立适合本国实际，公平与效率兼顾，经济与社会相协调的社会保障制度。20 世纪 80 年代以来，世界范围内的社会保障法律进入改革时期。

在发达国家，进入 20 世纪 70 年代，战后最严重的经济危机使原本掩盖在繁荣经济下的福利危机凸显，人口老龄化和居高不下的失业率加剧了福利支付的困境。福利危机一方面带来巨额财政赤字和债务负担，被迫实行的高税收政策损害了劳动者的工作积极性和企业的竞争力；另一方面高福利又助长了人们的依赖行为，“福利病”成为一种社会现象。在这种情况下，以提高效率为目标的自由主义自然重新崛起。于是，世界范围内社会保障法律制度的改革全面展开。在美国，1983 年，里根总统颁布了社会保障改革法案，推行了一系列大刀阔斧的福利改革措施，具体包括：削减政府在大部分社会保障计划和项目上的开支，并鼓励大力发展私人退休金计划；社会救助以代用券（voucher）代替实物或现金补贴；鼓励贫困者积极劳动和就业，有劳动能力的受助者必须参加义务劳动等内容。②

在发展中国家，一方面需要制定新的社会保障法律以便建立起更加全面的

① 参见郑功成．社会保障学［M］．北京：中国劳动社会保障出版社，2005：231．

② 牛文光：美国社会保障制度的发展［M］．北京：中国劳动社会保障出版社，2004：189．

社会保障制度，另一方面同样需要根据社会经济发展与国民需求的变化进一步修订、完善以前制定的法律。一些社会主义国家还需要探索在计划经济向市场经济转型的过程中实现社会保障机制和制度的重构。这一阶段仍处于持续发展时期。

7.1.4　社会保障法的基本原则

1. 人权保障原则

人权保障是社会保障法的立法之本。当今世界各国的宪法普遍确认了公民的生存权，规定了国家保障公民生存权的义务，因而保障基本的人权就成为社会保障法的立法依据。我国于2004年修正宪法时，首次将“国家尊重和保证人权”写入了宪法，表明中国政府对社会公民所固有的权利——人权的重视。生存权与发展权是最基本的人权，生存权是维护人的生存所必不可少的权利，包括生命权、健康权、物质享受权等内容。作为一名社会人，生存权是其生存的基本条件，国家应通过相关社会保障立法解决公民的温饱问题和物质需求，一方面保证公民个体能够正常的参与社会生活，另一方面，维护社会安全与稳定。发展权是指个人的生理、心理和社会能力获得的权利，包括学习权、就业权、社会交往权等内容。随着社会经济的发展与人的价值的提升，社会保障法也越来越关注人的发展权问题，表现为九年义务教育制度、就业服务计划、公共文化事业的投入等方面。人权保障原则是社会保障法的最基本原则。

2. 普遍性和特殊性相结合原则

任何法律都应是一种普遍的规范，社会保障立法应考虑全体社会成员的利益与需求，即普遍性原则。普遍性指全体社会成员平等的享有社会保障权，而不问其性别、种族、年龄、职业地位和信仰等。我国宪法第45条明确规定：“中华人民共和国公民在年老、疾病或者丧失劳动能力的情况下。有从国家和社会获得物质帮助的权利”。在保证所有公民平等享有社会保障权利的同时，也要考虑到社会成员之间的阶层差别与个体差异，从而需要差别对待，即针对不同类型的社会成员制定内容有别的社会保障法律，即特殊性原则。比如，我国的社会保障制度的现有构架是包括社会保险、社会福利、社会救济和优抚安置四大组成部分，我国社会保障在不同领域，将会针对不同的社会对象、层次和结构，制定出相应的应对策略。比如，大体上，在社会救助层面，主要对象为贫困者；在社会保险层面，主要对象为工资劳动者；在社会福利层面，主要面对全体公民；在社会优抚层面，主要面对的是军人和军烈属。另外，由于地区发展水平的不平衡，社会保障也不可能实行“一刀切”。所以，应在全国统一的社会保障制度框架下，因地制宜，普遍性与特殊性相结合。

3. 权利与义务相对等原则

权利与义务是法律关系的一个重要构成要素，没有法律权利和义务，也就不存在法律关系。权利与义务相对等是指公民在享受权利的同时必须承担相应的义务，只要履行了义务就应当享受相应的权利。作为国家的根本大法，《中华人民共和国宪法》规定：“任何公民在享有宪法和法律规定权利的同时，必须履行宪法和法律规定的义务。”因此，社会保障立法也必须遵循这种基本原则。社会保障是由国家、单位和个人共同承担与实现的。因此，每个劳动者都应该在履行规定义务的前提下，去享受社会保障待遇的权利。比如劳动者必须履行劳动的义务，并按社会保险法规定的标准缴纳保险费用，才能在退休时享受领取养老保险金的权利。

社会保障法中的权利与义务的对等关系是针对社会保障制度整体而言的，并不能理解为每个社会成员所享受的权利与承担的义务在数额上严格相一致。这也是社会保障制度的互济性质所决定的。另外，对于一些不具备劳动能力的社会成员，维护他们的基本生存权利是国家的责任，并不需要他们履行特别的义务。

4. 与社会经济发展水平相适应原则

法律制度作为一种上层建筑，必须与经济基础相适应。社会保障制度其实是政府主要运用经济手段协调社会成员之间的关系，实现社会保障的二次分配，解决特定社会问题和实施相关社会政策，进而达到稳定社会秩序目标的宏观调控措施。社会的生产力水平或者说经济发展水平是社会保障的物质基础，所以，在社会保障的立法实践上，应适应经济、社会的发展。国家在制定社会保障法律法规时，必须充分考虑当时当地的经济发展状况，既要考虑保障国民的生活，又要顾及增强国民投身工作、参与经济发展的积极性，结合短期利益与长远利益。

5. 集中立法原则

在社会保障出现的初期，社会保障的立法是零散的，但是这样的分散立法不利于社会保障的正常运行，社会保障立法应遵循集中立法的原则。综观当代世界发达国家的社会保障立法体系，有两种典型立法模式：一是“美国式”，即制定一部综合性《社会保障法》，作为调整社会保障关系的基本法；二是“德国式”即制定多部平行的社会保障法律共同构成社会保障法系统，如“社会保险法”、“社会福利法”等。我国最近已出台《社会保险法（草案）》、《社会救助法（征求意见稿）》，《慈善法（草案）》也即将出台，标志着我国的社会保障立法正朝着集中化方向发展。

6. 国际协调发展原则

社会保障立法在与本国本地区经济社会水平相适应的同时，也要考虑与国际接轨，遵循国际协调发展的原则。即在全球化的背景下，社会保障立法应考虑在不同的国家之间建立协调机制，创造处理缴费和支付待遇的国际平台，为全球劳动力流动创造条件。

7.1.5 社会保障法的价值取向

社会保障法的各种价值是有机结合在一起的，在立法和其他法律活动中，须将它们作为一个整体加以考虑，任何一个都不可或缺。

1. 保障社会安全

人的安全乃是至高无上的法律。为了保障个人生活安全与社会安全，人类创造了社会保障法。主张安全是社会保障法的基本价值取向。社会保障法所要保护的安全首先是社会成员的生活安全，同时包括提高人们的生活质量。社会保障法可以使人们知道即使自己在疾病、伤害、失业、年老、生育、死亡等情况下，也不会沦为“社会的弃儿”，也能得到社会的保护，通过社会保障的形式能让人们解除“后顾之忧”。

社会保障法通过保护人们的生活安全，同时维持社会秩序的安定，达到保护政治安全的目的。通过国民收入再分配，社会保障法保证有困难的劳动者和其他社会成员以及特殊社会群体成员的基本生活。当社会成员的生活安全，人们安居乐业，对社会的稳定会有积极的促进作用。

社会保障法还保障经济安全，经济安全涉及社会生产和交换，以及社会物质财富的分配和消费领域。而经济的安全是需要和平、稳定的外界环境的，社会保障法保护人们生活的安全和社会稳定，为经济安全的实现提供了良好的外界环境，所以社会保障法是社会经济持续稳定发展的不可或缺的体系和机制。

2. 促进社会公平

社会公平是人类在社会发展中产生的一种客观要求，实现社会公平也是建立社会保障制度的基本理念。社会公平体现在经济方面主要是社会成员之间没有过分悬殊。然而，在市场经济条件下，社会成员之间的竞争是难以避免的，可是因为社会成员所拥有的资源数量和能力素质的差别，导致了他们竞争机会的不均等，这种状况的结果就是形成客观上的分配不公平，甚至相差悬殊。

国家通过立法实施社会保障制度就是通过对国民收入进行再分配的方式来矫正与调节分配不公平问题的方式之一。其通过各种社会立法以保障社会成员的社会安全和经济安全，谋求人类对美好生活期待的实现，既能保障人们在各种意外风险出现时的基本生活，又能保障社会大众共同分享社会发展的成果，使人类社会共同迈向文明与进步。

3. 达到效益最大化

当今社会经济发展的主题在于最大限度地优化利用和配置资源，社会保障是对国民收入的一种分配和再分配，因此社会保障法的基本使命之一便是最大限度地优化使用和配置用作社会保障的国民收入，实现社会保障的可持续。从社会保障法的实践层次上看，效益目标与安全价值、公平价值是对立统一的。安全和公平的内涵的确定，需要借助于资源使用和配置的效益评价。资源配备和使用的有效益，又离不开社会安全与公平的前提。从整体上看，安全和公平往往是作为对社会保障法确定和实施的定性依据，而定量依据则有赖于效益目标。

4. 促进社会和谐

党的十六届六中全会一致通过的《构建社会主义和谐社会若干重大问题决定》：“社会和谐是中国特色社会主义的本质属性，是国家富强、民族振兴、人民幸福的重要保证。”“民主法治、公平正义、诚信友爱、充满活力、安定有序、人与自然和谐相处”是和谐社会的基本要素。在六大基本要素之中，公平正义是社会和谐之本，是实现社会和谐的根本性要素。构建和谐社会必须首先实现社会的公平正义，要实现这个目标，必须完善社会主义的法律制度。社会保障法的价值取向正是通过各种立法，保障人民在各种意外风险出现时的基本生活，保证社会公民共同地参与分享社会发展的成果，也就是通过体制上和政策上的收入分配调整，让越来越多的人体会到发展成果分配上的公平性，从而使人类社会达成和谐。

7.1.6 社会保障法的基本内容

社会保障法的基本内容，主要包括社会保障法的调整对象、主体、客体等方面。

1. 社会保障法的调整对象

社会保障法的调整对象包括国家各类单位和社会成员在社会保障活动中所发生的各种社会经济关系，即社会保障关系。社会保障法主要调整以下几个方面的关系：(1) 国家和全体社会成员的关系。通过法律明确规定中央政府和地方各级政府在社会保障中的职责，社会成员享受的社会保障待遇等。(2) 社会保障机构与政府间的关系。社会保障机构作为具体管理与实施社会保障项目的组织，应通过具体的法律明确其性质、任务、地位及其权利与义务，理顺政府与机构之间的管理与被管理关系，财政关系等。(3) 社会保障机构与社会成员之间的关系。一方面，机构与社会成员之间是社会保障基金的筹集与发放关系，另一方面又是社会保障待遇的提供者与享受者的关系，应通过法律明确各自的权利与义务。(4) 社会保障机构与用人单位间的关系。具体而言，它们之间是一种社会保障资金征集与提供关系。(5) 用人单位与劳动者间的关系。应通过法律明确规定用人单位对劳动者应负的社会保障责任和劳动者应享有的社会保障权益。(6) 社会保障机构管理机构之间的关系。主要包括社会保障各职能机构之间及内部的职责划分、财务管理、资金分配等方面的内容，需要通过社会保障立法予以明确规范。(7) 社会保障监督关系。各种监督组织的建立、监督机构的职责、权限划分及其监督程序需要通过立法予以规范。(8) 社会保障基金管理运营中的关系。社会保障立法应明确规定社会保障基金管理与运营过程中，与国家财政、投资市场和有关经济实体之间的权利和义务关系。

2. 社会保障法的主体①

社会保障法的主体是指在社会保障活动中，依法享有权利与承担义务的当事人。从社会保障运行过程来看，社会保障主体应包括：（1）国家或政府。国家是社会保障最主要也是最重要的责任主体。国家不仅直接参与社会保障活动，对社会保险、社会福利、社会救助、社会优抚等社会保障项目的实施给予财政支持，从而是社会保障法制系统中的特殊主体。（2）社会保障实施机构。实施机构直接承担着实施各种社会保障事务的责任，既享有依法向企业、社会团体、劳动者个人等征收社会保障费用的权利，又承担着具体组织实施社会保障项目的义务，从而成为社会保障法律关系中的当然主体。（3）用人单位。包括企业、社会团体及官方机构在内的各类用人单位，不仅承担着向社会保障机构供款的责任，而且要直接承担诸如职业福利的责任，从而对社会保障有着直接的权利与义务，也是社会保障法制关系中的当然主体。（4）社会成员。包括城乡居民在内的所有社会成员是社会保障制度的直接受益对象，也需要承担一定的缴费义务和劳动义务，从而也是社会保障法制关系中的当然主体。

3. 社会保障法的客体②

社会保障法的客体，是指各关系主体的权利义务所共同指向的目标。从社会保障制度的实践内容来看，它的客体是指社会保障规定项目和范围内的各种物质利益和自然人。社会保障都是以财产物资和自然人的身体和生活为保障对象的。比如，灾害救助是以属于社会成员所有的财产物资（包括种植业、养殖业生产和家庭财产等）上的利益为具体保障对象，而其他社会保障项目则多以保障自然人的生活和身体为目标。因此，人是社会保障法律制度中的最重要的客体，而物则是部分保障法律制度中的重要的特殊客体。

---

① 参见郑功成．社会保障学——理念、制度、实践与思辨［M］．北京：商务印书馆，2000：387.

② 参见郑功成．社会保障学——理念、制度、实践与思辨［M］．北京：商务印书馆，2000：388.

7.2 中国的社会保障法

7.2.1 中国社会保障法的历史沿革

1. 萌芽时期——新中国成立前

在旧中国并不存在全国性的社会保障立法，民国时期的国民政府和共产党领导的地区，制定过一些社会保险方面的法规或草案。如1929年国民政府广东建设厅劳动法起草委员会起草的《劳动保险草案》，包括“伤害保险”和“疾病保险”等内容；1944年国民政府社会部拟定了《社会保险方案草案》。在共产党领导地区，先后颁布了《中国苏维埃共和国劳动法》、《中国工农红军优待条例》、《优待红军家属条例》等有关社会保障工作的规定。1948年东北行政委员会颁布了《东北公营企业战时暂行劳动保险条例》。这些社会保障法规为中华人民共和国成立以后建立劳动保险制度奠定了较好的基础。

2. 初创时期——新中国成立初期到1965年

中华人民共和国成立后，制定了一系列社会保障政策和法规，逐步建立了与计划经济相适应、以“国家全保、企业负担”为特色的社会保障制度。1951年2月26日政务院颁布的《中华人民共和国劳动保险条例》是新中国第一部系统的社会保障立法，使暂时或长期丧失劳动能力的职工在生活上有了基本保障，对于生、老、病、死、残等情况都有了具体的规定。这些法规和条例构成了当时社会保障法规的基本框架，并为今后社会保障法律体系的形成奠定了基础。

3. 停滞时期——1966年至1978年

自“文化大革命”开始，我国社会保障立法受到严重干扰和冲击，社会保障立法处于停滞状态，已经建立的社会保障制度遭到严重破坏。“文革”中，《中华人民共和国劳动保险条例》受到根本否定和批判，劳动保险被污蔑为“修正主义”；实践上，社会保障基金的征集、管理和调剂使用的制度被迫停止，社会保险机构被撤销，正常的退休制度中断，有社会统筹功能的劳动保险由此变成了自我封闭的企业保险，失去了社会保险的统筹和互济特点。它造成的社会保障制度不合理和无效率等问题，在以后的实践中积重难返，成为现阶段社会保障改革异常艰难的重要原因。

4. 修补时期——1978 至 1989 年

在此阶段，中国的社会经济开始走上改革和发展道路，法制建设受到全社会的重视。社会保障制度在得到重建的同时，社会保障法规也得到了重新的审议、修改和补充。1978 年 6 月 2 日国务院颁发《关于安置老弱病残干部的暂行办法》和《关于退休、退职的暂行办法》，这标志着被“文革”破坏的社会保险制度在新的历史时期重新启动。1985 年 9 月通过的《中共中央关于制定国民经济和社会发展第七个五年计划的建议》中明确提出将我国的社会保险、社会福利、社会救助、社会优抚纳入统一的社会保障制度中。我国的社会保障进入较深层次的调整和改革。1986 年 7 月作为国营企业劳动合同制改革的配套措施，国务院颁布了《国营企业职工待业保险暂行规定》，失业保险制度由此起步。之后，1987 年国务院发布了《职业病范围和职业病患者处理办法》，1988 年国务院颁布了《女职工劳动保护条例》和《军人抚恤优待条例》，1989 年发布《关于公费医疗保险的通知》，对公费医疗进行改革。但是，这一时期的社会保障法律并没有得到根本性变革。

5. 重建阶段——20 世纪 90 年代初至今

随着中国改革开放力度的加大和社会主义市场经济体制的确立，20 世纪 90 年代以来，我国社会保障立法也获得新发展。1990 年全国人大通过了《中华人民共和国残疾人保障法》，1991 年颁行《中华人民共和国未成年人保护法》、《中华人民共和国收养法》、《中华人民共和国妇女权益保护法》，1994 年颁行《农村五保供养条例》，《中华人民共和国劳动法》。1999 年颁布了《失业保险条例》、《城镇居民最低生活保障条例》和《社会保险费征缴暂行条例》，2003 年颁布了《工伤保险条例》。此外，在生育保险、社会福利及社会优抚等方面也制定了一些法规和政策，初步奠定了与社会主义市场经济相适应的社会保障法的基本框架。

2004 年 3 月，国家立法机关修改《中华人民共和国宪法》时，将国家建立健全同经济发展水平相适应的社会保障制度以及国家尊重和保障人权正式载入了宪法。这是一个重大的历史进步，它对社会保障法制建设已起到了极大推动作用。2008 年年底，我国出台《中华人民共和国社会保险法（草案）》、

2009年4月,《中华人民共和国社会救助法(草案)》出台,另外,《慈善法(草案)》也即将出台,标志着我国的社会保障立法已经上了一个新台阶。

7.2.2 中国社会保障立法的发展路径

我国社会保障立法工作虽然曲折,但也取得巨大成绩。从长远与整体来看,我国社会保障立法应该进一步发展和完善。

1. 立法理念的更新

新中国成立初期即制定的《中华人民共和国劳动保险条例》,是一种“主动式”的立法。受当时经济条件的限制它更多地强调了公平,而忽视了效率,职工享有的更多的是权利,而履行的义务较少,但对于保障职工基本生活,恢复国民经济起了重要作用。1978年以后的立法则是一种“被动式”的,最初只是为了与国有企业改革配套,而后是为市场经济改革配套,它过多地强调了经济效益,而忽视了社会公平。近年来在构建和谐社会的背景下,“公平正义”的观念得到突出和强化,社会保障的立法理念也逐渐得到更新,在强调社会公正的同时,长期协调、和谐发展的战略观念也逐渐凸显。

2. 立法覆盖范围逐渐扩大

在很长一段时间内,我国社会保障立法的适用范围不能适应我国市场经济的发展要求,覆盖多种经济成分中的各类居民和各类职工,尤其是农村居民被排斥在现行法律保护范围之外。实施范围的有限性影响了整体社会保障制度的公平性,不利于市场经济多层次竞争主体的培育和城乡经济协调发展。有鉴于此,我国的社会保障立法已经开始考虑“覆盖面”的问题,并进行了不少立法上的实践。比如不少地区,将《城市居民最低生活保障条例》更名为《城乡居民最低生活保障条例》;《中华人民共和国社会救助法(草案)》涵盖了城乡低保制度等多项救助制度;全国人大常委会在2009年12月22日进行三审的社会保险法草案中,增加了新型农村社会养老保险相关规定,这些都表明我国社会保障立法的覆盖范围逐渐扩大,并且将重点向农村居民扩展。

3. 立法集中化

在我国,社会保障立法仍是零散的,以行政法规、部门规章及地方法规为主,法律法规数量少、层次低,立法分散,难以形成体系,甚至不同政策或者规章之间相互矛盾，操作性受到限制。以社会保险制度为例，在我国，尽管各种社会保险制度已实施多年，却没有一部专门的综合性法律加以规范。城镇社会保险制度主要依据1994年颁布的《劳动法》和国务院制定的《社会劳动保险费征缴暂行条例》。在工伤保险和失业保险方面，国务院也出台了有关条例。但在养老、医疗、生育保险方面，仅出台过一些政策性文件，尚无专门法律法规，一部综合性、集中性的《社会保险法》急需出台。目前，我国《社会保险法（草案）》、《社会救助法（草案）》已经出台，标志着我国社会保障立法的一个重要的进步。

4. 强化实施机制

社会保障功能和效应的发挥与释放需要强有力的制度和措施做后盾。我国现行社会保障法主要表现为行政机关制定的规范性文件，而且这些规范性文件本身只是“试行”，或者是“暂行”，权威性又打了折扣，直接影响了其实施效果。另外，社会保障合法筹资机制、稳定的保障机制、严格的管理机制、有效的运行机制、有力的监督机制都不够健全。所以，应尽快建立起社会保障法律责任制度，对拒不缴纳法定的社会保障费用、拒不履行支付社会保障金义务、非法挪用、挤占保险金的行为人，应当依法追究其行政责任、民事责任和刑事责任。

7.3　社会保障管理

社会保障管理是指为了保证社会保障事业的发展和各项社会保障政策的实施，建立一定的组织机构，配备一定素质的工作人员，对社会保障事业进行决策、计划、指挥、监督、调节、控制的过程。社会保障管理的本质是将社会保障法律法规细化，并促使其得以贯彻落实的过程。社会保障管理通过计划或方案的制订来主导社会保障制度的持续发展，通过监控和纠察社会保障的具体实践以保证其健康有序地运行。

7.3.1　社会保障管理的原则

作为社会管理的一部分，社会保障管理应遵循一般的管理原则，此外，由于社会保障性质的特殊性，社会保障管理应遵循以下基本原则，以保证社会保障管理系统的正常、有序、有效运行。

1. 依法管理原则

社会保障是国家通过立法以行政手段推行的，社会保障制度同时也是一种法律制度，具有强制性和法制性，这决定了社会保障制度在各个环节上都有相关的法律、法规和政策来约束，在具体实施过程中还应有社会的公开监督。社会保障管理作为整个社会保障运行机制中一个重要环节，依法管理既是为了避免因管理职责紊乱致使社会保障制度在运行过程中出现的非正常状态，也是为了确保社会保障管理的权威性与科学性。社会保障管理法制化原则主要体现在两个方面：（1）社会保障管理机构以及管理岗位的设置需要有相关的法律法规为依据，做到依法设置；（2）社会保障管理系统必须依法运行，在职权范围内依法处理相关事务。要防止“有事无职无人”或“有职有人无事”；也要防止组织之间、个人之间在社会保障事务上权责不清，有权利相互争夺，遇责任相互推诿。社会保障管理的基本任务就是保证现行的社会保障法律、法规、政策的贯彻落实，依法行政、管理有序。

2. 公开、公正及效率原则

现代社会保障是公正事务，它关系到全体社会成员的切身利益。另外，支撑着社会保障制度运行的物质基础的社会保障基金，也是社会公共基金，本质上是属于全体社会成员所共有的。因此，社会保障管理应当是透明的，遵循公开、公正及效率原则。

所谓社会保障管理的公开性，是指社会保障机构设置、人员配备、收支状况、办事流程、工作计划与总结等应通过宣传栏、报刊、网络等形式面向全体社会成员公开，保证社会成员在社会保障方面的知情权。社会保障管理的公正性是指社会保障管理机构应在“法律面前人人平等”的理念下，严格依法保证全体社会成员的合法权益，如遇到社会保障纠纷，应以事实为依据、以法律为准绳，做到不偏不倚，维护社会保障制度的公正性。社会保障管理的效率性是指社会保障管理机构应做到职责分明、政令畅通、节约管理成本、优化配备管理资源，追求效率目标。

3. 属地管理原则

所谓属地管理原则，是指一个地区的社会保障事务主要通过当地的管理机构统一管理，以维护社会保障制度的公平性、互济性和社会性。社会保障制度是一个开放的社会系统，社会保障制度主要通过在一定区域内进行相应的操作，来实现一定区域内社会成员间的共济与互助，从而实现整体的社会稳定与社会公平的目标。所以，在大多数国家，社会保障管理格局往往是中央政府制定统一的社会保障法律和法规，各地区在法律法规指导下，组织实施本地区的具体的社会保障事务，并由当地的社会保障管理机构负责管理和监督，即奉行属地管理原则。

4. 集中管理与分类管理相结合原则

社会保障管理是一种政府行为，包括宏观管理与微观管理两部分，政府是社会保障制度最终责任承担者。因此，政府机构有必要对社会保障事务进行统一管理。集中管理可以是高度集中化管理，即由一个政府部门负责主要的社会保障事务，如在美国，由社会保障总署负责主要的社会保障事务；集中管理也可以是适度集中化管理，即可以由两个以上的政府部门负责主要的社会保障事务，比如中国的人力资源与社会保障部、民政部、卫生部分别负责社会保险、社会救助、医疗服务等社会保障项目。同时，对社会保障的具体事务应实施分类管理，即不同的社会保障项目可以按照其属性分别归入相应的社会保障类别，中央与地方政府明确分工，并由相应的管理机构来统一管理。

5. 协调一致原则

社会保障管理工作在一定程度上是协调性工作。在社会保障系统外部，社会保障系统与其他社会系统和经济系统存在不可分割的联系，在运行中需要与其他系统协调一致。比如，社会保障系统需要与国家财政系统、法制系统、金融系统等方面保持协调一致。在社会保障系统内部，社会保障管理系统与社会保障法制系统、社会保障实施系统、社会保障监督系统应保持合作与协调一致。遵循社会保障管理的协调一致原则，可以减少摩擦，提高效率，并促使管理目标的顺利实现。

7.3.2 社会保障管理的模式

社会保障管理模式是指国家为实施社会保障事业而规定的从中央到地方的各种社会保障管理机构、管理原则和运行机制的总和。为了有效履行社会保障的管理职能，确保各项社会保障制度的实施，各国需要按社会保障管理的一般原则，建立社会化的专业化的管理机构。这些管理机构通过法律规定和政府授权而成为社会保障管理的权威机构。世界各国的社会保障管理体制因其政治、经济、文化、历史背景和民族传统不同而有较大的差异，由此形成了不同的管理模式，社会保障管理模式可以从两个角度来划分：

1. 从政府的介入程度角度

根据政府的介入程度，社会保障管理模式可以划分为政府管理模式、共同管理模式和工会管理模式①：

（1）政府管理模式

在这种体制下，首先，政府负责制定社会保障的政策和法令，对社会保障实施的范围与对象、享受社会保障的基本条件、基金来源、待遇支付标准与方式、管理办法、社会保障有关主体的责任、义务、权利等作出规定；同时还要负责检查和监督社会保障法令与政策的具体执行情况，受理有关社会保障的申诉；调解和裁决社会保障纠纷等。

其次，政府还负责社会保障的具体业务管理，包括受保人的登记和审查；社会保障基金的征集、运营、调剂与给付；在工伤保险中，组织对劳动者丧失劳动能力程度的鉴定；组织协调对保障对象进行一系列必要的服务等。

（2）共同管理模式

共同管理模式即政府与公法机构共同对社会保障进行管理。公法机构是区别于政府机构和私人企业的，具有自治性质的公共团体。一般由劳资双方代表组成各种社会保障委员会或基金会，有时政府也派代表参加。在共同管理模式下，政府负责社会保障的立法和监督，而公法机构则负责社会保障的业务管理，即立法监督与具体业务分开管理。政府制定和颁布有关社会保障的法律、法规，进行政策研究，监督公法机构执行业务，审批其年度计划，但不干预其日常工作。公法机构则在国家法律规定的范围内，开展多项业务活动，接受政府部门的检查与监督。

（3）工会管理模式

这种管理模式一般是在各级工会下面设立保险管理委员会，吸收工人代表参加，在国家章法范围内，制定各种规章制度，开展多项社会保障活动，并对社会保障基金进行具体管理，包括制定社会保障费预算，提交政府审批；制定

① 参见林毓铭．社会保障管理体制［M］．北京：社会科学文献出版社，2006：7-8.

社会保险费交纳标准；调剂保险费的使用等。

2. 从集权程度角度

根据社会保障管理的集权程度，社会保障管理可以分为集中管理、分散管理、集散结合管理等模式。

（1）集中管理模式

集中管理模式，是将养老保险、医疗保险、工伤保险以及其他社会保障项目全部统一在一个管理体制之内，建立统一的社会保障管理机构，对社会保障各项基金的筹集、待遇给付以及运行监督进行集中管理。在实行统一集中管理模式的国家，一般从中央到地方都设立专门的社会保障行政管理机构和业务机构，配置专职的工作人员，典型代表是英国。英国的社会保障管理实行自上而下、整齐划一的行政管理方式，从中央到地方都建立社会保障的工作机构以对社会保障实行统一的行政管理。英国政府的社会保障主管部门主要是社会保障部及卫生部和教育就业部。社会保障部下设五个执行机构，管理国民保险福利、非缴纳性福利、与收入相关的福利以及战争年金等待遇政策和标准的制定；各种福利资金的筹集和预算；全国社会保障情况的信息收集、预测分析等。社会保障部在各区、郡、县市下设社会福利办事处，管理行政区域内国民保险金的缴纳、各种福利金的发放及必须进行收入调查津贴的支付。

集中管理模式的优势在于：有利于社会保障的统一规划、统一实施，避免了政出多门，部门之间互相扯皮而使社会保障功能难以有效发挥的问题；有利于社保项目之间的相互协调；有利于社会保障资金在一定范围内调剂使用，提高资金的使用效益；有利于社会保障管理机构精兵简政，降低管理成本，把管理费用控制在一个合理的范围内。但是，这一管理模式也存在问题，比如缺乏有效的监督，社会保障管理工作中的漏洞多，可能导致冒领和贪污社会保障福利费的现象。另外，这种模式通常以国家行政部门为主，受行政干预较多。

（2）分散管理模式

在分散管理模式之下，不同的社会保障项目由不同的政府部门或机构管理，并各自建立一套社会保障执行机构、资金运营机构和监督机构，各保障项目之间相互独立，资金不能相互融通使用。各级政府及社会保障部门事权独立，预算独立，政府间的社会保障联系是间接的，政府将社会保障事务委托给社会保障经办机构管理，对社会保障进行监督。德国、法国实行的是分散管理模式。法国的社会保障实行多头管理，以行业为单位，以保险为原则，实行各行业保险计划相对独立的分散管理模式。其制度可以分为四大类，即一般制度、农业保险制度、特殊保险制度、非工资收入者保险制度。这四种保险制度由上千个具有私人性质的基金会支撑着，它们按各自的性质，分别隶属于几十个全国性的基金会，这些基金会按其业务性质分别隶属于两到三个政府部门领导，而不像有些国家那样统一由社会保障部管理，其分散管理的行业色彩相当浓厚①。

分散管理模式的优点在于，一方面各管理机构具有较大的自主性，能根据自己所管理的社会保障项目特点制定详细、周全的管理方案，灵活性较强。另一方面，由于执法监督和具体业务实行分开管理，能有效防止“一条龙”行政管理带来的腐败问题。其局限在于，管理机构多，管理成本高，机构庞杂和相互独立可能导致一些工作的重复，带来管理的效率问题。

(3) 集散结合管理模式

集散结合管理模式是指将社会保障项目中共性较强的项目集中起来，实行统一管理，而将一些特殊项目单列出来，由相关部门分散管理，从而达到了集中统一管理与分散自主管理的有机结合。日本的社会保障管理是一种集中和分散相结合的模式。日本社会保障事业主要通过厚生省和劳动省进行管理，大藏省和文部省也分管部分社会保障事业。厚生省负责管理包括基础年金和厚生年金在内的老年社会保险事业，以及包括市町村国民健康保险、共济组合健康保险和企业健康保险在内的医疗社会保险事业；劳动省负责全国工伤保险和雇佣保险事业；大藏省和文部省分别管理公务员共济年金和私立学校员工共济年金。

集散结合管理模式的优势在于它既可体现社会保障社会化、规模化、一体化的发展要求，又可兼顾个别保障项目的特殊性要求。另一方面，这种模式在管理成本上是节约的，在管理效率上是较高的。当然，在具体实践中，也会出现社会保障制度分割现象仍较为明显，保险费和给付标准参差不一、保险资金分散、难于形成稳定的财源基础，从而削弱了社会保障的统筹功能等实际问题。

7.3.3 社会保障管理的内容

社会保障管理是由一定的社会组织制定和实施社会保障政策的过程。它主

① 郑振儒．“西方发达国家社会保障管理比较分析”[J]，经济纵横．2007 (6).

要包括以下几个方面的内容：

1. 社会保障行政管理

社会保障行政管理是指行政部门依法对社会保障进行的职能范围内的管理与监督。社会保障行政管理包括依法制定具体的社会保障政策、运行规范以及实施细则，设置高效的社会保障管理机构，配置精干的社会保障工作人员，对社会保障的执行情况进行管理和监督，确保社会保障的各项法律法规得到贯彻执行，并对失范现象进行纠正等。

2. 社会保障绩效管理

西方国家新公共管理运动的本质就是公共绩效管理，其区别于传统行政管理的一个重要标志就是顾客取向，顾客满意成为衡量公共绩效的重要指标。社会保障绩效管理就是要设置一系列指标体系对政府社会保障实施效果进行评估。一些国家社会保障机构由此开发了绩效评估办法，以确保对提高社会保障服务质量、降低管理成本的目标进行跟踪评估。建立科学的方法，使社会保障在产出量测量、成本测量、结果测量、服务质量测量、公民满意度测量、政策的社会负面效应等方面进行准确的评估。①

3. 社会保障财务管理

社会保障财务管理主要指对社会保障基金进行的管理，具体包括社会保障基金的收支、运行等内容。在社会保障基金的收支方面，检查是否将社会保障基金纳入财政预算，是否实行收支两条线管理，各责任主体是否按法定标准缴纳保障金，相关机构是否按规定向被保障对象提供法定的各项保障待遇。在社会保障基金的具体运行和运营方面，确保社会保障基金专款专用，社会保障基金按照市场规则运营，实现社会保障基金的保值增值。

4. 社会保障对象管理

社会保障对象管理是指社会保障的受益群体提供必要的服务，保护社会保障对象的合法权益。管理社会保障对象的过程本质上是对社会保障对象提供一

① 林毓铭．社会保障管理体制［M］．北京：社会科学文献出版社，2006：5.

系列服务的过程。一般而言，对于在职的社会保障对象的管理大多依托其所在的单位来进行，而对于一些特殊的社会保障对象则需要进行特殊管理，比如退休人员、失业者、残疾人、低保对象等。社会保障对象管理要求相关机构坚持以人为本，优化管理服务流程，全面提高工作效率和服务质量。

7.3.4 中国的社会保障管理体制

1998 年，中央政府在机构改革中确定，在原劳动部的基础上，组织劳动和社会保障部，将人事部、民政部、卫生部及原国务院医疗改革办公室管理的有关社会保险事务划归劳动和社会保障部统一管理。2008 年 3 月，第十一次全国人民代表大会通过国务院机构改革方案，人事部、劳动和社会保障部合并，组建成一个新的部门——人力资源和社会保障部。人力资源和社会保障部与民政部共同成为国家社会保障行政主管部门。

1. 人力资源和社会保障部

人力资源和社会保障部是全国社会保障事务的行政主管理部门，主要负责各项社会保险事业、就业促进工作、人力资源市场发展与人力资源配置工作。人力资源和社会保障部下设 15 个司，其中社会保障管理机构主要包括：

法规司——负责起草相关法律法规草案和规章；承担机关有关规范性文件的合法性审核工作；承办相关行政复议和行政应诉工作。

规划财务司——负责拟订人力资源和社会保障事业发展规划和年度计划；承担编制全国社会保险基金预决算草案工作；参与拟订社会保障资金（基金）财务管理制度；承担部属单位国有资产管理和审计工作；承担有关信息规划和统计管理工作；承担有关科技项目和国际援贷款项目管理工作。

就业促进司——负责拟订就业规划和年度计划，拟订劳动者平等就业、农村劳动力转移就业和跨地区有序流动政策，健全公共就业服务体系；指导和规范公共就业服务信息管理；参与拟订专项就业资金使用管理办法；牵头拟订高校毕业生就业政策；拟订就业援助和特殊群体就业政策；拟订国（境）外人员（不含专家）入境就业管理政策。

职业能力建设司——负责拟订城乡劳动者职业培训政策、规划；拟订高技能人才、农村使用人才培养和激励政策；在国家教育工作方针政策指导下，拟订技工学校及职业培训机构发展规划和管理规则，指导师资队伍和教材建设；完善职业技能资格制度；组织拟订职业分类、职业技能国家标准和行业标准。

农民工工作司——负责拟订农民工工作综合性政策和规划，维护农民工合法权益；推动农民工相关政策的落实，协调解决重点难点问题；协调处理涉及农民工的重大事件；指导、协调农民工工作信息建设。

养老保险司——负责统筹拟订机关企事业单位基本养老保险及其补充养老保险政策，逐步提高基金统筹层次；拟订城镇居民养老保险政策、规划和标准；拟订养老保险基金管理办法；拟订养老保险基金预测预警制度；审核省级基本养老保险费率。

失业保险司——负责拟订失业保险政策、规划和标准；拟订失业保险基金管理办法；建立失业预警制度，拟订预防、调节和控制较大规模失业的政策；拟订经济结构调整中涉及职工安置权益保障的政策。

医疗保险司——负责统筹拟订医疗保险、生育保险政策、规划和标准；拟订医疗保险、生育保险基金管理办法；组织拟订定点医疗机构、药店的医疗保险服务和生育保险服务管理、结算办法及支付范围；拟订疾病、生育停工期间的津贴标准；拟订机关企事业单位补充医疗保险政策和管理办法。

工伤保险司——负责拟订工伤保险政策、规划和标准；完善工伤预防、认定和康复政策；组织拟订工伤伤残等级鉴定标准；组织拟订定点医疗机构、药店、康复机构、残疾辅助器具安装机构的资格标准。

农村社会保险司——负责拟订农村养老保险和被征地农民社会保障的政策、规划和标准；会同有关方面拟订农村社会保险基金管理办法；拟订征地方案中有关被征地农民社会保障措施的审核办法。

社会保险基金监督司——负责拟订社会保险及其补充保险基金监督制度、运营政策和运营机构资格标准；依法监督社会保险及其补充保险基金征缴、支付、管理和运营，并组织查处重大案件；参与拟订全国社会保障基金投资政策。

2. 民政部

民政部是我国除人力资源与社会保障部以外，又一个十分重要的社会保障主管部门，它负责管理全国的社会救助、社会福利、优抚事业等。民政部内部管理社会保障事务的相关机构有：

民间组织管理局——负责拟订社会团体、基金会、民办非企业单位登记管理办法，并按照管辖权限进行登记管理和执法监察；承担境外非政府组织在华机构的登记管理和执法监察工作；承担民间组织信息管理工作；指导和监督地方对社会团体、基金会、民办非企业单位的登记管理工作。

优抚安置司——负责拟订优抚政策、标准和办法；拟订退役士兵、复员干部、军队离退休干部和军队无军籍退休、退职职工安置政策及计划；拟订烈士褒扬办法；承办拥军优属工作；拟订军供站设置规划；审核拟列入全国重点保护单位的烈士纪念建筑物名录；承办境外我国烈士和外国在华烈士纪念设施保护事宜。

救灾司——负责拟订救灾工作政策；承办救灾组织、协调工作；组织自然灾害救助应急体系建设；承办灾情组织核查和统一发布工作；承办中央救灾款物管理、分配及监督使用工作；会同有关方面组织协调紧急转移安置灾民、农村灾民毁损房屋恢复重建补助和灾民生活救助；承办中央级生活类救灾物资储备工作；组织和指导救灾捐赠；拟订减灾规划，承办国际减灾合作事宜。

社会救助司——负责拟订社会救助规划、政策和标准，健全城乡社会救助体系；组织城乡居民最低生活保障、医疗救助、临时救助工作；拟订五保户社会救济政策；承办中央财政最低生活保障投入资金分配和监管工作；参与拟订住房、教育、司法救助相关办法；承担全国社会救助信息管理工作。

基层政权和社区建设司——负责拟订城乡基层群众自治建设和社区建设政策；指导社区服务体系建设；提出加强和改进城乡基层政权建设的建议；推动基层民主政治建设。

社会福利和慈善事业促进司——负责拟订社会福利事业发展规划、政策和标准；拟订老年人、孤儿和残疾人等特殊群体权益保护政策；拟订社会福利机构管理办法和福利彩票发行管理办法；管理本级彩票公益金；拟订社会福利企业扶持政策；组织拟订促进慈善事业发展政策；组织和指导社会捐助工作。

政策法规司——负责起草相关法律法规草案和规章；承担机关有关规范性文件合法性审核工作；承办相关行政复议和行政应诉工作。

3. 其他部门

除人力资源和社会保障部与民政部以外，在中央政府中，还有一些部门承担着相应的社会保障管理与监督职责。如卫生部负责全国的医疗卫生事业，同时承担着新型农村合作医疗和全民医疗保健；财政部设立专门的社会保障司，负责管理中央财政社会保障支出及财务制度等；国家发改委设有社会发展司，负责制定社会保障发展的中长期规划等。

国务院于 2000 年设置了全国社会保障基金理事会，作为国务院直属正部级事业单位，全国社会保障基金理事会管理运营全国社会保障基金，肩负着管理主要源于财政拨款、国有股减持等形成的中央社会保障储备金的责任，并负责该基金的投资运营管理。

此外，一些半官方性质的社会团体，也不同程度地参与社会保障管理。比如中华全国总工会、中国残疾人联合会、中华全国妇女联合会等机构。

本章小结

社会保障法是着眼于公民的生存权与发展权，为保证社会成员的基本生活需要并不断提高其生活水平，以及解决某些特殊社会群体的生活困难，调整以国家、社会和全体社会成员之间以经济扶助、社会帮扶为主要内容的社会保障关系的法律规范的总和。广泛的社会性、严格的法定性、实体法与程序法的统一性、特定的立法技术性是社会保障法的基本特征。社会保障法的基本原则主要包括：人权保障原则、普遍性和特殊性相结合原则、权利与义务相对等原则、与社会经济发展水平相适应原则、集中立法原则。社会保障法以保障社会安全、促进社会公平、达到效益最大化、促进社会和谐为其基本价值取向。

社会保障管理是指为了保证社会保障事业的发展和各项社会保障政策的实施，建立一定的组织机构，配备一定素质的工作人员，对社会保障事业进行决策、计划、指挥、监督、调节、控制的过程。社会保障管理的基本原则包括：依法管理原则、公开、公正及效率原则、属地管理原则、集中管理与分类管理相结合原则、协调一致原则。社会保障管理的内容涉及社会保障行政管理、社会保障绩效管理、社会保障财务管理、社会保障对象管理。

关键术语

社会保障法　社会保障管理　集中管理模式

分散管理模式　集散结合管理模式

思考题

1. 社会保障法的特征有哪些?
2. 简述社会保障法的基本原则。
3. 简述世界社会保障法的变迁。
4. 试分析中国社会保障立法的发展路径。
5. 简述社会保障管理的基本原则。
6. 简述社会保障管理的内容。
7. 简述我国的社会保障管理体制。

案例分析

“社会保险法”的立法

立法背景:

在我国，尽管各种社会保险制度已实施多年，却没有一部专门的综合性法律加以规范。城镇社会保险制度主要依据1994年颁布的《劳动法》和国务院制定的《社会劳动保险费征缴暂行条例》。在工伤保险和失业保险方面，国务院也出台了有关条例。但在养老、医疗、生育保险方面，仅出台过一些政策性文件，尚无专门法律法规。

社会普遍的看法是，综合性社会保险基本法的缺失，使中国目前的社会保险制度缺乏明确合理的价值取向。在立法上，以行政法规、部门规章及地方法规为主，法律法规数量少、层次低，立法分散，难以形成体系，甚至不同政策或者规章之间相互矛盾，操作性受到限制。“这一现状已不能适应经济社会发展的需要”，一位原劳动和社会保障部官员说。

同时，社会保险基金多头管理，职责不清也造成诸多弊端，上海社保案便是一个典型例证。此外，城乡之间、地区之间、机关、事业单位企业之间的社会保险制度差异巨大，互相缺乏衔接，导致公平性问题难以解决，也大大制约了劳动力的流动。

相对于全体国民的社会保障需求而言，中国目前社会保险的覆盖能力非常有限。一些普通城镇居民仍处于空白地带。而在农村，受限于财力投入，农民社会保障一直处于低水平甚至空白状态。

早在 1994 年，社会保险法的立法工作即已提上议事日程，八届全国人大曾把它列入立法计划。由于国民福祉和市场经济改革长期受困于社会保险制度不完善，公众一直对社会保险立法期望颇高。但由于各方利益和观念冲突，自 1995 年至 2001 年，有关部门起草的草案曾两度上报国务院，皆因争议过大而未能获得通过。

党的十六届六中全会明确提出，到 2020 年基本建立覆盖城乡居民的社会保障体系。随着这一目标的迫近，各种社会保险制度依次建立和铺开，一些绕不开的“深水区问题”亦逐渐浮出水面，亟待从立法层面加以破解。自此，有关部门明显加快了立法步伐。至 2006 年年底，由劳动和社会保障部牵头的起草小组，在四次大范围征求意见和实地调研的基础上，形成了最新版的社会保险法草案。

立法过程：

提议：

在 2006 年 3 月举行的十届全国人大四次会议期间，蒋婉秋等 465 名代表提出制定社会保障法、社会保险法、公民基本生活保障法的议案共 14 件。

劳动和社会保障部目前已拟出社会保险法草案。全国人大财政经济委员会建议，国务院及有关部门在总结我国社会保险体制改革和试点经验的基础上，进一步做好社会保险法草案的修改完善工作，争取 2007 年提请全国人大常委会会议审议。

发展：

2007 年 9 月 22 日，原劳动保障部部长田成平在中国社会保障论坛上表示，社会保险法立法时机已经成熟，当前要进一步推进社会保险法立法进程。包括国务委员兼国务院秘书长华建敏在内的多位政府官员也在论坛上表示：经过多年探索，我国社会保障体系框架已基本形成，将被实践证明行之有效的政策措施上升为法律的时机已经成熟。

讨论：

2007年11月26日的分组审议中，全国人大常委会组成人员就首次提请审议的社会保险法草案进行了激烈讨论。在社会保险法长达13年的酝酿、起草过程中，由于社保制度改革推进迟缓和利益观念的冲突，各方一直争议不断。多年来，各方争议内容从覆盖范围到统筹层次，到社保基金征收、监管到运营，几乎包括社会保险立法的各个方面。

原则通过：

国务院总理温家宝2007年11月28日主持召开国务院常务会议，研究部署促进资源型城市可持续发展工作，讨论并原则通过《中华人民共和国社会保险法（草案)》，审议并原则通过《中华人民共和国企业所得税法实施条例（草案)》。

一审：

2007年12月23日，社会保险法草案在十届全国人大常委会第三十一次会议上首次提请审议，这部草案确立了中国社会保险制度的基本法律框架，养老、医疗、失业、工伤、生育五大社保险种缺乏综合性统一法律、强制性偏弱等现状有望转变。

社会保险法草案重点对社会保险的原则、各险种的覆盖范围、社会保险待遇项目和享受条件、社会保险经办机构、社会保险基金监督等内容作了规范。草案加大了对用人单位不缴纳或不足额缴纳社会保险费的处罚力度。根据草案第五十四条的规定，用人单位逾期不缴纳社会保险费的，处欠缴数额2倍以上5倍以下的罚款。社会保险费征收机构经其主管部门同意，可从逾期不缴纳或不足额缴纳社会保险费的用人单位在银行开设的账户中划扣社会保险费。对不足额缴纳且未提供担保的，社会保险费征收机构可以申请人民法院扣押、查封相应价值的财产，以拍卖所得抵缴社会保险费。

修改：

十届全国人大常委会第三十一次会议对社会保险法（草案）进行了初次审议。会后，法制工作委员会将草案印发各省（区、市）和中央有关部门等单位征求意见。共建议进行五处修改：

1. 将五个险种分别专章规定。2. 养老保险关系可转移接续。3. 社保将逐步实行全国统筹。4. 政府支持事项进一步明确。5. 国家对社保基金严格监管。

二审：

2008 年 12 月 22 日，全国人大常委会二审《社会保险法（草案）》。《社会保险法（草案）》对社会保险费征缴、社会保险基金、社会保险经办、社会保险监督等分别作出专章规定。

《社会保险法（草案）》规定，社会保险基金包括基本养老保险基金、基本医疗保险基金、工伤保险基金、失业保险基金和生育保险基金。各项社会保险基金按照社会保险险种分别建账、分账核算，不得相互挤占或者调剂使用。

征求意见：

2008 年 12 月 28 日，根据全国人大常委会委员长会议的决定，全国人大常委会办公厅向社会全文公布社会保险法草案及关于草案修改情况的汇报，广泛征求各方面意见和建议，以更好地修改、完善这部法律草案。

全国人大常委会办公厅在有关通知中指出，制定社会保险法，对完善社会保险制度、明确参保人员的权利义务、保障公民共享社会发展成果、促进社会和谐稳定，具有重要意义。社会保险法草案已经十届全国人大常委会第三十一次会议、十一届全国人大常委会第六次会议审议。草案在广泛征求意见并作进一步修改后，将提请全国人大常委会会议继续审议。

三审：

全国人大常委会在2009年12月22日进行三审的社会保险法草案，增加了设立全国社会保障基金的规定。在审议和征求各地各部门意见时，有的常委会组成人员和全国社会保障基金理事会提出，全国社会保障基金作为社会保障的战略性储备保障资金，在社会保险法中应当加以规定。

全国人大法律委员会经同国务院法制办、人力资源和社会保障部、全国社会保障基金理事会研究，建议草案增加规定：国家设立全国社会保障基金，由中央财政预算拨款以及国务院批准的其他方式筹集的资金构成，用于社会保障支出的补充、调剂。全国社会保障基金由全国社会保障基金管理运营机构负责管理运营，在保证安全的前提下实现保值增值。

草案还规定，全国社会保障基金应当定期向社会公布收支、管理和投资运营的情况。国务院财政部门、社会保险行政部门、审计机关对全国社会保障基金的收支、管理和投资运营情况进行监督。

请思考：

1. 我国社会保障法的立法基础有哪些？

2. 结合案例讨论社会保障法的立法过程具体体现了社会保障法的哪些基本特征和原则。

第8章 养老保险

养老保险是为社会成员生命历程中最后阶段的生活进行的物质储备，是现代各国社会保险制度中最重要的项目，也是开支最大的项目。一个国家或地区的社会保险制度的成败，在很大程度上取决于养老保险制度的成功与否。20世纪以来，随着世界人口年龄结构的转变，越来越多的国家进入了老龄化社会，对于养老保险的需求日益强化。

8.1 养老保险概述

养老，是社会成员生存与发展的客观需求。人类生存的自然规律表明，任何个人完整的人生必然经过出生、成长、衰老、死亡的过程。当一个人步入老年后，就可能部分或者全部丧失劳动能力，需要他人的供养。在传统农业社会中，家庭就是家庭成员养老保障的提供者。进入工业社会后，由于生产方式与生活方式的社会化，原来纯粹属于个人或家庭领域的养老问题日益演变成社会问题，社会化的养老保险则成为解决这一问题的当然选择。

8.1.1 养老社会保险制度的产生和发展

养老社会保险制度开始于1669年法国制定的《年金法典》，该法典规定对于不能继续从事海上工作的老年海员发放养老金，开创了养老保险立法之先河。在随后的两个多世纪里，奥地利等国也针对一些特定行业实施了养老金制度，但这些政策和措施并不具备现代社会保障制度的基本特征。现代意义上的养老保险制度是以1889年德国的《老年、残疾和遗属保险法》为标志的，这一立法正式确立了社会保险模式的养老保险制度。

自养老保险制度在德国产生后，工业化国家以及其他国家纷纷仿效德国建立自己的养老保险制度。例如，丹麦于1891年、新西兰于1898年、瑞典于1903年、美国于1935年相继建立了社会养老保险制度。一些发展中国家，如新加坡、马来西亚、印度、中国等也在第二次世界大战后先后建立了自己的养老保险制度。截至20世纪末，世界上已有166个国家建立了养老保险制度，这充分表明了养老保险不仅是人类社会发展的普遍需要，而且也是政府着力推进的重大社会政策。

从19世纪80年代俾斯麦执政时期建立的国家、雇主和雇员共同供款的社会养老保险制度，到20世纪40年代末英国建立世界上第一个个人不用缴费的普遍养老金制度，再到20世纪50年代新加坡建立中央公积金制度以及20世纪70年代初智利实行养老金私有化改革，社会养老保险制度的模式在不断丰富和发展。养老保险制度模式的多样化发展，表明随着人们对养老保险的认识愈来愈清晰，各国政府对养老保险的驾驭能力也越来越强，各国都在理性地分析各种养老保险模式的优缺点，然后在尊重本国国情的基础上选择相应的制度模式乃至创建新的制度模式。

8.1.2 养老保险的概念和特征

1. 养老保险的概念

国际社会的统计数据一般以60岁或65岁作为老年人口的起始年龄，但养老保险中的“老年”，却不完全等同于上述概念。这里的“老年”更多的是指按照国家或政府法定制度规定的退休年龄标准确定的。也即是说在养老保险的实际操作中，大多以享受养老保险或享受退休金的年龄作为老年的标准。这种标准在不同的国家有一定的差异，发达国家标准略高一些，发展中国家略低一些。如中国、波兰、阿根廷以男性60岁、女性55岁作为退休的年龄，印度男女皆55岁退休，发达国家的英国、瑞士是男性65岁、女性62岁退休，美国、加拿大、瑞典男女的退休年龄都是65岁①。

① 世界银行. 防止老龄危机［M］. 北京：中国财政经济出版社，1996：246.

由于各国养老保险政策及其实践内容不同，对养老保险的定义也不尽一致，但对于养老保险的基本内涵是普遍认同的。一般认为，养老保险是国家和社会通过立法，在劳动者因年老退出劳动岗位后，为其提供相应的收入保障的制度安排。其目的是增强劳动者抵御老年风险的能力，同时弥补家庭养老的不足。

从世界各国养老保险的实践内容来看，大多数国家都根据保险范围、保险水平、保险方式的不同，将养老保险分为基本养老保险、补充养老保险和个人储蓄性养老保险三个层次。国际社会通常称之为养老保险的第一支柱、第二支柱和第三支柱。基本养老保险是由国家立法强制实行的政府行为，一般规定全体劳动者都必须参加。养老保险事务由政府设立的社会保险机构负责经办，为劳动者年老丧失劳动能力后提供基本的生活保障。补充养老保险是在国家法律、法规和政策的指导下，在企业和职工已经参加基本养老保险的前提下，由企业或单位视企业经营状况，自主确定是否参加和保险水平，并自行选择经办机构的保险行为。个人储蓄性养老保险则完全是一种个人行为，公民和劳动者均可视自己的收入水平和意愿确定是否投保以及投保的水平。

2. 养老保险的特征

养老保险作为社会保险制度的主要项目，具有社会保险的性质和一切特征。但与医疗保险、失业保险、工伤保险等险种相比，养老保险的特征更为显著。具体说来，可以概括为：普遍需求、地位特殊、长期性、管理复杂①。

(1) 普遍需求

年老是人生不可避免的自然规律，这就决定了任何人如果要想安享晚年，都需要有相应的养老保险。相对于失业、疾病、伤残等不确定事件而言，老年是一个十分确定的、可以清晰预见的、人人都会遇到的事件。虽然由于不同人的能力、经历和家庭条件不同，对老年收入锐减、身体衰弱等问题的承受能力也不同，但随着家庭规模的缩小、保障功能的弱化以及市场竞争带来各种风险的集中化和多重化，任何人都不能保证自己的老年没有风险。因此，在养老风险日益成为最普遍的社会风险的同时，养老保险亦成为社会成员最普遍的需求。

① 郑功成．社会保障学［M］．北京：中国劳动社会保障出版社，2005：301-303.

（2）地位特殊

“安度晚年”一直都是中国传统文化和道德规范下公认的理想的晚年生活方式，也是世界其他国家公民的普遍愿望。这就决定了老年风险是得到最多重视的一种风险，在人均预期寿命不断延长的条件下更是如此。老年风险的普遍性决定了这种风险的影响面和波及层次的广度和深度。另一方面，养老保险因待遇较高（需要保障老年人的基本生活）、领取养老金的时间长（自退休起到死亡，甚至受保者死亡后还继续惠及其家属），基金收支的规模庞大，决定了养老保险是最重要的社会保险项目，并在各国社会保障体系中占有举足轻重的地位。

各国养老保险制度的实践也充分证明了这一制度的特殊地位。例如，1979—1983 年，美国、德国、澳大利亚、前苏联、巴西等国的养老保险金支出就均占其整个社会保险支出的 50% 以上，英国、法国、意大利等国的同一指标均在 40% 以上。上述国家的社会保险支出占到整个社会保障支出中的 60% 以上，有些国家或地区的社会保险支出占其社会保障总支出的比重甚至达 90% 以上①。在中国更是如此，以 2000 年为例，全国离休退休、退职费用支出总额达 2733. 3 亿元，其中离休养老金 201. 1 亿元、退休养老金 2305. 7 亿元，是同年失业保险基金、医疗保险基金支出的 20 多倍，是同年工伤保险基金支出的 200 多倍，生育保险基金支出的 300 多倍，而且这些数据还没有将国家财政口径支出的福利救济与抚恤费和企事业单位支付的医疗卫生费中用于离退休人员养老支出部分计算在内②。

（3）长期性

养老保险通常都是劳动者在年轻时参加，达到退休年龄办理退休手续后再领取，直到退休者死亡时终止，有的养老保险还惠及劳动者需要抚养的家属，其领取的时间更长。养老保险具有如下两个固有的特征：一是缴费时间长达数十年，二是领取养老金的时间也长达十多年到数十年不等。这种长期积累性是养老保险固有的特性。工伤保险、生育保险、医疗保险均是不确定的偶发事件，它们均追求即期平衡，而失业保险虽然要考虑到经济周期及失业率的高低，但也只要在一个经济周期内实现周期平衡即可。

---

① 郑功成．论中国特色的社会保障道路［M］．武汉：武汉大学出版社，1997：182.

② 郑功成．中国社会保障制度变迁与评估［M］．北京：中国人民大学出版社，2002：77.

以中国为例，法律规定的退休年龄是男性职工 60 周岁、女职工 55 周岁。如果劳动者 20 岁参加工作，则男、女职工的缴费年限将分别达 40 年和 35 年，即使中间可能因失业等原因导致缴费时间中断，但缴费时间长是毋庸置疑的。同时，2000 年时全国人均预期寿命为 72 岁，其中城市居民的人均预期寿命更长一些。如果按时退休，则男性退休者领取养老金的时间平均为 12 年，女性退休者领取养老金的时间平均达 22 年，部分退休者领取养老金的时间甚至可能长达 40 年。

（4）管理复杂

养老保险管理的复杂性，不仅在于其长期性带来了制度设计与管理的难度，而且由于基金规模庞大，基金保值增值的负担也十分繁重，需要有专门的机构和人员来进行运营和管理，而其他社会保险项目则没有如此大的压力。

8.1.3　养老保险的基本内容

1. 养老保险制度的基本构成

一项完整的养老保险制度应该由以下相关子制度构成：

（1）养老保险制度成立的法律文件。包括政府及相关主管部门颁布的退休、退职办法，待遇给付标准，保险基金社会统筹规定，养老保险管理机构的编制规定以及各项具体措施等。

（2）申领养老保险待遇的资格条件。包括退休、离休的年龄界限，退休工龄（或就业年限）界限，缴费年限及数额，所在部门或工种，个人收入状况以及能否享受特定养老保险待遇等。

（3）养老保险基金的筹集模式与费率的规定。包括基金筹集模式的选择、筹集地域与对象范围、保险费的计提基数、费率、基金的来源等。

（4）养老保险待遇的给付。包括待遇给付的项目、待遇水平、给付标准及计算办法、退休金的计发途径以及退休金的调整等。

（5）养老保险运行管理机构的设置。包括行政管理机关、事务管理机构、基金运营机构、监察机构的设置，岗位与人员配备以及权限划分等。

2. 养老保险的基本内容

基于不同的经济基础、政治环境、文化传统、思想意识等因素，各国养老保险制度的模式选择和具体制度都是有所区别的。

(1) 养老保险的覆盖范围

养老保险的覆盖范围，是指法定的适用对象和适用人群。各国因经济社会发展水平不一和制度规定的差异，其覆盖范围也宽窄有别。虽然社会保险是针对劳动者的一项社会制度，但在有些国家，养老保险制度却覆盖了全体国民，如瑞典就是普遍性的保障模式。有些国家的养老保险只包括劳动者，是选择性保障模式，如德国、美国和中国等。一般而言，社会养老保障覆盖面的大小取决于各国的具体国情。而在考虑其具体国情时，至少有以下几点是直接影响养老保险面的确定的：经济发展水平，人口类型，人口政策，职业结构，历史文化传统等。

(2) 养老保险的基金来源和筹集模式

基金来源也就是养老金的费用负担问题，这是养老保险制度生存和发展的基础。基金来源不仅与国家和企业的财政状况、经济状况相关，也体现了制度的政策取向，关系到受保障者的切身利益。

现代社会保险制度的发展愈来愈强调责任分担，其实责任分担的核心和重要内容就是各方责任主体如何公平、合理地分担社会保障费用的问题。具体到养老保险制度，就是养老保险费的负担问题。从各国的养老保险制度实践来看，养老保险费用的分摊不外乎如下四种方式：

①由雇主、雇员和国家三方共同负担的方式，如英国、德国和意大利等国家，这种方式最为普遍。

②由雇主和雇员双方分担，如法国、荷兰、葡萄牙、新加坡等。

③由雇主和国家分担费用，如瑞典2000年以前就是采取这一方式。

④完全由雇员个人负担，如智利。

目前国际社会流行的养老保险基金筹集模式有三种：现收现付式、完全积累式和部分积累式。各国基金筹集模式的选择通常与本国的养老保险制度是直接相关的。我国的养老保险基金筹集模式正处于由现收现付式向部分积累式转轨的过程中。

(3) 养老社会保险金的给付条件

任何建立养老保险制度的国家都会对养老保险金的申领资格作出明确的规定，而且绝大多数国家规定的给付条件都是复合型的，即要享受养老保险金必须同时满足两个或两个以上的资格条件。

年龄条件。在各国的给付条件中，达到规定的支付年龄往往是核心条件之一。在各国的养老保险制度中，享受领取养老金权益的年龄条件通常是法定的退休年龄。不过由于人均预期寿命的差异等，各国的退休年龄并不相同。

缴费条件。即参加养老保险的年限和缴纳养老保险费的年限。如德国规定享受养老金的条件是年满63岁且投保35年，或年满65岁且投保15年；法国规定享受条件为年满60岁且投保37.5年，如果未达到37.5年，则减发养老金。意大利规定，被保险人若已经缴纳保险费满35年，则无论退休与否，均可领取养老金①。

其他条件。如工龄条件、居留条件等。在工龄条件方面，前苏联、东欧国家和改革前的中国就有相关规定。如前苏联规定的享受条件为男满60岁且工龄满25年，女年满55岁且工龄满20年；瑞典的附加养老金也要求工龄满30年才有资格领取。在居留条件方面，一般规定申领者满足一定的居住期限。如丹麦的国家养老金规定领取者必须在25～67岁之间至少在丹麦居住了3年；瑞典规定在瑞典居住不满40年的人，其养老金计算方法是每居住1年可得1/40的基础养老金，但至少要在瑞典居住3年才能拿到最低的基础养老金，即全部基础养老金的3/40②。

（4）养老保险的管理体制

管理体制的选择对于养老保险制度的运行起着非常重要的作用。管理体制的确定和一个国家的公共管理机制、政府行政构架、市场健全与否和公共组织的发展状况等多种因素有关。但不论哪一模式，政府都应对养老保险的运行进行监督和控制。从世界各国的实践来看，养老保险共有三种管理模式，即：直接由政府部门管理、由自治公共机构管理、由私营基金公司管理。

第一，由政府部门直接管理。养老保险事务由政府直接管理的一些典型国家，有中国、日本、加拿大、美国和瑞士等。政府直接管理养老保险事务，又可分为两种。一是中央集权式的管理方式，如英国、日本等，相对来说更为强调中央集权化。二是统一化程度较高，但是分权式的管理方式，如加拿大、美国和瑞士，这些国家的地方机构在养老保险的管理中均扮演着重要的角色。

第二，政府监督下的自治机构管理。采用这种管理模式的代表性国家有新加坡、德国、瑞典等。这三国分别由中央公积金局、各保险协会、就业委员会等机构管理养老保险，政府承担监督责任。

---

① 任正臣．社会保险学［M］．北京：中国科学出版社，2001：124.

② 邹根宝．社会保障制度——欧盟国家的经验与改革［M］．上海：上海财经大学出版社，2001：97.

第三，由私营基金公司进行管理。采用这种管理体制的代表性国家有智利、法国等。在智利，是由私营的基金管理公司管理个人账户。不过，即使是这种管理模式，政府也无一例外地要承担起相应的监管责任。

8.2 养老保险的基本模式

由于各国经济基础、文化传统、人口结构等方面的不同，也由于养老风险的普遍性和养老保险的复杂性，各国的养老保险的模式选择是多样而灵活的。

8.2.1 养老保险责任承担模式

根据养老保险的责任承担机制，可将养老保险划分为政府负责型、责任分担型、个人承担型、混合责任型四种模式①。

1. 政府负责型

政府负责型是指由政府直接负责的养老保险制度，它通常以国民年金的形式存在。在这种模式下，企业与个人承担社会保障的纳税义务，政府通过预算来为国民提供养老金，政府对养老保险事务实行直接管理并严格监督。这种模式的最大特征就是强调政府责任，实现养老保险金待遇的普遍性，发放对象包括所有老年人，普遍性中充分地体现出了公平性。不足之处是可能因人口老龄化而给财政带来负担，最终反过来损害这种制度的健康发展。

福利国家实行的国民年金保险制度就属于政府负责型的制度安排。在这些国家，享受养老保险待遇通常与是否参与社会劳动和是否缴付养老保险费没有关系，它通常只强调是否属于本国公民和是否达到法定退休年龄。也有部分国家实行双层或多层次养老保险制度，其中处于基础层次的养老保险采取政府负责的国民年金形式。需要指出的是，曾经风行社会主义国家的国家保障型社会保障模式中的养老保险制度，是由国家通过法律来确立公民“老有所养”的基本权利，退休金支出亦全部由政府和企业（也以财政为后盾）承担，个人不用缴纳保险费，从而也可以纳入政府负责型养老保险模式的范畴。

① 郑功成．社会保障学［M］．北京：中国劳动社会保障出版社，2005：303-305.

2. 责任分担型

由政府、单位或雇主、个人等多方分担养老保险责任，是社会养老保险制度发展的主流趋势。这种模式是基于责任分担或责任共担的原则确立的，其特点是将劳动者的养老保险责任由多方共担或分担。由于强制性责任共担，这种模式一般只能适用劳动者甚至主要是工薪劳动者，从而属于选择性制度安排。

在实践中，责任分担型养老保险制度既有政府、单位或雇主、个人三方分担型，也有单位或雇主与个人双方分担型。不过，即使是单位或雇主与个人双方分担型，政府也负有相应的责任。责任分担型养老保险制度体现了劳动者的权利与义务相统一的原则和养老保险基金来源多元化的特色，同时又具有较强的社会互济性，从而更有利于调控养老保险的财务风险，有利于养老保险制度的可持续发展。因此，责任分担型养老保险是大多数国家选择的制度模式。

3. 个人负责型

除了因缺乏社会保险，只能由个人或家庭自我负责养老保障的特殊情况外，在制度化的保障机制中，也有极个别国家的养老金完全由个人负责，这种模式的典型代表是智利。智利 20 世纪 80 年代后推行的养老金私有化改革，确立了养老保障的个人负责模式。在这种模式下，国家通过立法规定劳动者参与养老保障制度，但政府与雇主均不承担缴费义务，而是完全由劳动者个人缴费。所缴保险费完全计入个人账户，并通过市场机制实现有偿运营，所得收益再充实到个人账户中去。劳动者退休后可以领取自己账户中的养老金用于养老。

这种责任模式强调个人自我负责，即养老责任完全由个人承担，政府责任很小，缺乏互助共济性和风险分组功能，亦无缩小不公平和维护公平的功能。它在实践中除了为个人进入老年后积累一笔养老资金外，主要是起到提高储蓄率刺激经济发展的作用。所以，该模式能否真正解决劳动者的养老问题还有待时间的检验。

4. 混合责任型

实际上，一些国家在构建自己的养老保险制度时，在肯定责任分担机制的前提下，既注意到国民的普遍性福利，也重视个人责任的适当回归，从而出现了既有政府负责的层次，又有二方或三方分责的层次，还有个人负责的层次的制度现象。这种多层次结构的养老保险体系作为责任分担的演变，为养老保险制度的发展提供了更新和更有效的方案。

以日本为例，日本既有政府负责的水平较低的国民年金保险，又有责任分担型的职业年金保险。在中国，公务人员采取的是政府负责的养老保险制度，而企业职工则选择了责任分担机制。

8.2.2 养老保险的缴费模式

养老保险缴费模式包括给付既定模式和缴费既定模式①。

给付既定模式（Defined Benefit），是先设定养老保险金为保障一定的生活水平需要达到的替代率，以此确定养老保险金的给付标准，再结合相关影响因素进行测算，来确定养老保险费的征缴比例。因此，这种模式实质上是“以支定收”模式。给付既定模式维持的是短期内的横向平衡，一般没有节余。这种模式通常是和现收现付模式联系在一起的。

缴费既定模式（Defined Contribution），是结合未来的养老负担、基金的保值增值、通货膨胀率、企业的合理负担、现行劳动力市场和工资水平等因素，经过预测，确定一个相当长时期内比较稳定的缴费比例或标准，再根据这个级数标准来筹集养老保险基金，并完全或部分地存入劳动者的个人账户，在劳动者失去劳动能力后，以其个人账户中的金额作为养老保险金或养老保险金的一部分。这种模式实质上是“以收定支”，维持的是长期内的纵向平衡。这种模式通常是和部分积累或完全积累模式联系在一起的。

8.2.3 养老保险基金的运行模式

养老保险基金运行模式，是指养老保险基金筹集后的管理方式。它主要有社会统筹模式、个人账户模式，以及社会统筹与个人账户相结合模式等。

社会统筹模式，是通过养老保险筹资渠道筹集到的养老保险基金全部进入社会统筹，由相关部门根据当年或一个周期内的社会需要统筹规划，考虑养老保险基金的使用问题。该模式的最大特点就是高度社会化，最大限度地发挥了社会保险互助共济和风险共担的功能，将“大数法则”运用到极致。该模式通常只考虑短期内基金的平衡，一般没有或只有很少的节余，因此，采用该模

---

① 郑功成．社会保障学［M］．北京：中国劳动社会保障出版社，2005：307.

式的养老保险制度要在人口结构稳定的情况下才得以维持。当人口结构发生变化，如出现人口老龄化危机时，就难以为继。在具体制度安排中，这种模式总是和现收现付的财务模式联系在一起的。

与社会统筹模式相对应，个人账户模式是指征缴的养老保险费全部进入个人账户，当劳动者步入老年、失去劳动能力、离开劳动力市场以后，再按照个人账户积累的金额（本金+运营收入），领取属于自己的养老金。这种模式对于劳动者具有一定的激励作用，但没有互助共济和风险分担功能，且基金保值增值压力大。在具体制度安排中，这种模式总是和完全积累的财务模式联系在一起。

社会统筹与个人账户相结合，是我国独创的一种新型养老保险基金运行模式。社会统筹部分现收现付与个人账户部分完全积累同时并存。该模式实行的是国家、企业和个人三方分担供款责任，但分别记账的方式。其中个人所缴部分全部进入个人账户，其余的实现社会互济，保险基金支付时实现结构性组合。但是，该模式由于在我国实践时间不长，其效果到底如何还有待实践的进一步检验，它们各自的运行规则与监督机制等也还有待完善。

8.2.4 养老保险的给付模式

按养老保险金的给付标准是否与享有者工作期间的收入水平有关，可将养老保险划分为普遍生活保障模式和收入关联模式。

普遍生活保险模式强调对所有老年居民都提供养老保险，养老保险金的支付标准是统一的，水平高低与消费水平有关，与老年人是否为工薪阶层劳动者、退休前工资收入高或低、职业是否稳定等没有关系。普遍生活保障模式的养老保险制度的基石是政府财政的有力支持。

收入关联模式强调社会保险费一般由雇主、雇员和国家三方共同负担。社会保险的缴费额度和养老保险金的给付标准，都与劳动者退休前的工资收入有关。由于这是一种与收入水平有关联的制度模式，也就自然而然地将非工薪阶层，如农民排除在这种模式安排的养老保险制度之外。与普遍生活保障模式相比，收入关联模式更强调权利与义务的平衡①。

① 董克用，王燕．养老保险［M］．北京：中国人民大学出版社，2000：37.

8.3 中国养老保险制度的建立与完善

自新中国成立以来，养老保险制度的建立与发展走过了近 60 年的历程。考察这些年的制度实践，改革开放前的 30 年是从国家责任发展到国家与单位责任并重的进程。改革开放以后则是一个逐渐走向政府主导与社会各方共担责任的进程。中国现行的养老保险制度是由政府主导的社会统筹与个人账户相结合的新型制度，这一制度模式兼顾了公平与效率的考虑，具有其自身的优越性。但该模式处于初创阶段，还存在着一些亟待解决的问题。

8.3.1 中国养老保险制度的建立和完善

1. 中国城镇养老保险制度的建立和完善

(1) 中国城镇养老保险制度的初步建立

新中国成立后，当时的政务院于 1951 年颁布了《中华人民共和国劳动保险暂行条例》，建立了企业职工养老保险制度。1955 年，国务院颁布了《国家工作人员退休处理暂行规定》、《国家机关工作人员退职处理暂行办法》，对国家机关、民主党派、人民团体和事业单位的工作人员的退休退职制度予以明确规定，其退休条件和待遇标准与企业大致相同。1956 年，我国的养老社会保险范围扩大到商业、外贸、粮食、供销合作、金融、民航、石油、地质、水产、国营农场、造林等 13 个产业和部门。

从 1957 年开始，为适应全面进行社会主义经济建设新形势的发展，我国政府开始对社会保障制度进行了调整与完善，特别体现在建立了企业职工的退休养老制度和农村合作医疗制度，军人的退休制度亦得到确立。1958 年国务院公布实施了《国务院关于工人、职员退休处理的暂行规定》，适当放宽了退休条件，提高了待遇标准，统一了工人、职员的退休处理办法。

“文化大革命”期间，由于负责劳动保险事务的工会陷入瘫痪状态，劳动保险的责任重心由国家向单位转移，城镇企、事业单位包办社会的现象迅速扩张，养老保险也随之走向自我封闭的单位化。

1978 年，随着“文化大革命”的结束，我国的社会状态逐渐正常化，社会保障制度也随之变迁。1978 年第五届全国人民代表大会第一次会议通过的《中华人民共和国宪法》对劳动者的养老保障问题做出了原则性规定。国家重设民政部，主管全国社会救济、社会福利、优抚安置事务，劳动部门的工作亦开始恢复正常。随后，国务院相继颁布法令，恢复退休养老制度，并建立了离休制度，二者一起构成了中国的退休养老制度，并相继出台了一些补充性规定加以完善。

（2）中国城镇养老保险制度的改革与完善

改革开放以来，为适应市场经济的发展，特别是与企业劳动制度改革相配套，国家从1984年起开始着手改革城镇养老保险制度。1985年以后（少数地区从1984年起），我国社会养老保险基金开始由专门机构统一策划、统一管理、统一调剂使用，社会养老保险开始在少数国营企业中率先实行社会统筹试点。这次改革的重大变化是由政府的公共机构即劳动部门所属的社会保险机构来统一管理基金，使养老保险从“企业保险”回到“社会保险”的轨道上来，标志着我国的城镇养老保险制度建设进入一个更高的层次。

1986年7月，国务院发布《国有企业实行劳动合同制暂行规定》，具体规定了劳动合同制职工养老保险的办法，进一步明确退休养老保险基金由国家、企业和个人三方负担的原则。对劳动合同制工人实行养老保险的规定，为现行退休制度的改革提供了有益的经验，对解除劳动合同制工人后顾之忧，推进劳动合同制起到了积极的作用。这个规定实施的范围虽然比较小，但标志了职工养老由退休制向真正意义上的社会养老保险制度过渡。1988年，国务院再次发布了《中华人民共和国私营企业暂行条例》，规定有条件的私营企业也应为职工办理养老保险。这把城镇养老保险制度的覆盖范围从国有、集体企业职工扩展到了多种所有制从业人员，是改革取得的一大突破性成就。

进入20世纪90年代以后，我国城镇养老保险制度遇到了许多现实的突出的矛盾。首当其冲的是资金供求的矛盾，即养老金的需求越来越大，而养老金的供给增长却有限，这就迫使我们对养老保险的资金筹集模式及其相关政策问题进行重新思考和选择。1991年6月，国务院在总结全国各地养老保险制度改革成果的基础上，颁布《关于企业职工养老保险制度改革的决定》，宣布在全国范围实行养老保险的社会统筹，提出基本养老保险费用由国家、企业和个人三方负担，逐步建立基本养老保险、企业补充养老保险和个人储蓄性养老保险相结合的多层次养老保险制度，明确了以部分积累制的模式筹集养老保险基金。这拉开了我国社会养老保险制度改革的序幕，城镇养老保险制度改革的步伐由此明显加快。

1993年是我国城镇职工养老保险制度乃至整个社会保障制度改革的一个

转折点。党的十四届三中全会所作的《关于建立社会主义市场经济体制若干问题的决定》（以下简称《决定》对养老保险体制改革做出了三项原则规定："建立多层次的社会保障体系"、"社会保障水平要与中国社会生产力发展水平以及各方面的承受能力相适应"、"发展商业性保险业，作为社会保险的补充"。

1997 年 7 月，国务院发布了《关于建立统一的企业职工基本养老保险制度的决定》。这个文件的发布，标志着社会统筹与个人账户相结合的职工养老保险模式初步确立。该《决定》的基本内容主要有：明确确立社会统筹和个人账户相结合的养老保险模式，统一企业和职工个人的缴费比例；统一个人账户的规模；统一基本养老金的计发办法。《决定》还提出进一步扩大养老保险的覆盖范围，探讨了基本养老保险金的管理内容，以及统筹层次和行业统筹的归属管理问题。至此，社会统筹与个人账户相结合的模式正式成为我国城镇基本养老保险的制度模式。社会保障领域的国际权威专家认为中国在这方面具有首创性，该制度既吸收了传统型的养老保险制度的优点，又借鉴了个人账户模式的长处；既体现了传统意义上社会保险的社会互济、分散风险、保障性强的特点，又强调了职工的自我保障意识和激励机制。随着该制度在我国实践中的不断完善，必将对世界养老保险发展产生深远的影响。

1998 年 3 月，国务院实行机构改革，在原劳动部的基础上新组建了劳动与社会保障部。1998 年 6 月颁布的《国务院关于实行企业职工基本养老保险费省级统筹和行业统筹移交地方管理有关问题的通知》规定，政府机构改革确定劳动与社会保障部是社会保险制度的统一管理机构，决定将原来 11 个行业的行业内养老统筹移交地方管理。这一举措旨在结束养老保险制度中长期存在的行业统筹与地方统筹"条块分割"局面，统一城镇企业养老保险制度，也在一定程度上加快了基本养老保险的属地化管理和省级统筹步伐。但是到目前为止，我国基本养老保险基金的统筹层次仍以地（市）、县为主，省级统筹的省份很少。

2000 年 12 月 25 日，国务院发布并实施《完善城镇社会保障体系改革试点方案》，同时选择辽宁省作为试点省。这一改革方案的重点在于实行社会统筹账户与个人账户的板块式分账管理，职工所缴养老保险费全部记入其个人账户并逐步做实个人账户。2004 年，该方案的试点扩展到黑龙江与吉林两省，方案中确定的基本政策成为中国基本养老保险制度发展的基本取向。

2005 年 12 月，《国务院关于完善企业职工基本养老保险制度的决定》正式发布。《决定》在完善企业职工基本养老保险制度的指导思想、扩大基本养老保险覆盖范围、逐步做实个人账户和改革基本养老金计发办法等方面做出了规定，要求城镇个体工商户和灵活就业人员都要参加基本养老保险。这一决定主要针对随着人口老龄化、就业方式多样化和城市化的发展，现行的企业职工基本养老保险制度显现出的一些与经济社会发展不相适应的问题①。

自 1984 年以来，经过 20 多年改革，中国的养老保险制度出现了完全不同以往的崭新面貌，初步搭建了基本保险、补充保险、个人储蓄性保险相结合的多层次保障体系。实行了企业与职工个人共同缴费、国家财政资助的筹资方式；建立了社会统筹与个人账户相结合的制度模式，使公平与效率的原则得到更充分的体现；开始形成养老金的正常调整机制，使离退休人员能够分享经济和社会的发展成果。总体来说，我国的城镇养老保险制度建设已取得了重大进展，正逐渐建立起适应社会主义市场经济体制要求、符合我国经济与社会发展实际、体现公平正义的中国特色的城镇职工养老保险制度。

2. 中国农村养老保险制度的发展

我国农村社会保险制度的探索始于 20 世纪 80 年代中期。1986 年民政部根据“七五计划”关于“抓紧研究建立农村社会保险制度，并根据各地经济发展情况，进行试点逐步实行”的目标，开始对农村社会养老保险制度进行积极的探索。

1991 年 1 月，国务院决定农村（含乡镇企业）的养老保险制度改革由民政部负责。此后，民政部在山东烟台市等地选择几个县（市）进行了农村社会养老保险试点。1992 年民政部印发了《县级农村社会养老保险基本方案（试行）》（以下简称《基本方案》），确定“从我国农村的实际出发，以保障老年人基本生活为目的；坚持个人缴纳为主，集体补助为辅，国家予以政策支持；坚持资助为主、互济为辅；坚持社会养老保险与家庭养老相结合；坚持农村务农、务工、经商等各类人员社会养老保险制度一体化的方向”的指导思想和基本原则，并在试点的基础上逐步推开。《基本方案》在资金筹集方面仅对个人缴费标准作了较为明确的规定，但对集体补助和国家扶持缺乏明确约束。各地在政策执行过程中，农村社会养老保险往往缺乏集体补贴，政府也没

① 管亚萍．试析我国城镇职工养老保险制度探索轨迹［J］．消费导刊，2008（8）．

有投入相应的资金，保险费主要由农民自己缴纳，在本质上形成了个人积累制，社会保险对农民的吸引力有限。

1995年，国务院办公厅转发民政部《关于进一步做好农村社会养老保险工作意见的通知》，要求具备条件的地区积极发展农村社会养老保险。截至2005年末，全国参加农村养老保险人数达到5442万人①。全国各地已经有一部分农村老年人开始领取养老金，农村养老保险开始成为部分农村老年人获取收入的一个来源。

在农村养老保险工作的开展过程中，一些地方形成了独具特色的制度模式。如上海形成了既相对独立，又可以与城市基本社会养老保险相互转换的"镇保模式"。山东省青岛市建立了以"保基本生活，保障水平与经济社会发展水平相适应，按基数和比例缴费、大账户小统筹、多渠道筹集基金、权利与义务统一"为主要内容的制度模式。苏南等经济发达地区在建立健全农村养老保险制度方面也展现出地区特色。另外，江苏、山东等省开始了建立失地农民养老保险制度的试点工作。山西、云南等省也积极探索农村计划生育户的养老补贴形式②。

8.3.2　中国现行养老保险制度的基本情况及存在的问题

根据联合国的统计标准，在一个国家和地区内，60岁以上老年人口占总人口的10%，或65岁以上人口占总人口的7%，就称为老龄化社会。据联合国人口司预测，到2025年世界老年人口将占到总人口的13.66%。我国也早已进入人口老年型国家行列，全国老龄办于2006年2月23日发布的《中国人口老龄化发展趋势预测研究报告》指出，21世纪的中国将是一个不可逆转的老龄社会，全国老年人的老龄高峰将于2030年左右到来，并持续20余年。到2050年，60岁及以上的老年人可能超过4亿，老龄化水平将达到30%以上。其中80岁及其以上高龄老人也将达到9448万，占老年人口的21.78%。《报告》指出，中国的人口老龄化具有人口规模巨大、老龄化发展迅速、地区发展不平衡、城乡倒置显著、女性老年人口多于男性、老龄化超前于现代化等六

① 国家统计局.2005年劳动和社会保障事业发展统计公报.

② 福建省农村社保模式及其方案研究课题组. 农村社会养老保险制度创新［M］. 北京：经济管理出版社，2004：8.

个特征①。据联合国预测，21世纪上半叶，中国一直是世界上老年人口最多的国家，占世界老年人口总量的五分之一，21世纪下半叶，中国也还是仅次于印度的第二老年人口大国。严峻的老龄化形势给我国的社会保障制度建设，尤其是养老保障和医疗保障提出了挑战。建立并完善适合我国国情的养老保险体系不可避免地成为当前政府部门政策研究的重点。

1. 中国现行养老保险制度的运行情况②

（1）覆盖范围。我国现行城镇养老保险制度的覆盖范围是：国有企业、城镇集体企业、外商投资企业、城镇私营企业和其他城镇企业及其职工，实现企业化管理的事业单位及其职工。同时，省、自治区、直辖市人民政府可以根据当地实际情况，将自由职业人员、城镇个体工商户纳入基本养老保险范围。自1999年以来，我国城镇基本养老保险的覆盖面保持较快的增长态势。至2006年底，我国参加城镇养老保险人数为18766万。由于政府对外出务工人员的保护增强，到2006年年底，有1417万农民工也参加了基本养老保险。近年来，我国农村社会养老保险改革工作也在稳妥进行，但相对于城镇基本养老保险覆盖面的持续增长，我国农村养老保险的参保人数却呈下降趋势。参保人数由1999年底的8000万下降到2006年底的5374万人③。

（2）基金来源。根据现行政策规定，基本养老保险基金来源于企业缴费与劳动者个人缴费。其中企业缴纳基本养老保险费的比例一般不超过企业工资总额的20%，具体比例由省、自治区、直辖市人民政府确定。少数省、自治区、直辖市因离退休人数较多、养老保险负担过重，确需超过企业工资总额20%的，需要报劳动和社会保障部、财政部审批。个人缴纳基本养老保险费的标准是最终达到工资的8%，辽宁试点已经实现了这一目标。不过，就企业缴费而言，由于养老保险并未实现全国统筹，各地区的缴费率差别甚大，一些老工业基地的缴费远远超过工资总额20%的规定，而一些新兴城市的缴费却要低于工资总额的10%。这种各地区缴费率高低相差悬殊的现象正在导致多方面的负面效应。同时，尽管现行制度安排是明确由企业与个人缴费，但由于部分地区（主要是老工业基地）的养老保险基金收不抵支，中央财政不得不每

① 中国老龄办．中国人口老龄化发展趋势预测研究报告［M］．2006.

② 郑功成．社会保障概论［M］．上海：复旦大学出版社，2005：151-153.

③ 劳动与社会保障部．劳动和社会保障事业统计公报［M］．1999-2006.

年拨出专款予以补贴。

（3）筹资方式。根据现行政策，基本养老保险采取缴费制。其中企业缴费全部计入社会统筹基金，个人缴费全部计入个人账户。前者充当社会统筹基金的来源，后者则属于职工个人所有。当职工或退休人员死亡，个人账户中的个人缴费部分可以继承。不过，基本养老保险费的征缴机构并未统一，一些省市自治区由社会保险经办机构负责征收，还有一些省市自治区则由地方税务机构代为征收。

（4）基金运营。我国的养老保险基金包括社会统筹基金与个人账户基金，这两部分基金均可以开展相应的投资营运，但还缺乏完整的政策规范。另一块与养老保险直接相关的基金是全国社会保障基金理事会管理的全国社会保障基金，其性质近似中央社会保障储备金，这一部分基金已经开展实质性的投资运营试验。2001 年 12 月 13 日，财政部与劳动和社会保障部联合颁布的《全国社会保障基金投资管理暂行办法》规定，社会保障基金的投资方向包括四个方面：银行存款、国债、企业债券和金融债券、证券市场。《办法》中还原则规定了全国社会保障基金的投资比例：银行存款和国债投资的比例不得低于50%，其中银行存款的比例不得低于 10%；企业债、金融债投资的比例不得高于 10%；证券投资、股票投资的比例不得高于 40%。《办法》还规定：在基金建立的初始阶段，减持国有股所获资金以外的中央预算拨款仅限投资于银行存款和国债，条件成熟时可报国务院批准后改按上述规定比例进行投资。根据金融市场的变化和基金投资运作的情况，经国务院批准，可对基金投资的比例适时进行调整。

（5）享受资格。根据现行政策，享受基本养老保险金需要具备的条件：一是在基本养老金覆盖范围内并且参保；二是达到了国家法定退休年龄；三是在基本个人缴费期限满 15 年。对于一些特殊的群体和行业，政府部门有特殊的规定。

（6）待遇水平。根据现行政策规定，职工达到法定退休年龄且个人缴费满 15 年的，退休时的基础养老金每月标准为省、自治区、直辖市或地（市）上年度职工月平均工资的 20%。以后缴费每满一年增加一定比例的基础养老金，总体水平控制在 30% 左右。个人账户养老金每月标准为本人账户储存额除以 120。个人缴费年限累计不满 15 年的，退休后不享受基础养老金待遇，其个人账户储存额一次支付给本人。不过，按照国家对基本养老保险制度的总体思路，未来基本养老保险目标替代率确定为 58.5%。由此可以看出，基础养老金的比例还会提高。

(7) 管理与监督。养老保险的管理与监督主要是由劳动与社会保障部门负责的，但财政部门、审计部门等亦从自己的职责出发，对养老保险基金进行监督。

2. 中国现行养老保险制度存在的问题

尽管我国的养老保障制度改革具有创新性且取得了相当成就，但这一制度亦面临着许多困难与问题，还需要进一步深化改革来促使其不断走向完善。当前我国养老保险制度运行过程中存在的最主要问题表现在：

(1) 覆盖面仍然较窄

中国的基本养老保险制度还没有实现目标人群的全覆盖。一方面，在城镇养老保障中，由于过高的缴费率影响到了企业的成本及赢利水平，其结果必然是企业以各种方式逃避参保。即使政府采取了一些行政法规措施，强制更多的企业加入养老保险计划和强制征缴保险费用，但收效不明显。另一方面，我国农村养老保险还刚刚起步，水平低，覆盖面小，还远远不能满足农村社会化养老的需求。

(2) 养老保险基金的财务“空账”问题严重

养老保险目前实行的社会统筹与个人账户相结合的筹资模式是在没有任何资金积累的传统养老保险制度的基础上建立起来的。养老保险新旧制度转轨中面临着一个严峻问题，就是如何在保障已退休人员应得养老待遇的同时，为在职职工建立起个人账户以积累日后给付所需的资金。到2001年6月，全国参加基本养老保险社会统筹的离退休人员为3241万，而在养老保险制度改革前参加工作的中年职工人数逾亿①。由于养老保险制度建立以来的40多年里没有任何资金积累，改革以后的养老保险又实行“老人老办法，中人中办法，新人新办法”的制度，于是出现了养老金支付上的资金缺口，形成了一笔数目巨大的“转轨成本”。养老保险资金的短缺，使得政府部门不得不将当前企业和职工投保的资金用于支付已退休人员的养老保险金，而当前投保人的个人账户只能成为“名义账户”，也即是一个“空壳”。从1999年至2004年的6

① 郑功成. 中国社会保障制度变迁与评估 [M]. 北京：中国人民大学出版社，2002：80.

年间，我国养老保险个人账户的“空账”规模已达6000亿①，并有继续扩大的趋势。尽管相关社会保障部门已经意识到了这一问题的严重性，并强调要“做实个人账户”，但仍然存在很大的困难。

（3）资本市场建设滞后，养老保险基金保值增值困难

按照我国基本养老保险基金管理的现行规定，基本养老保险基金实行收支两条线管理，其结余除预留相当于2个月的支付费用外，全部用于购买国债或存入专户，不得进行直接或间接投资。也就是说，我国有近1900亿的个人账户积累基金几乎是静态管理，面临巨大的通货膨胀和经济增长风险②。如果养老保险基金不能有效地增值，就很难适应未来人口老龄化高峰期的需要，也会降低个人账户对劳动者的吸引力。

国外经验表明，通过市场化运作，走多元化投资之路是养老保险资金实现保值增值的有效手段。而我国的养老保险资金的投资营运是受政府严格管制的。目前各省市的基本养老保险基金投资，仍然集中在存入银行和购买国债的方式上。实践表明，存款利率和国债收益率在很多时候都不能够抵消当年的通货膨胀率，很难达到保值的目的，更不用说增值了。一些地区的基本养老保险基金实际上处于不断贬值的状态中。随着养老保险基金规模的持续扩大，投资问题正在成为影响这一制度健康发展的重大问题。

除上述问题外，我国现行的养老保险制度的运行还存在着一系列困难。如传统的家庭养老功能弱化；缺乏完善的养老保险服务体系；农村老年社会养老保险问题凸出；养老保险收缴率持续下降等。这些问题的存在都严重阻碍着我国养老保险制度的发展和完善，需要政府相关部门认真对待，着力解决。

作为旨在提高劳动者抵御老年风险能力的制度安排，我国养老保险制度的未来发展也应该是通过完善制度自身来更好的实现其制度目标。面对规模巨大的老年人口数量和迅速提高的老年人口比例，以及人们生活方式、家庭结构和价值观念的转变，我国必须合理确定基本养老保险制度的保障目标与财务机制，激励社会机构和企业参与兴办养老事业，注重发挥商业保险的补充作用，尽快构建并完善适合我国国情的、具有中国特色的、新型的、全方位、多层次的社会养老制度体系。

---

① 童星．社会保障理论与制度［M］．南京：江苏教育出版社，2008：447.

② 邓大松，吴汉华，刘昌平．论中国社会保障基金治理结构与管理模式［J］．经济评论，2005（5）.

本章小结

养老社会保险是人类为生命历程中最后阶段的生活进行的物质准备，是现代各国社会保险制度中最重要的项目，也是开支最大的保险项目。现代意义上的养老保险制度是以1889年德国的《老年、残疾和遗属保险法》为标志的，这一立法正式确立了社会保险模式的养老保险制度。自养老保险制度在德国产生后，工业化国家以及其他国家纷纷仿效德国建立自己的养老保险制度。在各国的实践与改革中，社会养老保险制度的模式在不断丰富和发展。

养老保险作为社会保险制度的主要项目，除具有社会保险的性质和一切特征外，还具有一些更显著的特征。可以概括为：普遍需求、地位特殊、长期性、管理复杂。在养老保险的模式划分中，根据养老保险的责任承担机制，可以将养老保险划分为政府负责型、责任分担型、个人承担型和混合责任型；根据养老保险基金的运行模式，可以划分为社会统筹模式、个人账户模式，以及社会统筹与个人账户相结合模式等；养老保险的缴费模式包括给付既定模式和缴费既定模式；给付模式则可以划分为普遍生活保障模式和收入关联模式。

我国在新中国成立之初建立了与计划经济体制相适应的国家统筹式的城镇养老保险制度。改革开放以后，随着计划经济体制向市场经济体制的转变，养老保险制度也随之进行重大变革。自1984年以来，经过20多年改革，我国初步搭建了包括基本保险、补充保险和个人储蓄性保险的多层次的保障体系框架，实行了企业与职工个人共同缴费、国家财政资助的筹资模式，建立了社会统筹与个人账户相结合的制度。总体上说，我国正逐渐建立起适应社会主义市场经济体制要求、符合我国经济与社会发展实际、体现公平正义的中国特色的城镇职工养老保险制度。

我国农村社会保险制度的探索始于20世纪80年代中期，作为多层次农村养老保障制度的核心所在，农村社会养老保险制度将是化解农村居民养老风险的支柱性力量。

尽管我国的养老保障制度改革取得了相当的成就，但这一制度亦面临着许多困难与问题，包括覆盖面仍然较窄；养老保险基金的财务“空账”问题严重；资本市场建设滞后，养老保险基金保值增值困难等，需要进一步深化改革来促使其不断走向完善。

关键术语

养老保险　政府负责型　责任分担型　个人负责型
混合责任型　现收现付制　完全积累制　部分积累制
社会统筹模式　个人账户模式　社会统筹与个人账户相结合
给付既定模式　缴费既定模式　普遍生活保障模式
收入关联模式

思考题

1. 相较于其他险种，养老保险具备哪些特点？
2. 简述养老保险制度的基本内容。
3. 比较养老保险的责任承担模式。
4. 试述我国养老保险制度改革的历程。
5. 试析人口老龄化给我国养老保险制度带来的影响。
6. 简述我国现行养老保障制度的基本内容。
7. 试析我国现行养老保险制度存在的问题。
8. 谈谈你对我国养老保险制度改革的看法或建议。

案例分析

我国农村养老保障面临的形势和压力

2006年12月12日，国务院新闻办公室发布《中国老龄事业的发展》白皮书。白皮书显示，20世纪末中国人口年龄结构已开始进入老龄化阶段，进入21世纪后，人口老龄化速度加快。2005年底，60岁以上老年人口近1.44亿，占总人口的比例达11%。《中国老龄事业发展“十一五”规划（2006—2010年）》认为，

“十一五”期间中国人口老龄化的形势和问题是：我国人口老龄化速度将进一步加快，到2010年，60岁以上老年人口将达到1.74亿，约占总人口的12.78%，年均增长537万人。和“十五”期间相比，我国人口老龄化具有增长速度加快、数量大、高龄化更加显著、农村老龄问题突出、城乡和地区之间老龄化程度差异扩大等特点。老年人口对物质文化生活的需求同“十五”计划期间相比更呈多样性，对社会供求的影响日益明显。养老保障问题更加突出，劳动年龄人口对老年人赡养负担加重，社区照料服务需求迅速增加，解决老龄问题的社会压力显著加大。特别是我国第一次生育高峰的人口将陆续进入老年，他们的物质文化生活需求更趋多样化，对经济社会的全面协调发展带来的影响将会更加深刻。

农村老年人口占我国老年人口的大多数，至少有以下两方面原因决定了农村老龄问题十分突出。

其一，中国农民总体生活水平不高、收入波动大的现实，决定了中国农村养老保障面临着无法回避的经济压力。改革开放以来，随着中国农村反贫困战略的实施，农村贫困人口的比重大幅降低，农民生活水平有较大提高，但受经济社会发展水平的制约及各种因素影响，农民经济生活仍然存在一些问题。就总体生活水平而言，中国农民经济收入水平不但与发达国家相距甚远，就是和国内城镇居民相比也存在较大差距。2004年城镇居民家庭人均可支配收入9421.6元，农村居民家庭人均纯收入只有2936.4元，相差约3.21倍。大量农村贫困人口的存在也是一个不争的事实。截至2005年底，全国农村没有解决温饱的贫困人口有2365万人，低收入贫困人口有4067万人。此外，受自然灾害、疾病或市场竞争等因素影响，农民因灾、因病致贫、返贫现象时有发生。如此经济状况，直接影响养老的经济承受能力，必然增加农村养老的难度，并进而使养老保障问题更加突出。

其二，城市化进程的加快，增加了农村养老的变数，加大了养老保障的难度。根据对中国经济增长的潜力和入口增长的综合分析，有专家预言，未来20年中国城市化水平将提高到60%左右，与2001年37.66%的城市化率相比，意味着今后每年城市化率需提高约1.5个百分点。随着城市化进程的加快，一方面，传统的“三代同堂”式的家庭在城乡都在减少，家庭日趋小型化，家庭传统的保障功能也在日趋减弱；另一方面，随着越来越多农村青壮年劳动力流入城市，农村出现了越来越多的所谓“空巢”家庭和“留守老人”，因而产生了新的养老保障问题。城市规模的扩张和小城镇建设的加快，在产生大批失地农民的同时，又使得农村传统的“土地保障”养老方式受到了挑战。此外，农村老年人口绝大多数没有像城市职工那样的工资或养老金，使得农村养老问题尤其严峻。据统计，如果扣除仍在参加农业生产或就业的老年人口，那么不就业的农村老年人口中，领取离退休金或养老保险的比例只有约8.2%，依靠家庭其他成员的养老比例约为86.2%，其他养老渠道约为5.7%。①

传统上，我国农村老年人养老方式是家庭养老，所以有“多子多福”、“养儿防老”的说法。但20世纪80年代以来，我国发生了一系列与农民相关的社会变迁，对传统的以家庭为主的养老方式提出了挑战。

(1) 社会风险的加剧。随着社会的发展，虽然农民生活得到了明显改善，但传统的家庭养老面临的社会风险也明显增多，而且很多是前所未有的。首先是病患风险，主要是指老年人自身面临的风险，如环境污染、市场竞争压力等，使患病的几率增大了。其次是伤残风险，主要面向赡养者即养老资源的提供者。农民在农村劳动或进城打工，主要从事危险性职业，如建筑业货物运输等，致伤残的可能性增多，一旦发生此类事件，被赡养者不但失去生活来源，也会进一步增加负担。最后是经营风险。农村逐渐从单一农业向多种经营发展，其他生产经营活动频繁，市场经济条件下，竞争带来的经营风险日益加大，而目前我国农村家庭经

① 高灵芝．农村社会保障概论［M］．青岛：中国海洋大学出版社，2007：65-67.

济基础薄弱，现实条件下，家庭保障能力有限，个人和家庭都难以完全抵御市场经营风险对家庭养老条件的破坏。

(2) 家庭内部供给资源短缺。传统的家庭养老模式是子女赡养，其本质是家庭内部资源的代际转移。但面对经济的迅速发展，社会变革的冲击，农村城镇化进程加快。家庭内部养老资源供给面临着诸多困难和问题。首先，随着计划生育政策的推行和生活方式的变化，农村家庭小型化趋势日益明显，供养比例发生了变化，主要形成“4-2-1”的家庭结构，年轻一代养老负担加重，使农村家庭养老的资源越来越缺乏。其次，土地保障功能的弱化，主要原因在于农用土地的收益减少，无法保障农民的生活。最后，农村人口流动给农村老人赡养提出了新的问题，大批农村青壮年劳动力进入城市务工经商，大量空巢家庭在农村出现，即使子女能够为父母提供一定的物质资助，但无法实现对老年人的照料，也无法满足老年人的情感需要。

(3) 农村传统家庭内聚力下降。首先，在思想观念方面。改革开放和社会流动，个人主义、实用主义思潮的影响，使得“孝道”等传统文化在农村的影响力一定程度上弱化，年轻农民的养老意愿受到一定影响，带来家庭养老的低水平提供，对家庭养老造成了负面影响。其次，老人权威方而。随着农村生产力发展，自给自足经济条件的弱化，年龄与经验在农业生产中的优势不如从前，多样化的社会分工使农村老人在家庭中的权威地位下降，对子女的控制力减弱。最后，中国文化中关心家族延伸的传统在农村影响还很深，目前社会上有一种“重幼轻老”的风气，关注下一代超过上一代。近年教育费用和培养费用不断提升，一个普通的农民家庭一年的收入不得不往孩子身上倾斜，剩余的资金能够留给老人的不多，形成部分农村家庭只重“生小”，不重“养老”的客观事实，整个家庭权利小心下移，代际交换不平衡，从而使得家庭养老受到有意或无意的忽视。

总之，随着农村经济发展与社会的变革，家庭养老的各种条件正在发生变化，从而使农村家庭养老遇到一些前所未有的挑战，需要不断结合现状，创新农村养老的发展思路①。

请思考：

1. 农村养老保险制度施行的难点有哪些？
2. 中国农村养老改革的可行思路。

① 高灵芝．农村社会保障概论［M］．青岛：中国海洋大学出版社，2007：75-77.

第9章 医疗保险

疾病是人类不可避免的风险，它不仅会直接损害人的身体与精神健康，而且还容易导致贫困以及其他不利后果。由于疾病危害的广泛性和不可避免性，医疗保险及其他社会化的医疗保障制度逐渐成为许多国家社会保障体系中重要的组成部分。医疗保险，是指通过国家立法，按照强制性社会保险原则和方法筹集，运用医疗资金，保证人们公平地获得适当的医疗服务的一种制度。医疗保险与养老保险、失业保险共同构成社会保障的三大主要项目。

9.1 医疗保险概述

9.1.1 医疗保险的产生和发展

医疗保险起源于欧洲，可追溯到中世纪。在中世纪晚期，欧洲的基督教会为贫困病人建立了慈善医院，手工业者则自发成立了行会组织，会员定期缴纳会费，行会筹资帮助生病的会员渡过难关。

随着资产阶级革命的成功，家庭作坊被大工业所取代，出现了近代产业队伍。由于工作环境的恶劣，流行疾病、工伤事故的发生使工人要求相应的医疗照顾。可是他们的工资较低，个人难以支付医疗费用。于是许多地方的工人便自发地组织起来，筹集一部分资金，用于生病时的医疗费开支。但这种形式并不是很稳定，而且是小范围的，抵御风险的能力很低。

18 世纪末 19 世纪初，民间保险逐渐在欧洲发展起来。开始是在某种行业或社区的基础上，由消费者自愿组织各种基金会、互助救济组织，他们共同筹集资金，为会员偿付医疗费，并对贫困工人提供生活补助费，但保险基金主要由工人自己出，企业主和国家并不参与。这些早期的自愿性互助行为是现代医疗保险制度的雏形，对现代医疗保险制度的发展起了重要作用。

19 世纪末 20 世纪初，自愿性的民间医疗互助逐渐转向社会医疗保险。1883 年，德国政府颁布了《疾病保险法》，它标志着世界上第一个强制性医疗保险制度的诞生。该法规定：收入低于一定标准的工人，必须参加疾病基金会；基金由雇主和雇员共同缴纳保费而强制筹集。继德国之后，奥地利在 1887 年、挪威在 1902 年、英国在 1910 年、法国在 1921 年也相继通过立法实施医疗社会保险。在这一时期，医疗社会保险由欧洲开始扩大到亚洲和美洲国家。1922 年，日本在亚洲首先通过了《健康保险法案》。1924 年，医疗保险进一步扩大到南美的智利、秘鲁等国。

第二次世界大战以后，英国、瑞典、挪威等西欧北欧国家宣布建立福利国家，面向工薪劳动者的疾病医疗保险被普遍性的高水平的国民保健制度替代。东欧国家仿效前苏联模式，建立了全民卫生服务体系，使其医疗保险范围进一步扩展，医疗保险水平不断提升。在这一时期，亚非拉等发展中国家也开始探索自己的医疗保险制度。印度（1948 年）、阿尔及利亚（1949 年）、突尼斯（1960 年）、古巴（1979 年）、利比亚（1980 年）、尼加拉瓜（1982 年）等许多发展中国家先后颁布立法，开始逐步建立医疗保险制度。①

9.1.2 医疗保险的特征

医疗保险与其他社会保险既有联系也有区别。医疗保险主要是通过强制立法手段来保障公民的身体健康，与养老、失业、工伤、生育等其他社会保险一起对劳动者的生老病死及意外事故承担保障责任。但由于疾病风险和医疗服务需求的特殊性，使其在实践中表现出自身固有的一些特征：

1. 医疗保险保障对象的普遍性

医疗保险的保障对象原则上应是全体公民，因为疾病风险是每个公民都可

① 孙光德，董克用．社会保障概论［M］．北京．中国人民大学出版社，2004：212.

能会遇到的风险，而年老、失业、工伤、生育等风险并不是每个公民随时都可能会遇到的，他们的保障对象都有比较强的针对性，因此，医疗保险应该是社会保险体系中覆盖面最广的险种。

2. 医疗保险主体关系的复杂性

医疗保险涉及政府机构、雇主（用人单位）、患者本人、医疗服务机构、社会保险机构等多方之间的复杂的权利义务关系。为了协调好各方之间的复杂关系，必然需要设计必要的制度机制来保障主体各方的权益并对各利益主体形成一种制衡。医疗保险制度的复杂性还表现在医疗服务提供者和医疗服务的受用者（即患者）之间信息不对称，而且是由社会保险机构（第三方）付费，这就存在着先天的约束不足。医疗保险主体关系的复杂性决定了医疗保险制度实践的困难。

3. 医疗保险医疗费用的补偿性

与其他社会保险相比，医疗保险是一种对参加保险人员的医疗费用的补偿机制。众所周知，养老保险是对进入退休年龄的老人定期发放一定的费用，一般是发放现金；工伤保险是对受到工伤伤害的职工发放工伤津贴、伤残补助金等并提供医疗服务，而工伤津贴和伤残补助金多为现金形式；失业保险是对失去工作的人提供一定的现金收入而保障其基本生活，还提供诸如就业培训等服务，这三种社会保险基本上是一种收入保障机制。而医疗保险则不同，它是一种医疗费用的补偿机制，在实践中补偿的医疗费用并不直接支付给个人，而是由医疗保险机构支付给医疗服务机构。不同于养老保险和失业保险的定期定额支付，医疗保险是一种非定额补偿，且补偿费用的多少与缴费多少无关，而是与医疗费用直接相关。

4. 医疗保险补偿的短期性和保障期限的长期性

由于疾病的发生具有随机性和不可预测性，医疗保险所提供的补偿也具有不可预测性。对于一次疾病来说，通常不会持续太长时间，故每次的补偿期也较短；但由于疾病在每个人的一生中具有突发性和经常性，医疗保险也就会伴随参保人的一生，所以医疗保险具有保障期限的长期性。而其他的社会保险，如养老保险是要被保险人退休后才能享受，失业保险只能在失业期间享受，工伤保险只在工伤事故发生后才能享受。相比较而言，医疗保险可以说是保障时间最长的社会保障项目。

9.2 医疗保险的主要内容

9.2.1 医疗保险基金的筹集

医疗保险基金是指医疗社会保险机构根据法律规定，通过各种渠道筹集的用于支付被保险人医疗费用的专用基金。医疗保险基金的筹集是医疗保险制度运行的起点。

1. 医疗保险基金的筹集模式

医疗保险基金的筹集模式主要有现收现付制、积累制和混合制三种情况。不过，大多数国家选择现收现付制。现收现付制的筹集原则是“以支定收、收支平衡、略有节余”，即通过以支定收，使社会保险收入与支出在年度内大体平衡。“收支平衡”是为了保证医疗保险能够顺利运营，而“略有节余”是为了能够以防不测。这种基金筹集原则的主要优点是：缴费费率可以灵活调整，易于操作；而且有助于保险费率随物价和收入的波动而及时进行调整，可以避免通货膨胀带来的风险；通过收入的调节和再分配机制，可以在一定程度有助于体现医疗保险的互助共济性。但当人口结构和劳动力年龄结构发生变化时将会增加现有人口和劳动力的负担。

积累制以“纵向平衡”原则为依据，将被保险人在享受保险待遇期间的费用分摊在整个保险期内，并由此决定缴费率，这就需要对有关人口健康指标和社会经济指标（如患病率、工资水平、平均医疗费用、通货膨胀率等）进行长期的宏观预测和测算，并需要对基金进行投资运营以实现保值增值，这种模式可以用长期积累的基金对付可预见的和未能预见的风险，但同时必须承担基金保值增值的压力。

此外，还有一种混合制，如中国现行的社会统筹和个人账户相结合的医疗保险基金筹集模式就是混合制的代表。需要指出的是，这种筹资模式不可能仅仅综合了以上两种模式的优点，它也有自己的先天不足并需要继续探索。

2. 医疗保险基金的筹集渠道

根据责任共担原则，医疗保险基金应该由被保险人（雇员）、所在单位

（雇主）和国家三方共同承担。所以医疗保险基金的来源是：被保险人个人缴纳的保险费、被保险人所在单位缴纳的保险费、政府资助以及其他方面的收入等。其中个人和雇主单位缴纳的保险费是医疗社会保险基金的主要来源。

国家是社会保障政策的制定者，不仅承担着组织建立医疗社会保险责任，还要对医疗保险基金给予补助，承担相应的经济责任。政府资助的多少，一般由国家的社会保险政策和国家的财政状况来决定。政府资助医疗保险的方式有多种，如为政府雇员缴纳保险费；对某些没有能力缴费的人（如老人、低收入者等弱势群体）进行补贴；在医疗保险基金出现赤字时给予补助。另外，在许多国家，医疗保险费一般是税前列支，从而相应减少了政府的税收收入，这也可以视为政府的税收支出。个人、单位、国家在医疗保险基金来源中各占多少比重，各国具体情况有所不同。

3. 医疗保险基金的筹集方式

医疗保险基金的筹集方式有多种：固定保险费金额，即确定一个固定的额度向承担缴费义务者征集医疗保险费；与工资挂钩（按工资的百分比缴纳）或与收入挂钩（按个人收入的百分比缴纳，不仅仅是工资收入），即按照被保险人的工资或收入的一定比率征集医疗保险费；还有按区域缴纳（按各区域内卫生基本设施的条件，确定几种保险费级别）等。

最常见的方式是与工资或收入挂钩，即工薪税的方式。这种方式的优点在于：考虑了每个人的支付能力，使每个人都能支付得起医疗保险费；有利于控制医疗保险基金与工资收入的相对水平；有利于建立随工资水平变化而相应调整医疗保险筹资水平的自然调整机制。而且，由于社会人群收入差别的拉大，这种筹资方式的收入再分配意义更加明显。

医疗社会保险费缴费率（CR）的计算公式为：

$$CR=\frac{\text{支付待遇+管理费+必要结余储备金}^{①}}{\text{被保险人工资总额}}$$

许多国家规定医疗保险缴费工资或收入的上下限，即当工资或收入达到下限水平时，才开始计算应缴纳的保险费，而超过上限的工资或收入，不再多收保险费。缴费收入或工资的上下限一般随着经济发展、工资收入水平变化等因素而不断做出调整。

① 孙光德，董克用．社会保障概论［M］．北京．中国人民大学出版社，2004：214.

9.2.2 医疗保险的给付项目

1. 医疗保险的给付条件

医疗保险的给付是指被保险人生病后，医疗社会保险机构按照事先规定的条件和待遇标准，向被保险人提供医疗服务或为其报销医疗费用。

医疗保险的给付条件包括被保险人获得医疗服务给付的资格、履行必要的手续及遵守相关规章制度，如凭证医疗、定点就医、逐级转诊等。被保险人生病时，只有符合事先规定的给付条件，才能获得医疗保险的医疗给付。

在实行医疗社会保险的国家，一般规定必须是在受保职业中工作的雇员，有的国家要求从事受保职业一定时间或最低的缴费期限，大多数国家没有最低合格期限的条件。在实行国家医疗保险和全民医疗保健服务的国家，一般要求是本国国民或居民，对从国外迁入者一般有限制。

2. 医疗保险的给付项目

由于各个国家的经济社会发展水平和医疗保险的筹资水平不同，医疗保险的给付项目的范围和支付标准也有不同。在一些福利国家中，除患者的医疗费用外，逐渐将预防、免疫、疾病的早期诊断、保健、老年护理和康复等项目也纳入社会医疗保险的范围。比如，在医疗保险制度的起源地——德国，其医疗保险的给付项目包括：一是保健和预防疾病的项目；二是疾病的早期诊断项目；三是门诊和住院期间的医生治疗、牙医治疗，提供药品、急救用品和辅助等医疗服务项目；四是疾病津贴；五是生育津贴及其医疗服务。

总的来说，在医疗保险的待遇项目上，有两种类型：一些国家只对劳动者即被保险人本人提供保险待遇；一些国家同时对被保险人的直系亲属也提供某种待遇。

各国医疗保险提供的具体待遇项目主要有以下几种：

（1）疾病患者医疗服务。包括门诊、检查、药品、住院等在内的各种医疗服务的提供是医疗保险的主要内容。国家用于医疗保险的费用，绝大部分包含在医疗服务里面，不仅包括疾病患者的诊断、医治、护理服务的现金和实物支出，而且包括建立公立医院、购置医疗器械的投资以及医生的工资和医院日常办公开支。

通常所说的医疗保险主要指的是这一项目，其特点是依病情进行诊治直到痊愈，而不论医疗服务费用的多少。这项十分重要的待遇，常常是免费提供，或只收很低的费用。医疗保险的福利性即体现在这里，这也是医疗保险经常被直接纳入社会福利体系的原因。

（2）疾病津贴。指劳动者患病之后的生活费用，一般用现金形式给付，并与劳动者以前的工资水平相联系。

（3）病假。指劳动者领取疾病津贴期间享受病假待遇。

（4）供养亲属的医疗照顾。许多通过社会保险制度给受保人提供医疗补助的国家，也对他们的亲属提供类似的服务。受供养的亲属包括配偶和年幼子女，有时还包括和受保人共同居住并依靠受保人供养的其他成年人或年幼的亲属。有的国家虽然也对供养亲属提供医疗服务，但比受保人得到的医疗服务要少，比如供养亲属住院的最长期限要短一些，由患者自己负担某些费用的比例可能要大一些。

9.2.3 医疗保险的支付方式

医疗保险的支付方式从总体上说可以分为后付制和预付制。前者指按服务项目付费；后者有总额预算包干、按人头付费、按病种付费、工资制等方式。不同的支付方式对费用控制、服务质量以及管理的要求不同。

1. 按服务项目付费

这是医疗保险中最传统、应用最广泛的支付方式。指医疗保险机构根据医疗机构上报的医疗服务项目和服务量向医疗机构支付费用，它属于事后付费。在具体操作上，它可以先由医疗单位付费后再与医疗保险机构结算，也可以先由患者垫付再从医疗保险机构报销部分或全部。这种付费方式具有实际操作方便、适用范围广等优点，但也存在一些缺点，即由于医疗机构的收入同所提供的医疗服务项目、数量直接相关，医疗结构因此具有提供过度服务甚至虚报的动机。同时，第三方付费的事实亦使医患双方缺乏费用控制机制，从而容易造成医疗资源浪费等结果。

2. 按人头付费

这是指由医疗保险机构按合同规定的收费标准，根据医院或医生服务的被保险人数，定期（如一年）向其支付一笔固定的费用。在此期间，医疗机构负责提供合同规定范围内的一切医疗服务，不再另行收费。按人头付费实际上就是一定时期、一定人数的医疗费用包干制。优点是，由于医疗机构的收入与被保险者的人数成正比，与提供的服务成反比，结余归自己，超支自负，这就产生了内在的成本制约机制，从而有利于医疗费用控制和卫生资源的合理利用。缺点是这种付费方式可能会产生鼓励医疗机构收取较低的医疗费用而减少服务提供或降低服务质量的现象。在美国、意大利、丹麦、荷兰等国家采用的就是这种支付方式。

3. 总额预算制

这是指医疗保险机构通过对服务地区的人口密度、人口死亡率、医院的规模、服务数量和质量、设备设施情况等因素进行综合考察和测算后，按照与医院协商确定的年度预算总额支付医疗费用的方式。这种付费方式的特点是，医疗机构必须为前来就诊的被保险人提供合同规定的服务，自负盈亏，所以也称为总额预算包干制。代表国家有英国、加拿大、澳大利亚等。

4. 按病种付费

按病种付费也称"按疾病诊断分类定额支付"，这是由美国耶鲁大学卫生研究中心米尔（Mill）等人经过10年的研究提出来的一种付费方式。这种方式是根据国家疾病分类法，将住院病人的疾病分为若干组，每组又根据疾病的轻重程度及有无合并症、并发症分成若干级，同时将住院病人的疾病按诊断、年龄、性别等分为若干组，对每一组的不同级别分别制定价格标准，按照这种价格对该组某级疾病治疗的全过程进行一次性支付。简单地讲，就是按诊断的住院病人的病种进行定额支付。该方式的优点是可以激励医院为获得利润而主动降低成本，缩短平均住院日，一定程度上减缓和控制医疗费用上升的趋势；缺点是难以在水平不同的医院、服务项目、质量以及病例的组合中建立准确、恰当的分类系统，尤其是当诊断界限不明时，容易诱使医生令诊断升级，以获得较多的费用支付，而且标准复杂，调整频繁，管理成本较高。

5. 工资制

这是指社会保险机构根据合同医疗服务机构医务人员所提供的服务，向他们发工资，以补偿医疗机构人力资本消耗。这种方式的优点是医疗保险机构能够较好地控制医院的总成本和人员开支，医务人员的收入也有保障。缺点是由于医疗保险机构支付给医务人员的费用是固定的，与医务人员提供服务的数量和质量无关，所以不能形成对他们的激励机制，有可能会导致医疗服务质量的下降。这种方式广泛应用于芬兰、瑞典、西班牙等国家。

6. 定额支付

这是指医疗保险机构按照预先确定的住院日费用标准支付住院病人每天的费用，按预定的每次费用标准支付门诊病人的费用。特点是对同一所医院所有病人的每日住院或每次门诊费用支付都是相同的、固定的，而与每个病人每日或每次治疗的实际花费无关。这种支付方式利于鼓励医院或医生降低每个住院日和每次门诊的成本，便于计算和管理。但是它却不利于缩短住院日的长度和减少门诊的次数，仍有可能会造成医疗资源的浪费。我国近年来医疗保险制度改革中部分地区采用了这种付费方式。

7. “以资源为基础的相对价值标准”支付制

这是美国老年医疗保险中所采取的一种医疗费用支付方式。它是指通过比较各专科医生服务中投入的各类资源要素成本的高低，计算每项服务的相对价值，以此作为确定各项服务费用的依据。这里的各类资源要素包括服务过程中所花费的时间、业务成本、劳动强度等。这种支付方式有利于刺激各科医生提高合理的服务，提高全科医生的收入，降低专科医生过高的收入，从而有利于优化医疗服务机构的人力结构和布局。缺点就是管理难度较大，医疗服务资源投入较多，医疗费用较高。

当然，医疗保险费用的支付有多种方式，每种支付方式各有利弊。由于医疗费用支付方式决定并影响着社会整体医疗费用支出水平及其配置、医疗服务质量、管理难度等各个方面，所以，医疗保险机构可以根据不同的情况和需要，选择不同的费用支付方式或其组合（见表9-1）。

表9-1　不同支付方式优缺点比较

支付方式	优　点	缺　点
按服务项目付费	服务质量很好	难控制医疗费用，难管理
按人头付费	易管理，易控制医疗费用	易降低服务质量

续表

支付方式	优点	缺点
总额预算制	易管理，易控制医疗费用	易降低服务质量
按病种付费	易控制医疗费用	易造成诊断升级，较难管理
工资制	易管理，易控制医疗费用	服务质量差
定额支付	易管理	难控制医疗费用，服务质量较差
“以资源为基础的相对价值标准”支付制	服务质量好，易管理	难控制医疗费用

9.3 医疗保障的模式

世界上主要的医疗保障模式有普遍医疗型、社会保险型、市场主导型和储蓄基金型四种医疗保障模式，英国、德国、美国和新加坡分别是各模式的典型代表，除此之外，我国的合作医疗也是一种有代表性的医疗保障模式。各模式都有自己鲜明的特点，但是各种医疗保障模式也不是一成不变的，各国医疗保障制度的改革说明了各种模式之间相互吸取对方的经验和教训，以彼之长补己之短，不断完善自己。

9.3.1 普遍医疗型

这种医疗保障模式又被称为国家医疗保险模式、全民医疗保险或全民健康保险。它是按照1942年英国威廉·贝弗里奇（William Beveridge）爵士的蓝图设计而成，于1948年7月在英国得到正式确立。这种医疗保障模式是指政府直接举办医疗保险事业，向全体国民提供免费或低收费医疗服务的模式。

普遍医疗型的主要特点有：把医疗看成是一种人人应该近乎无条件享有的服务；体现在筹资上就是主要依靠国家通过一般税的形式统一征收；在待遇上则是按需分配，覆盖面近乎遍及全体国民；医疗服务的提供则是由政府运用公共资金直接开设医疗机构、购置医疗设备、聘用医务人员来进行，或是政府作为医疗服务和药物的购买者，运用政府预算资金向卫生服务和药品等供给者直接采购、支付，国家是医疗保健和医疗保障体系的绝对主管和调控者；私人医疗保健和保险提供者提供的私营性医疗保健服务和保险的比重很小；患者拥有较少的择医权。最为核心的特质则是国家集中调控和医疗服务各个环节的高度公共化。

除了英国以外，瑞典、爱尔兰、丹麦、芬兰、加拿大等福利国家均实行这种覆盖全民的国家医疗保险制度。这种模式突出体现了全民性和公平性，能够全面保障国民的身体健康，满足国民多方面的医疗保障需求。但是在实践中，这种模式也存在着医疗机构微观运行缺乏活力、卫生资源配置效率低下，政府财政负担过重等问题。

英国的普遍医疗型模式虽然也面临着收支缺口的压力（医疗费用占 GDP 的比重从 1975 年的 5.5% 增加到 2005 年的 8.4%），但是最致命的是医疗服务提供的质量和效率问题，具体表现为英国候诊、住院和手术等待时间长、等待的人数多。从等待的时间来看，在英国看全科医生（初级医疗）一般需要等 1 ~ 2天，有时甚至更长；就连事故或急诊的平均候诊时间也要 3 ~ 4 个小时；等待手术的时间则更长，一般要 18 个月左右，直接导致很多病人不能及时得到治疗；而要等待住院的人数也从 20 世纪 70 年代末的 80 万人次增长到 1998 年破天荒的近 135 万人次。①究其原因，主要是英国医疗保险体制的资金大部分来自财政税收，因此受到严格的预算约束；在待遇方面，英国模式承诺为全民提供广泛的医疗服务，低投入却要求高产出，显然面临着巨大的挑战。此外，从服务提供到资金运营，英国医疗服务体制均受到国家的调控，市场化程度低，多头管理、官僚主义现象严重。总之，英国医疗保障模式的管理体制高度官僚化，缺乏市场竞争和激励机制，这些缺陷最终放大了日益扩大的医疗需求与近乎刚性的预算约束间的矛盾，外化在医疗服务提供的低效率上，引起了民众的强烈不满，有 52% 的英国人认为该体制需要根本性的改革。

英国全民医保制度自建立以来，主要经历了三大改革阶段：第一阶段为 1974 年进行的以机构撤并为主的修补型的改革；第二阶段则是于 1982 年开始、1991 年正式引进的激进型的市场化改革，这场改革以“内部市场”为手段、加强竞争为核心、提高服务效率为目的；第三阶段是 1997 年工党布莱尔

① 转引自“德英两国医疗保障模式比较分析：俾斯麦模式和贝弗里奇模式”，http：//www.csscipaper.com/sociology/securitytrend/17991.html.

政府上台后实施的以“第三条道路”为指导方针、以患者为导向的适当吸收某些市场因素的重新中央集权化管理的再改革。在三大改革阶段中，最为著名的是第二阶段，这是迄今为止英国全民医疗服务体系所经历的规模最大、最激进的改革，与其原来的理念和构想几乎背道而驰。这场改革的核心是引进市场竞争机制，所以也称“1991 年改革”为“市场改革”。改革的核心措施有：在医疗服务的提供和补偿中，引进内部市场机制，将医疗服务购买者和提供者分离，钱跟着病人走；患者可以自由选择全科家庭医生，而全科医生须通过竞争赢得患者。全科医生一方面作为服务提供者提供初级医疗服务，另一方面还作为专科服务的购买者，替其患者选择购买医院提供的服务。服务提供者只有提供质好价低的服务才能赢得患者，从而获得服务购买者的资金补偿。这样就形成了一个全科医生、医院等服务提供者互相竞争争取患者、赢得合同的内部市场竞争机制。这次改革较为成功，从一定程度上提高了医疗服务的效率。①

9.3.2 社会保险型

社会保险型医疗保障模式又被称为俾斯麦模式，因其在德国俾斯麦（Otto von Bismarck）时期（1883 年）首创而得名。作为在世界上被效仿最多的医疗保障模式，其典型特征是：认可健康作为一种社会权利，突出投保者权利和义务的平衡；国家通过立法建立医疗保障体制；筹资方式以通过向雇主和雇员双方强制征收社会保障税为主，国家酌情补贴为辅，强调个人的社会义务和责任；该医疗保障模式覆盖人群较广，按投保人的需求补偿和分配资源；在提供医疗保险、保健服务上，该模式按照社会保险模式进行组织管理，行为主体是社保机构，国家只起监督和规范作用。在此体制下，公私医疗保险机构并存，各个机构组织之间相互竞争、自我管理。

德国医疗保障体制由法定医疗保险和私人医疗保险组成。法定医疗保险是主要部分，它是强制实施，其保险对象包括收入在一定限额以下的所有在职人口以及退休人口、失业者、农民等，包括投保者家属。其筹资主要通过社会医保缴费和国家补贴来完成。凡是收入在一定数目以下（2008 年为月收入 4012 欧元）的国民均有参加法定医疗保险的义务，收入高于该数目的人群、自由

① “德英两国医疗保障模式比较分析：俾斯麦模式和贝弗里奇模式”，http://www.csscipaper.com/sociology/securitytrend/17991.html.

职业者和国家公务员等则可自愿参保法定医疗保险，或者选择私人医疗保险机构。参加法定医保的雇员和其雇主各自对半承担医保缴费义务，保费是按照工资比例缴付的，2007年的平均总缴费率为13.9%。私人医疗保险参加者则按照风险因素各自计算和缴纳保费。德国的医疗保障体制几乎覆盖了所有的人口。2007年，德国法定医保体系覆盖了7030万人，包括法定医保体系的投保人及其联保的家庭成员，占到了德国总人口的近90%，而私人医疗保险下投保的国民约占9%。在该体制下，患者有很大的择医自由。

德国社会保险型模式存在的问题有：（1）医保体系没有覆盖全体国民（尚有20万人没有医疗保险）；（2）私人开业医生和驻院医生业务联系的人为分割导致医疗服务系统效率相对低下；（3）最为突出的还是医保的财政收支缺口问题。一方面，医疗费用支出持续上升，其增速超过了同期经济的增长速度，医疗费用支出占GDP的比重也从1970年的6.3%增加到2004年的近11%。为此，以现收现付和社保缴费为主要筹资方式的德国医保体制，只能通过不断提高医疗保险的平均缴费率和增加政府补贴来填补财政缺口，德国法定医疗保险体制平均缴费率从1970年的8.24%攀升到2003年的峰值14.32%，之后略有下滑。另一方面，通过不断提高缴费率增加收入的做法难以为继。因为缴费上升最终导致了工资成本的增加（2003年德国平均工资成本高达29.01欧元/小时）。在当今全球化的背景下，这无疑意味着德国在成本控制上处于劣势，其经济增长和就业都面临着巨大的压力。①

德国对社会医保体制的改革始于1977年，此后经历了多届政府、多阶段的改革，前后颁布过数百个改革的法律和规定，改革的核心目标一直是遏止医疗费用快速上涨势头、稳定医保缴费率。德国从医疗服务供应和需求方面双管齐下，出台了不少调控措施，但都没有从根本上解决问题，未能走出医疗支出上涨—遏止—继续上涨的怪圈。最近的医疗改革是于2007年4月1日正式实施的《法定疾病保险——强化竞争法》。此次改革主要涉及四大方面：引入全民疾病保险，将医疗保障覆盖到全民；引进更多的竞争机制，改善医疗服务的提供；促进法定疾病保险机构和私人疾病保险机构之间的协调以及两者的现代化；改革融资方式，创建卫生基金。其中，最具革命性的是首度引进全民医

① “德英两国医疗保障模式比较分析：俾斯麦模式和贝弗里奇模式”，http://www.csscipaper.com/sociology/securitytrend/17991.html.

保，向全民医保模式靠拢；而最为核心和最为切中医保开支问题的是引入卫生基金，改变了传统的筹资方式，变相降低雇主的缴费负担，遏止医保缴费的上涨。

9.3.3 市场主导型

美国是市场主导型医疗保障模式的典型代表，与英国普遍医疗型、德国的社会保险型、新加坡的储蓄基金型有很大差异。市场主导型模式的核心是保险市场的多元化，焦点是私营保险公司的介入。与其他发达国家相比，美国政府在医疗保障方面作用要小得多。崇尚自由竞争的美国各级政府在医疗保障方面的主要职能是制定法律、法规、监督执行。政府虽为部分人口建立了医疗保障制度，但制度的具体实施则委托私营保险机构进行。因此，私营医疗保障机构占据了庞大的市场份额，在医疗保障方面起着举足轻重的作用。

美国没有覆盖全民的医疗保障项目，医疗保险主要包括两大类：一是国家健康保险，主要由政府资助承办，主要覆盖那些无法得到雇主提供医疗保障的弱势群体，如低收入家庭、老年人、残疾人、儿童和怀孕的妇女。主要包括：医疗照顾计划、医疗救助制度、儿童健康保险计划。二是私人健康保险，即私人医疗保险。主要由私人或社会组织承办，可分为非营利性和营利性两种。这部分是自愿的，没有强制性，主要是跟工作关联的由雇主提供的商业保险，也有一小部分人群从社会组织或保险提供商直接购买医疗保险。

2005 年的人口统计显示，2004 年，84.3% 的美国人口享有医疗保障，在这其中，只有 59% 左右的人口享有与工作关联的雇主提供的商业医疗保险，9% 的人直接购买保险。政府资助的保障计划仅仅覆盖了将近 27% 的人口，包括 65 岁以上的所有人员（13.7%），还有 13% 的非老年人口。全国仍然有 4580 万（15.7%）的人员没有任何形式的医疗保险。

2004 年，美国国民医疗费用支出达到 1.9 万亿美元，占 GDP 的 16%，人均支出达到 6280 美元，两项指标均居世界前列。在这个高额的费用中，政府公共支付部分达到四成左右，其他主要通过“第三者”（即私营保险公司）、患者本人还有慈善机构等出资。患者本人出资大约有两成左右。①

---

① 陈蒙蒙．美国社会保障制度的研究［M］．南京．江苏人民出版社，2008：162-163.

美国市场主导型的医疗保障模式存在的问题有：第一，投入高，使美国医疗体制成为全世界最为昂贵的一个。根据联合国的《人类发展报告2007/08》，2004年美国私人卫生保健支出占GDP的8.5%，远高于世界各国。第二，医保覆盖率低，仅为85%，在经合组织国家中排名倒数。医疗保障体系的产出结果不理想，2005年美国居民出生时预期寿命为77.9岁，列世界第28位，低于大多数发达国家；2005年美国婴儿死亡率为6%，也高于其他经合组织成员。第三，效率低下。有报告显示，现行医保偿付体制的缺陷和对可能面对的诉讼的担心，导致医生倾向于进行许多不必要的检查和诊疗。

美国的医疗改革，日前获得了重大进展。尤其是2009年12月24日美国参议院通过的医改法案。根据该法案，美国的医疗保险体系将新覆盖3100万美国人；经过10年努力，使94%的65岁以下美国人都有医保。奥巴马政府希望通过对美国医疗体制的改革，达到广覆盖、低成本、高效率的目标。奥巴马政府开出的医改药方主要包括：第一，提高覆盖率，不仅要扩大保险所覆盖的人群，而且要扩大保险所覆盖的医疗项目。尤其是要防止商业保险公司"逆向选择"的所谓"撇奶油"的行为。第二，降低成本。在私人领域，联邦政府会向低收入人群提供医保补贴，这冲破了美国固守的只有65岁以上老人或残疾人等特殊群体才享有"政府医保"的政策；在公共领域，通过标准化的电子医疗信息系统等技术创新降低医保支出。第三，提高效率，主要是通过建立一个由政府运作的医疗保险项目，打破现有医疗领域的利益格局，引入竞争。①

9.3.4 储蓄基金型

新加坡是储蓄基金型医疗保障模式的代表，它是指通过立法强制劳资双方或劳动者建立医疗保健储蓄账户（即个人账户）并用以支付个人及家庭成员医疗费用的一种医疗保障制度。这种模式下的医疗保障，是以家庭为单位的"纵向"筹资，而不是社会共担风险，它是基于自我负责精神建立的一种制度。这种模式以新加坡为代表，马来西亚、印度尼西亚等发展中国家也采用了这种制度。

① 匡贤明．"美国医改的启示" [J]，江苏经济报，http：//jsjjb.xhby.net/html/2010-01/05/content_91979.htm.

新加坡实行的医疗保障制度，主要是在政府的主导下，实行保健储蓄（Medisave）、健保双全（Medishield）和保健基金（MedisFund）的“3M”计划，政府提供一定的医疗津贴，以确保本国国民均能享有良好的医疗保健服务。保健储蓄计划设立于 1984 年，是一项强制性的全国储蓄计划，也是新加坡医保体系的基础。每个有工作的人，包括私营业主，都必须将每月收入的 6% ~8% 存入设在公积金局的个人保健储蓄账户，用于支付本人及直系亲属的住院费用，直至退休。每月的缴费由雇主和个人各承担一半。健保双全计划于 1990 年推出实施，专门帮助国民支付重病或长期慢性疾病的医药开销，由个人自愿投保，政府指定的商业保险公司承办，保费从个人保健储蓄中扣除，缴费标准随年龄逐渐递增。由于这一计划保费合理、保额可观，目前的覆盖率已经超过了 90%。而那些没有保健储蓄，或者储蓄金额不足以支付医疗费的贫困人群，则可以申请保健基金计划，这是由新加坡政府出资设立的信托基金，目前基金总额已经累积到 11 亿新元。2005 年有 28 万多人申请，其中 99.9% 都获得批准。

2005 年 7 月起，新加坡政府对健保双全计划进行了改革，调高医疗保险的保费，提高保险赔偿额，减轻病人的医疗费负担，实现病人医疗费的自付额从 60% 降至 40%。那些住在普通病房病人索取的医疗赔偿额大幅提高，在医疗费中医疗赔偿额所占比率从 48% 提高到 59%，同时，健保双全计划四年来首次实现了转亏为盈。政府在 2007 年再次对健保双全计划进行改革，计划将那些需支付大笔医药费的投保病人能得到更高的医疗赔偿额，使得投保病人的医疗费自付额从 40% 降至 20%。①

新加坡的储蓄型医疗保障模式，能够很好地兼顾效率和公平的原则。2004 年的数据显示，新加坡全社会医疗费用总额为 3 亿 4528 万新元，占整个 GDP 的 4.1%；这个比例比英国低 4%，比法国低 6%，比美国低 11%。但在世界卫生组织 191 个成员关于医疗卫生公平性的排序中，新加坡名列第 6 位。也就是说，新加坡用相对合理的社会支出，较好地兼顾了医疗的公平与效率。②

① 王勤．“新加坡医疗保障制度及其对我国的借鉴”，http：//www. gx. xinhuanet. com/newscenter/2007-11/07/content_11606802. htm.

②“新加坡医疗保障体制　全民覆盖分层保障”，http：//www. hangzhou. com. cn/20060801/ca1277691. htm.

9.3.5　合作医疗保障模式

合作医疗保障模式又称社区合作医疗保障模式和集资医疗保障制度，它是指依靠社区力量，按照“风险共担，互助共济”的原则，在社区范围内通过群众集资建立集中的医疗基金（政府通常也给予一定补贴），采取预付方式用来支付参保人及其家庭的医疗、预防、保健等服务费用的一项综合性基本医疗保健措施。

中国农村的合作医疗是合作医疗保障模式的典型代表。中国的传统农村合作医疗作为一种社区性集资医疗模式，在20世纪六七十年代曾经盛行于全国，70年代末全国农村约有90%的行政村实行了合作医疗保健制度。该制度在当时较好地解决了各地农村缺医少药的境况，以较低的费用投入满足了农民对基本医疗卫生的需求。世界银行和世界卫生组织在考察后，称其为“发展中国家群众解决卫生经费的唯一范例”。虽然80年代实行家庭联产承包责任制和土地分散经营后，大部分地区的合作医疗因失去社区组织的依托而迅速解体，但是合作医疗作为一种独特的医疗保障模式仍然有其生命力。因此，从2003年开始，我国又在广大农村推行新型合作医疗制度。现在的农村新型合作医疗仍处于探索阶段，它既保留了计划经济时代合作医疗保障农民、多方筹资和提供基本医疗服务的特点，又有所创新，而且由于各个地区的经济发展水平不同，其合作医疗保障水平、保障项目等也有所不同。

合作医疗模式存在的问题主要是由于所筹资金有限，导致其保障水平较低，抵抗风险能力较差。但在发展中国家的农村仍不失为一种减轻乃至解除其疾病医疗后顾之忧的有效的制度安排。除中国农村的合作医疗属于合作医疗保障模式外，泰国的健康保险卡制度也属于这一模式。

9.4　中国医疗保险制度

由于我国城乡的二元社会结构，长期以来在城市和农村实行了不同的医疗保障制度，鉴于我国城乡之间的经济、社会、文化存在巨大差距，我国医疗保险的改革也是在城市和农村分别进行的。

9.4.1　我国城镇医疗保险制度及其改革

对于我国城镇医疗保险制度而言，其发展大体上可以分为两个阶段。

第一个阶段是从中华人民共和国成立到1994年。在长达40年时间里，城市的医疗保险具有极浓的福利色彩，从严格意义上说，是不完全具有社会保障性质的无偿供给的医疗保障制度。在这期间，依据保障对象的身份不同分成两个独立的医疗保险系统。

1. 公费医疗制度

1952年中央政府（当时称政务院）发布《关于全国各级人民政府、党派、团体及所属事业单位的国家工作人员实行公费医疗预防的指示》，给予各级政府、党派、人民团体及文化、教育科研、卫生等事业单位的工作人员和离退休人员，二等以上革命残疾军人、高等院校在校学生以公费医疗保障。公费医疗费用来源于各级财政拨款，差额预算管理及自收自支预算管理的事业单位从提取的医疗基金中开支。

2. 劳保医疗制度

1951年2月中央政府（当时称政务院）颁布《中华人民共和国劳动保险条例》，1953年1月劳动部公布施行《劳动保险条例实施细则修正草案》，给予全民所有制企业和城镇集体所有制企业的职工及其供养的直系亲属，离退休人员等以劳保医疗保障。其经费按照企业职工工资总额和国家规定的比例在生产成本项目中列支，职工患病时可以在本企业自办的医疗机构或指定的社会医疗机构就医，可享受近乎免费的医疗待遇，其直系亲属可享受半费医疗待遇。

由于公费医疗、劳保医疗制度存在着难以自我克服的缺陷，如医疗费用由国家和企业包揽，对供需双方缺乏有效的控制机制，由此引起诱导需求和过度利用医疗服务的现象；医疗保障的覆盖面及社会化程度低；卫生资源的配置效率及卫生服务的提供效率较低；缺乏合理的经费筹集机制和稳定的经费来源等。

20世纪80年代初一些地方的个别单位开始尝试进行改革探索。如辽宁的丹东、吉林的四平、湖北的黄石和湖南株洲四市在1989年3月进行公费医疗社会保险改革，同时深圳市和海南省也成为社会综合保障改革的试点，真正有成效的是1994年的“两江医改”。

第二阶段是从1994年后的制度创新阶段。1994年12月国务院在江苏省的镇江市和江西省的九江市率先进行医疗保险制度的改革，俗称“两江医改”，改革的主要内容是在一个城市内按属地原则，将原公费医疗和劳保医疗的享受对象合并，并扩大到三资企业、个体企业以及自由职业者，共同享受统一的医疗保险政策，被称为“属地统一的医疗保险制度”。在此之后，国务院在1998年又召开全国城镇职工医疗改革的会议，广州、上海、北京等大城市也跨入医改行列，全国上下进入医改浪潮之中。

1998年12月，国务院发布《关于建立城镇职工基本医疗保险制度的决定》，这一法规性文件明确了城镇所有的用人单位及其职工和退休人员必须参加基本医疗保险。医疗保险费用由用人单位和职工共同负担，其中用人单位缴费水平按照当地工资总额的6%左右确定，个人缴费从本人工资的2%起步，确立了社会统筹与个人账户相结合的模式。个人账户主要支付小额和门诊医疗费用，社会统筹基金账户主要支付大额和住院治疗费用。

9.4.2　农村医疗保险的改革与完善

1. 农村医疗保险改革的背景

合作医疗是我国农民自己创造的互助共济的医疗保障制度，在保障农民获得基本卫生服务、缓解农民“因病致贫”和“因病返贫”方面发挥了重要的作用。我国农村合作医疗源于20世纪40年代陕甘宁边区的“医疗合作社”。1955年，山西省高平县在农业社保健站中，采取社员群众出“保健费”与生产合作社公益金补助相结合的办法建起了合作医疗。随后，河南、湖北、贵州、山东等地也办起了合作医疗。到1962年，合作医疗在全国的覆盖率已接近50%。1979年，有关部门联合出台了试行的《农村合作医疗章程》，全国90%的行政村实行了合作医疗。在当时的环境和条件下，农村合作医疗制度在很大程度上解决了农民的基本医疗卫生问题，同农村三级卫生网、“赤脚医生”队伍一起被称为农村卫生的“三大支柱”，受到世界卫生组织和很多发展中国家的推崇。进入20世纪80年代以后，由于农村实行家庭联产承包责任制，经济体制和社会状况发生了显著变化，而合作医疗由于没有及时地进行改革和完善而跌入低谷。到1991年覆盖率仅占农村人口的10%。

2. 农村医疗保险的改革

为了从根本上解决农民“看病难、看病贵”的问题，我国政府从2003年起在全国农村开展了新型农村合作医疗试点工作。新型农村合作医疗制度是由政府组织、引导、支持，农民自愿参加，个人、集体和政府多方筹资，以大病统筹为主的农民医疗互助共济制度。

2002年中共中央、国务院发布了《关于进一步加强农村卫生工作的决定》，提出对于中西部地区除市区以外的参合农民中央财政给予年人均10元的补助，地方财政补助不低于10元，农民个人出资也不低于10元。在东部地区，中央财政虽不给予补助，但地方政府总补助额应不低于西部地区。从2006年开始，中央财政和地方财政的补助标准各提高到20元，农民的出资水平不变。因此，从全国农村看，政府总投入占合作医疗基金的80%，这大大提高了农民参合的积极性。

到2006年3月，全国开展新型农村合作医疗试点的县（市、区）达到1369个，占全国总县（市、区）数的47.3%，参加合作医疗的农民3.7亿，占全国农村人数的42.25%，参合率为79.06%。至此，新型农村合作医疗的管理和运行机制基本形成，农村的医疗服务水平得到提高，农民的医疗费负担有所减轻，为推进新农村的建设和发展，构建社会主义和谐社会发挥了积极作用。①

9.4.3 建立多层次医疗保障体系

在医疗保险制度改革过程中，由于受经济发展水平的制约，我国的医疗保险制度的覆盖范围有限，保险水平较低，一些人被遗漏在医疗保险保障制度之外，一些人因收入太低甚至无收入而依然承担不起医疗费用，一些则不满足于基本医疗保险的保障，建立多层次的医疗保障体系就成为必要。

在多层次医疗保险体系下，基本医疗保险是社会医疗保障体系的基础，医疗救助可以满足医疗保险制度的不足，满足低收入人群的医疗保障需求，补充医疗保险可以满足“大病”医疗的保障需求，而商业医疗保险则成为对社会医疗保险的重要补充。这样社会成员就可以获得多层次的医疗保险制度的保障。

1. 基本医疗保险

基本医疗保险是我国多元社会医疗保障体系的主要内容和基础，它是根据1998年12月颁布的《国务院关于建立城镇职工基本医疗保险制度的决定》建立的。其原则是：基本医疗保险的水平要与社会主义初级阶段生产力发展水平

① 孙健夫．社会保障概论［M］．北京．经济管理出版社，2007：71.

相适应；城镇所有用人单位及其职工都要参加基本医疗保险，实行属地管理；基本医疗保险费由用人单位和职工双方共同负担；基本医疗保险基金实行社会统筹和个人账户相结合。

2. 补充医疗保险

补充医疗保险是在政府鼓励下，由各单位自愿建立并以帮助减轻本单位员工疾病医疗后顾之忧为目的的一种保险措施，它由各单位依法独立承办，举办者自负经营风险，但可以享受国家财税优惠政策。在具体实践中，补充医疗保险实际上是企业人力资源管理的一种手段，是职业或机构福利的一个组成部分。补充医疗保险的经营方式、管理方式通常具有商业医疗保险的一般特征，并且大多数补充医疗保险会按照商业医疗保险的模式经营或直接交由保险公司负责承办。补充医疗保险机制的建立，可以在更大程度上满足被保险人对健康保障的不同需求，并在一定程度上有助于完善医疗保障体系和职业福利机制。

3. 社会医疗救助

社会医疗救助是由政府主导、旨在帮助特殊困难群体解决无力支付疾病医疗费用的问题，是社会医疗保障体系的一个重要组成部分。它与基本医疗保险、补充医疗保险、商业医疗保险不同，它不强调权利和义务的对等，无须个人缴费，其资金来源于政府财政拨款和社会捐助，享受条件不是基于求助者是否参与或者缴纳过相关费用，而是贫困程度及疾病医疗的需要。从一些地区建立起来的医疗救助制度来看，救助的对象是无固定收入、无生活依靠、无基本医疗保险的老年人、失业者、残疾人以及生活在最低生活保障线以下的贫困者。社会医疗救助机构可以通过以下三种形式给救助对象以经济补偿：一是提供社会医疗救济金；二是给医疗服务机构一定的经济补偿，使其直接减免救助对象的医疗费用；三是组织专门医疗机构为救助对象免费提供服务。

4. 商业医疗保险

商业医疗保险是建立在保险合同基础上的一种以疾病医疗费用为保险标的的商业保险业务，它由商业保险公司经办，团体或职工自愿参加，完全按照市场规则经营。商业医疗保险可以使企业或组织为投保单位的团体投保，也可以是个人保险。它与社会基本医疗保险无论在性质、实施方式、经营主体和目的以及保障水平和医疗服务范围都存在着较大的区别，但作为社会医疗保险的有益补充，亦对完善国民医疗保障体系和更好地满足社会成员疾病医疗保障的需求起着重要作用。①

本章小结

医疗保险是社会保障体系的重要内容。医疗保险从1883年德国《疾病保险法》颁布以来得到了迅速的发展。医疗保险具有保障对象的普遍性、主体关系的复杂性、医疗费用的补偿性、补偿的短期性和保障期限的长期性等特点。

世界上主要的医疗保障模式有普遍医疗型、社会保险型、市场主导型和储蓄基金型四种医疗保障模式，英国、德国、美国和新加坡分别是各模式的典型代表，我国的合作医疗也是一种有代表性的医疗保障模式。随着时代的发展，各种模式也不断进行改革，逐渐有融合的趋势。

医疗保险基金的筹集模式主要有现收现付制、积累制和混合制三种情况。根据责任共担原则，医疗保险基金应该由被保险人（雇员）、所在单位（雇主）和国家三方共同承担。由于各个国家的经济社会发展水平和医疗保险的筹资水平不同，医疗保险的给付项目的范围和支付标准也有不同。

由于我国城乡的二元社会结构，长期以来在城市和农村实行了不同的医疗保障制度，在城市主要是实行公费医疗和劳保医疗，在农村实行合作医疗制度。在改革开放以后，都实行了改革。根据我国的国情，应该以基本医疗保险为基础，建立以医疗救助、补充医疗保险和商业医疗保险为补充的多层次的社会医疗保障体系。

关键术语

医疗保险　　普遍医疗型　　社会保险型　　市场主导型
储蓄基金型　　合作医疗

① 郑功成．社会保障概论［M］．上海．复旦大学出版社，2009：183.

思考题

1. 医疗保险具有哪些主要特点？
2. 医疗保险的支付方式有哪些？各自有何优点和缺点？
3. 世界上医疗保障模式有哪些？它们都有什么样的优缺点？
4. 在我国如何建立多层次的医疗社会保障体系？

案例分析

大学生医保改革①

根据1952年中央政府（当时称政府院）发布的《关于全国各级人民政府、党派、团体及所属事业单位的国家工作人员实行公费医疗预防的指示》，高等院校在校学生属于公费医疗。而我国多数高校实行的是计划内招收的大学生享受公费医疗，扩招生则参加商业医疗保险。大学生享受的公费医疗的保障标准一直比较低。据有关部门调查，近几年实行医改后，大学生人均医疗费用每年不到100元，通常几个大病学生就会花光一个年级甚至整个学校学生的医疗费，而拿不到财政补贴的各高校二级学院、民办院校，广大学生的医疗权益更是缺乏有效保障。

2008年，国务院办公厅发布《国务院办公厅关于将大学生纳入城镇居民基本医疗保险试点范围的指导意见》，将大学生纳入城镇居民基本医疗保险范围。根据自愿原则，将大学生纳入当地城镇居民基本医疗保险。这意味着今后大学生得自己缴费，不再享受公费医疗的“好处”，但是对于提高大学生的医疗保障水平是大有裨益的。

参加城镇居民基本医疗保险后，大学生住院和门诊大病医疗，按照属地原则通过参加学校所在地城镇居民基本医疗保险解决，大学生按照当地规定缴费并享受相应待遇，待遇水平不低于当地

① 部分内容参考：王飞．大学生社会医疗保障模式探索［J］，中国经贸，2009（6）．

城镇居民。而且按照自愿原则，大学生可以在参加基本医疗保险的基础上，通过参加商业医疗保险等多种途径，提高医疗保障水平。

大学生参加城镇居民基本医疗保险的个人缴费标准和政府补助标准，按照当地中小学生参加城镇居民基本医疗保险相应标准执行。个人缴费原则上由大学生本人和家庭负担，有条件的高校可对其缴费给予补助。大学生参保所需政府补助资金，按照高校隶属关系，由同级财政负责安排。对家庭经济困难大学生个人应缴纳的基本医疗保险费及按规定应由其个人承担的医疗费用，通过医疗救助制度、家庭经济困难学生资助体系和社会慈善捐助等多种途径给予资助，切实减轻家庭经济困难学生的医疗费用负担。

从大学生医保改革至今，的确有很多高校的学生参与了医改，并且能够享受到医改带来的好处。但是，医保的好政策似乎在执行中并不叫座。如媒体所报道的佛山现象，还有在此之前媒体就曾曝出过“郑州七成大学生徘徊在医保大门之外”、“山西推行两个月，大学生医保高校遇冷”等类似新闻。大学生普遍具有较高知识水平，不会不知晓参加医保的种种好处，但大多数人还是选择放弃，这提醒我们应该从制度设计去查找症结。

请思考：

1. 结合案例和实际讨论大学生医疗保障改革的必要性。
2. 讨论完善大学生医保制度的可行途径。

第10章 失业保险

失业保险制度是社会保险主要项目之一。在市场经济条件下，失业成为一种不可避免的社会现象，失业保险制度得以产生和发展。失业保险制度在帮助劳动者抵御失业风险，维持失业家庭的基本生活，减轻失业者的痛苦，促使失业者重新就业，维护经济和社会稳定等方面发挥了举足轻重的作用。

10.1 失业保险概述

10.1.1 失业的概念与类型

1. 失业的概念

按照国际劳工局的定义，就业的含义就是一定年龄阶段内的人们所从事的为获取报酬或经营收入所进行的活动。就业可以从三个方面进行界定：就业条件，如一定的年龄；收入条件，指获得一定的劳动报酬或经营收入；时间条件，即每周工作时间的长度。失业则是与就业相对的概念，所谓失业（Unemployment）是指在劳动范围内，有就业能力并且有就业要求的人口没有就业机会的经济现象，失业其实是劳动者不能与生产资料相结合进行社会财富的创造，是一种经济资源的浪费。

根据对失业的界定，失业主体必须具备三个条件：（1）有劳动能力，即达到一定的就业年龄和具备就业的生理、心理条件；（2）愿意就业，即正在采取各种方式寻找工作；（3）

没有工作，即不具备有报酬的职业或自营职业。所以，在通常情况下，在劳动年龄之内（一般由各国官方确定），有就业要求并在职业介绍机构或就业服务机构登记，但尚未工作的人，均为失业者。

2. 失业的类型

按照不同的标准可将失业分为若干类型。

(1) 从失业的形态来划分，主要有摩擦性失业、季节性失业、结构性失业、技术性失业和周期性失业。

所谓摩擦性失业，是指生产过程中难以避免的、由于转换职业等原因而造成的短期、局部失业。这种失业的性质是过渡性的或短期性的，通常起源于劳动的供给一方，因此被看做是一种求职性失业，即一方面存在职位空缺，另一方面存在着与此数量对应的寻找工作的失业者。这是因为劳动力市场信息的不完备，厂商找到所需雇员和失业者找到合适工作都需要花费一定的时间。摩擦性失业在任何时期都存在，并将随着经济结构变化而有增大的趋势，但从经济和社会发展的角度来看，这种失业的存在是正常的。

所谓季节性失业，是指由于季节变化或由于消费者季节性购买的习惯等原因而引起的临时性失业。有些行为或部门对劳动力的需求随季节的变动而波动，如受气候、产品的式样、劳务与商品的消费需求等季节性因素的影响，使得某些行业出现劳动力的闲置从而产生失业，主要表现在农业部门或建筑部门，或一些加工业如制糖业。季节性失业通过影响某些产业的生产或影响某些消费需求而影响对劳动力需求，是一种正常性的失业，随着技术的进步，季节性失业有减轻的趋势。

所谓结构性失业，是指由于经济结构（包括产业结构、产品结构、地区结构等）发生变动，而现有劳动力的知识、技能、观念、区域分布等不适应这种变化，与市场需求不匹配，导致劳动力市场供求结构上的失衡所引致的失业。结构性失业可能来自于两个方面的原因，一是就业人口的构成不合理，二是劳动力的供给质量不符合劳动需求所要求的质量。

所谓技术性失业，是指由于在生产过程中引进先进技术替代人力，以及改善生产方法和管理而造成的失业。在经济增长过程中，技术进步的必然趋势是越来越广泛地采用了资本、技术密集性生产模式，越来越先进的设备替代了工人的劳动，对劳动需求的相对减小就会使失业增加。但从长期来看，先进的科学技术会促进劳动生产率的极大提高，促进生产力的发展，促进新生产业部门的产生和发展，为扩大就业提供了雄厚的物质基础，又会创造出大量的就业机会。

所谓周期性失业，是指由于经济周期性的波动而引起的劳动力供给大于劳动力需求而导致的失业。这种失业与经济中周期性波动是一致的。在复苏和繁荣阶段，各厂商争先扩充生产，就业人数普遍增加。在衰退和谷底阶段，由于社会需求不足，各厂商又纷纷压缩生产，大量裁员，形成失业大军。与结构性失业、摩擦性失业等失业状况不同，周期性失业的失业人口众多且分布广泛，是经济发展最严峻的局面，通常需要较长时间才能有所恢复。

（2）根据失业的主客观原因，可将失业分为客观性失业和主观性失业。

客观性失业是指失业由客观原因所致，如企业破产、企业的撤销和解散、企业关停等，这种失业也可称为被动失业。

主观性失业是指由劳动者主观原因而导致的失业，如被辞退的违纪职工，被解除劳动合同的职工以及被除名或被开除的职工等。这种失业也可称为主观性失业。

（3）根据人们的就业意愿，可将失业分为自愿性失业和非自愿性失业。

自愿性失业是指工人所要求的实际工资超过其边际生产率，或者说不愿意接受现行的工作条件和收入水平而未被雇用而造成的失业。由于这种失业是由于劳动人口主观不愿意就业而造成的，所以被称为自愿失业。

非自愿性失业，是指有劳动能力、愿意接受现行工资水平但仍然找不到工作的现象。这种失业是由于客观原因所造成的，因而可以通过经济手段和政策来消除。

（4）根据失业的表现形式，可将失业分为显性失业与隐性失业。

显性失业又称为公开失业，是指有劳动能力和就业意愿的适龄劳动者处于一种工作时间为零、工薪收入为零的状态。在这种状态下，劳动者与生产资料相分离，这是一种明显的，可以看得见的失业。

隐性失业又称为亚失业，隐性失业的特殊之处在于，劳动者与生产资料结合了，但未能发挥其隐蔽的潜能，企业也不再以追求更高的劳动效率为目标。这种情况在 20 世纪 30 年代的经济大萧条时曾经涌现。针对这种情况，西方经济学家琼·罗宾逊首次提出“隐性失业”这一概念。隐性失业本质上是指劳动者的就业不充分，从劳动时间的角度来看劳动者没有能够在全部劳动的时间内参与工作而只是部分地参与。之所以说是隐性的，是因为隐性失业者从形式上看，并没有失业，他们仍处于由雇主支付工资或自我雇佣状况。

10.1.2 失业保险的概念和特征

失业保险是指国家通过立法，运用大数法则，集中建立失业保险基金，使由于非本人原因，暂时失去工作，中断收入，失去生活来源的劳动者，在法定时间内获得失业保险金，以维持其基本生活的一项社会保障制度。

失业保险作为社会保险的子系统，除了具备社会保险所具有的强制性、互济性、社会性等特征外，与其他社会保险项目相比，还具备自身的特点：

（1）失业保险所针对的风险不同。其他社会保险项目，都针对的是永远或暂时丧失劳动能力的风险，如年老、疾病、伤残、生育等；而失业保险项目针对的风险是失业，是对有劳动能力和就业愿望但没有劳动机会的人提供经济保障。

（2）实施对象的范围不同。其他社会保险项目不但可以以全体社会劳动者为保障对象，而且可以包括未进入劳动年龄的人和已超过劳动年龄退出了社会劳动领域的人。而失业保险是以劳动年龄之内的劳动者为主要保障对象，不包括已超过劳动年龄的老年人，只有部分国家规定对失业者的无业妻子和未成年的子女提供定额的附加救济金。

（3）造成风险的原因不同。其他社会保险项目中风险事故的形成，均属自然原因，主要是身体健康的损害、工作中的事故或无法预料的外界自然力的打击所致；而失业保险中的失业现象，却是一种由于社会经济方面的原因所致的劳动风险事故。比如产业结构的调整，就业政策的变化，经济周期的变动等都可能成为失业的原因。

（4）享受条件的不同。失业保险的享受条件不仅和工作年限、缴费年限有关，而且还取决于失业者的就业意愿。一般对有下列情况之一者，取消其失业保险待遇：自愿失业与发动离职而无充分理由者；没有在职业介绍所登记者；拒绝劳动部门介绍适当工作者；故意放弃职业训练机会者；参加劳资纠纷而罢工者。

（5）保险目的的多元性。失业保险虽然与其他社会保险项目一样，直接目的都是在劳动风险事故发生之后，为劳动者提供基本生活保障。但失业社会保险除了保障失业者的基本生活外，还有通过再就业培训、职业介绍等形式积极促进再就业的职责。

10.1.3　失业保险的产生和发展①

失业保险自诞生起，在世界范围经历了一百多年的发展和一个不断完善的过程。失业保险是伴随着工业化和劳动力市场的不断发展而产生的。它的发展沿革经历了由单纯保障失业者及其家庭的生活，到既保障基本生活、促进就业，又预防失业的发展演变历程。

1. 初创阶段

从 20 世纪初到第二次世界大战以前，西方工业化国家先后建立起失业保险制度。工业革命使得生产力获得了巨大发展，雇佣劳动成为普遍现象，自由市场机制在劳动力资源配置中发挥着主导作用。受“供给创造需求”、“市场机制的自动调节可以达到生产要素均衡”等西方经济理论的影响，政府没有把失业保护纳入管理范围。但是，频发的经济危机使失业变得日益普遍和严重，导致了大规模的工人运动，要求改善失业者困境的呼声日益高涨。

为了缓解社会冲突，法国于 1905 年率先通过立法建立起自愿参加的失业保险制度，挪威、丹麦等国也相继于 1906 年、1907 年建立了类似于法国的失业保险制度。第一个失业保险法是由英国在 1911 年 12 月 16 日通过的，该法规定，雇主和工人双方都要缴纳一笔固定金额的保险费，公共基金也要参与，三方各分摊保险费的 1/3，这是一个真正较为完整的失业保险制度的雏形。第一次世界大战后，各国经济遭受到巨大破坏，失业现象迅速蔓延，为了恢复和保持经济社会稳定，又有十多个国家建立了失业保险制度。30 年代初世界性经济危机造成了大规模失业，主要资本主义国家的失业率超过了 20%，美国的失业率一度达到 25%。周期性经济危机带来了巨大的社会灾难，也进一步推动了失业保险制度的发展。大危机后，失业保险制度在欧洲、北美、澳洲的工业化国家普遍建立起来。

2. 发展阶段

从第二次世界大战以后至 20 世纪 70 年代初期，发达国家的失业保险制度

① 参见劳动保障部国外失业保险研究课题组．“从创建到完善——世界失业保险制度的改革与发展”[J]．中国劳动保障，2007（11）．

快速发展，有的国家形成了高度保护的失业保险制度。随着战后工业化国家经济的迅速恢复和发展，失业保险制度也得到了进一步扩展，覆盖范围不断扩大，待遇水平明显提高。在这一进程中，失业保险制度对于保障失业者家庭的生活，特别是在解决由于经济周期性波动而带来的严重失业问题过程中，发挥了社会“稳定器”和“减压阀”的重要作用。在这一时期，西方各国失业率较低，失业周期很短，失业在更多情况下也仅仅是企业和整个经济发展中的偶然“事故”，政府针对失业人员采取的措施主要集中在临时性的工作安置、供需匹配等政策上，使失业者能够在短期内重新回到正常的劳动力市场上。因此，失业保险在其运行过程中，更多地集中在为失业者发放失业救济金，保障其基本生活方面。与此同时，一些国家的津贴水平持续提高，享受待遇期限逐步延长，特别是西欧和北欧“福利国家”的失业保险制度变得过分“慷慨”，抑制了失业者寻找工作的积极性，安于享受失业保险待遇，产生了消极作用。

3. 改革完善阶段

自20世纪70年代中期以来，发达国家开始对失业保险制度进行改革，赋予其促进就业的功能，转型经济国家和部分发展中国家也建立起失业保险制度。在70年代石油危机的冲击下，西方国家经济陷入“滞胀”，失业率明显上升并居高不下，成为社会顽症。

为了促进就业、减少失业，瑞典等国开始实施“积极的劳动力市场政策”，把失业保险基金由单纯“消极”地保障生活改变为在保障基本生活的同时促进就业。改革的重点是，通过严格和附加给付津贴条件促使失业人员积极寻找工作，同时使用部分保险基金加上公共财政补贴进行职业培训和就业服务，激活失业保险制度促进就业的功能。这些改革取得了明显成效，并在发达国家普遍实施，对各国失业保险制度的改革发展产生了重要影响。失业保险工作的重点从一般性的发放失业救济金、保障失业人员的基本生活，转移到大力促进就业、鼓励企业招用失业人员、对失业人员开展系统全面的转业培训等领域。目前，全世界已有70多个国家或地区建立了失业保险制度。

10.1.4 失业保险的类型与功能

1. 失业保险制度的类型

由于世界各国的社会制度、经济制度、政治制度和文化等不同，各国所实施的失业保险制度的类型也存在着较大差别。根据世界上建立了失业保险制度的各个国家的有关规定，失业保险制度可分为以下几种类型：

（1）强制性失业保险制度。强制性失业保险制度一般是由政府通过立法制定实施的。根据失业保险规定的覆盖范围，凡是符合失业保险条件的人都必须参加失业保险。强制性失业保险主要体现在对雇主、雇员或双方对失业保险基金缴费的强制性规定。在实行失业保险制度的国家中，大部分实行强制性的失业保险制度，具体包括美国、日本、英国、加拿大等。我国目前所实行的失业保险制度也属于此类。

（2）非强制性的失业保险制度。非强制性的失业保险制度一般不是由政府管理的，而是由工会组织实施的。工会建立失业保险基金会，雇主、雇员自愿参加，政府提供资金补贴。

（3）失业救济金制度。失业救济金制度一般也是由政府组织实施的，但是并非所有失业人员都能享受失业补助，失业救济金需要在失业人员的经济情况或收入情况进行调查后，发放给那些符合经济调查或收入调查规定的失业者。这种失业保险制度带有一定的社会救助色彩。

（4）双重性的失业保险制度。双重性的失业保险制度既有国家施行的强制性的失业保险，又有由国家提供资金以经济状况调查为依据发放失业救济金的失业补贴制度，如德国。

2. 失业保险制度的功能

失业保险制度其实是劳动就业制度与社会保障制度两大体系的结合点，既要完成社会保障的任务，维持劳动者失业期间的基本生活需要；又要完成劳动就业任务，为劳动者再就业提供帮助。失业保险制度的功能主要包括：

（1）保障基本生活。保障失业者的基本生活是失业保险制度是最基本的功能。对大多数劳动者而言，主要的失业风险就是暂时失去工作，从而失去正常的收入。从失业者层面来看，失业保险的目标主要就是通过对非自愿失业者提供物质帮助，主要的形式是失业保险机构向符合条件的失业者支付失业保险金，使失业者可以在一定时间获得一定数量的现金收入，他们在失业期间的基本生活得以维持。

（2）维持劳动力资源的生产和再生产。失业保险制度为各种类型的失业者在或长或短的时间提供了一定数量的失业保险金，从而使失业者及其供养人口的生活得到了保障，并为解决失业问题提供了一定的缓冲时间。这样就可以使暂时处于闲置状态的劳动力及其供养的人口不会因家庭主要劳动力的失业而停止其自身能力的生产与再生产。

（3）优化劳动力配置。失业保险制度的优化劳动力配置功能主要体现在两个方面：一方面由于失业保险为失业者在寻找新的工作岗位期间解除了后顾之忧，失业者可以有条件尽可能地寻找与自己的能力、兴趣相符合的劳动岗位，从而有助于劳动者充分发挥能力和潜能，促进劳动力的合理配置。另一方面，由于失业保险制度的存在，用人单位减轻了向外排斥冗员的经济和社会压力，从而有利于单位做出理性、合理的用人决策，从而也有利于劳动力资源的优化配置。

（4）促进就业。失业保险制度一方面可以通过增加失业保险促进就业的支出项目，比如为领取失业保险金的失业者提供职业培训补贴、职业介绍补贴、社会保险补贴、工资补贴等多方面支持，以此促进就业。另外一方面可以通过相关政策设计，鼓励失业者尽快就业。如果失业者通过其他形式就业的，可以保留他们没有领取的失业保险金的时间，在他再次失业时可以继续使用，使他们不必担心因为提前就业使自己的权益受到损失。

（5）预防失业。失业保险制度可以通过施行工资性补贴和培训补贴等相关政策来预防失业。比如，对参保缴费达到一定期限的企业，在其生产经营不景气时，通过缩短工时、降低工资等措施实行岗位共享不裁员的，给予一定期限的工资补贴。提供工资性补贴，有利于保障职工的收入不至降低过多，也有利于企业按照政府鼓励稳定就业的政策导向采取更多措施，克服困难，保持职工队伍的稳定。发放培训补贴的主要目的在于鼓励企业长期履行参保缴费义务并在企业出现内部结构性调整时，组织职工培训，给予培训补贴，不把职工推向社会。①

（6）稳定功能。稳定功能体现为社会稳定与经济稳定两方面。失业保险一方面为失业者提供了必要的生活保障，避免了失业者因完全失去经济收入铤而走险或心理严重失衡而危害社会的现象；另一方面，由于失业保险金的发放，在经济衰退时期也维持了一定量的消费需求，对经济周期波动有一定的“熨平”作用，促进经济稳定与发展。

---

① 何晶．访首都经济贸易大学劳动和社会保障系主体吕学静教授：失业保险功能应三位［J］．中国报道，2009（3）．

10.2　失业保险制度的实施

10.2.1　失业保险制度的覆盖范围

覆盖面是社会保险制度根本问题之一，即失业保险应该向谁提供保障以及保障范围的宽窄程度如何。

失业保险是为遭遇失业风险、收入暂时中断的劳动者设置的一道安全网。从理论上讲，它的覆盖范围本应包括参与社会经济生活的所有劳动者，因为每一位劳动者都可能遭遇失业风险。从具体实践来看，建立了失业保险制度的国家并不一定将全部就业人员纳入参保对象。有的国家是按照行业加以区分的，可能将农业工人置于范围之外；有的国家可能根据工作的连续性加以区分，将临时工、季节工排除在外；有的国家可能以工资水平加以区分，可能将收入高于一定数额的雇员排除在失业保险覆盖范围之外。

发达国家的失业保险制度覆盖范围经历了一个不断扩大的发展过程，现已基本覆盖了所有全日制工薪雇员。如法国在20世纪60年代以前，失业保险制度只覆盖建立了雇主协会的机械、建筑等行业；60年代扩大到所有工商部门；70年代中后期扩大到农业部门、家政雇员和保姆；80年代到90年代扩大到地方行政机构，管理性公益单位，大学和具有科研性质的公益性单位。美国自1935年建立失业保险制度以来，覆盖范围也在不断扩大，目前已覆盖全部劳动力的74%。英国、德国的覆盖率分别为86%和68%。韩国的覆盖范围不断扩大，1995年覆盖30人以上的企业，1998年开始扩大到5人以上企业；覆盖人数由2001年的690.9万人，增加到2005年的866.3万人。①

从以上情况看，国外的失业保险覆盖面是随着经济社会的发展逐步扩大的，发达国家目前已覆盖了大多数劳动者。一些国家面对严峻的就业形势，或是随着就业方式的多样化，为了有效增加就业，减少失业，开始关注并逐步将从事自雇就业、非全日制工作或季节性工作的雇员纳入失业保险范围，有的国家规定不能享受失业保险津贴的非全日制雇员可以享受国家财政支持的失业

① 参见劳动保障部国外失业保险研究课题组．从创建到完善——世界失业保险制度的改革与发展［J］．中国劳动保障，2007（11）．

救济。

10.2.2 失业保险基金的筹集

失业保险基金来源有三个渠道：雇主供款、雇员供款、政府补贴。各国情况不一，但一般都是这几种渠道某种方式的组合。这些组合方式主要有：①

(1) 由政府一方负担，雇主和雇员无需缴费。如澳大利亚、新西兰。

(2) 雇主一方负担，雇员不缴费，政府亦不予补贴，如加纳、印度尼西亚等国家。

(3) 雇员负担全部费用，雇主和政府均不负担任何费用，实行这种方式筹集基金的目前只有南斯拉夫一个国家。

(4) 由雇主和雇员双方负担，政府不负担费用，如塞浦路斯，雇员缴工资的6%，雇主缴雇员工资总额的6%。

(5) 由雇主负担，政府补贴，雇员不缴费，如美国、埃及、保加利亚等国家。例如，埃及雇主缴员工工资总额的1%，政府补贴任何亏空部分。

(6) 由雇主、雇员、政府三方负担。实行这种方式的国家最多，约占所有实施失业保险制度国家的一半左右。如德国规定，雇主按工资总额的2%，雇员按工资的2.3%缴费，政府机构负责补贴失业保险制度和失业保险费用中的任何亏损。

10.2.3 失业保险金的给付

1. 失业保险金的给付条件

为了保障失业保险制度功能的实现，各国均对失业保险金的给付制定了严格的条件，主要包括：

(1) 处于法定的就业年龄段之内。未达到法定就业年龄即使有过就业经历也无权享受失业保险待遇，超过法定就业年龄的劳动者原则上也不再享有获得失业保险的权利。

(2) 必须是非自愿失业即出于非本原因而引起的失业，才有申请失业保险的资格。凡自动离职而理由不充分者，因本人过失而被革职者，都不属于非

① 刘雄. 失业保险 [M]. 北京：中国劳动保障出版社，2000：7.

自愿失业。如英国规定，因直接参与劳资纠纷而失业者没有领取失业津贴的资格；德国规定，由于本人违背合同条约而被解雇者不能领取失业津贴。

（3）必须具备工作能力。由于失业保险所保障的是那些积极劳动力中的失业者，这些失业者必须具有劳动能力。是否具有劳动能力则由职业介绍机构或失业保险主管部门根据申请报告或申请人的体检报告来确认。无工作能力的，一般转给社会救济部门，实行社会救济。

（4）必须具备就业意愿。就业意愿的判定标准主要有以下几点：其一，失业后必须在指定期限内到职业介绍所或失业保险机构进行登记要求就业，或有明确表示重新工作要求的行为。如美国的失业保险法规定，在发放失业保险金所需调查的4周内，失业者必须曾向职业介绍所登记求职或在报纸上、电视上、广播上公开寻找职业，才能领取失业保险金。其二，失业期间须定期与失业保险机构联系，并汇报个人情况，以此来及时掌握失业人员就业意愿的变化，并且向失业人员传递就业信息。其三，必须接受职业训练和适当工作。所谓“适当工作”并没有统一的判断标准，各国可能均有自己的解释。1988年国际劳工大会通过的《关于促进就业和失业保护的公约》和《建议书》指出，工作性质是否适当主要“应特别考虑失业者的年龄、从事前一职业的年限、所获得的经验、失业期限、劳力市场状况、该职业对本人及其家属处境的影响”。

（5）一定的合格期条件。失业保险金的给付一般都规定有就业或缴费的最少时间，少数国家则以一定的本国居住年限为条件，这些合格期条件具体可分为以下几个方面：其一，就业期限条件。法国的失业保险规定，失业者必须在最近的8个月内至少工作了4个月；丹麦则规定，失业者必须在最近12个月为基金会会员（含独立劳动者）且最近3年内就业26周。其二，缴纳保险费数额条件。被保险人须缴纳保险费达到规定的期限才有领取失业保险金的资格。如英国的失业保险规定，被保险人必须在最近2个纳税年度中的1年，足额缴纳社会保险费（且缴费收入基数不低于应税周收入低限的25倍）。2个纳税年度中，每年的社会保险缴费的收入基数不低于应税周收入低限的50倍。其三，投保年数与缴纳保费期限条件。如日本规定，失业前一年，必须缴满6个月的失业保险费；法国规定失业前12个月缴费182天；加拿大规定失业前52周缴费10～14周；意大利规定，被保险人必须投保两年，并在最近两年内缴纳保险费52周。其四，居住期条件。如澳大利亚规定，失业前必须已在本国居住满一年。①

2. 失业保险金的给付原则

失业保险金的给付一般与保障失业者自身与家庭的实际需要，促进再就业和缴费义务这些要素密切相关。因此，失业保险金的给付应遵循以下基本原则：

（1）失业保险金的给付水平应能确保失业者及其家属的基本生活需求。失业保险金是失业者家庭的最主要的生活来源。为维持失业者及其家庭的正常生活，保护劳动力的生产与再生产，失业保险金应向其提供基本的生活保障。

（2）失业保险金的给付水平一般不高于失业者在职时的工资水平，并在一定时期内给付，超出期限者，则按照社会救济水平来给付。只有这样，才能防止失业者滋生依赖心理，从而促进其积极再就业。

（3）权利与义务相对等。从体现社会保险权利与义务基本对等的原则出发，失业社会保险金应与被保险人的工龄、缴费年限和原工资收入相联系。因此，失业保险金的给付一般与被保险人的工龄、缴费年限和原工资水平成正比。

3. 失业保险金的给付标准

失业保险待遇标准是指根据法律规定对参加失业保险的人员在失业时给予物质帮助的数额或水平。

国际劳工大会1988年第75届会议通过的《关于促进就业和失业保护的公约》关于失业津贴的给付标准作了较为详细的说明：“当津贴数额以受保护人所缴的费用或以其名义缴纳的费用或以前的收入为依据时，其数额应定为以前收入的50%以上。对津贴的数额和所考虑的收入可定出最高限额，这一限额可与例如，技术工人的工资或有关地区工人的平均工资挂钩；当津贴数额不以所缴纳费用或以前的收入为依据时，应按不少于法定最低工资或一个普通工人工资的50%，或按基本生活费用的最低额确定，以其中最高者为准。”②

具体到每个国家而言，各国在确定失业津贴标准时，大多根据经济承受力

① 参见任正臣．社会保险学［M］．北京：社会科学文献出版社，2001：166.

② 国际劳工大会．关于促进就业和失业保护的公约，1988.

和基本生活需要而定，具体的给付标准往往有以下依据：

（1）计算失业津贴主要有三种方法：薪资比例制、均一制、混合制。薪资比例制指多数国家按照失业工人最近一个时期平均周工资的一定百分比计算失业津贴；均一制是指，有一些国家则不考虑失业者过去的工资收入，一律按相同的绝对额来支付失业津贴；混合制给付，即失业保险金采取比例制和均一制相结合的方式来发放，一部分按失业前工资收入的一定比例给付，另一部分则按绝对额给付。如法国1979年的失业保险制度规定，失业者可领取失业前工资的42%，另外，再加上每天22法郎的固定数额。

（2）失业保险津贴不低于失业者原有工资的50%（第75届国际劳工大会建议改为不低于失业者原工资的60%），失业津贴水平大都维持在失业者原工资50%至70%左右。

（3）失业津贴有上下限。上限是不超过失业前的工资收入；下限则是参考社会救助的标准，一般略高于贫困线水平。

4. 失业保险金的给付期限①

由于失业发生在一定的时间内，因此，失业保险不可能像其他社会保险子系统一样可以对被保险人进行无限期的给付，而是根据失业者的平均失业时间确定一定的给付期限。所以，失业保险给付属于短期给付。失业保险金的给付期限，又包括等待期和最长给付期的规定。

给付等待期是就是失业后不是立即给付失业保险金，而必须要等待一个时期，时间的长短，取决于各国所实行的就业政策，以及失业保险基金的规模和财政状况。20世纪50年代，西方工业国家规定的失业保险的等待期多数为7天。在许多发展中国家，由于失业保险制度刚刚建立，失业保险基金积累不足，往往规定了较长的等待期。如1993年，阿根廷规定领取失业保险金的等待期是120天，厄瓜多尔是60天，加纳是30天。

最长给付期的确定有两种方法：一是将失业保险金给付长短与参加失业保险时间长短结合起来。参与失业保险时间越长，失业保险金的给付期就越长，反之，给付期就越短。如西班牙规定，失业保险期为6～12个月，失业保险金给付期为3个月；保险期为12～18个月，保险金给付期为6个月；保险期为

① 参见任正臣．社会保险学［M］．北京：社会科学文献出版社，2001：168-169.

42 ~48 个月，保险金给付期为 21 个月。二是将失业保险金给付期长短与失业期长短相结合。如德国在 20 世纪 70 年代规定，失业期长达 12 个月的失业者，有权领取 4 个月的失业保险金；失业期为 18 个月、24 个月、30 个月和 36 个月者，其失业保险金可分别领取 6 个月、8 个月、10 个月和 12 个月。

10.3 中国失业保险制度

10.3.1 中国失业保险制度的历史沿革

从严格的意义上讲，中国的失业保险制度建立于 1986 年。作为市场经济体制下的一种正式制度安排，中国的失业保险也遵循社会保险制度的一般规定，是由国家立法、强制实施的一种保障制度。自 1986 年的《国营企业职工待业保险暂行规定》，至 1999 年 1 月国务院颁布的《失业保险条例》，其间经过几次改革，中国失业保险制度始终是作为深化企业改革、建立现代企业制度的配套制度而逐渐发展和完善的。

1. 失业保险制度的建立

1986 年 7 月，国务院颁布《国营企业职工待业保险暂行规定》（以下简称《暂行规定》），标志着我国失业保险制度的初步建立。《暂行规定》将失业保险的对象限定为“四种人”，即宣告破产的国营企业职工；濒临破产的国营企业法定整顿期间被精简的职工；国营企业终止，解除劳动合同的工人；国营企业辞退的职工。并确定以基金制方式筹集保险费，规定企业按全部职工标准工资总额 1% 缴纳保险费（保险费在企业缴纳所得税前列支）。将保险待遇定义为“待业救济金”，同时规定了领取救济金的资格条件和待遇水平。

《暂行规定》为初创期的失业保险构建了制度框架，对构成该制度的一些最基本内容做出了原则规定。然而，1986 年建立的“待业保险”制度，是一种覆盖范围仅限于国营企业且保障层次很低的失业救济制度，失业者个人并不承担缴费义务，而享受的待业救济金也仅仅是为了解决失业者最基本的生活困难。当时的待业救济金标准若以实际工资计算，替代率大约为 40%，人均待业救济金约为 40 元，仅相当于国营企业平均工资的 25%，比当时国家规定的生活困难补助标准的 50 元还低。

2. 失业保险制度的调整

1993年5月，针对1986年《暂行规定》实施范围窄、保障水平低、基金承受能力弱等方面的不足，国务院颁发了《国有企业职工待业保险规定》(以下简称《规定》)。《规定》扩大了适用范围，将失业保险的适用范围由《暂行规定》的“四种人”扩大到“七类人员”，具体包括：“依法宣告破产的企业的职工、濒临破产的企业在法定整顿期间被精简的职工、按照国家有关规定被撤销、解散企业的职工、按照国家有关规定停产整顿企业被精简的职工、终止或者解除劳动合同的职工、企业辞退、除名或者开除的职工、依照法律、法规规定或者按照省、自治区、直辖市人民政府规定，享受待业保险的其他职工”，不过这“七类人”仍局限在国有企业内部。《规定》在失业保险制度的组织管理模式、资金筹集等方面沿用了《暂行规定》的设计框架，并且继续采用“待业保险”的名称，仅仅是一项过渡性的政策。

3. 失业保险制度的发展

为了进一步改革和完善失业保险制度，劳动和社会保障部成立后，在原有工作的基础上，加快制定新的失业保险行政法规的节奏。1999年1月22日，国务院颁布了《失业保险条例》。这是我国失业保险发展史上一个具有标志性意义的重大事件，从此我国的失业保险制度进入了新的发展时期。《条例》以法规形式明确了失业保险的覆盖范围和缴费义务人，建立了失业保险登记制度和缴费申报制度，规范了失业保险费的征收程序。我国的失业保险制度经十多年的发展，成功实现了制度象征到有效制度的转变。

《失业保险条例》在1993年《规定》的基础上，在若干重要方面对原制度框架作了较大的修改，成为相对较为完善的制度。主要体现在以下几个方面：

(1)“失业保险”得以正名。国家法规正式表述“失业”，则表明在中国失业保险制度改革进程中，意识形态的干扰基本终结，我国已能实事求是地面对发展社会主义市场经济过程中出现的失业现象，摆脱了旧有观念的束缚，依照市场经济的内在规律寻找多种可行的解决办法，从而使失业保险真正发挥应有的功能。

(2)失业保险覆盖范围实质性扩大。1993年《规定》的待业保险适用范围仅限于国有企业及其职工，1999年《条例》将失业保险范围扩大到了城镇各类企事业单位，包括国有企业、城镇集体企业、外商投资企业、城镇私营企业、城镇其他企业、非企业化管理的事业单位。

（3）改革失业保险费缴费比例。这主要表现为两方面：一方面，提高了单位对失业保险基金的缴费率，由原来按本单位工资总额的1%提高到按2%缴纳失业保险费；另一方面，职工个人由原来的不缴费改为按本人工资的1%缴纳失业保险费。职工个人需要缴纳失业保险费这一规定，体现了失业保险权利和义务的对等原则。

（4）提高了失业保险金的统筹层次。《条例》规定，失业保险基金在直辖市和设区的市实行全市统筹。将原来大部分地区实行的县级统筹提高到地市级统筹，有利于在更大的范围内调剂使用基金，从而真正发挥失业保险的作用。

10.3.2 中国失业保险制度的运行状况

《失业保险条例》的实施标志着失业保险制度已形成了完整的体系，对保障失业者的基本生活和抵御失业风险方面起到了重要作用。除上述立法之外，劳动和社会保障部还先后颁布了《关于事业单位参加失业保险有关问题的通知》、《关于调整失业保险基金支出项目有关问题的通知》等部门规章。各省、自治区、直辖市在制定地方性法规、规章和规范性文件方面也取得了明显进展，在失业保险法律框架下，我国失业保险制度的基本运行状况如下：

1. 覆盖面

《条例》规定，“城镇企业事业单位失业人员依照本条例的规定，享受失业保险待遇”，“本条所称城镇企业，是指国有企业、城镇集体企业、外商投资企业、城镇私营企业以及其他城镇企业”。这意味着失业保险制度的覆盖面扩大至所有城镇的所有企业、事业单位职工。“省、自治区、直辖市人民政府根据当地实际情况，可以决定本条例适用于本行政区域内的社会团体及其专职人员、民办非企业单位及其职工、有雇工的城镇个体工商户及其雇工”，这也为失业保险的覆盖面的继续扩大提供了法律依据。在失业保险制度的具体运行过程中，自1999年《条例》实施后，我国失业保险的参保人数也呈现稳步增长的局面。截至2008年年末，我国参加失业保险的人数12400万人，比2007年度增加755万人。①

① 中华人民共和国国家统计局．“中华人民共和国2008年国民经济和社会发展统计公报”．

2. 失业保险基金的筹集与给付

《条例》规定，失业保险基金的来源筹集主要包括：城镇企业事业单位、城镇企业事业单位职工缴纳的失业保险费，失业保险基金的利息，财政补贴以及依法纳入失业保险基金的其他资金，例如滞纳金收入，社会捐赠等。

在缴费率方面，《条例》规定，城镇企业事业单位按照本单位工资总额的2%缴纳失业保险费。城镇企业事业单位职工按照本人工资的1%缴纳失业保险费。城镇企业事业单位招用的农民合同制工人本人不缴纳失业保险费。另外，省、自治区、直辖市人民政府根据本行政区域失业人员数量和失业保险基金数额，报经国务院批准，可以适当调整本行政区域失业保险费的费率。另外，失业保险基金在直辖市和设区的市实行全市统筹，其他地区的统筹层次由省、自治区人民政府规定。

具备以下三个条件的失业人员，可以领取失业保险金：①按照规定参加失业保险，所在单位和本人已按照规定履行缴费义务满1年的；②非因本人意愿中断就业的；③已办理失业登记，并有求职要求的。其中《条例》第15条中规定的七种人员除外。

我国的失业保险金待遇主要包括失业保险金；领取失业保险金期间的医疗补助金；领取失业保险金期间死亡的失业人员的丧葬补助金和其供养的配偶、直系亲属的抚恤金；领取失业保险金期间接受职业培训、职业介绍的补贴等。具体按照各省、自治区、直辖市人民政府规定来执行。

关于给付期限，《条例》规定：失业人员失业前所在单位和本人按照规定累计缴费时间满1年不足5年的，领取失业保险金的期限最长为12个月；累计缴费时间满5年不足10年的，领取失业保险金的期限最长为18个月；累计缴费时间10年以上的，领取失业保险金的期限最长为24个月。重新就业后，再次失业的，缴费时间重新计算，领取失业保险金的期限可以与前次失业应领取而尚未领取的失业保险金的期限合并计算，但是最长不得超过24个月。

比较1999—2007年，我国失业保险基金的收入和支出情况（图10-1），失业保险基金的收入逐年增加，而支出水平则在一定范围内浮动。2007年，基金收入471.7亿元，比上年增长17.2%，基金支出217.6亿元，比上年增长9.9%，2007年末，我国失业保险基金累计结余979.1亿元。①

① 根据《中国统计年鉴2008》整理而得.

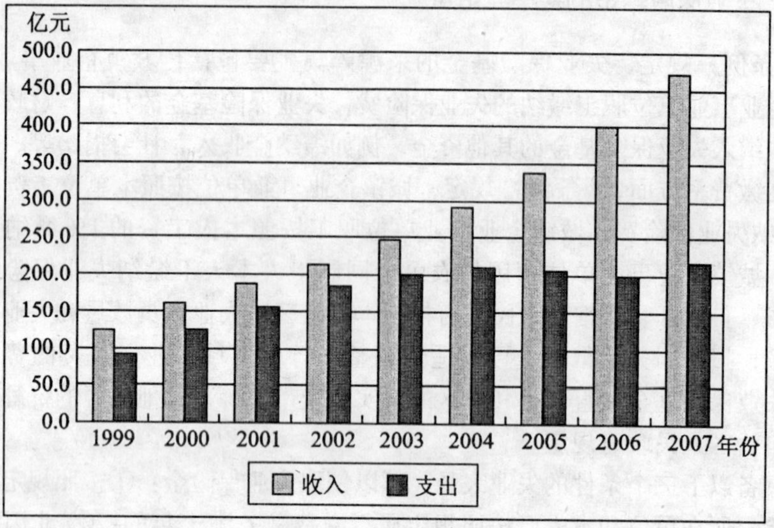

图 10-1 我国历年失业保险支出情况

10.3.3 中国失业保险制度所面临的挑战

1. 扩大覆盖面的要求对失业保险制度的挑战

自《条例》实施后，失业保险的覆盖范围比过去增大，但与我国丰富的劳动力资源和就业岗位有限的实际情况比较而言，失业保险的覆盖范围显得还比较窄，现行失业保险制度仍将个体劳动者、国家公务员、乡镇企业职工及广大农村人口排除在外。这样，既不能体现失业保险的社会性特点，也不利于市场经济的发展。事实上，正如国际劳工组织 2000 年的《世界劳动报告》揭示的，失业保险覆盖面窄是一个全球性的问题。在已经建立失业保险制度的国家，受到保障的大多是正式就业部门获得正式就业合同的劳动者。如何将失业保险的覆盖面扩大到短期就业、灵活就业和非全职就业的人士，是一项全球性挑战。

2. 新失业群体的出现对失业保险制度的挑战

"新失业群体"是相对于由国有和集体企业失业下岗人员构成的老失业群

体而言的，“新失业群体”是由青年失业者组成，成员大多生于20世纪七八十年代，他们中相当部分从学校毕业后直接加入了失业行列。部分大学生“新失业群体”经常在就业与无业间徘徊，不能把精力完全投入工作，也不能得到充分的发展，准确地说，是就业不充分、不持续。劳动部《2003—2004年：中国就业报告》提出，当前正面临自然新生劳动力的高峰期。据统计，城镇新增劳动力中只有40%～50%能够实现就业。新成长失业青年增幅率为63%，劳动力市场普遍出现的青年就业问题正成为主要矛盾。以青年为主体的“新失业群体”因为从未工作过或仅从事过临时性工作，几乎都没有缴纳过失业保险费，按现行制度规定，也就无法获得制度化的失业保险，甚至一些扶持就业的优惠政策也都遗忘了“新失业群体”。因而从目前来看，失业保险制度明显不能满足“新失业群体”的需要，而更加令人担忧的是，“新失业群体”的规模仍将呈持续上升之势。

3. 失业保险基金高额结余对基金使用与投资的挑战

2009年中国失业保险基金滚存结余已达1514.5亿元，其增长远远高于基金收入与支出的增长。失业保险是由社会集中建立基金，对因失业而暂时中断生活来源的劳动者提供物质帮助的制度。而现行失业保险金领取办法程序复杂、手续繁琐、耗时费力，造成不少失业者难以及时、顺利领到失业保险金；失业保险金发放范围狭窄，现实中不少参加了失业保险的失业人员尤其是农民工未能得到失业救济；当前失业保险金标准普遍较低，不少地方的失业保险金难以维持失业者的基本生活开销，这也在一定程度上造成失业保险基金结余增多。在现有待遇政策、计发公式和城镇登记失业率不变的情况下，失业保险基金将呈刚性增长趋势。然而，日益增长的基金投资渠道极其有限。滞后的投资政策只允许基金存入银行和购买国债，且很多地方80%以上的资金为银行活期存款，基金贬值明显。十年间CPI平均涨幅为2.2%，而五项社会保险基金的收益率仅为2%，加上工资的平均增长率，资金购买力实际下降了1个百分点。①

---

① “失业保险基金高额结余面临贬值”，财新网，2010年5月20日，http://policy.caing.com/2010-05-20/100145798.html.

4. 促进就业对失业保险功能提升的挑战

失业保险的一个基本功能就是促进再就业，然而《失业保险条例》对失业人员失业期间领取失业保险金的期限有明确规定，从根本上讲，是对失业人员在短期失业期间给予救济的制度。在所享受的失业保险待遇中，失业人员可以在失业期间免费接受职业介绍及一次职业培训，用于增强他们的再就业能力。由于失业人员普遍存在技能单一、文化程度低、年龄较大等问题，就业竞争力弱，领取的失业保险金虽可以在一定时期内缓解其生存压力，但终究要靠再次就业来解决生存问题，而失业后仅靠一次职业培训难以提高其再就业能力。所以，现行失业保险以短期救济为主要功能，促进就业功能不强。同时，失业保险与城镇居民最低生活保障的功能细分、重叠以及失业保险基金的分散使用，不仅降低了保障的效率，也阻碍了就业效率的提高。

10.3.4 中国失业保险制度的完善

为了应对我国失业保险制度当前所面临的挑战，借鉴国外的成功经验，结合我国的具体实际，我国的失业保险制度可以从以下几个方面进行改善：

1. 逐步扩大失业保险覆盖范围

首先，国家公务员群体应被纳入失业保险范围。一方面有利于促进以“精兵简政”为主要特征的政府机构改革；另一方面有利于完善我国能进能出、能上能下、优胜劣汰的公务员制度，充分调动在职公务员的积极性，提高行政工作效率。此外，公务员失业保险制度的健全，为公务员再次选择职业提供了缓冲的物质条件，同时也有利于弱化我国公民的官本位思想，使公务员能够根据自己的条件、能力、水平、志愿及其发展的潜力等，适当地选择职业和工作单位。

对于初次进入劳动力市场的包括毕业学生在内的失业青年，从促进就业的角度考虑，对新增劳动力的职业培训和就业指导服务是很有必要的。也可以考虑由劳动和社会保障部门将大学生纳入失业保障管理体系，采取财政拨款，政府在大学生进校时，帮大学生购买失业保险，同时也鼓励大学生家庭出小部分资金，一起购买大学生失业保险。毕业后不能就业的大学生，可到劳动就业机构进行失业登记，享受失业保险待遇。

从被雇佣和领取工资的角度讲，乡镇企业职工理应被纳入失业保险范围。

如同最低工资制度、最低生活保障制度一样，失业保险制度目前也主要限于城镇，这是我国长期城乡分隔政策的历史性延续。随着我国户籍制度的改革深化，随着乡镇企业在发展中不断分化、重组为城镇企业或运行规范的公司制企业，可以有步骤地将乡镇企业及其职工纳入失业保险覆盖范围。

个体工商户、自由职业者等独立劳动者因其职业的不稳定性，被失业保险覆盖尚有一定难度。家庭服务人员如果不归属某个企业（如家政服务公司），也很难从管理和控制手段上将其纳入失业保险覆盖范围，失业保险的发展方向是逐步将这部分人员纳入覆盖范围。

2. 提高失业保险基金统筹层次，扩大基金投资渠道

目前，除北京、上海等少数几个城市外，我国各地还没有实行失业保险基金全收全支的真正意义上的地市级统筹，普遍实行的是“三级管理，两级调剂”。因而，在失业保险基金高额结余的情况下，应逐步落实《条例》规定，失业保险基金在设区的市实现全收全支的统筹，并充分发挥省级调剂金的作用，扩大失业保险基金的使用率。另一方面，积极探索失业保险基金的保值增值的方法，失业保险基金在投资中应追求高收益与低风险的最佳资产组合，在条件成熟的情况下可考虑基金、股票、基础设施项目等投资渠道，使基金的投资收益高于物价与工资的上涨。

3. 增强失业保险的就业促进功能

从中长期看，我国的失业保险不能仅仅扮演消极救助的角色，应强化其就业促进功能，在提高失业保险的待遇，改进失业保险基金发放方式的基础上，适当调整失业保险基金的支出使用结构，扩大失业保险基金使用范围，加大对就业培训、就业介绍等方面的资金投入，以加强对促进就业的导向作用要建立健全就业咨询、就业培训和失业保险的信息网及其公开发布系统，提供快捷的就业信息服务。我国的失业保险机构应加强与职业介绍所、劳动力市场的联系，及时、准确地了解变化着的就业和失业状况，确定发放失业保险金的对象，及时指导和帮助失业者再就业。另外，进一步加强职业培训，提高失业人员的素质和就业技能。失业保险金中的职业介绍费、职业培训费、生产自救费等在失业保险金中所占的比例高低，直接影响到失业者再就业的实现。我国大部分失业者是由于自身知识缺乏和技能低而被迫失业，因此，应压缩一般性开支，加大失业保险基金对失业人员再就业培训的资金投入力度。培训机构则应

加强与职业介绍机构和用人单位的联系，按照就业岗位的需求，开展有针对性的技能培训。

本章小结

失业保险是指国家通过立法运用大数法则，集中建立失业保险基金，使由于非本人原因，暂时失去工作，中断收入，失去生活来源的劳动者，在法定时间内获得失业保险金，以维持其基本生活的一项社会保障制度。失业保险制度主要包括强制性失业保险制度、非强制性失业保险制度、失业救济金制度以及双重性失业保险制度。失业保险制度具有保障基本生活，维持劳动力资源的生产和再生产，优化劳动力配置，促进就业，预防失业，促进稳定等多方面的功能。失业保险覆盖范围是随着经济社会的发展逐步扩大的，失业保险基金有三个来源渠道：雇主供款、雇员供款、政府补贴。失业保险金的给付有严格的资格条件，且有一定给付标准与给付期限。

中国的失业保险制度自1986年的《国营企业职工待业保险暂行规定》，到1999年1月国务院颁布的《失业保险条例》，逐渐发展和完善。在当前的社会经济条件下，中国的失业保险制度面临多方面的挑战，需要从制度上进行完善。

关键术语

失业　摩擦性失业　结构性失业　隐性失业　失业保险
失业救济金制度　薪资比例制　均一制　混合制

思考题

1. 失业保险的特征有哪些？
2. 失业保险一般分为哪几个基本类型？
3. 简述失业保险的功能。
4. 失业保险基金的筹资渠道主要包括哪些？
5. 失业保险金的给付条件有哪些？

6. 简述失业保险金的给付原则。

7. 简述中国失业保险发展的历史沿革。

案例分析

2010年杭州10亿元促就业 失业保险金将更“有用”①

近日，杭州市出台了《关于延长扩大失业保险基金支出范围试点政策的实施意见》。2010年，杭州将安排约10亿元的资金用于解决就业问题。同时，杭州会更多地关注失业的“新杭州人”，给他们发全新的求职登记证。

失业保险金享受对象扩大到四类人群

新政策的享受对象由原来的享受失业保险待遇期限内的失业人员和参加过失业保险的就业困难人员，扩大到了所有符合条件的城乡登记失业人员、参加失业保险的用人单位及其在职职工、领取《杭州市农村劳动力求职登记证》人员、杭州户籍和杭州生源毕业五年内的高校毕业生以及在杭普通高校2009届、2010届全日制大学本专科（含高职）毕业生。

13种补贴都可用失业保险基金开支

新政策的支出项目由原来的仅限于职业介绍补贴、职业培训补贴，以及参加过失业保险的就业困难人员再就业的各项扶持政策所需补贴，扩大到：职业介绍补贴；档案代管补贴；职业指导培训补贴；职业培训补贴；在岗转岗培训补贴；职业技能鉴定补贴；社会保险补贴（含用人单位稳定就业社会保险补贴）；岗位补贴（分政府购买公益性岗位补贴、用人单位稳定就业岗位补贴）；见习补贴；创业培训补贴、创业补贴；小额担保贷款贴息；人力资源市场信息网络建设补贴；经省级人民政府批准的与促进就业、预防失业有关的其他支出。

① 新华网，浙江频道（2009-11-30，11：50：05）.

具体来说，常住居民身份的企业在职职工使用教育培训券进行技能培训，参加职业培训和创业培训的大学生凭教育培训券兑付培训费用，所需费用在失业保险基金中列支。

另外，失业保险基金将用来给市区失业人员创业、给新认定的市级大学生创业园创业企业发房租补贴。比如说，符合条件的进园创业的登记失业人员，持《杭州市农村劳动力求职登记证》人员享受场地租金补贴。补贴方式是第一年全额补贴，第二年租金70%的补贴，第三年租金30%的补贴，补贴期限最长不超过3年。而新认定的市级大学生创业园的创业企业，其房租补贴是每年实际房租（最高为50平方米）的60%，最长不超过2年。

2010年有10亿元促进就业

新政策规定，失业保险基金促进就业经费使用比例由不超过当年筹集的失业保险基金总额的20%，提高到上年末失业保险基金累计结余的30%。因此，杭州市可以动用的失业保险基金就有约6.6亿元，加上政府财政的专项资金，2010年杭州（不含萧山区、余杭区）将有差不多10亿元的资金用来促进就业。

给新杭州人发求职登记证

目前杭州市劳动保障部门统计的失业率，主要是城镇登记失业率，对象是杭州户籍人口中的城镇居民。今年4月，杭州市曾经对主城区191万人做了就业状况调查，包括劳动年龄段内的城镇居民、大学毕业生、农村户籍人员和外来创业务工人员（新杭州人）四大群体，其中农村户籍人员11.95万人，新杭州人69.94万人。结果发现，两类人群的失业率分别是21.38%和21.9%，成为“失业大户”。

“以后，不光要统计城镇登记失业率，还要统计常住人口的失业率。”市委书记王国平说，要发放《新杭州人劳动力求职登记证》，加大对他们的就业帮扶力度，比方说给农民工量身打造技能培训项目。

同时，所有的农村要和城镇一样，建立劳动保障站（室），并且发放《杭州市农村劳动力求职登记证》。农村转移劳动力的就业援助政策，将从以前的困难人员为主，放宽到所有持证人员。

请思考：

1. 案例中失业保险基金支出渠道的增加说明了什么？
2. 针对新失业人口有哪些对策建议？

第11章 工伤保险与生育保险

养老保险、医疗保险、失业保险是三种主要的社会保险，工伤保险和生育保险也是重要的社会保险险种。工伤保险是针对劳动者在劳动过程中发生的各种意外事故或职业伤害带来的风险，生育保险则是针对女性劳动者的生育风险设置的社会保险项目。

11.1 工伤保险概述

大机器的使用、冶炼化工、石油、建筑、交通等行业的发展，一方面帮助劳动者为企业、为社会创造了更多的财富，另一方面也增加了劳动者自身的职业危险性。一旦发生事故，就可能使人致伤、致残、致病、致死，其医疗费用、康复费用、医疗期间因损失工作日而损失的收入以及死亡者的后事处理、遗属的生活保障等由受伤害者个人承担是不合理的，因为这是“职业”强加的。

11.1.1 工伤和工伤保险

1. 工伤

有关“工伤”的界定，各国的概念不尽相同，也随着社会的发展不断变化。“工伤”一词比较规范的说法是在1921年国际劳工大会上通过的公约中提及的，即“基于工作直接或间接引起的事故为工伤”，当时它不包括职业病。随着时间的推移，职业病的存在不得不受到重视，各国又逐步把职业病纳入到了“工伤”的范畴。第13次国际劳动统计会议所使用的定义是：雇佣事故指由雇佣引起或在雇佣过程中发生的事故（工业事故和上下班事故）。雇佣伤害是指雇佣事故导致的所有伤害和所有职业病。1964年第48届国际劳工大会也规定了工伤补偿应将职业病和上下班交通事故包括在内。美国国家标准ANSIZI6.1《记录与测定工作伤害经历的方法》中，将“工作伤害”定义为“任何由工作引起并在工作过程中发生的（人受到的）伤害或职业病，即由工作活动或工作环境导致的伤害或职业病”。

因此，“工伤”又称为产业伤害、职业伤害、工业伤害、工作伤害等，是指劳动者在从事职业活动或者与职业活动有关的活动时所遭受的不良因素的伤害和职业病伤害。工伤一般可以分为显性工伤和隐性工伤。显性工伤是指在职业活动所涉及的区域内，由于工作中工作环境恶劣、条件不良、任务过重或突发性事故导致的对劳动者身体的伤害。隐性工伤是指因职业特有的工作环境危害造成的职业病。

2. 职业病

从广义上讲，职业病是指劳动者在从事生产劳动及其他职业活动中，因接触职业性有害因素而引起的所有疾病。但在法律上，职业病有一定的界限，通常是指国家根据生产力发展水平、经济状况、医疗水平等综合因素，由主管部门明文规定的职业病，即法定职业病。根据《中华人民共和国职业病防治法》中所规定的职业病防治法，必须具备四个条件：（1）患病主体是企业、事业单位或个体经济组织的劳动者；（2）必须是在从事职业活动的过程中产生的；（3）必须是因接触粉尘、放射性物质和其他有毒、有害物质等职业病危害因素引起的；（4）必须是国家公布的职业病分类和目录所列的职业病。我国卫生部、劳动保险部颁布的法定职业病名单分10类共115种。其中：尘肺13种；职业性放射性疾病11种；职业中毒56种；物理因素所致职业病5种；生物因素所致职业病3种；职业性皮肤病8种；职业性眼病3种；职业性耳鼻喉口腔疾病3种；职业性肿瘤8种；其他职业病5种。

3. 工伤保险

工伤保险，是指劳动者在工作中或在规定的特殊情况下，遭受意外伤害或患职业病导致暂时或永久丧失劳动能力以及死亡时，劳动者或其遗属从国家和社会获得物质帮助的一种社会保险制度。工伤保险制度是国家和社会对劳动者职业伤害（包括工业事故和职业病）的医疗救治、收入补偿的职业康复和死亡者遗属抚恤的综合性政策制度。随着社会的发展，现代意义上的工伤保险还包括通过预防促进企业安全生产，减少事故发生；通过康复工作，使受伤害者尽快恢复劳动能力，促进受伤害者与社会的整合。工伤预防、工伤救助与补偿、工伤恢复，成为工伤保险的三大支柱。

11.1.2 工伤保险的特点

由于职业危害无所不在，无时不在，任何人都不能完全避免职业伤害。因此工伤保险作为抗御职业危害的保险制度适用于所有职工，任何职工发生工伤事故或遭受职业疾病，都应毫无例外地应该获得工伤保险待遇。

1. 强制性

工伤事故具有突发性和不可预测性，也具有不可逆性。工伤所造成的器官或生理功能的损伤，可以是暂时、部分丧失劳动能力；也可能是虽经治疗休养，仍不能完全复原，以致身体或智力功能部分或全部丧失，造成永久性部分或全部丧失劳动能力。由于工伤具有不可逆转性，其造成的损失往往难以挽回，为个人带来终身的痛苦，给家庭带来永久的不幸，也于企业不利，于国家不利，因而，国家法律往往规定强制实施工伤保险。在发达的工业化国家，首先从工业部门强制推行工伤保险，进而逐步扩展到商业、农业等部门，乃至所有用人单位，基本覆盖了所有劳动者。在多数发展中国家，目前主要是在工业等部门强制性实行工伤保险，覆盖的范围有限，但总体趋势在进一步扩大，目标也是最终覆盖所有劳动者。

2. 赔偿性

工伤保险不同于其他社会保险的显著特性是全部费用由用人单位负担，劳动者个人不负担。工伤是一种基于职业造成的伤害，所造成的直接后果是伤害到职工生命健康，并由此造成职工及家庭成员的精神痛苦和经济损失。劳动者的生命健康权、生存权和劳动权受到影响和损害，甚至被剥夺了。因此工伤保险是基于对工伤职工的赔偿责任而设立的一种社会保险制度，其他社会保险是基于对职工生活困难的帮助和补偿责任而设立的。

3. 行业互济性

工伤保险是世界上历史最悠久、实施范围最广泛的社会保障制度。德国于1884 年颁布工伤保险法，是世界上第一个建立工伤保险制度的国家。据统计，1981 年有 141 个国家和地区实行社会保险，其中有 96% 的国家和地区实施了工伤保险。工伤保险通过统筹的基金来分散职业风险，以缓解企业之间、行业之间、地区之间因职业风险不同而承受的不同压力，在较大范围内分散风险，为劳动者和企业双方建立保护机制。

11.1.3　工伤保险的原则

工伤保险是根据“职业风险”原则建立的，它是世界上产生最早的一项社会保障制度，工伤保险应依据以下基本原则：

1. 无过错责任原则

无论工伤事故的责任归于用人单位还是职工个人或第三者，用人单位均应承担保险责任。在工伤事故的处理方向（主要指责任与赔偿方面），资本主义国家大体经历过这样几个阶段：第一阶段，强调受伤害工人个人负责，雇主无须赔偿；第二阶段，强调雇主有过失才赔偿；第三阶段，实行“补偿不究过失”的原则，即在劳动者受伤后，不管过失在谁，均可获得补偿，保障其基本生活。当然，这并不妨碍对有关事故责任进行行政追究，从而防止类似事故重复发生，教育群众，降低事故。

2. 个人不缴费原则

不同于养老保险、医疗保险等险种，劳动者不缴纳保险费，工伤保险的投保人为用人单位，全部费用由用人单位负担。工伤是劳动者在创造社会财富时鲜血和生命的额外付出，所以理应由雇主（或企业）、社会保险机构负担补偿费用，这在各国已形成共识。

3. 补偿直接经济损失的原则

劳动者发生工伤后，应给予经济补偿。但这种补偿只是对劳动者直接经济损失的补偿，而不包括间接的经济损失。所谓直接经济损失，是指劳动者工资收入方面的损失。这种损失会直接影响到劳动者本人及其家庭的基本生活保障，也会影响到劳动力的再生产，因此，必须给予及时的、较为优厚的补偿。而间接经济损失是指劳动者直接经济损失以外的其他经济损失，包括兼职收入、业余劳动收入等。这部分收入是不固定的收入，并非人人都有，很难准确核定，不具有普遍性，因此，这一部分收入一般不列入经济补偿的范畴。

4. 因工伤残与非因工伤残区别对待原则

由于职业伤害与工作或职业有着直接的关系，因此，工伤保险待遇水平要明显高于因病或非因工伤亡的医疗待遇，而且享受条件也不受到年龄、性别、缴费期限等条件的限制。对因工和非因工的区分是建立工伤保险的前提和出发点。

5. 补偿与预防、康复相结合的原则

工伤保险首要的任务是工伤补偿，因为劳动力是有价值的，劳动者因工伤残，甚至死亡时，会给劳动者及其家庭带来经济上的损失，理应得到赔偿。但这并不是工伤保险唯一的任务，工伤补偿、工伤预防与工伤康复者三者是密切相关的。加强安全生产、减少事故发生和发生事故时及时进行抢救治疗，采取有力措施帮助劳动者尽快恢复健康并重新走上工作岗位，比工伤补偿更有意义。把工伤补偿与工伤预防、职业康复有机结合起来，这是目前许多国家工伤保险制度所具有的一项重要内容。

11.1.4 工伤保险的建立与发展

工伤保险是国际上立法较为普遍、发展最为完善的一项社会保险制度。工伤保险是指劳动者在生产劳动和其他工作过程中遭受意外伤害或因长期接触有毒有害因素引起职业病伤害后，由政府或社会依法为患病者、致残者和死亡者生前供养亲属提供必要物质帮助的一种社会保障制度。实行工伤保险制度，对于维护劳动者基本权益，保持社会稳定，促进经济发展与社会进步具有十分重要的意义。

最初建立的工伤赔偿法是一种典型的有过失补偿法。古典经济学家亚当·斯密认为：在其他条件均相同的情况下，可以根据工资标准的差别，对工作岗位上的不同风险进行补偿。既然工人拥有签订劳动合同的自由，当他接受并从事该工作后，他理所当然地接受了该项劳动的风险和依照其风险所确定的工资收入。雇主只要按一切善后事宜都由雇员自己承担。通常情况下，受到意外事故和职业伤害的工人很难指证雇主的失职，也就不可能得到任何赔偿。所以在工业化之初，工人受到的职业伤害的一切后果大多由自己承担。

随着工业化进程的加快，工伤事故发生的频率和严重程度都迅速增加，单靠工资收入来补偿从事危险工作的职业伤害风险已远远不够。19 世纪 80 年代起，一些工业化较早的国家逐步建立起工伤事故的“雇主责任制”。1881 年，德国《社会保险宪章》中就规定有事故保险。1884 年德国实行《工人灾害赔偿法》，对因事故而伤亡的人给予“无过失补偿”。这一补偿原则认为，凡是利用机器进行生产活动的雇主或机构，都有可能对雇员造成伤害；雇员受到伤害的原因虽然有的是个人方面的，但并非出于受害者本人的意愿。不管如何，雇主都应承担赔偿责任。雇主支付职业伤害赔偿金是一笔日常开支，就像设备的维修保养费和工资一样。此后，西欧和北欧各国纷纷仿效建立工伤保险制度，奥地利于 1887 年、挪威于 1894 年、芬兰于 1895 年、英国于 1897 年、法国、丹麦和意大利于 1898 年相继实施工伤保险。

雇主责任制的工伤赔偿制度又有三种不同的方式：由雇主个人直接提供赔偿金，如英国、意大利、西班牙等；由雇主协会提供赔偿金，如德国、奥地利等；由雇主向商业保险公司投保，工人的工伤赔偿金由保险公司承担。但雇主责任保险也存在许多不足之处：由于没有一致的工伤认定标准和赔偿标准，所以劳资双方有关工伤事故的争议就较多；雇主的工伤负担可能十分沉重，以致无力赔付。当遇到严重事故需给付巨额赔偿时，雇主就会面临生产困难乃至破产境地；雇主支付的赔付金一般都是一次性的，待遇标准偏低，对于受害者及其家属来说它远远不能满足其康复和生活之需；商业保险公司出于自身利益的需要，也尽可能地降低赔付，一般还把工伤风险大的行业排斥在外。为克服雇主责任制的弊端，许多国家引入了工伤社会保险制度。与雇主责任制比较，工伤社会保险的特点在于：国家立法实施统一的工伤保险，在更大范围内分担工伤风险。由国家统一筹措保险资金、统一工伤认定，统一给付标准，统一工伤保险的管理。

进入 20 世纪后，建立工伤社会保险制度的国家和地区日益增多。当煤炭、化学工业得到迅速发展时，一些国家逐步将许多职业病列入工伤保险范畴。国际劳工组织曾制定并通过了许多工伤保险公约和建议书，包括《工人事故赔偿公约》、《工人赔偿最低限度建议书》、《工人职业病赔偿公约》、《工人职业病赔偿建议书》、《本国工人与外籍工人在工伤事故赔偿方面同等待遇建议书》等，推动了工伤社会保险制度在全球范围内的建立和发展。第二次世界大战前后，欧洲绝大多数国家和拉美、亚洲一些国家都相继建立了工伤保险制度，工伤保险成为许多国家建立社会保障制度的首选。①

11.2 我国工伤保险制度

11.2.1 我国工伤保险的建立与发展

新中国成立后，党和政府面临经济落后、生产萎缩、失业和通货膨胀严重，因工致病、致伤、致残人群庞大等一系列社会问题以及生产条件恶劣等生产安全问题，在恢复经济建设的同时，我国正式开始了全国统一的社会保障制度的创建工作。

1. 工伤保险制度的历史发展

我国企业职工的工伤保险制度，是随着1951年《中华人民共和国劳动保险条例》的颁布实施而逐步建立和发展起来的。《条例》规定：职工在劳动过程中发生伤亡事故，其治疗费、药费、住院费及就医路费，均由企业行政或资方负担。住院期间的伙食费，由单位补助2/3，个人负担1/3。需要安装假肢、镶牙、补眼等费用，也由单位负担。医疗期间的工资由单位照发。对因工致残的职工按照其伤残程度给予抚恤和补助。因工死亡的职工，由企业发给丧葬费。对直系供养亲属，每月发给死者生前标准工资的25%～50%的抚恤金。

1957年2月，卫生部制定和颁发的《职业病范围和职业病患者处理办法的规定》，首次将职业病伤害列入工伤保险的保障范畴。《规定》把职业中毒、尘肺等14种与职业工作有关的疾病正式列入职业病范围，并规定职业病患者在治疗或休养期间以及医疗终结确定为残废或治疗无效而死亡时，均按劳动保险条例中有关工伤待遇处理。以后，职业病的认定范围不断扩大，至1987年公布的规定职业病名单列有：职业中毒51种；尘肺12种；物理因素职业病6种；职业性传染病3种；职业性皮肤病7种；职业性眼病3种；职业性耳鼻喉疾病2种；职业性肿瘤8种；其他职业病7种，共计99种。

2. 传统工伤保险制度的弊端

工伤保险制度实施以来，企业按国家规定对在劳动过程中发生事故伤亡和

① 张彦，陈红霞．社会保障概论［M］．南京．南京大学出版社，1999：221.

患职业病的职工提供医疗、津贴和抚恤，对于保障职工权益、安定社会和促进生产发展起到了积极的作用。但是，这种在计划经济体制下形成和发展起来，随着社会主义市场经济的发展逐渐不能适应需求。我国传统工伤保险的主要不足在于：

(1) 覆盖范围窄。改革开放以来，外商投资企业、私营企业和乡镇企业大量涌现，这些企业并未实行工伤保险制度。其中有不少企业劳动条件和安全管理较差，工伤事故频发，特别是乡镇企业的工伤伤亡人数占全国企业伤亡总数的一半以上。因此大量“三资”、私营、乡镇企业中的职工缺乏劳动保护，企业与劳动者签订“生死合同”的现象屡见不鲜。

(2) 保险方式落后。传统工伤保险的方式是“企业保险”，按照原规定，工伤和职业病的医疗、津贴、抚恤等费用都由企业支付。它是一种典型的“雇主责任制”方式，没有体现风险共担的工伤保险“大数法则”。在计划经济体制下，实施工伤保险的国有企业是国家的，后面有强有力的后盾，因此工伤制度的“企业保险”方式和“社会保险”方式不存在很大的区别。进入市场经济社会后，企业要作为独立的经济实体经营运作，工伤制度的“企业保险”方式势必留下不小的隐患。一旦企业发生特大事故，企业将不堪重负，甚至破产，职工权益也无从得到保障，企业和职工都要承担很大的风险。

(3) 工伤待遇标准偏低。传统工伤保险制度的伤亡待遇，基本上是五六十年代制定的，计发基数按照标准工资，而企业的标准工资大约只占工人收入的一半。所以工伤待遇偏低，且没有建立该待遇的正常调整机制，工伤职工及其家属生活困难。工伤认定标准模糊，赔偿标准过时，致使出现不少“闹工伤”现象。

(4) 缺乏工伤预防机制。工伤保险局限于善后，不注重开展工伤事故和职业病的预防工作。工伤保险与安全生产、劳动保护结合不紧密，缺乏降低工伤事故发生率的有效手段。工伤保险应以“安全第一，预防为主”作指针，可参照国际工伤社会保险的经验，主要以工伤保险的差别费率和浮动费率这一经济杠杆，辅以必要的行政手段，来建立有效的工伤预防机制。

3. 工伤保险的改革与发展

根据党的十三届三中全会提出的“普遍建立企业工伤社会保险制度”的要求，以及《劳动法》关于社会保险的规定，为使工伤社会保险制度更好地适应建立社会主义市场经济体制的要求，促进企业安全生产，维护广大职工群众的合法权益，劳动部在总结试点经验和借鉴国外经验的基础上，于1996年10月1日颁布实施《企业职工工伤保险试行办法》。其主要内容有：扩大工伤保险的实施范围，所有企业和劳动者，包括被批准入境就业的外籍职工，都要参加统一的工伤保险制度；扩大工伤认定范围；统一评残标准；实行工伤医疗期；统一工伤待遇；实行工伤保险基金差别费率与浮动汇率制；实行属地管理，以中心城市或地级市为主实行工伤保险费用社会统筹。

2003年4月27日，国务院颁布《工伤保险条例》，并于2004年1月1日起施行，这是第一部专门的工伤保险行政法规，它不仅标志着中国新型工伤保险制度的基本确立，而且对于解决工伤保险争议、推进工伤保险具有重要意义。

11.2.2 工伤保险的申请

1. 工伤的界定

工伤是指职工在工作过程中因工作原因受到事故伤害或者患职业病。我国2004年出台的《工伤保险条例》第十四条规定，职工有下列情形之一的，应当认定为工伤：

一是在工作时间和工作场所内，因工作原因受到事故伤害的；二是工作时间前后在工作场所内，从事与工作有关的预备性或者收尾性工作受到事故伤害的；三是在工作时间和工作场所内，因履行工作职责受到暴力等意外伤害的；四是患职业病的；五是因工外出期间，由于工作原因受到伤害或者发生事故下落不明的；六是法律、行政法规规定应当认定为工伤的其他情形。

工伤认定中的职业病是指企业、事业单位和个体经济组织的劳动者在职业活动中，因接触粉尘、放射性物质和其他有毒、有害物质等因素而引起的疾病。根据职业病防治法的这一规定，结合工伤保险条例中关于适用范围的有关规定，条例中规定的患职业病的，主要是指条例覆盖范围内的所有用人单位的劳动者在职业活动中，因接触粉尘、放射性物质和其他有毒、有害物质等因素而引起的疾病。

有以下情形之一的，可以视同工伤：一是在工作时间和工作岗位，突发疾病死亡或者在48小时之内经抢救无效死亡的；二是在抢险救灾等维护国家利益、公共利益活动中受到伤害的；三是职工原在军队服役，因战、因公负伤致残，已取得革命伤残军人证，到用人单位后旧伤复发的。

由于下列情形不得认定为工伤或者视同工伤：一是因犯罪或者违反治安管理伤亡的；二是醉酒导致伤亡的；三是自残或者自杀的。

2. 工伤保险申请

根据《工伤保险条例》规定，职工发生事故伤害或者按照职业病防治法规定被诊断、鉴定为职业病，所在单位应当自事故伤害发生之日或者被诊断、鉴定为职业病之日起 30 日内，向统筹地区劳动保障行政部门提出工伤认定申请。遇有特殊情况，经报劳动保障行政部门同意，申请时限可以适当延长。用人单位未在规定的时限内提交工伤认定申请，在此期间发生符合规定的工伤待遇等有关费用由该用人单位负担。用人单位未按前款规定提出工伤认定申请的，工伤职工或者其直系亲属、工会组织在事故伤害发生之日或者被诊断、鉴定为职业病之日起 1 年内，可以直接向用人单位所在地统筹地区劳动保障行政部门提出工伤认定申请。

提出工伤认定申请应当提交工伤认定申请表、与用人单位存在劳动关系（包括事实劳动关系）的证明材料、医疗诊断证明或者职业病诊断证明书（或者职业病诊断鉴定书），工伤认定申请表应当包括事故发生的时间、地点、原因以及职工伤害程度等基本情况。劳动保障行政部门应当自受理工伤认定申请之日起 60 日内做出工伤认定的决定，并书面通知申请工伤认定的职工或者其直系亲属和所在单位。

11.2.3　工伤保险待遇

工伤保险的待遇分为医疗待遇、工资待遇、伤残待遇与死亡待遇：①

1. 医疗待遇

职工因工作遭受事故伤害或者患职业病进行治疗，享受以下工伤医疗待遇：一是工伤医疗费用，包括治疗工伤所需费用符合工伤保险诊疗项目目录、工伤保险药品目录、工伤保险住院服务标准的，从工伤保险基金支付；二是康复性治疗费用，即工伤职工到签订服务协议的医疗机构进行康复性治疗的费用，符合规定的，从工伤保险基金支付；三是辅助器具安装配置费用，即工伤

① 郑功成．社会保障学［M］．北京．中国劳动社会保障出版社，2009：341.

职工因日常生活或者就业需要，经劳动能力鉴定委员会确认，可以安装假肢、矫形器、假眼、假牙和配置轮椅等辅助器具，所需费用按照国家规定的标准从工伤保险基金支付；四是住院伙食补助费。职工住院治疗工伤的，由所在单位按照本单位因公出差伙食补助标准的70%发给住院伙食补助费；五是转外地治疗的交通、食宿费。经医疗机构出具证明，报经办机构同意，工伤职工到统筹地区以外就医的，所需交通、食宿费用由所在单位按照本单位职工因公出差标准报销。

2. 工资待遇

职工因工作遭受事故伤害或者患职业病需要暂停工作接受工伤治疗的，在停工留薪期间，原工资福利待遇不变，由所在单位按月支付。停工留薪期一般不超过12个月。伤情严重或者情况特殊，经设区的市级劳动能力鉴定委员会确认，可以适当延长，但延长不得超过12个月。工伤职工评定伤残等级后，停发原待遇，按照《条例》的有关规定享受伤残待遇。工伤职工在停工留薪期满后仍需治疗的，继续享受工伤医疗待遇。

3. 伤残待遇

伤残待遇包括三个部分：（1）一次性伤残补助金。职工因工致残被鉴定为一级至四级伤残的，由工伤保险基金支付伤残职工本人6~24个月工资的一次性伤残补助。（2）伤残津贴。职工因工致残被鉴定为一级至四级伤残的，从工伤保险基金按月支付伤残津贴。职工因工致残被鉴定为五级、六级伤残，保留与用人单位的劳动关系，但难以安排工作的，由用人单位按月发给伤残津贴。(3) 生活护理费。工伤职工已经评定伤残等级并经劳动能力鉴定委员会确认需要生活护理的，从工伤保险基金按月支付生活护理费。生活护理费按照生活完全不能自理、生活大部分不能自理和生活部分不能自理三个不同等级支付。

4. 死亡待遇

职工因工死亡待遇包括丧葬补助金、供养亲属抚恤金和一次性工亡补助金三个部分，由其直系亲属按照规定领取丧葬补助金、供养亲属抚恤金和一次性工亡补助金。伤残职工在停工留薪期内因工伤导致死亡的，其直系亲属享受丧葬补助金待遇。

11.2.4 工伤保险基金

工伤保险基金是工伤保险制度的财政基础，它由用人单位缴纳的工伤保险费、工伤保险基金的利息和依法纳入工伤保险基金的其他资金构成。用人单位依法按时向社会保险经办机构申报缴费基数，按时交纳工伤保险费，职工个人不缴纳工伤保险费。国家根据不同行业的工伤风险程度确定行业差别费率，同时建立单位缴费浮动机制，根据用人单位的工伤发生情况和工伤保险费使用情况调整用人单位的缴费费率。工伤保险基金在直辖市和设区的市实行全市统筹，其他地区的统筹层次由省、自治区人民政府确定。跨地区、生产流动性较大的行业可以采取相对集中的方式异地参加统筹地区的工伤保险。

中国规定对工伤保险基金实行收支两条线管理，工伤保险基金收入存入社会保障基金财政专户。用于《条例》规定的工伤保险待遇、劳动能力鉴定以及法律、法规规定的用于工伤保险的其他费用的支付。此外，针对工伤事故发生具有不确定性的特点，为了应对重大工伤事故的发生，防范基金风险，《条例》还规定建立储备金，用于统筹地区重大事故的工伤保险待遇支付，储备金支付不足的，由统筹区人民政府垫付。

11.3 生育保险

生育，作为人类繁衍的最基本过程，历来在社会生活中占有重要位置。生育社会保险就是社会对女性生育价值的肯定与补偿。根据马克思的人口理论，生育应该被看做是一个创造价值的生产过程。

11.3.1 生育社会保险概述

1. 生育社会保险的含义

所谓生育社会保险，就是指通过国家立法，在妇女因生育子女而暂时中断劳动时由国家和社会及时给予生活保障和物质帮助的一项社会保险制度。其宗旨在于通过提供生育津贴、医疗服务和产假，维持、恢复和增进生育妇女身体健康，并使婴儿得到精心的照顾和哺育。

生育保险提供的生活保障和物质帮助，通常由现金补助和实物供给两部分组成。现金补助主要是指及时给予生育妇女的生育津贴，有些国家还包括一次性现金补助或家庭津贴。实物供给主要是指提供必要的医疗保健、医疗服务以及孕妇、婴儿需要的生活用品等。

2. 生育保险的类型

目前，国际上采用的生育保险制度有三种类型：

第一类，实行社会保障制度的国家，也称实行参保制的国家。要求享受生育保险待遇者必须在生育之前尽参保义务，即缴纳一定的保险费，主要以德国、美国、巴西等国为主，并且生育保险包含在医疗保险项目内。

第二类，实行雇主责任制国家。这类国家的生育费用由企业雇主或职工所在单位负担，不要求有缴费记录。如前苏联、利比亚、马耳他、布隆迪等国家。

第三类，实行福利制度的国家。这些国家不以是否参保作为享受生育保险待遇的前提，如瑞士、加拿大、丹麦、澳大利亚、新西兰等。只要符合国家公民资格和财产调查手续的妇女，一般都能享受生育保险待遇。

我国在1988年前，基本实行雇主负责制，1988年以后逐步向社会保险制度过渡。中国实行生育保险社会统筹的地区，规定生育保险享受待遇人员必须符合国家《婚姻法》的规定，履行结婚手续，其职工所在单位参加了生育保险，职工生育符合国家计划生育政策等。

3. 生育社会保险的内容

各个国家的经济发展水平不一，条件不同，但一般而言，妇女生育社会保险制度均包括了以下几个内容：①

（1）生育医疗保健服务。这一服务是为孕妇提供孕期、分娩和产后所需的各种检查、咨询、助产、住院、护理、医药等一系列保健服务，以保证母婴平安健康。这项服务是医疗保健的子项目，在实行全民医疗保健的国家已覆盖到全体妇女；但在许多发展中国家还只是部分妇女（如在职女性）享有此项保险。

（2）生育津贴。这是对职业妇女生育期间工资收入损失依法给予的现金补偿，目的是为生育妇女提供基本生活保障。许多国家的补偿原则是不低于生

① 杨超．社会保障概论［M］．南昌：江西人民出版社，2005：122．

育前的工资水平，或为工资的 100%，但也有的国家只为休产假的女职工保留工作岗位，不支付生育津贴。

(3) 职业妇女在分娩或流产期间依法享有的法定带薪休假。根据生育社会保险产前、产后都享受的原则，产假一般明确划分为产前假和产后假两段，并依产程难度等因素确定产假的长短，世界上最长的产假是半年，最短的产假也有 90 天。产假长短以有利于产妇恢复健康为基础，并结合国家社会政策和经济承受能力情况决定的。我国规定的正常产假为 90 天，其中产前假期为 15 天，产后假期为 75 天。

(4) 育儿假和育儿津贴。又称“母亲工资”或“父亲工资”，其标准低于生育津贴。它是规定婴儿的母亲或父亲可以在休满产假后增加一段休假照顾婴儿，育儿假期从 6 个月到 3 年不等。尽管现在世界上实行这一津贴的国家不多，但推动这一津贴在世界更大范围内实行的力量却非常强大，如联合国、国际劳工组织、世界妇女组织等。

11.3.2　国外生育保险制度

实行生育保险是全世界妇女最迫切、最普遍的一种需要，已受到各国政府的普遍重视。最早的生育保险的国际公约是 1919 年国际劳工组织颁布的《生育保护公约》。各个国家的生育保险或者是单独立法，或是与疾病保障连在一起，由于国情不同，建立生育保险制度的进展和制度宗旨也有所不同。

1. 国际劳工组织对生育保险制度的规定

国际劳工组织大会在 1952 年修改通过的《生育保护公约》以及《生育保护建议书》，对生育保护作了国际认同的规定，并提出了相应的建议。

(1) 生育保护范围。生育保护适用于受雇于工业企业、商业、运输、服务等非工业企业及农业职业的妇女，包括在家工作的有薪妇女。

(2) 产假。公约规定，妇女产假至少 12 周，其中应有产后的强制休假期，并建议产假可延长至 14 周。如果预产期不准或怀孕、生产带来疾病，产假应该予以延长。

(3) 现金补助和医疗护理。公约规定，产假期间，妇女有权享有足以维护本人及孩子恰当生活水平的现金补助，以及包括预产期护理、生产、产后护理和住院费在内的医疗补助，并有权自由选择医生和医院。生育现金补助的计算，以过去收入为基础，至少应为过去收入的2/3。

（4）生育妇女工作权。禁止解雇产假期间的妇女。生育期间，妇女享有每天两次各半小时休息喂奶权，喂奶妇女有权为此中断工作（暂时），中断时间应计算在工时之内。

2. 国外生育保险制度的主要特点

（1）生育保险与医疗保险合并立法

在实行社会保障制度的国家，几乎都把疾病与生育归入同一类保障项目中，共同立法，实施方案也基本相同。这主要是因为生育与保健密不可分，生育保险给付和医疗保险给付在性质与标准上有相似之处。

（2）覆盖范围较广

目前东西方发达国家生育保险的覆盖范围都很宽，一些国家的覆盖对象已包括非工资劳动者，或者只要符合公民资格就能享受应有待遇。国家财政也有大量补贴。这既有社会福利思想的影响，更是由于人口危机而采取的鼓励生育的有效措施。

（3）待遇标准较高

国外生育保险待遇主要包括产假、生育补助金、生育津贴、医疗保健、儿童津贴等内容。从实施情况来看，大多数国家达到或超过了国际劳工组织的《生育保护公约》规定标准。

11.3.3 我国的生育保险制度

1. 生育保险制度的建立与发展

中国生育保险制度在新中国成立之初就已建立，1951年颁布的《中华人民共和国劳动保险条例》把“女工人与女职工”纳为保障对象，1955年颁布的《国务院关于女工作人员生产假期的通知》使“机关女工作人员”也有了基本相同的制度保障。当时规定，企业生育保险费由女职工所在企业供款，职工不出资；机关事业单位则由财政拨款。标准受益人都是女职工；其他受益人包括企业男职工之妻和女职工生育的婴儿等。

1986年根据多年实施情况和社会经济的环境，由卫生部、劳动人事部、全国总工会、全国妇联联合印发了《女职工保健工作暂行规定（试行草案）》。在此基础上，1988年国务院又颁布了《女职工劳动保护规定》，将生育保险制度的实施范围扩大到包括外商投资企业和乡镇企业在内的我国境内一切企业、机关事业单位和社会团体。重新调整了生育保险待遇，保险待遇由产假、产假工资、医疗保健三部分组成：产假由原来的 56 天延至 90 天，并分产前假和产后假两部分，产前假 15 天，产后假 75 天。难产者增加 15 天产假，多胞胎生育者，每多生育一个小孩也增加 15 天产假。

1992 年全国人大通过了《中华人民共和国妇女权益保障法》，全面规定了妇女在政治、文化教育、劳动、财产、人身、婚姻、家庭方面的权益，明确“国家保护妇女依法享有特殊权益，逐步完善对妇女的社会保障制度”。1994 年 7 月《中华人民共和国劳动法》颁布，规定女职工与男职工享有同等的权利和义务，劳动者在生育情况下，依法享有社会保险待遇。1994 年 12 月，为配合《劳动法》的贯彻实施，规范生育保险办法，为女职工的合法权益提供保障，劳动部颁布了《企业职工生育保险试行办法》（以下简称《试行办法》），它标志着我国生育保险制度的改革和发展进入了一个新的阶段。

2004 年劳动和社会保障办公厅为了加强生育保险的管理，颁发了《关于进一步加强生育保险工作的指导意见》，就进一步加强生育保险工作提出指导意见。包括高度重视生育保险工作，协同推进生育保险与医疗保险，切实保障生育职工的医疗需求和基本生活待遇，加强医疗保险的服务管理以及提高经办机构管理和服务水平。

2. 生育保险金的筹集

生育保险根据“以支定收，收支基本平衡”的原则筹集资金，职工个人不缴纳生育保险费，由企业按照其工资总额的一定比例向社会保险经办机构缴纳生育保险费，建立生育保险基金。生育保险费的提取比例由当地人民政府根据计划内生育人数和生育津贴、生育医疗费等项费用确定，并可根据费用支出情况适时调整，但最高不得超过工资总额的百分之一。企业缴纳的生育保险费作为期间费用处理，列入企业管理费用。

3. 生育保险待遇

女职工生育按照法律、法规的规定享受产假。产假期间的生育津贴按照本企业上年度职工月平均工资计发，由生育保险基金支付。女职工生育的检查费、接生费、手术费、住院费和药费由生育保险基金支付。超出规定的医疗服务费和药费（含自费药品和营养药品的药费）由职工个人负担。女职工生育出院后，因生育引起疾病的医疗费，由生育保险基金支付；其他疾病的医疗费，按照医疗保险待遇的规定办理。女职工产假期满后，因病需要休息治疗的，按照有关病假待遇和医疗保险待遇规定办理。女职工生育或流产后，由本人或所在企业持当地计划生育部门签发的计划生育证明，婴儿出生、死亡或流产证明，到当地社会保险经办机构办理手续，领取生育津贴和报销生育医疗费。

4. 生育保险基金

生育保险基金由劳动部门所属的社会保险经办机构负责收缴、支付和管理。生育保险基金应存入社会保险经办机构在银行开设的生育保险基金专户。银行应按照城乡居民个人储蓄同期存款利率计息，所得利息转入生育保险基金。社会保险经办机构可从生育保险基金中提取管理费，用于本机构经办生育保险工作所需的人员经费、办公经费及其他业务经费。管理费标准，各地根据社会保险经办机构人员设置情况，由劳动部门提出，经财政部门核定后，报当地人民政府批准。管理费提取比例最高不得超过生育保险基金的2%。生育保险基金的筹集和使用，实行财务预、决算制度，由社会保险经办机构做出年度报告，并接受同级财政、审计监督。

本章小结

本章主要介绍了工伤保险和生育保险。工伤保险是根据职业风险原则建立的，是国际上立法较为普通、发展最为完善的一项社会保险制度。工伤保险作为抗御职业危害的保险制度适用于所有职工，任何职工发生工伤事故或遭受职业疾病，都应毫无例外地获得工伤保险待遇。工伤保险具有强制性、赔偿性和行业互济性，随着社会的进步，工伤保险也从“有过失补偿法”发展到“雇主责任制”，并且仍将继续发展。我国从2004年1月1日起施行《工伤保险条例》，这是第一部专门的工伤保险行政法规，标志着中国新型工伤保险制度的基本确立，对于解决工伤保险争议、推进工伤保险具有重要意义。

生育保险是国家通过立法，在怀孕和分娩的妇女劳动者暂时中断劳动时，由国家和社会提供医疗服务、生育津贴和产假的一种社会保险制度，国家或社会对生育的职工给予必要的经济补偿和医疗保健的社会保险制度。生育保险的实施不仅仅能够保障女职工的基本生活，也是对妇女生育价值的认可和提高人口素质的需要。

关键术语

工伤保险　职业病　雇主责任制　生育保险

思考题

1. 如何理解工伤保险的性质?
2. 实行工伤保险的基本原则有哪些?
3. 工伤保险的发展经过了哪些阶段?
4. 生育保险的特点有哪些?
5. 简述生育保险的意义和功能。

案例分析

河南新密市农民张海超“开胸验肺”事件

张海超是河南省新密市一个普通农民，常年在耐火厂打工，期间先后从事过杂工、破碎、开压力机等有害工种。2007 年下半年感觉身体不舒服，出现咳嗽、吐痰、胸闷等症状。10 月份，张海超来到郑州市第六人民医院拍胸片检查，显示双肺有阴影，但不能确诊病情，意识到病情严重的张海超此后到河南省会的各大医院就诊，医生们都给出了一致的结论：职业病“尘肺”，并建议到职业病医院进一步诊治。

按照相关法律规定，只有用工单位出具证明，劳动者才能在专业职业病鉴定机构进行鉴定，张海超因此而被郑州市职业病防治所拒之门外。尽管张海超最终经过上访在政府部门协调下获得了在职业病鉴定机构进行鉴定的资格，在好不容易拿到企业证明之后，接下来却被郑州市职业病防治所诊断为“肺结核”而非“尘肺”。当张海超提出复议申请并被批准到郑州市职业病鉴定委员会准备重做鉴定的时候，才发现该委员会和郑州市职业病防治所是两块牌子、一套人马。张海超的职业病鉴定与维权之路被堵死，陷入了只能在原有鉴定路径上来回奔波而无法实现维权突破的“死循环”当中。绝望之中，张海超选择了悲壮的“开胸验肺”，把肺组织切下来一块，进行病理化验，作出最终的病理诊断，结果是“尘肺合并感染”。

“开胸验肺”事件充分体现了我国职业病鉴定体系中的不足，尤其是法律规定需要进一步完善。首先，在劳动者申请职业病鉴定资格上，不能唯企业出具的证明是论。一旦劳动者通过职业病鉴定机构诊断得了职业病，就需要企业出钱，所以要企业出具证明让劳动者去鉴定无异于是“与虎谋皮”。有关人士建议，规定职工在企业的胸牌、出入证、工资条、工友证明等，都可作为职业史证明，只要能提供这些材料之一者即可获得进行职业病鉴定的机会。其次，应当破除职业病防治机构对于职业病鉴定的垄断地位，规定只要是达到相关级别的医疗机构的诊断结果都可作为劳动者患有职业病的证明。另外，还应破除当前部分地方职业病鉴定委员会与职业病防治所在机构与人员重叠的格局，建立由多家权威医疗机构专家共同组成的“混合型”职业病鉴定复核机构，以避免职业病鉴定复核流于形式，使职业病鉴定复核的作用能够真正得到体现。法律规定，职业病诊断应由当地依法承担职业病诊断的机构进行，在这样一种规定之下，如果出现有关职业病鉴定机构出于种种原因隐瞒劳动者职业病病情的情形，也就是剥夺了患有职业病的劳动者获得确诊与维权的机会。

近些年来，随着农民务工人员的增多，劳动者数量越来越多，包括尘肺在内的职业病患病率也越来越高，在这种情形下，唯有不断改善劳动者工作环境，提高劳动者工作场所的健康与安全标准，并改革与完善有关职业病防治法律规定与现有职业病鉴定体制，才能让更多劳动者避免受到职业病的伤害以及在患病之后面临维权困境。

请思考：

结合案例分析我国当前职业病鉴定体系中的不足。

第12章 社 会 救 助

社会救助是社会保障制度的重要组成部分，是现代国家最基本的社会保障制度之一，它对于解决贫困人口的基本生活问题至关重要，对社会政治、经济、文化的发展同样具有重要意义。

12.1 社会救助概述

12.1.1 什么是社会救助

在我国，大多数人对社会救助这个词还比较陌生，人们耳熟能详的是“社会救济”这个词，往往把它看成是社会救济的另一种说法而已，没有把社会救助与传统的社会救济区别开来。所以，当我们讨论社会救助问题时，首先要从最基本的概念框架谈起。

1. 社会救助的由来

1601 年，英国颁发的《济贫法》（伊丽莎白济贫法）是西方最早以法律形式确定的社会救助措施，但是带有“惩戒性”和以损害受惠者的人格与尊严为代价而引起贫民的极大不满。真正具有现在意义的社会救助制度产生于 20 世纪初，相对确立社会保险制度的时间要晚。当时人们已经认识到贫困并非万恶之源，导致贫困的主要原因已经不在个人而在社会。因此，给贫困者提供物质援助应当成为政府与社会的责任，接受物质帮助的贫困者也不应当低人一等，社会救助应当成为国民的一项基本权益。现代的社会救助制度产生于20世纪30年代，当时欧美各国爆发了严重的经济危机，从而导致了大量贫困现象的产生。在传统的济贫手段和社会保险都不足以解决问题的前提之下，各国政府不得不尝试建立社会救助制度，以弥补社会保险制度的不足。

在我国，人们以往习惯使用“社会救济”这一概念。20世纪90年代以来，随着社会主义市场经济体制的建立和改革的不断深化，企业困难职工剧增、贫富差距拉大等一些新的社会问题，部分社会成员的基本生活问题尤为突出。以最低生活保障为主要内容的社会救助制度便应运而生，并且在不到十年的时间就已遍布全国城镇。建立以最低生活保障制度为主的综合性社会救助体系，能够真正对每一个社会成员的基本生活起到“兜底”的作用，才能保证良好的经济建设环境，稳定的社会秩序。

2. 社会救助的界定

关于社会救助的含义，学术界有各自不同的定义，但基本上大同小异。一般来说，社会救助是在公民因各种原因导致难以维持最低生活水平时，由国家和社会按照法定的程序给予款物接济和服务，以使其生活得到基本保障的制度。它是社会保障制度的重要组成部分，是对以劳动关系为依托的社会保险制度的补充。在实践中，社会救助内涵的扩大是与人类生存需求内容的扩展相联系的。现代意义上的社会救助不仅包括吃穿，还包括医、教、住等。在实际操作中，通常的作法是根据维持最起码的生活需求的标准设立一条最低生活保障线，任何一个公民，当其收入水平低于最低生活保障线而生活发生困难时，都有权利得到国家和社会按照明文公布的法定程序和标准提供的现金和实物救助。

3. 社会救助的特点

（1）救助义务的单向性

社会救助强调国家和社会对贫困者的责任和义务。与其他社会保障相比，社会救助体现的是权利义务的单向性特征，即享受社会救助的社会成员只要符合救助的条件就有权利申请得到救助。对受益者而言，其享受的是单纯的权利，无需像社会保险那样得先尽义务后享受权利，受救助者不需要承担相应的义务，不需要缴纳任何费用。

（2）救助对象的特定性

尽管社会救助是面向全体社会成员，不分性别、年龄、职业、身份、民族、宗教信仰等，也不存在事先参加的问题，但社会救助的对象是由法律加以规定的，只有符合条件且真正陷入生活困境的社会成员才有资格享受救助。

（3）救助标准的低层次性

社会救助处于现代社会保障体系的最低或最基本的层次，是满足最低生活需求的资金或物资，救助金的发放标准也在一定时期社会的平均生活水平之下。它既体现了人道主义精神，使每一个公民不至于处于无助的困境，同时又对申请救助者只提供满足基本生活需求的资金和实物，避免产生依赖心理。

（4）救助手段的多样性

社会救助既可采用现金救助，又可采用实物救助；既有临时应急救助，又有长期固定救助；既有政府救助，还有民间救助等。具体救助项目中有粮食救助、衣被救助、住房救助、医疗救助、教育救助等具体救助形式。救助手段的多样性正是作为最低层次社会保障的特征体现，有利于满足社会救助对象最迫切的需要。

（5）救助程序的法定性

社会救助对象必须履行一系列法定的程序才能获得社会救助的待遇。一般社会救助的程序包括个人申请、家庭经济状况调查、社区评议、基层审核、上级批准等。通过一系列法定的程序，确认社会救助对象并保证其准确性，从而将社会救助款项或物资提供给真正最迫切需要者的手中，使有限的社会救助资源得以最符合目标的利用。

12.1.2 社会救助的意义

传统社会救助往往是临时性的应急措施，功能比较单一。现代社会救助制度的不断完善，在缓解贫困、维护社会稳定、促进社会公平等方面都具有重要的功能。

第一，社会救助是居民生存权的基本保障。生存权和发展权是现代社会公民的基本权利，获取社会救助是公民的一项基本权利。在现代社会中，尤其是在经济、社会转型时期，从总体来看，造成贫困的原因中社会因素大于个人因素。所以，对于国家和社会来说，社会救助是其不容推卸的责任，每个人在社会上都应得到最基本的生活保障。社会救助应从民生的角度考虑问题，对效率与公平的选择往往倾向于公平优先，甚至可以允许牺牲一定的效率。在当今世界上，社会救助制度通常被视为纯粹的政府行为，是一种完全由政府运作的最基本的再分配或转移支付制度，其责任或义务通常以立法方式加以确认。对于每一位公民来说，社会救助是他们应当享有的受法律保护的基本权利，这同样可以在我国宪法中找到依据，我国《宪法》第四十五条明确规定："中华人民共和国公民在年老、疾病或者丧失劳动能力的情况下，有从国家和社会获得物质帮助的权利。"

第二，社会救助是社会稳定的"安全网"。社会救助制度提供的仅仅是满足最低生活需求的资金或实物，目的是在公平与效率之间寻求适度的平衡。社会救助不关注致贫原因，只看受助者是否真正贫困，是社会保障制度中的最后一道安全网。它极力使每一个公民不至于在生活困难时处于无助的困境。社会救助通过运用政府的公共权力与公共资源，对收入分配进行适度调整，维护低收入阶层的生存权利，体现了社会公平与正义的价值追求，能够在一定程度上消除市场经济条件下效率对公平的排斥，减轻低收入和无收入的社会成员的生活困难，从而起到协调社会关系、稳定社会和促进社会进步的作用。

第三，社会救助作为一种收入调节制度，是国家宏观调控的工具之一。市场经济追求效率和财富，强调优胜劣汰，它在本质上对强势群体有利，不能自发地保护弱者。社会弱势人群面临的困难，不仅仅是个人的因素导致的，更主要的是一种社会经济问题。从某种意义上说，社会变革和社会转型的成本代价可能由这部分人所承担，因此政府和社会有责任关注和保护他们。社会救助制度的目标是克服现实的贫困，它在公民因社会的或个人的、生理的或心理的原因致使其收入低于最低生活保障标准而陷入生活困境时发生作用。社会救助在保障社会成员最低生活需求的同时，也会部分地实现国家对生产、分配、交换与消费等的有效调节，进而对经济运行起到宏观调控的作用。

12.1.3 世界社会救助的发展趋势

随着社会的发展，世界各国的社会救助制度都不断发展，总的来说有三个趋势：从补救型到发展型、从单纯物质救助到多元化救助、从微观层面到宏观层面。

(1) 从补救型到发展型。传统的救济一般是消极意义上的事后补救，不能从根本上解决贫困者的贫困状况。造成贫困的原因是多方面的，解决贫困的手段和措施也是多方面的，要改变社会救助的基本理念，从消极、单一的补救型社会救助向积极、多元的发展型社会救助的转变。其目的在于提高受助者自身的能力，帮助他们最终摆脱贫困。用发展的眼光来看待和实施救助也是十分有益的，积极探索发展型的社会救助内容是社会救助研究的重要方面。

(2) 从单纯物质救助到多元化救助。传统的社会救助对象往往是“三无人员”和少数特殊人群，救助内容和救助方式往往以单一的现金和实物为主，其基本理念或目标是维持这些人的基本生存。随着社会转型时期社会问题和社会矛盾的日益凸显，人们在救助实践中逐渐认识到，仅仅靠单纯的物质救助，并不能从根本上解决贫困问题，更不能提升被救助者自身的能力。因而，必须改变基本救助理念和基本目标，把单纯的物质救助发展成为多样化的多元救助，增加如精神救助、能力救助、权利救助等新的救助类型，以期在保证被救助者基本生活的同时，注重“人的发展”，变“输血”为“造血”。

(3) 从微观层面到宏观层面。社会救助涉及社会、经济、文化以及政治等各个层面，这就决定了社会救助本身具有复杂性和多样性的特征，也决定了社会救助是横跨社会、政治、经济、管理、人口等多个领域的制度。最早的救助往往是教会或者慈善人士主办的，一般是零星、不成体系的，往往从贫困者个人的微观角度解决贫困；随着政府将治理贫困视为自身的责任，开始从社会政策的宏观层面干预贫困问题，现在的反贫困政策则关注宏观层面和微观层面的共同发展。微观层面主要是指对于具体救助对象实施的救助，宏观层面则包括整个社会救助的理念、社会救助政策的制定、社会救助的管理等方面。

12.2 社会救助体系

社会救助体系是指一个国家或地区对社会弱势群体所进行的各种救助项目所形成的一整套制度框架体系。社会救助体系是由救助主体、救助客体、救助内容、救助方式等因素构成的有机结构或系统。

12.2.1 社会救助的对象和范围

社会救助致力于缓解贫困问题，为弱势群体提供最基本的生活保障。社会救助的对象具有限制性和特定性，往往是社会的弱势群体，他们无法通过自身的力量来维持其基本生存。社会救助对象主要包括三类人员：无依无靠无生活来源者；遭受灾祸严重侵袭而使生活一时陷入拮据状态者；生活水平低于当地政府规定标准者。目前，无任何收入的绝对贫困者已经越来越少，更多的是相对贫困者，他们有衣穿、有饭吃，但是相对于社会平均水平，其生活质量又很低。国家和政府一般根据自身发展的实际情况，确定相应的标准将一些绝对贫困者和相对贫困者作为社会救助体系中的主要救助对象。

社会救助的范围是指何种贫困需要救助，不同的贫困类型需要不同的救助。社会救助最主要解决物质贫困。物质贫困是指个人或者家庭的可支配收入不能支付基本生存所需的食品、衣着、住房等最低需要。物质救助是社会救助最常见的类型，也是社会救助中最源远流长的，至今也仍然是社会救助的最主要的形式。现代社会救助体系中，一方面加强了物质贫困的救助，另一方面也开始关注新的贫困类型，如精神贫困、社会资源贫困、社会权利贫困等。

12.2.2 社会救助体系的基本内容

社会救助体系的结构按照不同的划分标准，可以作不同的分类。

1. 按照救助项目分类

根据世界各国的实践，社会救助的实际内容可以分为基本生活救助、住房救助、医疗救助、教育救助、法律援助、灾害援助、开发扶贫等。

基本生活救助是指对家庭人均收入低于贫困线或当地最低生活保障标准的贫困人口实行差额补助的一种社会救助。我国的城乡居民最低生活保障制度即是一种基本生活救助。

住房救助是指政府向低收入家庭和其他需要保障的特殊家庭提供住房租金补贴或以低廉租金配租住房的一种社会救助。其实质就是由政府承担住房市场费用与居民支付能力之间的差额，解决部分居民因住房支付能力不足而居无定所的问题。我国的廉租房政策就是一种住房救助政策。

医疗救助是指对贫困人口中患病而无经济能力进行治疗的人实施专项帮助和支持的一种社会救助。医疗救助一般有三种形式：一是提供社会医疗救助金，给救助对象以经济补偿；二是给医疗机构一定的经济补贴，使后者直接减免救助对象的部分医疗费；三是由社会医疗救助机构举办专门医疗机构，免费为救助对象提供医疗服务。

教育救助是指国家和社会为了保障适龄人口获得接受教育的公平机会而对贫困地区和贫困家庭子女提供援助的一种社会救助。教育救助往往是通过减免学杂费、资助学杂费等方式帮助贫困人口完成相关学业。

法律援助是指国家对因贫困及其他原因导致的难以通过一般意义上的法律手段保障自身基本社会权利的社会成员，通过减免收费、提供法律帮助等实现其司法权益的一项社会救助。主要内容包括诉讼费减免、免费提供律师、公证和法律咨询服务等。

灾害救助是指当社会成员遭受自然灾害袭击而造成生活困难时，由国家和社会紧急提供援助的一种社会救助，目的在于帮助社会成员度过灾害发生带来的生活困境。

开发扶贫是指国家通过政策、资金、物资、技术、人力等方面的外部投入，对贫困地区的经济运行状态进行调整、优化，在此基础上实现贫困地区经济的良性增长，进而缓解贫困地区的贫困，促使贫困人口逐渐摆脱贫困的政策体系。

2. 按照救助方式分类

根据救助方式的不同社会救助可以分为现金补贴、实物发放、凭单兑换、服务救助、心理援助、权利救助。

现金补贴是指以发放现金的形式为救助对象提供帮助的社会救助形式，是现代社会救助的主要形式。现金救助的优点是受助者可以根据自己的需要将其转换为各种物质或服务。费用的减免或核销也是现金救助的一种形式。

实物发放是指以发放物资的形式为救助对象提供帮助的社会救助形式，是一种传统的救助形式。实物救助的优点是所发的物资可以直接消费，救助效果快捷。现代社会中实物救助在灾害救助中被经常采用。

凭单兑换是西方发达国家常用的一种救助提供方式，这意味着政府通过发放带有现金性质的兑换券，让接受救助的人在限定金额内获得所需要的服务，以“食品券”或“教育券”制度为代表，这样一方面引入了竞争机制，保证了救助的质量，另一方面增强了公民的自主选择权，保证了公民平等地享有福利权利。

服务救助是指针对救助对象提供生活照顾、护理、心理援助等服务，主要包括对高龄老人的护理服务、残疾人服务、对孤儿的照顾等。

心理援助主要针对由于物质上的贫困所导致的心理上的不适甚至是心理问题，或者是由于社会关系失调、个人情感等非经济原因所致生活伤陷入困境的群体。通过个体心理辅导以及团体辅导等方法，帮助他们认识自我、缓解压力、发现问题，积极地对待生活和挑战。

权利救助是指通过自信心训练、建立社会关系、开展政治活动或发展社区等方式使人们建立自我维权意识，获得自我维权的权利和机会；通过呼吁、法律援助、咨询指导和就业服务等方式，使人们能够充分利用现有的权利和机会；通过“增权”的工作模式帮助人们获得个体、人际关系以及社会参与的增权。

实际上，许多救助项目在实践中并不限于使用上述一种手段，而是可能采用多种救助手段同时采用。

3. 按照救助时间分类

从救助时间来看，可以划分为长期救助和临时救助。

长期救助是指在实践上具有连续性的社会救助，一般表现为在相对较长的一段时间里，社会救助管理机构按规定连续的、定时的为救助对象提供援助。如对孤寡老人、孤残儿童以及长期生活在贫困线或最低生活保障线之下的社会成员的救助等，均采取定期救助。

临时救助是指在时间上没有连续性，或者救助时间比较短的社会救助，它是为解决社会成员临时的生活困难而进行的社会救助。这种救助的条件往往是短期的或者临时的，因此，当救助条件消失之后，救助的必要性也就不复存在。临时救助主要包括各种灾害救助和失业救助等，其特征是短期性和非连续性。

12.2.3　世界各国社会救助体系

从各国的社会救助实践来看，其社会救助体系结构并不相同。发达国家的社会救助项目齐全，保障全面，水平也相对较高，已经超过了早期社会救助提供最低食物保障的阶段。发展中国家则大多停留在食物保障阶段，但也在不断扩展。

在美国，社会救助体系健全，其救助项目包括低收入家庭能源补助、强制性儿童补助、特困人员收入补助、抚养子女补助、就业与劳动技能援助、食品券补助、医疗补助、住房补助、额外津贴等。另外，还有失业救济，但其经费主要来源于失业保险。

在英国，从 1601 年颁布济贫法，到 20 世纪 40 ~ 50 年代确立新型的国民救助制度，再到 1986 年对贫困救助做了较大改革，经过历年的补充完善，也形成了健全的社会救助体系，主要包括低收入家庭救助、老龄救助、儿童救助、失业救助及疾病救助等内容。

在德国，社会救助大体分为两大类：一类是特殊困难的救助，一类是一般低收入家庭的救助。特殊困难的救助包括残疾人救助、老人救助以及病人救助、孕妇救助和产妇救助、在国外的德国人救助等。一般低收入家庭社会救助面向全社会，低于政府规定最低生活费标准的家庭都可申请社会救助，救助的内容包括食品费、生活费、燃料费以及杂费等日常生活费。

在日本，公共救助和社会救济共同构成了社会救助制度。其公共救助制度包括生活保护和灾害救助；而社会救济主要由生活救济、义务教育、住宅、医疗、生育、立业和丧葬等七项救济制度组成，是为保证所有贫困国民的最低生活并促进其生活自立而设立的。①

12.2.4 我国社会救助体系

随着社会救助基本理念的转变，我国社会救助开始渗透到人们生活的各个层面，社会救助的范围不断扩大，社会救助的内容也得到很大的扩展。有研究者认为我国社会救助体系的内容可以分为：最低生活保障制度、农村特困户生活救助制度、农村五保供养制度、医疗救助制度、教育救助制度、住房救助制度和司法救助制度。也有人认为，我国当前的社会救助制度应当以最低生活保障制度为主，同时也应包含医疗救助、住房救助、教育救助、法律援助、生产救助、社会互济、服务互助、精神慰藉等方面的救助。

从当前我国社会救助体系的情况来看，可以分为基本生活救助和各种专项救助。基本生活救助包括城市居民最低生活保障、农村居民最低生活保障、农村五保户供养和流浪乞讨人员救助。专项救助包括灾害救助、住房救助、医疗救助、就业援助等。

12.3 基本生活救助

我国长期处于城乡二元社会结构，与此相适应，社会救助也具有明显的城乡二元性特征：城市最低生活保障制度（以下简称城市“低保”）起步较早、发展快速、救助水平相对较高；农村最低生活保障制度刚刚起步、推广速度缓慢、救助水平相对较低。

12.3.1 城市居民最低生活保障制度

1. 我国城市居民最低生活保障制度的改革探索

计划经济时期，我国以低收入为前提实现了城镇人口的普遍就业，而就业

① 郑功成．社会保障学［M］．北京：中国劳动社会保障出版社，2005：268.

又与政府包揽、企业包办的保险福利制度相联系。从计划经济向社会主义市场经济的转变过程中，激烈的经济变革和社会变迁所带来了下岗失业、通货膨胀、贫富差距等问题。城市贫困群体不断增加，传统城市生活社会救助制度无法保障新增贫困职工的基本生活，主要是救济范围有限、救助标准过低、救济经费不足以及救助随意性过高，因而，建立与市场经济相适应的城市生活救助制度势在必行。

1993年，上海率先建立起城市居民最低生活保障制度，并以此取代以往实施了数十年的救济办法。它建立了一条最低生活保障线，规定凡家庭人均收入低于这一保障线的家庭均可以申请最低生活保障金。

1994年民政部作为全国主管社会救助事务的中央政府职能部门，充分肯定了上海市的改革经验，提出了对城市社会救济对象逐步实行按照当地最低生活保障线标准进行救济的改革目标，并决定在全国范围内开展试点。

1995年5月，民政部在厦门、青岛分别召开全国城市最低生活保障线工作座谈会，进一步推动全国各地探索建立最低生活保障制度。到1996年年底，建立城镇居民最低生活保障制度的城市已有116个，1997年5月底达到206个，约占全国建制市的1/3。

1997年8月国务院发出《关于在全国建立城市居民最低生活保障制度的通知》，中央政府正式有力推动最低生活保障制度在全国的实施，这一通知明确要求在1998年年底以前全国地级以上城市均要建立城市居民最低生活保障制度，1999年底以前全国县级市和县政府所在地的镇均要建立起这项制度，使非农业户口的居民得到最低生活保障。

自1999年，中央政府加强了对各地建立城市最低生活保障制度的督查力度。截至1999年9月底，全国共有668个城市和1638个县政府所在地的建制镇已经全部建立起面向非农业户口居民的最低生活保障制度，全国享受最低生活保障待遇的城市居民为282万人。在1999年10月1日《城市居民最低生活保障条例》正式颁布实施，标志着我国城市居民最低生活保障工作开始走上规范化、法制化管理的轨道。全国各地按照中央的统一要求，普遍将当地的最低生活保障标准予以提高，除北京、上海、山东、江苏、浙江、福建、广东七省市外，其他省、市、自治区在建立最低生活保障制度时均得到了中央政府的财政补贴。

我国城市居民最低生活保障制度经过了试点、推广、普及和落实，当前已经进入了提高和完善的阶段。截至2008年年底，全国共有1111.1万户、

2334.6 万城市居民得到了最低生活保障。全国城市平均低保标准为每人每月205.3 元，低保对象每月人均补助为 141 元，全年累计支出城市低保资金385.2 亿元。①

2. 城市最低生活保障的主要内容

城市居民最低生活保障制度的含义为每个公民在不能维持最低生活水平时，由国家和社会按照法定的标准向其提供满足最低生活需要的物质救援。在保障对象上，《城市居民最低生活保障条例》（以下简称“条例”）规定“持有非农业户口的城市居民，凡共同生活的家庭成员人均收入低于当地城市居民最低生活保障标准的，均有从当地人民政府获得基本生活物质帮助的权利”；在保障标准上，《条例》规定“城市居民最低生活保障标准，按照当地维持城市居民基本生活所必需的衣、食、住费用，并适当考虑水电燃煤费用以及未成年人的义务教育费用确定”，“对无生活来源、无劳动能力又无法定赡养人、扶养人或抚养人的城市居民，批准其按照当地城市居民最低生活保障标准全额享受”，“对尚有一定收入的城市居民，批准其按照家庭人均收入低于当地城市居民最低生活保障标准的差额享受”。在资金来源上，《条例》规定“城市最低生活保障所需资金由地方人民政府列入财政预算，纳入社会救济专项资金支出项目，专项管理，专款专用”，“国家鼓励社会组织和个人为城市居民最低生活保障提供捐赠、资助；所提供的捐赠资助，全部纳入当地城市居民最低生活保障资金”；在申请程序上，《条例》规定“申请城市居民最低生活保障待遇，由户主向户籍所在地的街道办事处或镇人民政府提出书面申请，并出具有关证明材料，填写《城市最低生活保障待遇审批表》”，“申请人及有关单位、组织或个人应当接受调查，如实提供有关情况”。

12.3.2 农村居民最低生活保障制度

中国大部分人口在农村地区，农民的状况如何关系到农村的发展和社会的稳定，在符合条件的农村地区实行最低生活保障制度是十分必要的，也是建立农村社会保障体系的重要部分。从 2004 年中央一号文件提出“有条件的地方，要探索建立农民最低生活保障制度”，到 2005 年中央一号文件提出“有条件

① 民政部. 2008 年民政事业发展统计公报. 国家民政部网站.

的地方，要积极探索建立农村最低生活保障制度”，再到十六届六中全会提出“逐步建立农村最低生活保障制度”，中央对农村最低生活保障制度的要求越来越高。2007年，国务院决定在全国建立农村最低生活保障制度，这是建立农村社会救助体系中的重要内容和举措。

1. 农村最低生活保障制度的探索

在城市居民最低生活保障制度改革的进程中，一些地方开始了农村居民最低生活保障制度的探索。最早开展的是1994年山西省民政厅在阳泉市开展的建立农村社会保障制度的试点。1996年，民政部又确定山东烟台、河北平泉、四川彭周市和甘肃永昌县作为“发达”、“中等发达”和“欠发达”三种不同类型的农村社会保障体系建设的试点县市，最低生活保障制度也是其中的一项基本内容。1996年年底，民政部在总结各地试点的基础上，正式印发了《关于加快农村社会保障体系建设的意见》和《农村社会保障体系建设指导方案》，要求各地把建立农村居民最低生活保障制度作为农村社会保障体系建设的重点来抓。自1997年开始有条件的地区开始逐步建立农村居民最低生活保障制度。到2001年年底，全国有27个省、市、自治区的2037个县（市、区）建立了农村居民最低生活保障制度，占应建县市区总数的81%，受助人口344万，占农业人口的0.4%，年支出最低生活保障资金9.1亿元。

在全国范围建立农村最低生活保障制度，各地应根据当地经济发展水平和财力状况，确定低保对象范围、标准，鼓励已建立制度的地区完善制度，支持未建立制度的地区建立制度，中央财政对财政困难地区给予适当补助。目前，农村最低生活保障制度已基本完成试点探索的过程，进入了全面推进的新阶段。截至2008年10月，全国农村低保对象1966.5万户、4284.3万人，农村平均低保标准为每人每月82.3元，月人均补助为49元，全年累计支出农村低保资金222.3亿元。在浙江、广东等省，还通过户籍政策的改革，取消了城市居民与农村居民的身份差别，其最低生活保障制度也由城市居民扩展到城乡全体居民，这也是我国社会保障城乡一体化发展的有益探索。

2. 农村最低生活保障制度的主要内容

农村低保的对象是家庭人均收入低于当地最低生活保障标准的农村居民，主要包括以下几种类型：无劳动能力或基本丧失劳动能力的家庭；家庭成员在劳动年龄段，因长年有病基本或大部分丧失劳动能力的家庭；家庭主要成员因病、灾死亡，其子女未到劳动年龄或是在校学生，生活特别困难的家庭。

农村低保标准一般由县市级政府确定幅度或统一标准，各乡镇根据当地实际情况实施。按照能够维持当地农村居民全年基本生活所必需的吃饭、穿衣、用水、用电等费用确定，保障标准要随着当地生活必需品价格变化和人民生活水平提高适时进行调整。在具体制定保障标准时主要参考四个方面：维持农民基本物质生活需要；当地经济水平和财政能力；当地物价水平；农民自我保障能力。

农村最低生活保障金一般按年计算，少数发达地区按月计算。在资金来源上，由市、县、乡、村四级按照一定比例承担，分担比例根据各地实际情况确定，经济条件较好的地区乡村一级负担较高，经济条件较差的地区市县一级财政负担的比重大一些。农村最低生活保障的保障形式主要以现金和实物为主，也包括很多优惠政策，如减免提留款、统筹款和各种集资，减免医疗费和学杂费等。

建立农村最低生活保障制度，实行地方人民政府负责制，按属地进行管理。各地应从当地农村经济社会发展水平和财力状况的实际出发，合理确定保障标准和对象范围。同时，要做到制度完善、程序明确、操作规范、方法简便，保证公开、公平、公正。应实行动态管理，做到保障对象有进有出，补助水平有升有降。另外，农村低保应与扶贫开发、促进就业以及其他农村社会保障政策、生活性补助措施相衔接，坚持政府救济与家庭赡养扶养、社会互助、个人自立相结合，鼓励和支持有劳动能力的贫困人口生产自救，脱贫致富。

3. 农村最低生活保障制度的意义

农村最低生活保障制度是继城市最低生活保障制度成功实施以后的又一项重大制度创新，是一项惠及千百万贫困农民的新举措。农村最低生活保障制度的建立，也是新型社会救助体系中的重要组成部分。在全国建立农村最低生活保障制度，是践行“三个代表”重要思想、落实科学发展观和构建社会主义和谐社会的必然要求，是解决农村贫困人口温饱问题的重要举措，是社会主义新农村建设的一项重要任务，也是建立覆盖城乡的社会保障体系的重要内容，对于促进农村经济社会发展，逐步缩小城乡差距，维护社会公平具有重要意义。

建立农村最低生活保障制度的目标是：通过在全国范围建立农村最低生活保障制度，将符合条件的农村贫困人口全部纳入保障范围，稳定、持久、有效地解决全国农村贫困人口的温饱问题。

12.3.3　农村五保供养

农村五保供养制度是具有中国特色的一项社会救助制度，面向乡村孤寡老人及孤儿等，从20世纪50年代建立后延续至今，是我国农村基本生存救助的传统内容。

1. 五保供养制度的发展历程

所谓五保供养制度是针对农村中缺乏或丧失劳动能力、无依无靠、没有生活来源的老、弱、孤、寡、残疾人员，由乡、村两级组织负责向其提供包括保吃、保穿、保住、保医、保葬（保教）五个方面的援助的一种社会救助制度。

五保供养制度时20世纪50年代中期开始形成的。当时中国实行严格的城乡户籍分隔制，农村中的孤寡老人与孤儿无法得到国家的直接援助，他们的生活只能依靠乡村集体经济来保障。1956年的《一九五六年到一九六七年全国农业发展纲要》和《高级农业生产合作社示范章程》两份文件最早提出了“五保”概念并赋予其规范，以此为依据五保供养制度初步形成，并成为中国农村中的一项长期制度。一些地方还为五保户兴建敬老院，对五保老人实行集中供养制。

1994年1月国务院颁布《农村五保供养工作条例》，首次以法规的形式对农村五保供养进行了规范。对五保供养的性质、资金来源、集体责任等进一步明确，标志着农村五保供养工作进入了新的阶段，从而对维护农村极端弱势群体的基本生活起到了良好的推动作用。随着农村经济的改革深化与发展，尤其是农村实行税费改革和取消农业税等后，农村中的五保对象也需要新的保障机制。在新的时代背景下，民政部、财政部、国家发展和改革委员会于2004年8月23日联合发出《关于进一步做好农村五保供养工作的通知》，再次明确了农村五保供养工作的相关政策，为在新的形势下继续做好农村五保供养提供了指导。2006年1月国务院颁布实施新的《农村五保供养工作条例》，将农村五保供养经费纳入政府财政预算，使五保制度由农民供养的农村集体福利走向国家福利。

2008年我国共对151.9万户，158.1万五保人员实施了农村集中供养，对363万户，385.3万五保人员实施了农村分散供养。全年累计支出五保供养资金76.7亿元，比上年同期增长28.7%，其中农村分散五保供养支出46.4亿元，农村集中五保供养支出 30.3 亿元。①

2. 五保供养的主要内容

五保供养是指对符合规定的农村居民，在吃、穿、住、医、葬等方面给予的生活照顾和物质帮助。国务院民政部门主管全国的农村五保供养工作；县级以上地方各级人民政府民政部门主管本行政区域内的农村五保供养工作；乡、民族乡、镇人民政府管理本行政区域内的农村五保供养工作；村民委员会协助乡、民族乡、镇人民政府开展农村五保供养工作。

五保供养的对象是指无法定扶养义务人或扶养义务人无扶养能力的、无劳动能力的和无生活来源的老年人、残疾人和未成年人。五保对象的确定由村民本人申请或者由村民小组提名，经村民委员会审核，报乡、民族乡、镇人民政府审核批准，发给《农村五保供养证书》。

五保供养的内容包括：供给粮油和燃料；供给服装、被褥等用品和零用钱；提供符合基本条件的住房；及时治疗疾病，生活不能自理者有人照料；妥善办理丧葬事宜。农村五保供养对象未满 16 周岁或者已满 16 周岁仍在接受义务教育的，应当保障他们依法接受义务教育所需费用。

五保供养可以在当地的农村五保供养服务机构集中供养，也可以在家分散供养。农村五保供养对象可以自行选择供养形式。集中供养的农村五保供养对象，由农村五保供养服务机构提供供养服务；分散供养的农村五保供养对象，可以由村民委员会提供照料，也可以由农村五保供养服务机构提供有关供养服务。

五保供养的资金来源主要是从乡提留或者乡统筹经费中列支，有集体经营项目的地方，可以从集体经营的收入、集体企业上交的利润中列支，主要以集体供给为主。农村五保供养标准不得低于当地村民的平均生活水平，并根据当地村民平均生活水平的提高适时调整。国家鼓励社会各界参与农村五保供养工作，形成全社会共同关心支持五保供养工作的局面。在保证五保供养经费财政投入的基础上，继续发挥乡村集体经济组织的作用，各地民政部门还可以在开展社会捐助活动中将募集的物资优先用于解决农村五保户的生活需要。

---

① 民政部. 2008 年民政事业发展统计公报. 国家民政部网站.

12.3.4 流浪乞讨人员救助

流浪乞讨现象在世界各国普遍存在，在不同的历史时期和国家与地区救助政策有所不同。我国流浪乞讨人员的救助也从收容遣送发展社会救助，2003 年以前一直根据 1982 年 5 月国务院发布的《城市流浪乞讨人员收容遣送办法》实施收容遣送。收容遣送制度从本质上来说是为了维护城市社会秩序和安定团结，而不是从受助者的利益出发。因此，在收容遣送过程中，被收容者的自由、尊严和权利受到严重侵害，甚至危及生命。新的救助管理制度明确了对流浪乞讨人员实施救助是其唯一的目标。2003 年 6 月国务院公布了《城市生活无着的流浪乞讨人员救助管理办法》(以下简称《救助管理办法》)，明确规定了自愿受助、无偿受助的原则，强化了对救助站工作人员的管理，从而也减轻了对受助人员的约束。

对于城市生活无着的流浪乞讨人员给予临时救助，是我国社会救助制度的一个组成部分。《救助管理办法》规定：“县级以上城市人民政府应当根据需要设立流浪乞讨人员救助站”。2007 年，我国已建有 1100 多个社会救助站和 130 个流浪儿童救助保护中心。救助站根据受助人员的需要提供以下救助：(1) 提供符合食品卫生要求的食物；(2) 提供符合基本条件的住处；(3) 对在站内突发急病的，及时送医院救治；(4) 帮助与其亲属或者所在单位联系；(5) 对没有交通费返回其住所或者所在单位的，提供乘车凭证。

12.4 专项救助制度

12.4.1 住房救助

住房救助是指政府向低收入家庭和其他需要保障的特殊家庭提供现金补贴或直接提供住房的一种社会救助项目。住房问题是现代城市面临的主要社会经济问题之一，是城市化和工业化的必然产物。住房价格上涨，超越了广大中低收入家庭的支付能力，实施专项的住房救助制度是十分必要的。

1. 住房救助的对象

2003 年《城镇最低收入家庭廉租住房管理办法》规定，住房救助对象为当地最低收入居民家庭。由于收入监管系统不健全，对居民的收入审核有相当大的难度，因此，在起步阶段，对廉租住房救助对象的确定，绝大多数地方实行“双困”标准：领取城市最低生活保障金的家庭；人均居住面积在当地住房困难标准以下的家庭；一些特殊对象，如重点优抚对象家庭。住房社会救助是专门针对低收入家庭，在本人提出申请后，需要政府部门的调查核实收入和住房状况，并公示确认后，才能享受相关的优惠和补贴。

2. 住房救助的形式

住房社会救助的内容包括经济适用房和廉租住房政策两种，其中廉租住房政策对于低收入者和贫困家庭来说更具有操作性和实用性。廉租住房是指具有城镇常住户口的最低收入家庭提供的租金相对低廉的普通住房，或由私人机构开发经营，政府提供补贴的商品住房。

廉租住房一般采取租金补贴、实物配租和租金减免三种方式。租金补贴是指政府对符合条件的救助对象按市场平均租金水平与廉租住房租金标准的差额发放房租补助，由救助对象家庭到市场上自行租赁房屋，廉租住房管理部门也可提供部分合适的房源供其选择租赁。实物配租是指政府对符合条件的救助对象按廉租住房租金标准直接提供普通住房。租金减免是指对符合条件的救助对象现已承租的公有住房，按廉租住房租金标准给予租金核减。

12.4.2 医疗救助

医疗救助主要是针对一些低收入者或者贫困家庭难以应付医疗费用时给予他们帮助的一种社会救助项目。健康是人的一项基本要求和权利。我国现行的城镇基本医疗保险制度是个人首先要交纳一定的医疗保险费，同时在享受医疗保险待遇时，个人要负担一定金额的医疗费用，从医疗保险社会统筹基金中享受医疗保险待遇也有封顶的限制，即并不是无限制的享受医疗保险待遇。这种医疗保险制度对生大病、重病的居民来说必然会导致很重的负担，尤其是低收入者或者贫困家庭，必然会陷入贫困或者加深贫困的程度；对于没有参加医疗保险的居民来说更是无法负担昂贵的医疗费用。因此，医疗社会救助是十分必要的。

1. 医疗救助的对象

医疗救助的对象一般特困群体（低保户）与边缘群体（低收入户、突发情况家庭）相结合，以便实现对象的全覆盖。一般而言，医疗救助对象的确定必须具备三个条件：第一，必须是贫困人口或重点优抚对象；第二，必须是贫困人口中的病患者；第三，必须在实施了医疗保险等医疗保障之后仍不能支付的费用才能纳入医疗救助的范围。主要包括领取最低生活保障家庭成员因患大病、重病在享受基本医疗保险待遇和有关其他补助后，个人负担医疗费用有困难的人员；因患大病、重病，经各种互助救助帮困措施后，个人自负医疗费仍有困难且影响家庭基本生活的低收入家庭等。

2. 医疗救助的内容

医疗社会救助的内容可以分为两个方面：基本医疗救助和大病救助。要让贫困人员看得上病，看得起病，同时应考虑因特殊重病造成的生活困难救助，把助医与助困相结合。截至 2006 年年底，全国 1865 个试点地区救助疾病的范围大致分三类：一是只开展门诊救助（常见病救助），全国仅 5 个试点地区，占试点县（市、区）总数的 0.27%；二是只开展住院救助（大病救助），全国共有 632 个试点县（市、区），占试点总数的 33.9%；再者是门诊救助与住院救助相结合模式，共有 1228 个试点县（市、区），占试点总数的 65.8%。①

当前我国城市医疗救助坚持了以大病救助为主，门诊救助为辅的方向，全国几乎所有的试点都开展了重大疾病医疗救助，部分地区在开展大病救助的基础上实施常见病的门诊救助。从地区分布来看，东部地区和中部地区较多地选择了重大疾病住院救助，而西部地区结合自身条件较多地选择了重大疾病住院救助与常见病门诊救助相结合的模式。从具体病种范围上来说，我国大病救助的病种一般为几种到几十种不等，一般把癌症、尿毒症、肾衰竭、急性心肌梗塞等人体伤害大，经济负担重的疾病列为大病救助病种，大多数地区限定的病种都在 10 种以内。

3. 医疗社会救助的形式

医疗社会救助方式是比较多元化的，能够满足不同的救助对象获得最需要的救助。医疗减免是医疗救助的基本形式或常规形式，对符合享受医疗社会救助条件者的医疗费用在实行一定比例的减收或免收。医疗服务的成本由公立医院和医疗社会救助资金分担。医疗社会救助基金、临时救助、专项救助、慈善救助、“惠民医院”等也是医疗社会救助的常见形式。

---

① 民政部．“2006 年城市医疗救助试点工作年度报告”，民政部最低生活保障司内部材料．

12.4.3 教育救助

教育救助是国家和社会对因贫困而不能正常接受入学接受教育者提供一定的资助，以保障其获得教育的机会。从反贫困的角度来说，教育是彻底解决贫困的重要手段，对于预防贫困的代际转移具有重大的作用，因此，教育救助也就是积极的、发展型的社会救助。

教育救助的对象比较明确，主要是因各种原因导致家庭贫困而无法正常入学接受教育者。根据不同学龄阶段给予相应的经济资助。一般分中小学教育救助和高等教育救助。除贫困失学者外，教育救助还根据经济不发达地区教学设备落后、师资短缺状况，进行必要的资助，包括改善教学条件、提高师资水平、提高教师待遇，吸引优秀教师到贫困地区工作，购置先进的教学仪器、设备等。

中小学教育主要是通过提供奖助学金和困难补助实施救助。此外，在一些区域性贫困地区，主要是通过“希望工程”、“春蕾计划”、“两免一补”（免杂费、免书本费、补贴寄宿生生活费）等项目实施救助。高等教育阶段的社会救助形式更为多样，包括奖学金、助学贷款、勤工助学、补助金和学费减免等。教育救助的主体比较广泛，包括各级政府、企事业单位、慈善机构、社区组织以及个人的“结对帮困”等。资金来源主要包括：财政预算中列入贫困地区教育专项拨款，由各级政府设立慈善基金会以及组织的教育救助行动，企事业单位的捐助等。

12.4.4 灾害救助

灾害救助，即自然灾害社会救济。由于自然灾害突发性强、灾情损害严重以及涉众广泛，无论对社会成员个体还是对于整个人类社会，都具有破坏作用，影响社会成员生活的正常秩序和全社会的稳定发展。因此，灾害救助制度就是为了使陷入困境的灾民获得衣、食、住、医疗等基本生活保障，以使其摆脱生存危机，同时使灾区社会发展尽快恢复正常化、秩序化的一项重要制度。灾害救助的主要内容包括以下几个方面：①

① 郑功成．社会保障学［M］．北京：中国劳动社会保障出版社，2005：287.

1. 救助灾民生命

灾害尤其是突发性重大自然灾害的发生是以造成人员伤亡和财产损失为特征的。因此，尽最大努力最大限度地减少伤亡，抢救灾民，是灾害救助的最直接目的和基本内容。

2. 为灾民提供基本生活保障

灾害的发生往往使灾民的衣、食、住、医等生存条件丧失，这就要求灾害救助在抢救灾民生命的同时，还必须迅速解决好灾民基本生活问题，为灾民提供基本的生活资料，包括发放食物、水、搭建帐篷，以及提供必要的药品等救灾物品。

3. 安抚灾民情绪，实施精神救灾

大灾的发生不仅严重破坏灾民的生存条件，还冲击着灾民的精神和心理，从而产生不利于恢复的消极情绪和心态。实施精神救灾，安抚灾民情绪，重构被灾害破坏了的精神世界，日益成为各国灾害救助的重要内容。

4. 帮助灾民确立自行生存的能力

灾民自行生存能力，是指灾民在大规模救灾活动停止后，依靠自己的力量，进行正常的物质和精神生活的能力。当然，这并不意味着政府在灾后不再帮助灾民，许多国家在灾后也会出面帮助重建灾区社会，但主要依靠灾民自己来恢复受创的生活与生产条件。因此，恢复或帮助灾民确立自行生存的能力，既是灾害救助的重要内容，也是灾害救助的根本目的。

本章小结

社会救助作为社会保障的重要组成部分，它的宗旨就在于通过国民收入的再分配，使社会财富在富人和穷人之间、在职者与失业者之间、富裕地区与贫困地区之间合理适当地转移，保障公民的基本生活需要。扶弱助困，建立多层次的社会救助体系，可以更有利于对低收入群体中最贫困人口实施社会救助，以解决贫困问题。社会救助是居民生存权的基本保障，是社会稳定的最后

一道安全网，也是国家宏观调控的工具之一。随着社会的进步，世界各国的社会救助水平也会不断上升，完成从补救型到发展型、从单纯物质救助到多元化救助、从微观层面到宏观层面的转变。

从世界各国的经验来看，社会救助体系一般可以分为基本生活救助、住房救助、医疗救助、教育救助、法律援助、灾害援助、开发扶贫等。当前，我国也正在加紧完善新型社会救助体系，已经形成了主要包括城乡居民最低生活保障、农村五保供养好流浪乞讨人员救助的基本生活救助，主要包括住房救助、医疗救助、救助教育、灾害救助等的专项救助制度。覆盖城乡的新型社会救助体系，体现了广大人民群众的根本利益和共同愿望，对于贯彻落实科学发展观，践行“三个代表”重要思想，维护社会稳定，促进经济社会协调发展，构建和谐社会都具有十分重要的意义。

关键术语

社会救助　社会救助体系　弱势群体　基本生活救助　最低生活保障　五保供养制度　住房救助　医疗救助　教育救助　灾害救助

思考题

1. 社会救助体系包括哪些内容?
2. 社会救助的特点有哪些?
3. 社会救助在整个社会保障体系中地位与作用是什么?
4. 简述我国最低生活保障制度的发展历程。
5. 试析我国社会救助体系中的不足之处。

案例分析

最低生活保障制度中的“闹低保”

我国城市居民最低生活保障制度经过了试点、推广、普及和落实，当前已经进入了提高和完善的阶段。然而，尽管低保标准越来越高，管理日趋完善，基层社区低保工作人员却普遍反映低保工作难做，其中最突出的问题就是“闹低保”。

从理想的状态来说，当家庭收入低于最低生活保障线时就申请低保，当收入增加且高于低保线时就应该主动退出，不应该出现骗保、赖保的“应退不退”的问题；进入低保也不是一件光荣的事情，不应该出现争先恐后入保的现象。“闹低保”现象形成的原因包括以下几个方面：

1. 家计调查困难

根据低保政策的规定，低保对象的保障金是按照其家庭的月人均收入与所在地城镇居民最低生活保障线之间的差额实行补差。因此，对于申请人家庭经济状况的调查与收入核算是实施救助的前提。收入核查困难的主要原因有以下几个方面：一是部分居民收入不稳定，临时就业者收入标准不一，如临时工、小商贩等收入没有固定标准；二是申请人故意隐瞒收入或不如实提供收入情况；三是整个社会信用体系不透明，使得对申请家庭的存款、股票等有价证券收入无法查证核实；四是有些群众虽对被公示的对象的家庭收入存有异议，但碍于情面或害怕打击报复而不愿举报；五是一些企业给本单位困难职工开具不符合实际收入的经济状况证明。

2. “边缘户”问题

所谓“低保边缘户”是指收入水平略高于最低生活保障的标准，因此无法享有低保优惠政策的低收入家庭。这些家庭处于一个尴尬的境地，收入相对较低，自我发展能力和抵御各种风险的能力都较弱，但他们却较少得到体制上的帮助，也有一些专家和媒体将这群人称为“灰色群体”。最低生活保障是一项刚性的制度，对于我们这样一个人口大国来说，在其规定的标准之上一点便存在一个巨大的边缘户群体。“低保户是很困难，但困难的不仅仅是低保户”，社区低保工作人员普遍表示，很多时候她们也很同情那些收入略高于低保标准，但是生活上很困难的家庭。“边缘户”问题导致了救助不公平现象，也增大了低保工作管理的难度。

3. “易进难出”的问题

所谓“易进”是指救助对象只要收入低于当地最低生活标准，就会进入救助体制之内接受最低生活保障金；“难出”是指救助对象在收入情况有所改变，超过最低生活标准线后，对“应保尽保，应出尽出”之“出”有某种抵触情绪及行动。“易进难出”的表现有两种：一是不符合现有低保标准的家庭强行要求入保，二是原先的低保家庭在经济状况改善之后不愿意退出低保。社区每次张榜公布新进入和退出低保家庭的名单，或者居民生活遇到重大变故、逢年过节期间，“闹低保”的现象尤为严重。从软磨硬泡到掀桌子、砸东西甚至是在社区主任回家的路上拿着刀威胁，凡此之类的事情在大多数社区都发生过。

最低生活保障作为一种社会救助制度应当是在居民生活陷入危机时的一种临时的救济制度，如果让不该保的进来，应该退的留下，低保就会像滚雪球一样，财政负担越来越重，最终势必造成养懒汉的现象。“闹低保”的现象将也会使得低保工作的规范性降低，影响了工作人员的积极性，带来了社会救助中的不公平。随着低保规模的不断扩大，标准的不断提高，受益人群的不断增多，这种混乱的现象必然会愈演愈烈，最终制约低保自身的发展。

请思考：

1. 结合案例谈谈最低生活保障制度带来的弊端？
2. 在社会救助制度中如何保障“灰色群体”获得救助？

第13章 社会福利

社会福利制度是社会保障体系的重要组成部分，是社会保障的最高层次。在现代社会发展中，各国除了实施旨在保障公民社会安全的一般社会保障项目外，越来越强调和推进以改善人民生活为宗旨的社会福利事业。如何提高公民的生活质量，已成为社会各国密切关注的问题。

13.1 社会福利制度概述

13.1.1 社会福利的含义

在英文中，福利（welfare）是由“好”（well）与“生活”及“处境”（fare）组合而成。顾名思义，它是指好的或者幸福的、快乐的、健康的生活状态。一种好的生活状态或满意的生活质量，是个体或群体所追求的理想目标。当然，什么是“好”、“幸福”、“快乐”，却不是一两句话就能说清楚的，它既具有客观的内容，又包含主观的感受。一方面，福利是一种客观的现状，在某一个时期或某一地域，某些或某种物质生活待遇提升；另一方面，福利也是主观的感受，对于不同的人或不同的群体，相同的物质性和精神性的提供，其主观感受是完全不一样的。个人之间、群体之间的物质生活和精神生活的质量不尽一致，他们对能够激起满足感、幸福感的需求也就不一样。①

① 周沛．社会福利体系研究［M］．北京：中国劳动社会保障出版社，2007：5.

福利的客观现状是个体和群体取得幸福和快乐的重要物质基础，而福利的主观感受则在很大程度上决定着对“福利”供给的评价和认可。二者缺一不可，有机地联系在一起。所以马歇尔指出：“说一个人活得好，是指他实际生活得好并且感觉也好（doing well and feeling well）。”①

社会福利是一个内涵非常丰富的概念，世界各国由于实际情况不同，对它的理解有所差别。第二次世界大战以来，英国建立了“从摇篮到坟墓”的庞大的社会福利体系，美国建立了“社会安全”制度。在这里，“福利”可以说是社会保障的同义词。而有的时候，社会福利和社会保险相提并论。但是，不论何种意义或范围的福利，其基本点就是免费或减费提供某种生活用品或服务，给人以实惠或方便，使人的生活质量得以改善。

一般来说，我们可以从广义和狭义两个方面来理解社会福利。广义的社会福利是指国家为了改善和提高全体社会成员的物质生活和精神生活所提供的全面社会服务。一些国家或我国港台地区的“大社会福利”概念，与中国内地的“大社会保障”概念，其实是相通的。狭义的社会福利是指国家和社会兴办的各种公共福利设施、社会服务，在使社会弱势群体得到社会照顾的同时，改善国民物质文化生活的一种社会制度。

在我国，“社会福利”一词在制度规定和实际工作中有着不同的解释和涵盖范围。在制度规定上，我国的社会福利工作包括政府民政部门主管的社会福利工作和劳动部门主管的职工福利和补贴制度。从这一层面，社会福利是国家、社区组织和企事业单位为满足各类社会弱者、遇有一定困难的社会成员或本单位职工的基本物质文化生活需求，提供或组织实施的带有福利性的服务保障和收入保障。因此，其含义和覆盖面较广，但它未涉及社会性的、为提高社会人员生活质量而兴办的广义的福利事业。在实际工作中，由于我国从新中国成立初期就建立了“就业与保障直接合一”的行政性计划体制，只有企事业单位职工和国家机关工作人员享有职工福利和补贴待遇。而且“职工福利和补贴”一直作为专用术语与“社会福利”并列使用。因此，社会福利的含义就更狭窄，它专指为社会上不属于任何单位、不享受职工福利和补贴、由民政部门负责照顾的那一部分社会成员的福利工作。所以，在实际工作中，“社会

① T. H. Marshall. Social Policy in the Twentieth Centry [M]. London: Hutchinson, 1985: 12.

福利”一词通常被定义为国家和社区组织为满足各类社会弱者和遇有一定困难的社会成员的基本物质文化需求，而向他们提供和组织实施的带有福利性的收入保障和服务保障。①

由此可见，我国的社会福利，既不同于西欧一些福利国家从摇篮到坟墓全部由国家包揽的模式，也有别于美国、日本等国家把社会福利作为一项具体的政策措施的做法，而是有着自己特定的含义和特征。这是由我国的社会主义制度和经济发展水平决定的。

13.1.2 社会福利的发展历程

在现代社会经济发展中，各国政府越来越强调和推进以改善人们生活质量为宗旨的社会福利事业，特别是在保障儿童、老人和残疾人等社会弱势群体的安全和基本生活的同时，如何改善其生活质量和发展环境，已成为世界各国共同关注的一个问题。

世界上最早实施的社会福利是针对穷人而提供的有限的慈善性质的物质援助，是专为社会弱者服务的剩余型社会福利。20世纪初，英国的费边社会主义提出劳动者的生活状况和福利待遇应随着社会的进步而得到改善。20世纪20年代，英国福利经济学的创始人庇古提出通过收入均等化来实现增进全民社会福利，增加国民收入的目标。20世纪30年代，世界性经济危机使被动的剩余社会福利根基开始动摇，制度型社会福利思想逐渐占据上风，“二战”后，英国按照“贝弗里奇报告”率先建成福利国家，其后，瑞典、法国、丹麦等许多西方发达国家，纷纷以建立福利国家为努力方向。经过20世纪50～70年代初过度发展的社会福利，至20世纪70年代世界经济“滞胀”时，“福利国家”普遍出现了财政危机，面对危机，西方国家不得不对普遍福利进行反思，寻求社会福利制度改革和发展的对策。

在我国，民国时期曾有组织地建立过一些福利设施，但是，规模太小，受益对象太少，并非现代化的社会福利。新中国成立之后，中央政府对社会福利事业给予了高度重视，但在计划经济体制下，绝大多数城镇居民的福利是由单位提供的，乡村有限的福利也是依赖于集体举办，而且，社会福利一直与救灾济贫、社会保险交织在一起，在其生长和发展过程中，不可避免地深深地打上

① 王怡等．社会保障概论［M］．济南：山东人民出版社，2005：237.

了计划经济的烙印，其管理、运作和服务等各个环节上必然带有浓厚的计划经济的色彩。改革开放以来，中国的社会福利事业受到党和政府的高度重视，在社会各界的共同努力下，社会福利事业有了新的发展，在全国广大城乡初步形成了以国家、集体举办的社会福利机构为主干，以社区福利服务机构为依托，以社会举办的各种社会福利机构为新的增长点，以家庭自我保障为基础，具有中国特色的社会福利保障网络和社会福利服务体系。

13.1.3 社会福利的特征

社会福利与工资、社会保险一样，都是个人消费品分配的渠道和形式，但是社会福利是个人消费品分配的一条特有的渠道，是一个特有的分配范畴。社会福利具体表现为以下几个基本特征：

1. 社会福利是社会保障的最高层次

社会福利的目的在于全面提高人民的生活质量。社会福利不仅为人们提供物质生活方面的需要，而且为人们提供精神生活方面的需要，其最终目的是不断改善并提高社会成员的生活质量。因此，社会福利更能提高社会整体素质和社会文明的程度。

2. 社会福利的保障方式主要是为人们提供服务和设施

如国家开办的学校、医院、养老院以及社会上的福利工厂、康复中心等是社会福利的主要保障形式。享受社会福利待遇的对象是国家公民，享受条件不受职业、年龄、性别的限制。

3. 社会福利体现国家和社会对社会成员的责任

社会福利资金主要来源于国家财政拨款，因此，社会福利事业中主要包括政府举办的国民教育等社会福利，最近几年，也有越来越多的民间资金投入到社会福利事业中来。

4. 社会福利事业的内容具有广泛性

社会福利事业涉及社会的方方面面，它包括国民教育、住宅福利以及社会化的老年人福利、妇女福利、儿童福利、残疾人福利等。社会福利是社会保障体系中内容最杂、项目最多的部分。

5. 社会福利的标准具有不确定性

社会福利水平高低没有硬性规定，不具有法律强制性，它一般是根据社会经济发展水平来调整的。一般来说，经济发展水平高，社会福利水平也较高。

13.1.4 社会福利的模式

1. 蒂特马斯的福利三分法

英国社会政策的鼻祖理查德·M. 蒂特马斯（Richard M. Titmuss，1907—1973年）认为，社会福利可以分为三种，一是以社会服务为主要标志的剩余性社会福利；二是财富福利，即通过税收渠道安排的相关津贴和待遇；第三种是职业福利，是以就业为基础的福利和服务。后来，蒂特马斯又将社会福利分为三种理想类型模式：剩余福利模型（The Residual Welfare Model）、工作能力——成绩模型（The Industrial Achievement-Performance Model）、制度性再分配模型（The Institutional Redistributive Model）。① 其各自特征可通过表13-1来归纳。

剩余福利模型基于一个理念前提：即私有市场和家庭是两个“自然的”渠道，个人首先需要通过它们而获得适当的满足。只有当它崩溃时，社会福利设施才应该介入运作，并且只是暂时的。这个模型的理论基础可以追溯到早年英国的济贫法。

在工作能力—成绩模型福利模型中，社会福利机构在满足社会价值需要、实现地位差异和工作表现、生产力方面具有显著的作用；应该论功行赏，按照各人的优点，工作表现和生产力来满足其社会需要。社会福利具有一定的功能，专家技术官僚发挥一定的辅助作用，通过社会保险，人们现有的社会地位状况和特权受到了一定的保护，所以该模式也被称为“婢女模式”（handmaiden model）。德国就是这种类型的代表。

制度性再分配模型排除了市场的作用，社会福利是主要统合制度，供给是根据需要的原则来提供一种普及性服务（Universalist Services），其目标是平

① Richard M. Titmuss. 社会政策十讲［M］. 江绍康译. 台北：商务印书馆，1991：18-19.

等、社会团结。这个模型强调，通过提高全民的生活水平来加强社会福利，确保社会正义和公平分配国家的财富，提高人们的参与能力以及人们的健康水平和教育水平。

表 13-1　　蒂特马斯三种福利模型的比较①

考察角度	剩余福利模型	工作能力——成绩模型	制度性再分配模型
国家的作用	国家只对市场和家庭不能满足的需求进行干预	国家应该根据生产效率和工作表现满足需求	普遍主义的国家管理服务，应该再分配收入和减少社会的不平等
优先考虑的事项	市场自由的价值占主导地位，私人的供给受到偏爱	首先关心的是经济的成功，但社会需求的满足也被看做是必要的	满足社会需求被给予优先权，超过对经济效益的关心
接受者的地位	接受者被打上了失败者的烙印	接受者被看做是由于经济原因得到支持的潜在生产力资源	具有公民身份的所有社会成员都是接受者
政治立场	右	中	左

蒂特马斯的福利理论被评价为“福利的哲学”，他的有关社会福利的分类方法，将社会福利的供给放在整个工业经济发展的大环境下加以考虑，把社会福利和经济发展有机地结合在一起，具有很重要的现实意义。

2. 艾斯平-安德森的福利三分法

丹麦社会福利研究专家艾斯平-安德森在其经典著作《福利资本主义的三个世界》中提出的。艾斯平-安德森以经济合作与发展组织中的 18 个国家为研究对象，以“非商品化”为主要的分析比较维度，所谓“非商品化”，即“个人福利相对地既独立于其收入之外又不受其购买力影响的保障程度。”②另

① 范斌．福利社会学［M］．北京：社会科学文献出版社，2006：109-110.

② 郑秉文．社会权利：现代福利国家模式的起源与诠释［J］．山东大学学报，2005（2）．

外，他将“社会权利”作为自己福利体制研究的起点，认为社会权利的扩展与非商品化程度呈正相关变化，即社会权利扩展程度越广，非商品化程度越高。在这样的研究框架下，艾斯平-安德森将福利划分为“自由主义”、“保守主义”与“社会民主主义”三种理想类型。

(1)“自由主义”福利体制

“自由主义”福利体制（liberal regime）的思想渊源可以追溯到古典自由主义政治经济学，并以当代的新自由主义福利思想为基础。即“公共责任只能进入市场失灵的领域，商品的逻辑是至高无上的。”强调个人在市场中的权利，寻求市场解决的方式，认为国家的介入越少越好。“自由主义”福利体制可以追溯到英国古典的“济贫法”传统，该体制的主要代表国家是美国、英国、加拿大和澳大利亚等盎格鲁-撒克逊国家。这一福利体制的典型代表是美国的附加收入保障计划。

基于“劣等处置”原则的调整基础上的收入调查或家计调查式的社会救助与基于契约原则和保险精算原则基础上的社会保险方案相结合，构成了“自由主义”福利体制的主要内容，即“处理劳动力商品化的困境”。这种社会政策的主要对象是收入较低、依靠国家救助的工人阶层，以此“避免社会权利的无条件扩张，确保将非市场收入保留给那些没有任何能力参与市场的人”。① 在“自由主义”福利体制中，“社会底层的团体主要依赖于羞辱性的救助；中产阶级是社会保险的支配性主体；最后，特权集团则有能力从市场中获得他们的主要福利。”② “由市场培育的竞争性的个人主义”成为自由主义福利国家的分层化理念的核心。

“自由主义”福利体制以较高的就业率，较低的赋税，较低的社会支出规模以及较高的工资差异与所得不平等为主要特征。该体制的非商品化效应是最低的，社会权利的扩展受到了有力地抑制，③其社会分层的结构几乎按照市场化和货币化的原则形成。这种福利体制实际上是属于“剩余式福利制度”。

---

① 艾斯平-安德森．福利资本主义的三个世界［J］．郑秉文译．北京：法律出版社，2003：47．

② 艾斯平-安德森．福利资本主义的三个世界［J］．郑秉文译．北京：法律出版社，2003：74．

③ 艾斯平-安德森．福利资本主义的三个世界［J］．郑秉文译．北京：法律出版社，2003：29．

（2）“保守主义”福利体制

“保守主义”福利体制（conservative regime）的思想基础是保守主义传统的“君主政体的福利国家”主张。个人的利益应服从于公认的权威和主流制度，建立家长式的国家，使父权制与极权主义永久化是“保守主义”的理想。该体制的主要代表国家是欧洲大陆国家，包括德国、法国、奥地利和意大利等。德国俾斯麦以来的家长式威权主义传统是“保守主义”福利体制的历史渊源。

出于扼制自由与民主发展的考虑，保守主义对劳动力商品化发起了有计划、有准备的冲击。中央统制的“合作主义”与“国家主义”是解决商品化问题的基本模式。合作主义社团将缴费与社会福利联系起来，并以成员的团体身份划定范围。国家统治阶级利用合作主义社团将个体整合为一个有机整体，保护社会免受个人主义和市场竞争的冲击，合作主义政制几乎完全取代市场而成为福利提供者的国家工具之一。保守主义福利体制对臣民的福利义务是以一种家长制国家主义的专制模式来体现的，并且强调社会权利的赋予应基于忠诚与道德。所以“保守主义”福利体制的主要内容是各项社会保险计划，此类保险计划是以工作业绩为计算基础，以参与劳动市场和社保缴费记录为前提条件的，通过这种阶级和地位分化的社会政策形成阶级结构，将工人牢固地束缚在家长式的君主权威之下，确保劳工阶级的忠诚。另外，合作主义政制强调成员身份与群体界限，导致欧洲大陆福利国家出现社会阶层差别较大、等级制度较严和特权势力较强的分层化结果。①

在“保守主义”福利体制中，一方面国家通过“合作主义”模式取代市场作为福利供应者，例如提供基础公共年金，以及以社会保险方式提供的职业附加给付，但另一方面，由于合作主义与教会有着传统的渊源关系，传统的家庭关系在“保守主义”福利体制中占有重要地位。国家赋予家庭承担与提供福利的责任，让家庭取代福利国家来提供各种服务。只有在家庭服务能力耗尽时，国家才提供辅助性的福利与服务，即依赖并极大化家庭主义所扮演的福利服务功能。②

---

① 艾斯平-安德森．福利资本主义的三个世界［J］．郑秉文译．北京：法律出版社，2003：42-45.

② 艾斯平-安德森．福利资本主义的三个世界［J］．郑秉文译．北京：法律出版社，2003：30.

“保守主义”福利体制国家的就业率水平，税率，社会支出规模水平以及工资差异与所得不平等程度在艾斯平-安德森所列举的三类福利体制中都处于中间水平，其非商品化程度比较高，公民的社会权利问题几乎从未受到过质疑，社会分层强调“合作主义”。该体制体现了蒂特马斯所列举出来的“工作能力——成绩模型福利模型”的基本特点。

(3)“社会民主主义”福利体制

“社会民主主义”福利体制主要源于社会民主主义福利思想的平等、公正、自由和团结的基本价值与平均主义的基本目标，政府国家通过收入再分配政策为全体公民建立充分的普遍性的社会福利制度。左翼劳工组织与小农广泛联盟所形成的阶级基础，并伴随着社会民主党的执政基础，社会民主主义制度成为社会改革与社会发展的主要推动力。该体制存在于瑞典、挪威、丹麦、芬兰等几个斯堪的纳维亚国家。瑞典的“人民之家”计划是该体制的主要政策体现。

“社会民主主义”福利体制力求克服国家与市场、工人阶级与中产阶级之间的二元分化状态，试图建立最高平等标准的福利国家。所以，普救主义原则和非商品化的社会权利扩展到了新中产阶级，高水平的福利服务与给付一方面满足了中产阶级的品位，另一方面也使工人阶级充分地分享境况较佳者所享有的权利。“社会民主主义”福利体制以统一定额式为给付原则，给付条件的确定主要取决于公民资格或长期居住资格，而几乎与个人需求程度或工作表现无关，所以该福利体制的社会政策的实施对象是全体公民。在这种中产阶级的“普救主义”的社会政策下，社会分层中的“卑微者”消失了，取而代之的是新的白领阶层与比较富裕的工人阶层，并且实现了社会的普遍团结。①

“社会民主主义”福利体制除了强调将市场排除在外，建立了一种普遍而广泛的共享权利与共同责任，即去商品化之外，还强调去家庭化（de-familiarization），即在传统的家庭方面，福利国家承担起了家庭的照顾责任，提供大量的社会服务和该方面的工作机会，不仅满足了家庭的需求，而且鼓励了妇女选择就业而不是操持家务，使个人拓展其独立能力，从而将家庭成本社会化。②

---

① 艾斯平-安德森．福利资本主义的三个世界［J］．郑秉文译．北京：法律出版社，2003：78-79.

② 艾斯平-安德森．福利资本主义的三个世界［J］．郑秉文译．北京：法律出版社，2003：31.

"社会民主主义"福利体制国家有较高的就业率，较高女性劳动参与率，较高的税率，较高的工会组织率，较大的社会支出规模，社会安全体系以相当慷慨的社会服务为主，低度的所得不均与工资差异。其非商品化程度是最高的，社会权利充分扩展，社会分层以"普救主义"为显著特征。政府不再是社会福利最后的出场人，而是确保人们的福利需要得到满足的基本机制。所以，社会民主主义福利体制基本对应于"制度性再分配型"的福利模式。

13.1.5 社会福利的内容

1. 社会津贴

通常在两种情况下提供社会津贴：其一是政府为提高全体社会成员的生活水平，改善其生活质量，使国民分享到社会发展的成果，而向其提供的资金补助或物质帮助。其二是政府在出台某项政策或改革措施时，为确保社会成员的生活水平和生活质量不因实施这一政策或措施而下降，对相关的社会成员提供一定的资金补助或物质帮助。从世界各国实施的情形看，社会津贴既有清晰可见的"明补"，也有包含在某些消费之中的"暗补"。

2. 社会福利设施

社会福利设施是由国家、集体和社会共同建立和举办的福利企事业单位和场所。社会福利设施一般包括：福利院、精神病院、养老院、托儿所、幼稚园及大众文体活动场所。社会福利企事业单位除对福利设施的管理和实施单位之外，还包括为解决有劳动能力的残疾人就业而兴办的社会福利企业，国家对其实行免税或税收优惠政策。这些有形的福利设施，使社会成员能感受到国家和社会提供的福利，特别是对社会弱势群体来说，更是其基本生活和身心健康的有效保障。

3. 社区服务

社区服务是由社会或所在社区为社会成员提供的福利服务。人们在日常生活中，不仅会遇到资金不足的困难，同时更多地面临缺少相关服务的问题。随着人们生活水平和文化素养的提高，资金保障会逐渐降为次要的地位，而服务保障则提高到更加重要的位置。

国外自 20 世纪 70 年代起蓬勃兴起的社区服务，正是顺应这一历史发展的潮流而出现的。同时，社区服务是联合国倡导的社区发展的一个重要组成部分，也是更好地体现以人为中心的福利服务思想的一条通道。社区是人们生活的地方，它更多地融入了人们的情感，由社区提供养老服务、残疾人服务、便民利民服务有得天独厚的优势，不仅不会使被服务者感到陌生和不安，而且还可节省大笔投资。我国在大力推行社会福利社会化的进程中，也应把大力发展社区服务作为其实现形式。

13.2　中国的社会福利

我国社会福利制度始建于 20 世纪 50 年代，与社会保险和社会救助制度一样，作为我国社会保障制度中不可缺少的一个方面，在保障社会成员生活质量和资源的社会再分配方面发挥着重要作用。从历史发展阶段来看，这一制度的出现与发展，既反映了国内的社会、文化、政治与经济环境，同时又折射出国际经济和社会环境的影响。

13.2.1　我国社会福利制度的历史变革

我国的社会福利实际上是由财政补贴、社会收养、残疾人福利、城镇职工福利、农村五保供养等部分组成。它经历了新中国成立初期的“救济型”福利、发展过程中的企业“自保型”福利以及改革开放后的“社会化”福利三个主要阶段。

1. 新中国成立初期的“救济型”福利

20 世纪 50 年代初期，随着《中华人民共和国劳动保险条例》的颁布和实施，以国家保障为主、适应计划体制要求的社会保障制度建立起来了，社会救助和福利事业是在国家保障的大背景下实施的。新中国成立初期，政府接管了一些旧的慈善团体和救济机构，并在此基础上加以改造建立起社会福利院、敬老院、儿童教养院等，收养安置了无依无靠、无生活来源的孤寡老人和孤残儿童。与此同时，国家还建立起职工福利费提供制度，规定工会会费的一部分可用做职工困难补助，从单位行政费中开支福利费，各种福利设施的收入也可用做福利费。到 1957 年全国的社会福利事业有了较大发展，残疾人的社会福利也开始提到议事日程。

2. 社会福利事业的停滞时期及向企业自保制度的转化

在文化大革命这一特殊阶段，整个社会保障制度处于停滞阶段。劳动保险条例被停止执行，全国不再统一提取劳动保险费，改由企业自行负担，社会保险成为企业保险。在近20年的时间里，职工工资不仅未调整，社会福利基金在工资总额中的比例不断下降，到1978年社会福利费用只占工人工资总额的14%，比1957年下降了4个百分点。社会福利事业资金严重不足极大地限制了社会福利事业的发展，形成了企业办社会的状况，从而使企业在发展中背上了沉重的负担。

3. 社会福利事业的社会化

1978年以后，国家重新修改和增设了职工的生活补贴和各种福利待遇，同时把企业福利经费的提取与企业经营绩效相连接，在20世纪80年代规定了在企业基金中分配福利基金的一系列办法，社会福利制度由此成为企业改革的配套工程。城镇社会成员的福利待遇逐步提高，并享受到各种社会福利服务。逐步实现社会福利社会办，即要改变由国家和企业包揽社会福利事业的单一体制，发动和依靠社会力量，调动社会各方面积极性发展社会福利事业，以实现社会福利事业的社会化。

13.2.2 我国社会福利的发展趋势

改革开放之前中国的社会福利制度显然是属于“国家保障型”，这是一种计划经济体制相适应的高度集中的大一统模式，社会福利支出由政府和企业承担，个人不承担任何费用和责任形式单一，社会化水平低，福利水平也比较低。经过30年来的改革探索，我国的福利事业已取得长足的发展。然而，就我国的福利发展水平而言，其实仍局限在“保障”而非“福利”，水平低、主体单一、内容不完整，城乡、地区、行业、阶层差别难以平衡，社会平等与公平的目标难以实现。如何完善中国社会福利模式的架构，促进福利制度的改革和发展，可谓任重道远。

1. 我国社会福利制度改革的目标和原则

我国社会福利制度改革的目标是克服传统福利制度的内在缺陷，矫正职业福利的异化，使社会福利能够适应发展变化了的现实社会，并沿着体系规范、水平适度、社会化实施，多层次发展的道路实现自我良性发展。

我国社会福利制度的未来发展适宜的取向是以不断改善和提高国民的生活质量为追求目标，走福利社会化、多元化的发展道路。为实现此目标，在社会福利制度改革过程中应遵循以下原则：

首先，实事求是，量力而行。我国是一个社会主义国家，同时又处在初级阶段。总的来看，我国生产力水平比较低下，国家相对落后，全国尚有五千多万人没有解决基本的温饱问题。在满足人民的基本生活需要的基础上，所能提供的社会福利在相当长的一段时间内，不可能有很大的增长，进行福利改革一定要循序渐进、量力而行。既反对国家在提供社会福利过程中自我抑制，又反对福利开支过快增长，应当把社会福利同经济发展、社会进步有机地统一起来。

其次，坚持公平、促进社会整合。社会福利是一项十分重要的社会政策，它通过向人们提供各种社会福利项目，缓和现代社会日益突出的各种矛盾，促进社会各阶层的整合，因此，在进行社会福利制度改革时，应当坚持公平合理原则，改变过去那种城乡分割、企业分割的福利制度，使全社会成员，不论性别、年龄、职业差别、城乡差异，均能享有一些基本的社会福利。

最后，统筹规划、配套改革。社会福利制度是一项复杂的系统工程，牵一发而动全身，因此在改革过程中务必坚持统筹规划、配套改革的原则。比如，教育福利制度的改革，就必须同教育救助制度等结合起来。

2. 我国社会福利制度的发展对策

制定有效的发展对策，是社会福利制度改革创新和健康发展的根本保证。

第一，推进社会福利的制度化建设。社会福利走向制度化，是社会文明发展进步的一个重要标志，而通过相应的法律来规范社会福利，则是社会福利走向制度化的基本要求。目前我国的社会福利法不仅短缺，而且已有的法规存在规范不到位以及运行机制模糊等缺陷。因此，应对已有的法律法规进行修订和改造，明确社会成员的福利权益、国家与社会的责任以及各社会福利项目的管理与监督机制等，制定新的社会福利法。社会福利法制的系统化、专门化，将是我国社会福利真正走向制度化、社会化，并获得持续发展的基本保证。

第二，培育多元社会福利组织。社会福利的社会化，首先是通过社会福利组织的社会化和向全体社会成员的开放来实现的。因此，新型社会福利制度的建设与发展，必须加强培育社会化的公共福利组织。一是实现官办福利机构社会化。如民政部门开办的福利院可以成为独立的社会组织，面向全社会开放。二是通过对单位举办的福利设施的剥离，使这些附属设施转变成面向大众的社会化的公共福利组织。三是鼓励民间力量举办社会福利事业。四是扶持社区服务组织，使社区服务网络化。

第三，开拓多方面筹资渠道。资金短缺一直是困扰我国社会福利事业发展的关键问题，开拓多方面的筹资渠道、扩充福利资金的来源，应成为发展社会福利事业的努力方向。首先，增加政府财政投入。一是要对福利投入存量的结果进行调整，即让单位内部原有的福利投入，通过税收或财政转移支付的方式，部分地转化为社会福利的资金来源。二是国家财政对福利事业投入应随着经济的增长和国家财力的增强而不断增长，让国民都能享受到经济发展带来的实惠。其次，动员民间力量，包括重视彩票的筹资功能，完善福利有奖募捐制度；引导社会捐献，采取法制规范、政策驱动、舆论引导等多种措施加以促进；扶持民办福利事业，用较少的投入去吸引更大的民间财力，共同促进福利事业的发展；充分利用志愿者力量，通过各种社区服务中心提供多种服务。

第四，建立统一的福利管理与监管机构。社会福利事业需要统筹规划，而现阶段的福利事业却分别由民政部门、财政部门、工会有关部门、建设部门、教育部门等政府部门和一些半官方机构（如中国残疾人联合会等）管理，不利于福利事业管理效率的提高。

13.3　我国的社区服务

13.3.1　社区服务的概念

1994 年 12 月，民政部在上海召开的全国社区服务经验交流会上，对社区服务的含义和性质做了完整的概括："社区服务是指在政府倡导和扶持下，为满足社区成员的各种需求，依托街道和居委会，动员社区力量开展的具有社会福利性质的居民服务业。它主要由社区福利服务业和便民利民服务业组成，是社会保障体系和社会化服务体系中的一个重要行业。"社区通过提供各种类型的服务增加社区福利。我国社区服务的目标是逐步建立与社会主义市场经济体制相适应，覆盖社区全体成员、服务主体多元、服务功能完善、服务质量和管理水平较高的社区服务体系，努力实现社区居民困有所助、难有所帮、需有所应。

社区服务的内容十分丰富，可以从不同角度对社区服务进行分类。根据社区服务的具体内容可以分为为老服务、再就业服务、文化娱乐、便民利民服务、医疗服务、残疾人服务、治安与民事调解、公共卫生服务、教育服务、儿童和青少年服务等。根据社区服务提供的主体可以分为政府化、社会化和商业化社会服务。根据社区服务的对象可以分为对弱势群体、特殊群体和一般群体的服务。根据社区服务的专业性可以分为专业社区服务和非专业性社区服务。根据社区服务是否具有营利性及其程度可以分为有偿服务、低偿服务和无偿服务。根据社区服务的作用可以分为补救性服务、预防性服务和发展性服务。

13.3.2　社区服务的特点

社区服务是社会福利改革的重要内容，是社会保障体系中的重要组成部分。由于不同的发展背景，各个国家的社区服务有不同的特点。从社会保障的视角考察社区服务，可以发现社区服务具有福利性、灵活性、非物质性和补充性的特点。

1. 社区服务的福利性

福利性是社区服务的本质特点，也体现了国家和政府的主体责任。发展社区服务是社会发展的客观要求。1994 年，国务院召开了全国社会发展工作会议，把社区服务业列入了《全国社会发展纲要》，提出了“加强城乡福利设施与社区服务建设，大力发展城乡福利和社区服务业”的任务，这就使社区服务进入了社会发展的快车道，纳入国家社会发展的大盘子。社会发展的宗旨是：促进人民生活质量、人口素质和社会文明程度的不断提高。社区服务正是体现了这一宗旨，它着眼于人民群众，服务于人民群众，满足人民群众多方面、多层次的需求，提高了人民群众的物质文化生活水平。

社区服务以社区为一定的活动空间，直接针对社区的需要和问题为其成员谋求解决之方和发展之道，并对社会福利系统以支持和完善。当前，各界普遍认同社区服务应该包含三个层次：一是对孤寡、残疾人、特困家庭和荣誉军人及军烈属等民政对象和对弱势群体的援助；二是满足各类居民不同层次生活需求的各种服务；三是全体社区居民的公共福利服务。三个层次都具有福利性的特征。

2. 社区服务的灵活性

社区服务的灵活性也就是其多层次性。社区服务的目标是不断满足社区居民的需求，提高社区居民的生活质量。每个社区都有其特定的人口、地域、文化背景，社区存在的问题不尽相同，社区居民的需求不尽相同，满足这些需求的条件也不尽相同。社区服务往往立足于社区特点，面向社区需求，依托社区资源，因地制宜地开展社区服务。

在社会保障体系中，公民基本是受助者和保障项目的受惠者，公民达成一致行为的可能性极小。而社区组织在动员资源方面具有天然的优势，社区居民与社区组织之间存在着一定程度的互动，而且居民之间达成一致行为的可能性较大，社区组织可以根据社区居民的实际需求来设置社区服务项目。社区可以根据本社区居民的特点来设置一些贴近居民生活的社区服务项目内容，特别是在社区内老年人照顾、儿童照顾、生活服务、心理问题疏导与调适等方面，以及各种临时性、突发性社区问题。

3. 社区服务的非物质性

在保障功能方面，社区服务着重突出非物质保障，也就是精神服务。19世纪下半叶，一些欧美社会学者就提出了“社会裂化”的观点，认为城市人口在职业上和文化上的浓度差异性，导致即使面对面互动接近，也是肤浅的、非人格的，或者即使空间上相互接近，实际仍然有相当大的距离。这种“社区衰落”的现象在我国城市化过程中也不断增强，在社区服务中突出精神服务，对改善“社区衰落”现象有独特的功效。精神服务，即为满足人们的基本生活目标而提供的情感慰藉、心理咨询、释疑解惑、生活指导、维护权益、协调关系、倡导文明等精神生活方面的服务。通过这些服务，让公民真切感受到，社区远非单纯的地域共同体，它是由许多成员的利益结合在一起的社会共同体、道德共同体，它意味着亲密的人际交往、浓厚的感情、道德的承诺、相互间的协作与帮助等。社会发展证明，人们在需要物质服务的同时，更需要精神方面的服务，精神服务可以找回爱、尊重、信心与自由。因此，精神服务是构成城市文明的基石，是提高人们生活质量的最根本的保障。

4. 社区服务的补充性

社会服务与社会保障既相互区别，又紧密联系，在具体实施过程中，两者是一种并行不悖的关系：社会保障体系是社区服务的基础，社区为社会保障的实施提供了平台，同时社区服务的发展可以弥补社会保障的不足。西方工业化国家在其工业化进程中逐渐建立了较为完善的社会保障制度，在公民大多得到范围较广、水平较高的社会保障的情况下，社区服务的作用更多地表现在一些具有“个体化”、“人性化”特点的社区活动中。

我国的社会保障仍处于探索发展阶段，保障的水平还比较低，居民的不少保障需求要通过发展社区服务来得到满足。社区居民中既包括老人、儿童、残疾人等弱势群体，也包括一般社区居民和社区内的单位，他们的需求包括经济、文化、教育等方方面面，既有保障性的需求，又有发展性的需求；既有物质需求，又有精神需求。当政府提供的社区服务无法满足居民需求时，还可以实施社会化和商业化的服务的手段。

13.3.3 社区服务的内容

社区服务涉及内容十分广泛，主要包括三个方面：社区社会保障服务、社区福利服务和社区便民利民服务。社区社会保障服务主要包括面向全体居民的社会救助服务、社会保险服务和社区就业服务。社区社会福利性服务是针对特殊群体的社区福利服务，包括社区老年人服务、社区残疾人服务、社区少年儿童服务和社区优抚对象服务；社区便民利民服务是面向全体居民的社区家居生活服务、社区综合治理服务、社区医疗卫生服务和社区文体活动服务。

1. 社区社会保障服务

（1）社区社会救助服务。社区社会救助服务主要指对城市居民最低生活保障对象的动态管理，及时掌握他们的就业及收入状况，切实做到“应保尽保”。积极开展各种基层社会救助服务，包括医疗、住房、教育、法律等，帮助群众解决生产生活中的实际困难。大力发展社区慈善事业，加强对社区捐助接收站点、“慈善超市”的建设和管理。

（2）社区社会保险服务。社区社会保险服务主要指企业离退休人员社会化管理服务工作。包括养老金的服务性发放；养老金的核算、调整和补发；办理失业保险和补充社会保险；社会保险的管理服务等。

（3）社区就业服务。就业服务包括管理辖区内的劳动力资源，开展劳动力资源普查，建立劳动力资源档案；负责再就业优惠政策扶持对象的认定和相关手续办理工作；收集和发布劳动力供求信息，开展职业指导和职业介绍工作；组织下岗失业人员参加再就业培训；组织开展劳务输出；为社区下岗失业人员自主创业提供场地、项目等帮助；开发辖区内公益性岗位，为大龄就业困难群体提供再就业援助服务。

2. 社区福利服务

社区福利服务是面向特殊群体，带有福利性质的社区服务。它尽管是针对社区少数人群却能直接反映社区服务的质量，是社会保障体系的进一步完善。

（1）社区老年人服务。针对老年人在衣、食、住、行、学、医、乐等方面的特殊需求而开办的服务。包括建立敬老院、托老所、老年公寓、居家养老等供养服务，也包括老年人活动中心、老年大学、老年人庇护所、老年人协会等丰富老年人的日常生活。

（2）社区残疾人服务。包括社区内设立残疾人康复站，配置经济适用的训练器材，免费提供给社区残疾人使用；及时了解社区人群残疾发生情况和残疾人康复需求，建档立卡，组织指导残疾人开展以家庭为基础的康复训练；建设无障碍社区建筑环境；安置残疾人在社区内相关单位按比例就业，鼓励扶持家电维修、缝纫裁剪、小百货经营、盲人按摩等适合残疾人特点的个体从业与自主创业。

（3）社区少年儿童服务。社区可以组织建设托儿机构，为辖区内居民提供托儿服务。成立社区青少年服务中心，开设“作业吧”、多功能教育活动室、图书阅览室和绿色网吧等设施，为社区内青少年提供免费、就近、经常、有选择的读书、娱乐、互助、交往、生活、信息、维权等多项服务职能。节假日组织社区青少年读书、文学沙龙、英语沙龙、儿童文化广角、摄影园地等各类青少年活动与比赛，推进青年志愿者服务。

（4）社区优抚对象服务。针对社区内的革命烈士家属、病故军人家属、现役军人家属、革命伤残军人、军队离退休干部的服务。包括针对五保户、烈军属开展包括落实优抚政策、开展拥军优抚活动、协助征兵与退伍安置、帮助解决生活困难等各项服务。

3. 社区便民利民服务

社区便民利民服务，一方面可以弥补由政府无偿提供公共产品的传统机制而造成服务项目狭窄，无法满足居民多样化需求的弊端。另一方面，可以补充由劳动部门或企业再就业中心安排下岗失业职工的再就业方式，成为为社会剧烈变动中的边缘群体创造相对稳定的社区就业岗位的主渠道①。

（1）社区家居生活服务。家居生活服务主要是根据社区居民的需求提供日常生活服务，如车辆管理、衣被拆洗、服装裁剪、修理家用电器等；提供家政服务，如清洁打扫、钟点工，家用电器安装等；提供餐饮服务，如建立老年人饭桌、“小餐桌”等。

（2）社区综合治理服务。包括加强社区警务室（站）建设，大力实施社区警务战略，建立人防、物防、技防相结合的社区防范机制和防控网络。深入开展法制宣传教育和咨询服务活动，建立完善收集、反馈社情民意的工作机制，组织开展以社区保安、联防队员为主体，专职和义务相结合的巡逻守望、看楼护院等活动。建立及时有效的矛盾纠纷排查、调处工作机制，加强对刑释解教人员、监外执行人员和有不良行为青少年的帮助、教育和转化工作。做好社区消防工作，提升社区消防安全水平。深入开展打击“黄赌毒”和禁止传销等工作。

（3）社区医疗卫生服务。建立健全以社区卫生服务中心（站）为主体的社区卫生服务网络，以妇女、儿童、老年人、慢性病人、残疾人、贫困居民等为重点，为社区居民提供预防保健、健康教育、康复、计划生育技术服务和一般常见病、多发病、慢性病的诊疗服务。大力培养社区卫生服务技术和管理人员，加强对社区卫生服务的监督管理，保证服务质量。完善社区卫生服务运行机制，发挥社区卫生服务的健康保障功能，努力实现人人享有初级卫生保健的目标。

（4）社区文体活动服务。社区文体服务包括健全社区文化组织、完善社区体育设施、开展社区文体活动等方面。要不断加大对文化基础设施的投资力度，采取政府投资、企业赞助、职工群众捐资等多种形式筹集资金，修建社区文化休闲广场、文化活动中心等文化基础设施，为开展丰富多彩的社区文化活动提供广阔的舞台。同时，充分考虑未成年人、老年人和残疾人的特殊要求，并采取适度无障碍措施，满足各类人群体育锻炼需要。建设小型多样、方便实用的体育健身场所，配备相应设施器材，为居民锻炼提供必要条件。鼓励社区内企事业单位的健身设施、体育场馆向居民开放，实现资源共享。

---

① 余蕾．“社会转型时期社会保障整合机制研究”，吉林大学社会学硕士学位论文，2005.

13.3.4 加快我国社区服务发展的措施

1. 加强社区服务组织管理制度的建设

主要包括：各级民政部门要建立社区服务职能机构，负责社区服务的宏观指导、协调和理顺各种关系、制定有关政策法规，并由当地人民政府颁发或转发；有条件的社区成立社区工作者协会，作为民间社团组织，维护开展社区服务的合法权益，加强协商、对话和协作、交流；基层建立社区服务管理机构，作为政府指导下的自治组织，具体负责社区服务的计划、组织、管理和实施。

2. 加强社区服务的系列化

由于社区服务的内容十分广泛，因此，加强社区服务应从实际出发，因地制宜地发展，使社区服务类型化和系统化。根据实际需要，当前要着重搞好老年人服务系列、残疾人服务系列、优抚对象服务系列、便民利民服务系列、民俗改革服务系列。建立各种社区服务设施，形成社区服务面向社会的格局。

3. 加强社区服务队伍建设

在社会工作专业认证制度的背景下，逐步建立起专职社区服务队伍。除专门从事社区服务的社会工作者，还可吸收待业青年、闲散人员、有一定能力的老年人参加；也要发挥居委会干部和社区内有关的社会工作者、职工以及团员、青年、学生和驻军的作用，形成一支义务性的兼职服务队伍；还要鼓励社区内离退休人员、青少年等组成社区服务志愿工作者队伍，从而建立一支专职、兼职与志愿者服务相结合的群众性的社区服务队伍。

4. 多渠道筹集社区服务资金

各级政府要把社区服务发展资金纳入财政预算，在公共财政预算中增加社区服务预算科目，根据财力状况每年保持一定比例的增长，其增长幅度一般不低于财政收入的增长幅度。社区服务预算资金主要用于兴建、开办基础性、示范性的社区福利性、公益性服务设施和服务项目，增加社区信息化建设的投入，发展社区服务信息网络，逐步实现社区服务手段的现代化，同时资助社会力量兴办社区服务事业。要大力发展街区生产和社区经济，为社区服务的发展积累资金；要开辟街企单位共建社区服务新领域，扩大社区服务资金来源；民政部门要按一定比例拿出一部分社会福利资金，对社区服务的发展给予必要的帮助；要与各个方面建立广泛联系，积极吸收企事业单位、社会各方面、个人对社区服务的捐赠。

本章小结

社会福利从广义上来看是指国家为了改善和提高全体社会成员的物质生活和精神生活所提供的全面社会服务；从狭义角度来看，是指国家和社会兴办的各种公共福利设施、社会服务，在使社会弱势群体得到社会照顾的同时，改善国民物质文化生活的一种社会制度。社会福利是社会保障的最高层次，社会福利的保障方式主要是为人们提供服务和设施，社会福利体现国家和社会对社会成员的责任，内容具有广泛性，社会福利的标准具有不确定性。社会福利的内容主要包括社会津贴、社区服务、职业福利、福利设施。

中国的社会福利经历了建国初期的"救济型"福利、发展过程中的企业"自保型"福利以及改革开放后的"社会化"福利三个主要阶段。当前福利改革的主要目标是克服传统福利制度的内在缺陷，矫正职业福利的异化使社会福利能够适应发展变化了的现实社会，并沿着体系规范、水平适度、社会化实施，多层次发展的道路实现自我良性发展。另外，社区服务作为社会福利社会化的重要手段，在现阶段发挥着越来越重要的作用，应当大力发展。

关键术语

福利　　社会福利　　剩余福利模型　　工作能力—成绩模型
制度性再分配模型　　自由主义福利体制　　社区服务
保守主义福利体制　　社会民主主义福利体制

思考题

1. 简述社会福利的含义及特征。

2. 社会福利的主要内容包括哪些?
3. 简述蒂特马斯的福利模式三分法。
4. 简述埃斯平—安德森关于福利体制的三大类型。
5. 简述我国社会福利制度改革的目标和原则。
6. 简述加快我国社区服务发展的措施。

案例分析

南京市白下区推出社区服务"爱心品牌"①

"爱心驿站、爱心特教站、爱心超市、爱心门铃、爱心家报……南京市白下区7个街道都有一个响当当的'爱心品牌',这已成为该区和谐社区建设的一大特色亮点"。11月13日,南京市白下区为全区10大"爱心品牌"举行授牌仪式,并颁发资格认证书。

为帮扶生活困难的社区居民,大光路街道蓝旗新村社区于2003年11月创建了爱心超市。捐赠者可将钱或物通过社区登记造册后摆放在"超市",而生活陷入困境的居民可根据自身需要凭救助证,去超市免费挑选捐赠物品。该社区居委会主任赖燕解释,爱心超市让生活条件较好的居民实现了奉献爱心的愿望,更重要的是缓解了贫困居民的燃眉之急。

前不久,该社区生活困难户王丽萍的儿子眼看要参加期终考试,可因为没有带函数功能的计算器,孩子表示不想进考场。当时,王丽萍丈夫残疾,自己身患重病,连吃饭都很困难,虽然这种计算器只有二百多元钱,但对她家就是一笔不小的开支,看到王丽萍终日愁眉不展,爱心超市马上从居民捐款中拿出钱来买了一台计算器,通知她去领。看着儿子高高兴兴去参加考试,王丽萍说:"这几天儿子虽然嘴上不说,心里肯定有埋怨,如果没有爱心超市的相助,我这辈子对他都会感到愧疚。"据了解,爱心超市

① 江苏民政网:http://www.jsmz.gov.cn/news.aspx?item_id=6935,2009-11-16 9:16:56.

成立两年多来，共接收了3000多人次捐款捐物，1000多人次因此得到了及时援助。

爱心超市为贫困居民雪中送炭，而五老村街道五老村社区则为63名80岁以上的独居老人安装了“爱心门铃”，也深受群众的赞誉，说“街道办了一件大好事”。今年6月的一天夜里，83岁的独居老人金淑敏心脏病突发，呼吸困难，情急之下她摁下了床边的爱心门铃。门铃另一头的结对志愿者徐梅珍夫妇闻声立即起床，跑了过去，为老人插上了事先备好的氧气管，并叫了救护车，把老人很快送进了医院，经过急救，老人转危为安，事后老人逢人便说：“爱心门铃救了我一命。”月牙湖街道为单亲、残疾、贫困的特殊家庭子女建造了“爱心特教站”，自闭、叛逆的孩子们不仅可以在特教站倾吐成长的烦恼，还能和大学生志愿者共同学习、交流、开展各种文体娱乐活动。社区一位残疾妈妈流着眼泪对特教站站长说：“孩子患自闭症，已经两年多不和我说话了，自从参加了特教站的活动，通过志愿者心理医生的治疗，就像换了个人，不仅开口叫妈，而且有说有笑，抢着帮我干家务活。”

白下区其他每个街道在社区服务上都“有一手”，淮海路的“爱心接力站”、瑞金路的“爱心电脑班”、洪武路的“爱心驿站”和“爱心银发网”、光华路的“爱心家庭报”、朝天宫的“爱心家园”和“爱心广场”……这些爱心品牌，不仅在本区家喻户晓，感情用事有不少在国家、省、市都有较高的知名度，其中“爱心驿站”被团中央授予“全国十佳志愿者群体”称号、中共江苏省委常委、南京市委书记朱善璐也报名参加了他们的注册志愿者。“爱心驿站”被全国关爱下一代协会授予“全国关爱下一代模范集体”称号。

白下区有关负责人表示，在此基础上，今年白下区社区服务要形成连锁效应，加强资源整合，社区之间将进一步加强沟通，共同叫响爱心品牌，他举例，今后爱心超市不仅蓝旗新村有，其他条件成熟的社区也要逐步创建，形成社区爱心连锁超市。这样，贫困居民急需的生活用品，依靠社区自己的力量，就近就便解决，如果是在自己社区超市没找到的商品，还可以到其他社区去调剂。

同样，爱心门铃、爱心银发网、爱心家园等，各个社区之间也要资源共享，既把爱心品牌做大、做强，以此来提升为社区居民服务的整体水平。

请思考：

结合案例分析社区服务在社会保障制度的功能。

第14章 社会优抚

社会优抚是针对特殊社会群体，带有褒扬性质的特殊社会保障，主要由民政部门实施。社会优抚对于保障优抚对象和退役军人的生活，巩固国防，保证人民安居乐业和社会稳定，都具有特别重要的意义。

14.1 社会优抚概述

历史上的优抚行为是和国家一同产生的。作为现代社会保障的一个重要项目，世界各国都从各自的兵役立法和国家稳定的需要出发，对现役军人的优待抚恤和退役后的生活待遇等做出具体规定。从各国对这一制度的情况看，有些国家将优抚条例单列，并做出特殊规定；有些国家是在一般社会保障中对优抚对象提供优惠性保障待遇。

美国在1930年成立了退役军人管理署，内设医疗、福利、阵亡纪念三个处，由其负责对退役军人保障的管理和实施。其所设的主要保障项目有：病残退役补偿、阵亡军人遗属抚恤、退役军人生活困难补助、丧葬补助、职业培训、医疗照顾、退役安置等。英国政府规定对战争中的残废军人、阵亡军人的家属，实行战争抚恤金制度，这种抚恤金由政府财政部门拨给，具体种类有残废抚恤金、遗属津贴等。法国早在19世纪就在政府文职官员和军人中实行养老制度，现在法国军人也享受较高水准的社会保障。前苏联的义务兵役制，把对军人家属的优待视为解除军人后顾之忧、稳定军心、提高军队战斗力的重要措施。世界各国的社会优抚事业，是在军队建设和社会发展过程中建立和完善的。①

在中国古代社会，统治阶级为鼓舞士气、慰勉部队，稳定军心，也建立了优抚制度，如明代的“免役赐复”，清朝的“八旗优待”等。中国共产党自领导建立军队之日起，即把优抚活动作为一项重要工作。1931 年颁布了《红军优待条例》、《优待红军家属条例》。新中国成立后的和平建设时期，优抚事业不断发展和完善，逐步走向制度化和法制化。1950 年，内务部颁布了《革命烈士家属、革命军人家属优待暂行条例》、《革命残废军人优待抚恤暂行条例》、《革命军人牺牲、病故褒恤暂行条例》、《革命工作人员伤亡褒恤暂行条例》、《民兵民工伤亡抚恤暂行条例》。1984 年我国又颁布了《中华人民共和国兵役法》，1988 年国务院颁布《军人抚恤条例》，具体规定了对优抚对象的各方面的优待措施。中国社会优抚制度的建立和实施产生了良好的社会效益。

14.2 社会优抚的主要内容

14.2.1 社会优抚的内涵

“优抚”是“优待”和“抚恤”的简称，社会优抚就是国家和社会依照法律规定，对为国家利益做出牺牲和特殊贡献者及其家属，通过优待、抚恤和安置等方式，确保其生活水平不低于甚至略高于当地群众的平均水平。我国《宪法》规定：“国家和社会保障残疾军人的生活，抚恤烈士家属，优待军人家属。”

社会优抚制度与其他社会保障制度的不同之处在于其对象的特殊性，它是针对社会特殊对象所实行的优待抚恤，带有明显的褒扬性质。作为优待，包括政治、经济等方面；作为抚恤，包括抚慰和赈恤，抚慰是给予政治荣誉和精神上的安慰，赈恤则给予钱款或物质、服务的帮助。

社会优抚的含义表现在如下几个方面：

（1）社会优抚是国家维护自身利益的需要，也是国家和社会的责任。这是因为优抚对象是为国家做出特殊贡献的人，国家和社会有责任保障他们及其

---

① 成志刚．社会保障导论［M］．长沙：湖南大学出版社，2003：37.

家属的生活，保障其生活水准略高于一般保障对象的平均水平。

（2）社会优抚的对象是社会上具有特殊贡献的群体。所谓特殊贡献，主要是指为国家和民族利益而作出的奉献和牺牲。这个特殊群体包括人民解放军现役军人、革命伤残军人、复员退伍军人、革命烈士家属、因公牺牲的军人家属、病故军人家属以及现役军人家属等。

（3）社会优抚不仅要保障物质生活，还带有褒扬和抚慰性质。通过优抚活动，不仅解决特殊贡献者及其家属的物质待遇问题，而且还要增加他们的荣誉感，提高其社会地位，从而有利于发扬革命精神和优良传统，促进社会的精神文明建设。

（4）社会优抚是一项社会政策。优抚特殊行业、特殊贡献者及其家属，这是有立法依据并得到全社会认可的社会政策措施。

14.2.2　社会优抚的对象

社会优抚的对象由有关法律、法令、条例和政策等来确认，有明确的法定范围。我国目前的优抚对象有：

革命伤残军人。包括伤残军人、伤残民兵、伤残警察等。

复员退伍军人。复员退伍军人是指1984年《兵役法》颁布之前参军的人员和《兵役法》颁布以后入伍的军事干部；退伍军人指《兵役法》颁布以后应征入伍并经部队批准的退伍义务兵。

革命烈士家属。指为革命事业牺牲并取得革命烈士称号人员的遗属。

病故军人家属。指在各个时期病故的军人的遗属。

现役军人家属。指现役军人和实行义务兵制度的人民警察，包括武装、边防、消防警察的家属。

14.2.3　社会优抚的形式

现代社会优抚事业是社会保障制度中的特殊部分，其实施方式又和社会保险、社会福利等密切联系在一起。社会优抚的主要形式有：

社会保险式的优抚保障。这种优抚活动是以社会保险方式实施社会优抚保障措施，将社会优抚纳入社会保险系列。如美国政府在实行职业军人特殊退休制度的同时，从1957年开始，对所有的军事人员实行“老残遗属及健康保险”的投保制度。

社会救助式的优抚保障。这种形式由政府对退役人员或对现役者的家属提供救助和帮助，在各国的优抚工作中都有通过社会救助来进行优抚保障的做法。

社会福利褒扬性的优抚保障。由于优抚对象在社会保障中具有特殊的地位，因而不少优抚是通过福利供给或福利援助来提供的，如各种资金保障、服务提供、免费或低费优惠、军人疗养院等。

14.2.4 社会优抚的性质及特征

社会优抚是优待和抚恤的统称。社会优抚与社会保障的其他项目相比较表现出如下几个方面的特征：

（1）优抚对象的特殊性。优抚对象是特指维护国家民族利益，保护国家和民族的安全，牺牲个人的利益，影响个人的需求或利益发展，为国家和民族作出贡献的那一部分人，既包括贡献者本人，也包括贡献者的家属。而且，这种贡献主要是对国家和民族而言的，因而社会优抚的对象主要是军人及其家属这一特殊的社会群体。

（2）优抚目标的双重性。一方面，社会优抚为军人及其家属提供基本生活保障，并使他们生活水平高于当地群众的一般生活水平。另一方面，社会优抚还具有褒扬性质，对全体国民寓含教育意义。由此可见，社会优抚具有经济和政治双重目标。

（3）优抚内容的综合性。与一般的社会保障项目不同。社会优抚既不是单纯的社会救助，也不是单纯的社会保险或社会福利，而是兼具三种项目的特点，因而是一种综合性保障项目。对军转人员的安置，对其家属的抚恤，具有社会保险的性质；面对特别困难的相关人员的扶持生产、帮困济贫等，又具有社会救助的特征；而对军人及其家属的优待，又具有社会福利的性质。

（4）优抚待遇标准的激励性。国家立法规定，对军人及其家属的保障待遇水平要高于普通国民的保障水准；军转人员的养老待遇要高于地方同等级别人员的待遇水平；军人的抚恤标准也要高于一般劳动者的工伤抚恤标准。

14.2.5 社会优抚的内容

社会优抚的内容比较广泛，涉及社会保障的各个方面。享受社会优抚的对象，由于各国政治背景和社会发展水平不同，规定的范围也有所不同，但一般是指现役军人、退役军人、军人家属。由国家对优抚对象所提供的优抚内容体现为如下几个方面：

1. 死亡抚恤

死亡抚恤是优抚保障中最基本的内容。军人若在服役期间为国身亡，必然使其家属尤其是被赡养人蒙受巨大的损失。因此，国家有责任抚慰家属，保障家属生活，提供既有褒扬意义又有物质补偿的抚恤金。死亡抚恤是政府按规定向遗属提供的，一般根据现役军人死亡的性质不同（因战、因公、因病）、生前的表现以及生前的收入和级别等情况确定不同的抚恤金待遇标准。根据抚恤的内容和性质不同，死亡抚恤又分为一次性给付和定期给付两种形式，一次性给付具有褒扬和社会补偿性质，定期给付则具有社会救助性质

2. 伤残抚恤

伤残抚恤是国家依法对现役伤残军人及其家属，提供保证其生活的资金和服务的特殊保障项目。军人在服役期间受伤致残或患病致残后，会给本人及其家属的生活带来很大困难，国家应当通过保障措施，对其本人及家属进行褒扬和抚恤。伤残抚恤一般分为三种类型：因战、因公、因病致残。致残的类型及等级要由专门的审批机构在医疗终结后予以评定。伤残抚恤所保证的生活水平或抚恤的标准，一般是根据其本人致残的性质、类型、劳动能力丧失的程度及生活能力受影响的程度等因素确定。

3. 社会优待

社会优待是国家和社会依法对优抚对象提供资金和服务的优待性保障项目。其目标是保证现役军人及其家属维持一定的生活水平，并随着社会的发展不断提高其生活质量。优抚对象为国家和社会尽了义务，作了贡献，国家理应通过法定的措施和服务方式使其生活过得更好，并通过各种优待办法对其进行表彰和褒扬。

4. 退役安置

退役安置是国家和社会依法向退出现役的军人提供资金和服务保障，使之重返并适应社会的一种优抚保障项目。军人退役后，在培养职业能力和改变生活方式等方面，需要有一个过程，退役实置就是为了完成这一过程创造必要的条件。退役安置既提供资金保障（包括退役安置费，生活津贴和生产性贷款），又提供服务保障（包括就业安置、就学安置、职业技能培训等)。

14.3 我国社会优抚制度的现状与发展趋势

14.3.1 我国社会优抚的现状与特征

社会优抚是社会保障体系的重要组成部分，优抚对象是对国家和社会有功劳的特殊社会群体。做好优抚保障工作，对于维护社会稳定、促进国防和军队现代化建设，推动经济发展和社会全面进步，具有十分重要的意义。

多年来，我国按照不同对象、贡献大小，参照经济社会发展水平，确定保障层次和标准，设立保障项目，并形成了较完备的社会优抚制度。

1. 保障项目较为齐全

目前，我国已经建立了层次不同、标准有别、较为齐备的优抚保障项目，有力保障了优抚对象应享受的权益，有效地改善了优抚对象生活。主要保障项目有：(1) 抚恤补助。国家对烈士家属、因公牺牲军人家属、病故军人家属、伤残军人等四类优抚对象实行定期抚恤，对退伍老红军、八路军红军老战士、红军失散人员、在乡老复员军人、带病回乡退伍军人等五类优抚对象实行定期定量生活补助。(2) 社会优待。对义务兵家属实行普遍优待，按标准享受抚恤补助，但家庭生活仍有困难的优抚对象还能得到一定的优待。(3) 医疗减免。按照《军人抚恤优待条例》规定，二等乙级以上革命伤残人员、在乡退伍红军老战士、八路军红军老战士享受公费医疗；对“三属”、三等革命伤残人员、红军失散人员、在乡老复员军人、带病回乡退伍军人实行医疗补助，补助标准各地根据实际情况确定，经费由政府财政承担。(4) 孤残养护。无法定赡养人的孤老优抚对象由政府供养，供养标准在社会孤老供养标准基础上再加上抚恤补助金，供养方式采取集中供养和分散供养相结合。(5) 扶持生产。主要通过对优抚对象家庭实行减免负担、优先提供资金信贷、生产资料，生产技术等优惠政策，大力支持优抚对象家庭发展生产。(6) 褒扬宣教。主要方式有兴建烈士纪念建筑物、表彰优抚对象英雄事迹书刊音像、开展走访慰问活动等。

2. 服务网络较为完善

提高优抚对象生活质量，不仅需要国家和社会提供抚恤补助金和优待金，而且需要各方面的保障服务，这些服务主要是通过优抚保障服务网络来实现。经过多年的努力，以 117 所优抚医院和 1275 所光荣院为载体，以 260 多万个基层群众性拥军优属组织为依托、由各行各业共同参与的优抚保障服务网络已初步形成，日趋健全。为优抚对象提供医疗、供养、保健、交通、住房、教育、文化、社会公益等生活方面服务，有条件的还为优抚对象家庭发展生产提供了服务，较大幅度地提高了优抚对象生活质量。

3. 法规体系较为完备

以《军人抚恤优待条例》为龙头的优抚法规配套建设取得明显成效，目前制定颁布的配套性优抚法规文件 30 多个，从中央到地方直至基层的优抚法规体系已基本形成。

14.3.2　我国社会优抚的基本原则

社会优抚对象是主要是由有功于国家和人民的人组成的特殊群体，其对社会的影响是巨大的，做好社会优抚工作十分必要。在我国，社会优抚工作的基本原则有①：

1. “三结合”制度是优抚工作的基础

“三结合”的优抚制度是指军人抚恤优待工作实行国家、社会、群众三结合的制度。1988 年国务院颁布《军人抚恤优待条例》第 4 条规定：“军人抚恤优待工作实行国家、社会、群众三结合的制度，保障军人的抚恤优待与国民经济的发展相适应，使抚恤优待标准与人民生活水平同步提高。”这就明确了“三结合”的优抚制度以及优抚标准同国民经济发展和人民生活水平提高相适应的原则。

国家抚恤对优抚对象享受物质帮助的权利起着根本性作用。随着国民经济的发展，国家抚恤的比例和标准应与人民生活水平同步提高。但我国目前生产力还不发达，国家财力还很有限，对广大优抚对象的各种待遇标准还不能太高，所有的生活问题也不能完全由国家包揽下来，还必须广泛动员社会和群众的力量。所以在强调国家抚恤的同时，还应强调社会和群众的作用。国家、社

① 童星．社会保障与管理［M］．南京：南京大学出版社，2002：294-295.

会、群众三结合的优抚制度，规定了国家机关、社会团体、企事业单位和公民应尽的优抚职责和义务，规定了优抚对象的权利和义务。这将有助于人们依照法律理顺优抚关系，调整优抚工作的运行机制，从而保证优抚工作沿着法制化、制度化和社会化的方向发展。

2. 实事求是是优抚工作的基本出发点

在制定优抚政策时，既要根据优抚对象实际生活的需要，又要考虑国家发展生产的需要。1980 年国家重新制定的《革命烈士褒扬条例》第 4 条，强调军人的抚恤优待要与国民经济发展相适应，与人民生活水平提高同步增长。前者强调处理好积累与消费、生产与生活的关系，后者强调优抚对象要分享社会经济发展的成果。此外，要把维护优抚对象的权益与鼓励军人的献身精神相结合。对广大优抚对象来说，要正确地对待自己的权利与义务；从国家、社会和群众角度来说，应千方百计安排照顾好优抚对象的生活，在政治上和经济上给予他们更多的关心。

14.3.3 我国社会优抚制度的意义

社会优抚是由国家和政府出面对有特殊贡献的人员实行的一种保障制度。我国现有几百万现役军人、几千万优抚对象，做好优抚工作直接与国家的政治利益相联系，具有鲜明的政治色彩。

1. 优抚工作是国家稳定与发展的保证

优抚工作与国家的军事活动紧密相连，它的地位和作用与军队的地位和作用紧密相关。人民子弟兵无论是在战争年代还是和平建设时期，都英勇作战，艰苦奋斗，前仆后继，不怕流血牺牲，发扬了革命英雄主义的精神。做好优抚工作，对鼓舞部队士气，稳定军心，促进部队建设，巩固和加强国家的安定团结，都有着重要的作用。

2. 优抚工作有利于树立良好的社会风尚

优抚工作本身就包括对革命烈士的褒扬，拥军优属活动就是对优抚对象及广大人民群众进行生动的政治思想教育。通过宣传先烈的光辉事迹和英雄形象，对广大人民群众进行爱国主义、集体主义、社会主义和共产主义的教育，可以激励人民为祖国而奉献，在全社会树立良好的道德风尚。

3. 优抚工作是社会经济繁荣发展的重要措施

国家通过优抚工作使军队在保护国家、维护和平、创造和谐安定的社会环境中充分发挥作用，从而有利于经济和社会的发展。国家通过优抚工作，可以增强军队实力，融洽军政、军民关系，可以使军队在和平时期直接参与地方建设，为社会经济发展作出贡献。

14.3.4 目前我国社会优抚工作面临的问题

在党和政府的领导下，我国的社会优抚工作取得了很大成绩，促进了社会的稳定。但随着市场经济体制的确立，优抚工作面临一些新的矛盾和问题。

1. 优抚对象的各项抚恤补助标准明显低于城乡人民的生活水平

享受抚恤补助的优抚对象大部分是战争年代参加革命的，如今已风烛残年，体弱多病，处于最困难也是最需要国家关怀和照顾的时期。但是单靠国家财政，资金毕竟十分有限，而且随着社会的发展，抚恤补助标准需要不断提高，他们所享受的定期抚恤远远没有达到《军人抚恤优待条例》确定的“与城乡人民生活水平相适应的要求”。

2. 优抚经费未建立正常的增长机制

国家虽然确定了抚恤优待与国民经济的发展相适应，抚恤优待标准与人民生活水平同步提高的原则，但实际上并没有真正落实。只能是根据争取经费的情况而定，争取下来多少经费，就提高多大幅度的标准，随意性很大。

3. 计划经济体制下的旧思想、旧观念对优抚工作的开展形成制约

不少生活困难的优抚对象仍指望单纯依赖优待抚恤金维持生活，“等、靠、要”的思想根深蒂固。优抚安置保障如何从传统的“输血”式转向“造血”式，应是新时期社会优抚工作的重点和难点。

4. 社会安置的任务越来越重，难度越来越大

计划经济体制下，政府以行政命令的强制手段安置退役军人，工作非常顺利。随着市场经济体制的建立与完善，不可能再沿用原来的方法来完成安置任务。一方面，用人单位强调用工的自主权，追求经济效益，不愿接收安置对

象。另一方面，社会就业形势严峻，许多用人单位不仅人满为患，而且大量富余人员尚在分流之中，因而接收安置对象的渠道越来越窄。即使有些安置对象被企事业单位接收，但因其效益不好，致使安置质量较低。

14.3.5 我国社会优抚的发展趋势

深化改革，是优抚保障当前面临的十分迫切的任务。优抚保障存在的困难和问题，只有通过深化改革来解决。

在优抚保障中，国家是主体，社会是辅助，家庭是基础。优抚保障是一种补偿和褒扬性质的特殊社会保障，保障对象是为革命事业和国家安全做出牺牲和贡献的特殊社会群体，毫无疑问，国家在优抚保障中，应该承担着资金保障主体责任和组织实施责任。但是，国家力量毕竟有一定的限度，还需要动员社会力量参与优抚保障，以弥补国家人、财、物等方面的不足。除了鳏寡孤独和基本丧失劳动能力的特、一等伤残军人等少数对象外，国家和社会不能也不会把优抚对象家庭生活全都包下来，家庭在优抚保障工作中仍具有重要作用，优抚对象在有权利享受特殊保障的同时，也必须履行应尽的义务，尤其要通过扶持优抚对象家庭发展生产，不断增强优抚对象自我保障、自我发展的能力。只有把国家、社会和家庭三方面积极性充分调动起来，才能从根本上解决优抚保障的问题。

首先，建立分类分级抚恤补助的新体制，改善和增强国家保障责任。在多年实践的基础上，切实按照国务院办公厅《关于加强优抚工作的通知》要求，改革以往抚恤补助经费由中央财政大包大揽、标准由中央统一规定的做法，实行中央财政和地方财政共同负责、分类负担。同时，还应按照城镇职工工资标准和农村居民实际收入水平，同步提高抚恤补助标准，积极建立抚恤补助经费自然增长机制，克服以往抚恤补助经费增长过程中存在的随意性、被动性、滞后性。

其次，要探索社会中介组织参与优抚保障新途径，积极推进优抚保障社会化。优抚保障社会化，要在大力推行优待会社会统筹的基础上，把工作注意力放到培育和发展社会中介组织上来。社会中介组织参与优抚保障，是建立社会主义市场经济体制的客观需要，是转变政府职能的必然要求，是优抚保障社会化的有效途径和实质性标志。逐步引导一部分条件较好的社会组织参与优抚保障，引导一批经济实力较强、管理规范、制度健全、专业水平较高的组织，转变为具有独立法人资格的社团或民办机构，使其实体化，专业化，成为职业化的从事优抚保障的社会团体，为优抚对象提供医疗、康复、保健、供养以及社会公益服务。这样，既能切实履行民政部门的宏观管理职能，又能充分利用社会财力、物力和人力以及具体管理服务上的优势，为广大优抚对象服务，以减轻政府的负担，分担国家的责任。

再次，要采取扶持优抚对象家庭发展生产新措施，不断增强自我保障自我发展的能力。不充分发挥优抚对象家庭的作用，不可能解决优抚保障问题，也不可能使广大优抚对象走上脱贫致富之路。发挥家庭在优抚保障中的作用，并不仅仅在于子女承担赡养义务，更重要的是要大力扶持优抚对象家庭发展生产，专人包户，责任到人，帮助优抚对象家庭脱贫致富，切实使广大优抚对象与人民群众同步奔向小康。

最后，做好社会优抚与城乡社会保障体系的衔接工作。随着城乡居民最低生活保障制度、城乡社会养老保险制度、城镇医疗社会保险制度、失业保险制度等的普遍建立，社会优抚制度和上述城乡社会保障制度的衔接工作越来越迫切。

本章小结

社会优抚就是国家和社会依照法律规定，对为国家利益做出牺牲和特殊贡献者及其家属，通过优待、抚恤和安置等方式，确保其生活水平不低于甚至略高于当地群众的平均水平。社会优抚是针对特殊社会群体，带有褒扬性质的特殊社会保障。社会优抚的对象主要包括革命伤残军人、复员退伍军人、革命烈士家属、病故军人家属和现役军人家属。社会优抚对于保障优抚对象和退役军人的生活，巩固国防，保证人民安居乐业和社会稳定，都具有特别重要的意义。社会优抚的形式包括社会保险式的优抚保障、社会救助式的优抚保障和社会福利褒扬性的优抚保障三种类型。社会优抚的内容包括死亡抚恤、伤残抚恤、社会优待和退役安置。

多年来，我国按照不同对象、贡献大小，参照经济社会发展水平，确定保障层次和标准，设立保障项目，形成了较完备的社会优抚制度。当前我国社会优抚工作面临的问题包括优抚对象的各项抚恤补助标准明显低于城乡人民的生活水平、优抚经费未建立正常的增长机制、计划经济体制下的旧思想、旧观念对优抚工作的开展形成制约以及社会安置的任务越来越重，难度越来越大。因此，深化改革，是优抚保障当前面临的十分迫切的任务。优抚保障存在的困难和问题，只有通过深化改革来解决。首先，要建立分类分级抚恤补助的新体制，改善和增强国家保障责任。其次，要探索社会中介组织参与优抚保障新途径，积极推进优抚保障社会化。再次，要采取扶持优抚对象家庭发展生产新措施，不断增强自我保障自我发展的能力。最后，做好社会优抚与城乡社会保障体系的衔接工作。

关键术语

社会优抚　死亡抚恤　社会优待　退役安置

“三结合”制度

思考题

1. 简述社会优抚的含义及特征。
2. 简述社会优抚的主要内容。
3. 社会优抚的形式有哪些？
4. 论述国家、社会、群众在社会优抚制度中的作用。
5. 简述我国社会优抚工作的发展趋势。

案例分析

昆山市五个“一体化”推动双拥优抚安置工作上新台阶①

昆山市通过五个“一体化”建设，全力推进双拥优抚安置工作，保障广大优抚对象和军队退役人员的合法权益。

双拥服务组织实现城乡网络一体化。建立起覆盖全市镇、村(居)、企（事）四级网络，近2000个拥军爱民、双拥社区、学雷锋志愿者服务小组；在全省率先推广昆山双拥服务“十二条

① 昆山市民政局．江苏民政网，http://www.jsmz.gov.cn/news.aspx? item_id=6447.

龙”，从“军事、法律、安置、住房、文化、教育、商业、粮油、医疗、宣传、交通、生产”等12个方面为驻军和城乡重点优抚对象提供保障和服务。

完善优待奖励制度，实行城乡义务兵家庭优待奖励标准一体化。率先在苏州市实施优待金标准城乡一体化，按《江苏省实施〈军人抚恤优待条例〉办法》规定，全市城乡义务兵家庭优待金标准按不低于上年度城镇居民人均可支配收入的30%确定。同时，提高高中生、大专生、进藏兵和在校大学生义务兵家庭优待金标准，根据学历差别和服役区域实行按比例增发奖励金。实行重点优抚对象中的城乡“三属”、在乡六级以上的残疾军人普遍优待，城乡三属、在乡六级以上残疾军人优待金统一标准。在职复员军人率先在省内享受与在乡复员军人一样的立功荣誉金。

落实抚恤补助政策，推进城乡重点优抚对象抚恤补助标准一体化。建立优抚对象抚恤补助标准自然增长机制，每年下发《关于调整部分优抚对象抚恤补助标准的通知》，以苏州市上年度城镇职工平均工资和苏州市上年度农民人均纯收入为参照数，统一提高“三属”定期抚恤、在乡残疾军人残疾抚恤、在乡复员军人定期补助、一至四级残疾军人护理费标准。通过不断调整提高抚恤补助标准，有力保证了城乡重点优抚对象与本地生活水平同步提高。

适应医疗制度改革，实现城乡重点优抚对象医疗保障一体化。昆山市六级以上城乡残疾军人的医疗费在市社保中心建立专项基金，实行个人账户和残疾军人医疗统筹基金相结合模式，在规定范围内按实报销，个人不负担医疗费用。“三属”医药费、老伤残军人伤口复发医药费和其他疾病都有不同程度的报销，经费由市财政解决；老复员军人医药费报销经费由合管会解决。全市“三老”对象全部参加“大病风险医疗保险”，保险费用由各镇解决；带病回乡老复员军人，医疗费用实行定额到人，分段负担，经费统一由市财政解决。全市推出“医疗定额补助卡”，为“三老”对象每人发医疗补助，并明确：除享受医疗保险规定的数额外，对有困难的老复员军人等给以临时补助。

深化退役士兵安置改革，巩固城乡安置一体化成果。采取“以货币安置为主，就业安置为辅，强化配套服务，取消城乡差别，实行一体化安置”的办法，率先在全省出台立功退伍兵就地农转非政策，率先在全省推行义务兵待安置期间按市上年度职工最低标准工资发放补助金政策。退役士兵货币安置金标准2006年以来年年调整提高，地位领先。出台《昆山市退役士兵技能培训实施细则》，退役士兵社会保障、高等教育、从事个体经营、税费、贷款等方面的优惠政策全面落实，货币安置率接近100%，实行城乡退役士兵一体化安置以来，全市的安置质量和效率明显提高，有效激发了适龄青年的应征热情。

请思考：

结合案例分析当前形势下对优抚安置工作有哪些新要求。

第15章 补充社会保障

随着社会保障内涵的不断发展，除了政府主导的基本社会保障制度之外，社会保障还有多种形式，如慈善事业、社区保障、企业年金、员工福利等。

15.1 补充社会保障概述

15.1.1 补充社会保障的含义

补充社会保障是指在国家法定意义上的基本社会保障制度之外，对社会成员起补充保障作用的各种保障措施的总称。补充保障是社会保障体系中不可缺少的一部分，对基本社会保障制度起到补缺、补充和提高的作用。虽然这些补充保障是基于不同的出发点和目标建立起来的，形式各异并自成体系，也不在法定或强制推行的范围内，但是也体现了国家的政策精神，对社会发展和增进总体福利起着不可低估的作用。

世界各国的补充保障不尽相同。从补偿方式来看，补充保障同样包括经济保障、服务保障和精神保障；从实施主体来看，包括社会补充保障、企业补充保障和个人自我保障等；从保障内容看，包括补充医疗保障、补充养老保障、补充住房保障等。

15.1.2 补充社会保障的特点

补充社会保障是基本社会保障制度安排之外的，具有配角性、非强制性、非正式性等特征：

1. 处于配角的地位

补充社会保障是社会保障体制中的重要组成部分，但是往往是处于配角的地位，起到补充和完善的作用。如企业年金能够弥补基本养老保险制度的不足，社区保障能够弥补基本社会保障制度的缺漏，慈善事业可以构成对社会救助制度的重要补充。

2. 非强制性

相对于国家法律规定，政府主导的基本社会保障制度而言，政府在补充保障中并非当事人和责任主体，没有公共权利的直接介入，从而也就没有其他社会保障制度那样的强制性。补充社会保障体现了自愿性和可选择性的特征，能够满足不同群体的需求。当然，这并不意味着政府对补充保障听之任之，事实上，政府仍然对补充保障负有管理监督并给予相应支持的责任。

3. 非正式性

社会保障是各种具有经济福利性的、社会化的国民生活保障体系的统称，可以划分为基本社会保障（正式制度安排）和补充社会保障（非正式制度）两个部分。基本社会保障往往是法律规定的，由政府或官方机构主导，而补充社会保障一般是由社会团体、雇主举办的，个人自愿参加的，采取社会化运作和管理的保障项目。

15.1.3 补充社会保障的功能

补充社会保障是社会体系的一个组成部分，因此具有社会保障的稳定功能、调节功能和互助功能等，同时补充社会保障作为一种特殊的社会保障还具有更多功能。

(1) 补充社会保障具有为基本社会保障制度“查漏补缺”的功能。一方面，补充保障为尚未被基本社会保障制度覆盖的人群提供了化解风险的途径。在中国现阶段，基本社会保障制度的覆盖率较低，在城镇生活的灵活就业人员、农民工以及广大农民都是缺少基本保障的社会群体。一些补充保障的形式恰恰可以满足这些群体的保障需求。另一方面，补充保障可以对基本社会保障制度之外的保障项目进行补充保障。

(2) 补充社会保障提高了国民社会保障的水准，增进了特定人群的社会福利。补充保障可以适应不同人群对保障项目和水平的不同层次的需求，提高他们的保障待遇和福利水平。由于政府负责的社会保障水平待遇一般偏低，往往需要社会机构举办相应的补充保险、商业保险、互助保险等。通过补充社会保障，原有基本社会保障制度的社会成员会增加一层次的保障，原来没有基本社会保障制度的成员也享有了一种福利保障。

(3) 一些补充保障可以作为组织人力资源管理的手段之一，为实现组织目标服务。这里主要是指以员工福利为表现形式的企业补充保障。对企业来说，他们期望通过合理设计员工福利吸引、挽留优秀人才，实现对员工即期或长期激励，属于企业或社会团体人力资源管理的范畴。

(4) 补充保障还具有满足人们施与仁爱之心，促进社会融合的功能。人类具有向社会弱势成员以及其他公益事业奉献爱心的内在需求，也需要有相应的外在条件，而慈善事业作为一种补充保障的形式，作为一种建立在捐赠基础上的民营社会化保障事业，源于慈心，终于善行，在客观上不仅为他人提供了物质帮助，而且可以满足了人类奉献爱心的精神需求。同时，补充保障的社会化运作机制使人们相互关爱、相互尊重、相互补充，增强社会融合、反社会排斥并促进和谐社会的形成。

15.2 慈善事业

15.2.1 慈善事业的界定

慈善事业，通常是指众多的社会成员建立在志愿基础上所从事的一种无偿的、对不幸无助人群的救助行为。它通过合法的社会组织，以社会捐助的方式，按特定的需要，把可汇聚的资源集中起来，再通过合法途径，用于无力自行摆脱危难的受助者。尽管慈善活动和慈善行为自古有之，但历史上的这些慈善活动和行为在严格的意义上并不能称为事业。只有在专门的组织运作下，运用民间资源，面向所有有需要帮助的社会成员，并且拥有经常性、持续性、规范性的特征，才能算是真正意义上的慈善事业。慈善事业是社会第三次分配的一种形式，是社会保障的补充体系。

慈善事业的运作包括接受捐献、资金管理和实施救助三个环节。慈善事业的基本特征是：一是以社会成员的慈善心为道德基础；二是以社会成员之间的收入差距和捐献为经济基础；三是以社会性的民间公益团体或公益组织为组织基础；四是以捐助者的意愿为实施基础。这四个基本特征区分了慈善事业和政府所从事的社会救助事业。政府的社会救助事业是以社会稳定为政治基础，以财政拨款为经济基础，以政府机构为组织基础，以法律制度为实施基础。

慈善组织的主体，主要包括捐助主体、运营主体和监管主体三个方面。其中的捐助主体，主要包括个人或家庭、社区、宗教团体、企业和募捐组织等；运营主体，主要是指慈善组织，包括慈善基金会和慈善机构；监管主体，主要包括政府、社会评估机构和公共媒体等。慈善事业的客体主要是社会的弱势群体，还有一部分慈善事业是针对社会成员的全面发展，如发展科学文化、保护自然环境等。

15.2.2 慈善事业与社会保障

发展慈善事业，可以对弱势群体进行有效的社会援助，弘扬中华民族传统美德；可以缩小贫富差距，拓宽社会保障范围，维护国家和社会的稳定发展，促进社会主义精神文明建设以及和谐社会的建设和发展。

慈善事业的性质完全现代社会保障体系的定义，是现代社会保障体系的必要组成部分。党的十六届四中全会决议也明确提出要“健全社会保险、社会救助、社会福利和慈善事业相衔接的社会保障体系”。完善的社会保障体系是构建和谐社会的基础。而健全的社会保障体系，由社会保险、社会救助、社会福利和慈善事业等四个方面组成，这四个方面相互衔接、相互配合，各有各的作用缺一不可。慈善事业作为社会保障体系的一个组成部分，绝不是可有可无、无足轻重的，它的功能不只是“拾遗补阙”，而是在保障体制层面上对构建和谐社会发挥作用。它和社会保险、社会救助和社会福利之间有着属性上的差异。这种差异突出表现为，社会保险、社会救助和社会福利制度属于刚性的保障制度，从本质上讲带有一种政府性责任或是强制力。而慈善事业则属于柔性的保障体系范畴，带有明显的非政府性质完全以自愿为前提。认清这一点对于我们从宏观上设计我国的社会保障制度会大有裨益。

15.2.3 我国慈善事业的发展现状

虽然慈善观念在我国古已有之，可追溯到西周的民本主义以及后来的儒家仁义学说。但是，在我国历史上慈善事业不发达，仅限于灾荒之年官府的开仓放粮或绅士地主对穷人的施舍等。至民国时期，国人才开始有自己开办的慈善机构，如北洋政府的熊希龄在北京开办的香山慈幼院。新时期中国慈善事业是从 20 世纪 90 年代开始的。伴随着市场经济体制的建立和发展以及政治体制改革逐步深入，人们意识到，由政府包办福利事业和人为地禁锢慈善事业的发展都是行不通的。1991 年的华东大水灾，成为民间捐赠活动迅猛发展的契机，国内同胞和海外侨胞对灾区人民给予极大的关怀，捐款达 20 多亿元。1993 年 1 月，全国第一家以慈善会命名的社会团体——吉林省慈善总会成立。1994 年 4 月 12 日全国第一家综合性的民间慈善组织——中国慈善总会于北京成立。1997 年年底前，全国省一级慈善机构有 24 家，地市一级的有 50 多家，县一级的有 100 多家。慈善组织及其活动从自发的、个体松散的，发展到理性的、具备一定规模的程度，标志着中国慈善事业得以发扬光大。

经过十多年的开拓和进取，目前中国慈善事业不断发展壮大，初步取得了一些阶段性成果，社会效益显著。

1. 慈善组织发展迅速，呈现多元化特点

根据 2004 年民政事业发展统计报告，截至 2004 年年底，全国共登记的基金会 936 个，其中，在国家民政部门登记的基金会有 84 个。特别是在新的《基金会管理条例》于 2004 年 6 月 1 日正式实施之后，由企业家设立的非公募基金会也有不同程度的增长。

2. 慈善援助面不断扩大

据中华慈善总会的统计数据，自成立到 2001 年年底，开展了灾害救助，扶贫救济，助医助残，助孤（幼）安老，助学助教等 5 大方面 33 个慈善项目，覆盖全国近 30 个省份，累计共投入善款 4.8 亿元人民币，为数以千万计的困难群众送去了关爱和温暖。

3. 慈善资源得到了进一步挖掘

慈善资源除与其他社会资源有类似的兼容性外，同时还具有其特殊的自愿性和弹性特点。慈善资源不仅包括物质的如资金、物品、劳动力等有形资源，而且包括如爱心、文化传统、科学知识等无形资源。发展慈善事业，正是着眼于充分利用社会上一切可以利用的资源。

15.3 社区保障

15.3.1 社区保障的含义

所谓社区保障，就是以社区需求为核心，以社区救助和社区服务为主要内容，在政府的引导和管理之下，发挥社区居委会、党组织、非营利组织、企事业单位等组织的力量，整合社区资源，提高社区居民福利水平的保障方式。

狭义的社区保障是以国家的社会保障制度为基础，以社区居民作为保障对象，将国家财政支持的社会保障项目（包括社会救助、社会福利基础服务、社会优抚等项目）部分的转移到社区，利用社区资源协助政府做好社会保障基础工作，既构筑起保障人民基本生活的安全网，又减轻国家对保障项目的支持压力。广义的社区保障是指根据居民的不同需求，由社区居民委员会组织社团组织以及志愿者等力量，依托社区居民，充分挖掘和利用社区资源，向社区居民提供的旨在改善居民生活环境、提高居民生活质量的各种服务，以满足社区居民在物质及精神方面的双重保障。

社区保障的功能主要表现在：

（1）服务功能。在社区保障方面的社区服务目前分为面向全体社区居民的社区保障服务和面向特殊群体的社区保障服务。

（2）社会安定功能。社区安全涉及社区居民的切身利益，为社区居民提供安全保障是社区居民最基本的保障需要。社区组织通过物业公司的保安值勤、警民联防、安装报警设施等方式为全体居民提供安全保障。社区开展的社会救助使社会弱势群体有了基本的生活保障，确保了社会稳定，发挥了社会保障“减震器”和“安全网”的功能。

（3）弱势群体权益保障功能。弱势群体权益保障是指社区在为弱势群体提供社会保障服务，满足其最基本的生活需要的同时，为满足其精神和心理需要、享有的正当权利、社会地位等提供保障服务。

15.3.2 我国社区保障的发展历程

1. “社区保障”隐含在“单位保障”中

新中国成立以后，我国逐步建立了新的城市管理体制，城市基层普遍建立了居民委员会。1954 年 12 月 31 日，第一次全国人大常委会第四次会议通过《城市街道办事处组织条例》和《城市居民委员会条例》，以法律的形式规定了城市及基层组织的设置和职能，确定了居委会是居民群众的自治组织。

《城市居民委员会条例》虽然规定居民委员会是自治性居民组织，但是由于后来建立了计划经济体制，城市居委会基本上成了基层政府下面的一个办事机构，并没有发挥自治组织的应有作用。在这个时期，虽然联合国推动的社区发展运动在全球展开，但是由于当时我国没有恢复在联合国的合法地位，又由于种种条件我国没有实行对外开放政策。所以我国并没有提出社区发展问题，甚至连社区概念都没有提出，社区问题被隐含在计划经济体制的“单位”中。在这个阶段，社区承担的事务与社会保障相关性较低，社区主要承担单位保障的遗漏者，起到补充作用。

2. 社区服务活动逐步开展

为配合国家经济体制改革和社会保障制度建设，民政部率先倡导在城市基层开展以民政对象为服务主体的社区服务活动，第一次把“社区”概念引入到政府的实际工作中来。此后，社区服务工作迅速在全国展开，服务对象、服务内容、服务范围不断拓展。由于它在为党和政府分忧、为居民群众解难方面发挥了积极作用、不仅深受社区居民欢迎，而且得到了党和政府的高度重视和支持。1989 年 12 月 26 日全国人大通过的《城市居民委员会组织法》，第一次将“社区服务”的概念以法律条文的形式固定下来。第四条规定居民委员会应当开展便民利民的社区服务活动，可以兴办有关的服务事业。

随着社区管理体制的不断改进和社区服务的蓬勃开展，特别是社区福利性服务内容的不断拓展，社区的保障功能也得到了越来越好的体现。以民政部门为主导，以街道、居委会为依托，以社区服务中心站为骨干，以为老年人、残疾人、优抚对象服务和便民利民服务为主要内容，以志愿者互助服务为主要标志的社区服务格局的形成，较好地发挥了社区的保障作用。许多城市通过在社区设立社区保障服务站和捐助接收站，完善社区救助网络，接收社会捐赠，发放城市最低生活保障金，对全体低保对象实行动态管理设立拥军优属服务站，建立完备的优抚安置对象档案，社区建立退伍军人职业介绍所，深入开展双拥工作设立残疾人服务站、康复站、助残志愿联络站，组织实施“老年福利服务星光计划”等以及通过对社区内无收入保障的社区成员提供一定的生活保障和服务，向有收入保障、无服务保障的社区成员提供服务，来体现社区保障功能。通过社区服务的全面开展，使社区在“老有所养、幼有所托、孤有所扶、残有所助、贫有所济、难有所帮、需有所供”等诸方面都得到一定程度的体现，在一定程度上发挥了第二安全网的功能作用。

3. 社区服务到社区全面建设

1998年7月，配合国家政治体制改革与政府机构调整，国务院正式赋予新组建的民政部基层政权和社区建设司“指导社区管理工作，推动社区建设”的职能，进入社区全面建设阶段。社区建设主要包括：社区管理、社区服务、社区文化、社区环境、社区卫生、社区治安、社区经济、社区就业等多项内容。它的实施标志着社区工作已经由原来比较单纯的“服务”走向全面推进的新阶段。

现在我国社区建设进入了一个新的发展阶段。我国社区建设目前正在经历一个重要的转变过程，从政府直接推动社区建设事业的阶段，转向以社区体制和机制的创新为龙头、以政府指导的新的社区组织推动社区事业全面发展的新阶段。社区服务队伍也在不断壮大，全国已形成了一个由专职、兼职人员和广大志愿者组成的社区服务队伍。社区建设的推进，社区服务设置的逐渐配套，为社区保障功能的健全与完善提供充分的社会基础和实施条件。

2006年《国务院关于加强和改进社区服务工作的意见》首次提出“推进社区社会保障服务。加强企业离退休人员社会化管理服务工作，加快老年公共服务设施和服务网络建设。具备条件的地方，可开展老年护理服务，兴建退休人员公寓。充分发挥劳动保障工作平台的作用，促进和帮助城镇居民按规定参加各项社会保险”。我国当前的社会保障社会化改革的趋势已经指向社区，要求必须有完善的社区组织、规范的社区管理体制和可调动的社区资源。社区保障所需的基础设施的建设、组织建设、制度建设和社区居民的互助意识的培育等，都是通过社区建设来达到的。

15.3.3 我国社区保障的内容

从具体项目上看，社区社会保障包括社区福利服务业、便民利民服务业、职工社会保险管理服务业、社区卫生与医疗保健服务业、社区文化、教育与职业技术培训、救助与扶贫工作、社会互助、社区志愿者服务、社区治安、社区矫正、社区型公益性与公共性事业等。从社区保障根据不同的层次，可以将保障对象简单分为“社区弱势群体”和“社区全体居民”两个部分，相应的社区保障的内容也可以分为“社区救助”和“社区服务”两个部分。其中社区救助又包括政策性救助和社区性救助，社区服务可以分为社区福利性服务和社区社会化服务。社区福利性服务一般是免费或低费，体现社会效益（福利性）；社区社会化服务一般是市场价格，体现经济效益（经营性）。

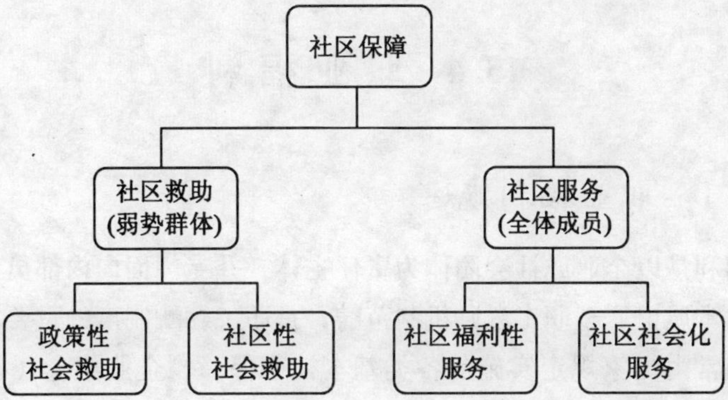

社区救助主要对象是社区内的弱势群体，分为政策性社会救助和社区性社会救助两种类型。政策性社会救助主要是依据国家社会救助的相关规定，在社区实施国家有关的社会救助的政策，主要有最低生活保障救助、特困救助和政策规定的其他救助。社区的主要职责是包括接受申请、对申请内容进行核查、审查和批准、对受救助对象个人和家庭的定期核查，办理受救助对象的变更和转移手续等。除了国家政策规定的社会救助项目之外，社区本身也有一些社会救助基金或者非政府组织提供的救助资金，这些基金可以统称为社区保障基金，包括社会帮困基金、残疾人扶助基金、老人救助基金、教育助学金等。这些基金主要来源于街道行政拨款、社区单位募集、社区居民以及社会各界人士的捐助，目的是对常住、户口在本社区的，并且符合条件的困难对象进行帮助，这也是一种急困托底性质的救助。

社区服务可以根据社区的实际情况和居民的要求决定社区服务是有偿、低偿还是无偿的。社区服务主要包括为老服务、再就业服务、文化娱乐、便民利民服务、医疗服务、残疾人服务、治安与民事调解、公共卫生服务、教育服务、儿童和青少年服务等。社区服务又可分为三种类型：（1）补救性服务，主要针对那些因社会问题导致部分功能丧失、生活困难、无法适应社会的人们的服务；（2）预防性服务，主要为预防某些社会问题的发生而提供的社会服务；（3）发展性服务，泛指文化、教育、卫生、劳动就业等公共服务计划。对于补救性服务和预防性服务，应当以无偿服务和低偿服务为主；对于发展性服务则可以低偿服务和有偿服务为主。在完善免费服务的基础上，发展社区有偿服务，在托儿托老、家政服务、心理咨询等服务领域适度收费，引入竞争机制，增强社区居民的选择权。

15.4 职业福利

15.4.1 职业福利概述

职业福利是以企业或社会团体为责任主体，并专门面向内部员工的一种福利待遇，它本质上属于职工激励机制范畴，是职工薪酬制度的重要补充。企业员工福利通常由国家规定实施的各类基本社会保障、企业年金（补充养老金计划）以及其他商业团体保险计划、股权、期权计划、其他自主建立的福利计划等，本质上属于职工薪酬制度的组成部分。

职业福利与社会福利的区别有以下几个方面①：

（1）性质不同。社会福利属于社会政策范畴，由国家通过相关的法律制度规范，并由公共机构或社会团体举办，是政府主导的公共事务；职业福利属于企业或社会团体人力资源管理范畴。完全是举办机构的内部事务。

（2）目标不同。社会福利的最终目标是保障社会成员的基本生活并不断改善、提高其生活质量，而机构提供的职业福利的最终目标则是参与市场竞争并促使利润最大化。因此，社会福利的评价指标主要是公众的满意度和社会效益，职业福利的评价指标则是成本核算和工作效率，并确保其为举办机构的最大利益服务。

（3）调节机制不同。社会福利的发展，必须借助政府干预和公共资源的分配，并服从于社会需要；职业福利则只能遵守市场规则，是举办者对内部资源的一种调配，其投入产出必须遵循成本核算原则，并服从于市场竞争规律。

（4）系统性能不同。社会福利是一个开放的、稳定的系统，它面向所有

① 郑功成．社会保障学——理论、制度、实践与思辨［M］．北京：商务印书馆，2000：25.

有需要的社会成员；而职业福利则是一个自我封闭的系统，它只面向举办机构的员工，其是否继续保持与发展下去要取决于举办者的效益状况和利益需要，从而并非表现为稳定状态。

（5）内容不同。社会福利通过采用提供社会服务的方式来满足社会成员对福利的需求，也包括一定的现金津贴等；职业福利则包括休假、疗养、免费工作餐、旅游等多种方式。因此，社会福利重在满足大众化的需求，职业福利则可以考虑员工的个别需求。

职业福利往往包括收入保障计划、补充健康保险、住房福利等方面。

15.4.2　企业年金

在发达国家大多数企业的员工福利方案中，企业年金是具较普遍意义的一种员工福利计划，它作为员工现期工资收入的延期支付，对保障和提高员工年老退休后的收入有重要的影响。

1. 企业年金的由来

1875 年美国快递公司建立了第一个企业年金计划，该计划中公司向那些在工作中致残并在该公司连续工作 20 年的雇员提供年金收入。随后，企业年金计划开始在那些生产集中程度比较高的产业部门迅速发展。这一时期企业年金计划的覆盖范围比较单一，主要是向熟练工人及高级管理人员倾斜，并不包括一般雇员；企业年金计划也不够稳定，若雇员在退休前离开企业，将失去这种津贴。但是，随着年金计划的逐渐成熟和税收政策的变化，企业年金在工业化国家开始迅速壮大。

2. 企业年金的概念

企业年金，英文为 annuity，指定期或不定期的时间内，一系列的现金流入或流出。企业年金指在政府强制实施的基本养老保险制度之外，企业在国家政策的指导下，根据自身经济实力和经济状况建立的，旨在为本企业职工提供一定程度退休收入保障的制度。企业年金既不同于基本社会养老保险，也不同于商业保险，是一项企业福利制度，是对基本社会养老保险制度的重要补充。

3. 企业年金的类型

企业年金计划在西方发达国家已有上百年历史，计划种类繁多，但通常按照养老金积累方式和支付方式分为两大类：待遇确定型计划（Defined Benefit，DB）和缴费确定型计划（Defined Contribution，DC）。

（1）待遇确定型计划（DB）。DB 型年金计划是事先确定员工退休后可享受的退休金，再根据基金的运营状况、员工年龄、服务年限等因素，逐年计算企业的缴费额。在 DB 型企业年金方案下，员工退休时领取的养老金水平是明确的，由于通货膨胀和工资增长等方面的原因，该模式必须通过定期精算、分析和预测，确定年金的缴费水平和投资工具，确保养老基金的预期投资收益率。DB 型年金计划为企业内参加计划的所有员工设立一个统一账户，企业为预定的年金收益率水平提供担保，也为员工在退休之前发生的残疾和死亡风险提供保障。

DB 型计划具有以下特点：一是退休收入水平确定，员工可以获得充分的保障。DB 型年金计划中，员工的退休收入水平完全取决于他们退休时的工资和在本公司的工作年限，而基金投资方面的风险由企业独立承担。二是便于为计划开始时年龄已较大的员工提供足够的退休收入。因为 DB 型计划是直接根据工作年限来计算养老金支付额的，所以计划开始时年龄已较大的员工并不会因为积累期短而得不到适当保障。三是需要复杂的精算工作和定期的精算报告。DB 型年金计划是根据对未来养老金支付额的预测来确定各年的筹资额的，因此需要定期作精算报告以反映基金资产和筹资水平是否足以履行对员工养老的承诺。四是需要考虑在企业破产时如何保障员工的退休收入。DB 型计划的完美保障依赖于企业的持续缴费能力，而任何一个企业自身的生存都不会是绝对有保证的，因此 DB 型计划还需要再保险。

（2）缴费确定型计划（DC 型）。DC 型计划中，企业为参加计划的每个员工设立个人账户，企业和员工按规定比例出资，计入个人账户；企业提供一系列的投资选择，员工自行决策，其收益记入个人账户，到退休时个人账户的积累额就是员工个人的养老金。DC 型年金属于基金型年金保险计划，企业年金待遇水平取决于基金积累规模和投资收益水平。DC 型计划需要员工承担其个人账户资金的投资风险，而企业只负责为员工个人账户缴款。

DC 型计划具有以下特点：一是退休收入不确定。在 DC 型计划中，员工个人账户的积累水平不仅取决于个人账户缴款水平和积累年数，还取决于资金的投资运作是否成功。二是计划开始时年龄已较大的员工难以积累足够的退休收入。建立 DC 型计划时，要使那些接近退休年龄的员工个人账户积累额达到适当的水平，只有一次性地给他们存入一笔巨款或是按极高的比例为他们的个人账户缴款。三是计划设计简单，不需作精算报告，员工容易理解。DC 型计划中，员工个人账户的积累额就是员工的权益，比较直观。同时，企业对员工未来养老金的支付没有承诺，因此无需对基金的负债和所需的筹资水平进行精算评估。四是员工离职时便于处理。DC 型计划中每个员工的个人权益是分明的，员工对其个人缴款有 100% 的归属权，企业缴款通常在一定年数后归属员工。员工离职时，其个人账户中的个人缴款和企业缴款中已归属的部分以及相应的投资收益就是其享有的权益，可以提取现金、转入新单位的养老金账户或者保留在原单位。

4. 我国的企业年金制度

我国企业年金制度的演变可以概括为三个阶段：

（1）企业补充养老保险阶段（1991—2000 年）

1991 年，《国务院关于企业职工养老保险制度改革的决定》首次提出，“国家鼓励用人单位根据本单位的实际情况为劳动者建立补充保险。”这标志着作为我国养老保障体系中“第二支柱”的企业年金制度正式启动。

1995 年 12 月，劳动保障部《关于印发〈关于建立企业补充养老保险制度的意见〉的通知》，对企业补充养老保险的实施条件、决策程序、资金来源以及经办机构等具体政策做出了规范，并明确提出我国补充养老保险采用 DC 模式。

1998 年，国务院办公厅制定补充养老保险政策和承办机构资格的认定标准，并对补充基金实施监督。由此，我国建立和发展企业年金的政策框架雏形形成。

（2）企业年金试点阶段（2000—2003 年）

2000 年 12 月，国务院《关于完善城镇社会保障体系试点方案》，将企业补充养老保险正式更名为“企业年金”。该《方案》明确指出：“企业年金实行基金完全积累，采用个人账户方式进行管理，费用由企业和职工个人缴纳，企业缴费在工资总额 4% 以内的部分，可从成本中列支。”

2001 年，《国务院关于同意〈辽宁省完善城镇社会保障体系试点实施方案〉的批复》提出了建立企业年金的条件，同时鼓励企业委托有关机构经办企业年金计划。

（3）企业年金整体框架初步形成（2004 年至今）

2004 年 4 月，劳动保障部发布《企业年金试行办法》和《企业年金基金管理试行办法》，规定企业年金基金实行完全积累，采用个人账户方式进行管理，企业年金基金按照国家规定进行投资运营。

2005 年，劳动保障部出台的《企业年金管理运营机构资格认定暂行办法》、《企业年金账户管理信息系统试行标准》等文件，对我国企业年金的运营做了更为详细的规定，为我国企业年金的顺利发展奠定了基础。

2006 年 9 月，劳动和社会保障部发布《关于进一步加强社会保险基金管理监督工作的通知》，通知中明确表示，2004 年之前建立的企业年金计划，要在 2007 年年底之前移交给具备资格的机构管理运营。

15.4.3 补充健康保险

补充健康保险是企业员工福利计划的重要组成部分，是指企业除了参加法定的基本医疗保险制度外，通过保险方式对保险人因遭受疾病或意外伤害事故所发生的医疗费用支出或收入损失提供额外经济补偿的保险保障。补充健康保险有利于满足人们不同层次的医疗需求，一般包括商业健康保险、集团内部医疗保险、互助医疗保险等。

1. 商业健康保险

商业健康保险是各国医疗保障体系的有机组成部分，是把商业性医疗保险与社会医疗保险结合起来，采取商业保险的服务方式和经营模式的一种团体健康保险。保险的投保人为雇主，被保险人为单位员工，投保企业与保险公司签订保险合同，建立团体健康保险关系。保险费可以由雇主全部承担，也可以和雇员按照一定比例分担。健康保险主要提供两种经济补偿：一是由于疾病或意外伤害发生的医疗费用支出补偿；二是由于疾病或意外伤害发生导致的收入损失补偿。

由企业集体投保的商业健康保险具有很多优势。一方面，团体保险险种的管理成本和营销成本大大低于个人健康保险。因此，团体保险费率一般较低，逆向选择的风险较小。另一方面，由于商业健康保险对完善社会医疗保障体系、解除员工后顾之忧等具有积极作用，所以政府往往会采取积极支持的态度，企业、个人甚至商业保险公司都可以享受一定的税收优惠。

2. 集团内部医疗保险

集团内部医疗保险是指企业利用自有资金对雇员进行基本医疗保险以外的

医疗或收入损失给予支付的一种保险。具体办法是，企业预先进行专门资金储备，或从既定的福利基金中划拨出一部分，用于员工的医疗或收入补偿费用支付。一般而言，企业总是在权衡商业保险和自我保险的成本高低之后，选择可以节约开支的形式。事实上，随着人们健康意识的增强以及医疗费用的日趋膨胀，企业利用自己的财力进行疾病风险的防范和规避显得并不明智，越来越多的企业选择了包括商业保险在内的其他社会化或市场化的保险方式。企业更愿意并有能力做到的，就是适当进行健康管理投入作为员工福利，即疾病的预防、健康知识的宣传等工作。

15.4.4　员工住房福利

住房福利可以分为法定住房福利和补充住房福利。其中补充住房福利也就是员工住房福利，是企业自愿建立、自主管理和实施的、额外的住房福利计划。员工住房福利计划的形式多样。常见的有补充住房公积金、现金津贴、房屋贷款、个人储蓄计划、利息补助计划、集体购房以及提供公司公寓、宿舍等。总的来说，员工住房福利计划可以分为三类：现金补助、实物资助和住房贷款①。

现金补助是指企业直接以现金的形式为员工提供的住房福利计划，通常包括补充性住房公积金和现金住房补贴。住房公积金是指国家依据政策法令建立起来的，由单位和个人共同承担缴费责任的强制性住房储蓄计划。住房公积金账户实行专款专用，在规定的情况下方可以支取。国家住房公积金计划在受到国家政策法规的强制和约束的同时，也会享有一定的优惠政策，一般有税收优惠、较高的存款利率以及低息住房公积金贷款。补充住房公积金与住房公积金在性质和管理上的基本特征相同，是企业向员工住房公积金中超额缴存住房公积金作为员工福利。现金住房补贴则是企业直接以现金的形式发给员工并用来住房消费的福利工资。

实物资助是指企业直接或间接为员工提供居住场所的方式，通常的做法有为需要的员工提供宿舍或公寓和直接为员工购房或建房两种。

购房贷款是指企业除了通过现金和实物实行针对员工的住房福利计划以外，还可以选择购房贷款类住房福利。随着国内房地产的市场化及其不断攀升

---

① 郑功成．社会保障学［M］．北京：中国劳动社会保障出版社，2005：440.

的价格，一些效益较好的企业开始实行贷款类住房福利。企业通过建立员工福利基金或专门的住房基金为购房的员工提供低息或无息贷款，在实施过程中通常与奖励制度结合，作为对绩优员工的一种奖励。相对于前两种住房福利计划，此类住房福利计划更具复杂性和多样性，企业管理责任和成本更大。

本章小结

补充社会保障是指国家法定意义上的基本社会保障制度之外，对社会成员起补充保障作用的各种保障措施的总称。补充社会保障提高了国民社会保障的水准，增进了特定人群的社会福利，满足人们施与仁爱之心，具有为基本社会保障制度“查漏补缺”、具有促进社会融合的功能。另一方面，职业福利也是作为组织人力资源管理的手段之一，能够为实现组织目标服务。补充社会保障主要包括慈善事业、社区保障、职业福利等。慈善事业是建立在众多的社会成员志愿捐赠基础之上的，通过合法的社会组织，以社会捐助的方式，按特定的需要，把可汇聚的财富集中起来，再通过合法途径，用于无力自行摆脱危难的受助者。社区保障是以社区需求为核心，以社区救助和社区服务为主要内容，在政府的引导和管理之下，发挥社区居委会、党组织、非营利组织、企事业单位等组织的力量，整合社区资源，提高社区居民福利水平的保障方式。职业福利是以企业或社会团体为责任主体，并专门面向内部员工的一种福利待遇，它本质上属于职工激励机制范畴，是职工薪酬制度的重要补充。

关键术语

补充社会保障　慈善事业　社区保障　职业福利
企业年金　补充健康保险　员工住房福利

思考题

1. 补充社会保障作用和意义是什么？
2. 影响我国慈善事业发展的因素有哪些？
3. 社区保障几个层面的含义？

4. 企业年金与基本养老保险的区别与联系是什么？

案例分析

日本的企业年金制度①

日本企业年金在20世纪30年代作为企业内部的一项福利制度，仿照日本公务员退休养老补偿金办法，曾在很少一部分企业内实行。第二次世界大战以后，日本民营企业普遍实行“退休一次金”制度，大约90%的民营企业职工在退休时可得到一笔一次性支付的退休金。在日本经济开始复兴的20世纪50年代，企业年金得以逐步发展。1955年至1960年及以后一段时间，由于职工工资的增长，退休金额数急剧膨胀。人们开始认识到在退休金与准备金制度中，准备金的事先积累很不充分，于是他们便以经济为中心，纷纷要求制定像欧美那样的、在税法上享受优惠的企业年金制度。1962年，日本政府修改了部分法人税法及所得税法，完备了有关退休年金的优惠税制，并创立了税制合格退休年金制度。之后，企业或开始采用企业年金制度，或从原来的“退休一次金”制度逐渐演化为企业年金，企业年金制度真正得到普及。到1965年，日本政府修改了厚生年金保险法，制定出台了厚生年金基金制度。此时，便相继出现了两种企业年金制度，即税制合格退休年金制度和厚生年金基金制度。这两种制度虽然在法律依据、监管、税制和批准条件等方面均不同，但都取得了顺利的发展。

日本企业年金的种类主要有两个：一是厚生年金基金（公立厚生年金的补充）；二是税制合格退休年金。

1. 厚生年金基金。厚生年金基金于1966年开始实施，以500人以上的大企业为对象，是根据劳资双方协商建立，由劳资代表管理，财源由政府免除本该缴付政府的厚生年金保险费的一部分

① 吕静：“日本企业年金的改革与启示”，http：//www.csia.cn/hknr/200807/t20080725_195794.htm.

加上劳资双方出资构成。

2. 税制合格退休年金。税制合格退休年金是于1962年导入的企业年金制度，多为一般的中小企业实行，其资金的运用必须委托信托银行或社会保险公司进行。

厚生年金基金和税制合格退休年金是日本企业年金的主要形式。二者的区别主要在于：厚生年金基金代管着一部分厚生年金（公共年金）的积累金，因而在税制上有较多的优惠；而税制合格退休年金由于没有代管的部分，故必须交纳1%的法人税和0.173%～0.207%的地方居民税，且操作比较简单，运用比较灵活。相同之处是厚生年金基金和税制合格退休年金都享受一定的税收优惠，企业员工缴纳的保险费可以作为损失金处理，不纳入税收范围。

日本企业年金由各企业自主设立，属于企业福利的范畴，目的是供职工退休后作为养老之用。日本退休养老制度的成功很大程度上得益于第二支柱企业年金制度的有力支持。根据统计，约90%的日本私营企业均实行了企业年金制度，大企业几乎全部实施了企业年金制度。据企业年金联合会统计，截至2007年11月，全日本有636个企业年金，共有484万名加入者。

请思考：

日本企业年金制度对我国养老保障制度有何启示？

参 考 文 献

[1] 陈良瑾．社会保障教程 [M]．北京：知识出版社，1990.

[2] 陈银娥．现代社会的福利制度 [M]．北京：经济科学出版社，2000.

[3] 成志刚．社会保障导论 [M]．长沙：湖南大学出版社，2003.

[4] 邓大松，林毓铭，谢圣远．社会保障理论与实践发展研究 [M]．北京：人民出版社，2007.

[5] 董克用，王燕．养老保险 [M]．北京：中国人民大学出版社，2000.

[6] 范斌．福利社会学 [M]．北京：社会科学文献出版社，2006.

[7] 方乐华．社会保障法论 [M]．北京：世界图书出版社，2000.

[8] 耿忠平．社会保障学导引 [M]．上海：同济大学出版社，2003.

[9] 郭士征．社会保障学 [M]．上海：上海财经大学出版社，2004.

[10] 国家经济体制改革委员会．社会保障体制改革 [M]．北京：改革出版社，1995.

[11] 黄小花．中国人口与社会保障 [M]．北京：经济管理出版社，2006.

[12] 蒋月．社会保障法概论 [M]．北京：法律出版社，1999.

[13] 林毓铭．社会保障管理体制 [M]．北京：社会科学文献出版社，2006.

[14] 刘雄．失业保险 [M]．北京：中国劳动保障出版社，2000：7.

[15] 吕学静．现代各国社会保障制度 [M]．北京：中国劳动社会保障出版社，2006.

[16] 穆怀中．社会保障国际比较 [M]．北京：中国劳动社会保障出版

社，2002.

[17] 阮凤英．社会保障通论 [M]．济南：山东大学出版社，2004.

[18] 史探径．社会保障法研究 [M]．北京：法律出版社，2000.

[19] 孙光德，董克用．社会保障概论 [M]．北京．中国人民大学出版社，2004.

[20] 孙健夫．社会保障概论 [M]．北京．经济管理出版社，2007.

[21] 覃有土，樊启荣．社会保障法 [M]．北京：法律出版社，1997.

[22] 童星．社会保障理论与制度 [M]．南京：江苏教育出版社，2008.

[23] 童星．社会保障与管理 [M]．南京大学出版社，2002.

[24] 王广彬．社会保障法 [M]．中国政法大学出版社，2009.

[25] 王怡等．社会保障概论 [M]．济南：山东人民出版社，2005.

[26] 夏淑梅，罗遐．社会保障概论 [M]．合肥：安徽大学出版社，2005.

[27] 谢圣远．社会保障发展史 [M]．北京：经济管理出版社，2007.

[28] 许琳．社会保障学 [M]．北京：清华大学出版社，2004.

[29] 杨超．社会保障概论 [M]．江西．江西人民出版社，2005.

[30] 杨河清．劳动经济学 [M]．北京：中国人民大学出版社，2002.

[31] 于俊年．计量经济学 [M]．北京：对外经济贸易大学出版社，2000.

[32] 张琪．社会保障概论 [M]．北京：中国劳动社会保障出版社，2006.

[33] 章晓懿．社会保障：制度比较 [M]．上海：上海交通大学出版社，2004.

[34] 张彦，陈红霞．社会保障概论 [M]．南京．南京大学出版社，1999.

[35] 郑功成．论中国特色的社会保障道路 [M]．武汉：武汉大学出版社，1997.

[36] 郑功成．社会保障概论 [M]．上海．复旦大学出版社，2009.

[37] 郑功成．社会保障学 [M]．北京．中国劳动社会保障出版社，2009.

[38] 郑功成．社会保障学——理念、制度、实践与思辨 [M]．北京：商务印书馆，2000.

[39] 郑功成．中国社会保障制度变迁与评估［M］．北京：中国人民大学出版社，2002.

[40] 周沛．社会福利体系研究［M］．北京：中国劳动社会保障出版社，2007.

[41] 艾斯平-安德森．郑秉文译．福利资本主义的三个世界［M］．北京：法律出版社，2003.

[42] 柏杰．我国所适用的社会保障原则探讨［J］．清华大学学报（哲学社会科学版），2000（1）.

[43] 邓大松，吴汉华，刘昌平．论中国社会保障基金治理结构与管理模式［J］．经济评论，2005（5）.

[44] 韩俊．中国：从城乡分割走向城乡协调发展［J］．江苏农村经济，2004（11）.

[45] 柯卉兵．新自由主义社会福利理念及政策实践评析［J］．南都学坛（人文社会科学学报），2006（3）.

[46] 劳动保障部国外失业保险研究课题组．"从创建到完善——世界失业保险制度的改革与发展"［J］．中国劳动保障，2007（11）.

[47] 李长勇，吴继刚．社会保障概念考察［J］．黑龙江社会科学，2001（5）.

[48] 戚青励．全球化背景下的新自由主义的主要理论流派［J］．社会观察，2005（10）.

[49] 尚晓援．"社会福利"与"社会保障"再认识［J］．中国社会科学，2001（3）.

[50] 唐彬．市场还是政府？——经济自由主义与干预主义的斗争历程［J］．理论月刊，2006（5）.

[51] 王亚柯．简析养老保险制度的储蓄效应［J］．天津社会科学，2008（4）.

[52] 王亚萍．评瑞典福利制度模式——兼论其对中国建立社会保障体系的启示［J］．世界经济与政治论坛，2004（4）.

[53] 魏娟．"第三条道路"述评［J］．前沿，2003（7）.

[54] 徐丙奎．西方社会保障三大理论流派述评［J］．华东理工大学学报（社会科学版），2006（3）.

[55] 郑功成．论社会保障领域的理论建设［J］．中国社会保险，1995（7）．

[56] 郑功成．中国民生的两大主题：社会保障与促进就业［J］．理论探讨，2004（4）．

[57] 郑振儒．西方发达国家社会保障管理比较分析［J］．经济纵横，2007（6）．

后　　记

作为劳动与社会保障、社会工作等相关专业的主干课程，本书介绍了社会保障制度的宏观理论基础以及社会保障制度运行的微观机理。教材的前半部分主要阐释了社会保障的基本概念、发展进程、理论基石、制度模式、水平测定、基金运营、立法管理等，系统介绍了社会保障的基本理论知识。教材的后半部分则从社会保障体系的基本内容出发，具体介绍了包括养老保险、医疗保险、失业保险、工伤与生育保险、社会救助、社会福利、社会优抚、补充保障在内的社会保障制度安排与实务知识。

本教材在编写过程中，注意了以下几点：第一，本书定位为高等学校劳动与社会保障、社会工作等相关专业本科生使用，重点在于系统阐述社会保障的基本原理与机制，引导学生顺利进入社会保障专业领域的学习。第二，注意理论与实践相结合。既分析了社会保障的理论体系，又对主要发达国家以及我国的社会保障实践做了较为全面的介绍。第三，引入案例教学。本书每章后面都附有相关案例，在阐述社会保障知识体系的同时，重视利用鲜活的材料，增进读者对社会保障理论和实践的理解。

参与本教材编写的教师都具有讲授社会保障及相关课程的经验，熟悉社会保障基本理论，在主编拟定大纲的基础上，各章编写者为：

易艳阳：第一章、第六章、第七章、第十章；

王叶菲：第二章、第十三章、第十四章；

陈　静：第三章、第四章、第八章；

范克新：第五章；

张春娟：第九章；

周进萍：第十一章、第十二章、第十五章。

初稿完成后，主编进行了必要的修改和统稿工作。在编写过程中，为了增强本教材的可读性与知识性，我们查阅了大量的国内外相关资料，广泛吸收和借鉴了社会保障研究领域的众多观点和思想，在此，谨对相关作者表达诚挚的感谢。由于时间关系及编者水平所限，书中难免有错误和不足之处，敬请各界同仁及读者批评指正。

周沛

2010年7月

高等学校劳动与社会保障创新规划教材

- 社会保障概论
- 劳动经济学
- 人力资源管理
- 劳动法与社会保障法学
- 政府部门绩效管理
- 薪酬管理
- 人员素质测评
- 社会政策
- 医疗保险学

欢迎广大教师和读者就系列教材的内容、结构、设计以及使用情况等，提出您宝贵的意见、建议和要求，我们将继续提供优质的售后服务。

联系人：舒 刚（公共管理类图书专业策划人）
电 话：134 0715 4673
E-mail：sukermpa@yahoo.com.cn

武汉大学出版社（全国优秀出版社）